오픽
보물창고

IL~IH

오픽보물창고 IL ~ IH

1 판 1 쇄 발행 2021 년 8 월 25 일
1 판 9 쇄 발행 2024 년 8 월 20 일

저　　자 | 윤석환
발 행 인 | 윤석환
발 행 처 | 피터스잉글리쉬
출판등록 | 제 353-2021-000014 호
주　　소 | 인천광역시 남동구 인주대로 662 번길 32
전　　화 | 1670 0591
수석 집필위원 | 유재웅
표지 디자인 | Blue Tang
원어민 성우 | Erin Lee
원어민 녹음 | YR 미디어
음원요청 | englishmaster52 (카톡)

ISBN 979-11-975356-0-4 (13740)

가격 | 29,000 원

오픽 보물창고

IL~IH

피터스 잉글리쉬

목 차 | CONTENTS

SECTION ONE | 선 택 주 제

SECTION TWO | 돌 발 주 제

부 록 | AL 등급용 스크립트 20 개

OPIc, 제대로 알아야 등급 달성!

1. 오픽(OPIc)은 어떤 시험인가?

컴퓨터를 이용한 개인 맞춤형 영어 말하기 시험입니다. 응시자의 녹음된 답변이 미국에 있는 공인평가기관(ACTFL)에 전달되어서 *ACTFL Proficiency Guidelines Speaking* 이라는 범용적인 말하기 기준에 따라 절대 평가되는 방식입니다. 한 마디로 OPIc 은 **'컴퓨터를 이용한 영어면접 시험'**입니다.

TOEIC Speaking 처럼 정형화된 시험과는 달리 응시자 각자의 배경 설문조사(Background Survey)를 기반으로 문제가 출제되어서 같은 장소에 있는 응시자들의 문제들이 모두 다르다는 특징이 있습니다. 토익 스피킹의 경우 같은 장소에 있는 모든 응시자들에게 11 개의 동일한 문제가 출제됩니다.

OPIc 시험은 단순히 문법이나 어휘와 같은 언어적 규칙을 얼마나 많이 알고 있는가를 측정하는 시험이 아니라, 실제 생활에서 얼마나 효과적으로 영어를 구사하고 사용할 수 있는지를 평가하는 시험입니다. 즉, 응시자가 영어로 어떤 일을 할 수 있고, 실생활의 목적에 맞는 영어 구사 능력을 갖고 있는지에 대한 평가를 하는 시험입니다. 결국 OPIc 은 응시자의 본질적인 **언어 활용 능력**을 측정하는 시험입니다.

2. 오픽시험 평가항목 네 가지

OPIc 은 총 4 가지 평가 기준으로 의사소통의 총체적 능력(*Holistic Approach*)을 평가합니다.

1) Global task and Functions 과제 및 기능 수행

실생활에서 영어를 이용한 실제 의사소통 능력을 전반적으로 평가합니다. 응시생들이 단순 암기한 단어나 문구로 표현하는 수준인지 (초급-Novice), 의미전달이 가능한 문장을 나열하면서 간단한 대화를 이끌 수 있는 수준인지 (중급-Intermediate), 서술과 묘사를 다양한 시제를 사용해서 표현할 수 있는지 (상급-Advanced)를 평가 받습니다.

2) Context/Contents 상황과 내용

특정 상황에서 적절한 내용으로 말하기를 할 수 있는지 평가합니다. 일반적으로 비공식적인 상황, 개인적으로 익숙한 상황, 예측 가능한 상황은 중급 수준의 영어 학습자도 감당할 수 있으며, 상급으로 진입하면서 격식을 차려야 하는 공식적인 상황, 예측 불가능한 상황에서 말할 수 있게 됩니다.

3) Accuracy 정확성

전달하고자 하는 언어를 정확하게 표현할 수 있는 능력으로 문법, 발음, 어휘 사용, 유창성 등을 포함합니다. 문장의 문법적 오류가 없는지, 어휘를 적절하게 선택해서 사용하는지, 발음, 강세, 억양이 의사소통에 지장을 주지 않는지, 말의 속도가 너무 느리거나 문장 간의 끊김이 없는지를 평가합니다.

4) Text Type 구성형태

문장 길이와 답변구성 능력에 대한 평가로, 유형을 나누어보면 크게 세 가지로 나눌 수 있습니다. ① 고립된 단어와 구의 나열 수준, ② 연결이 치밀하지 못한 문장 나열 수준, ③ 단락을 이룰 수 있는 확장된 담화 수준으로 구분할 수 있습니다. 일반적으로 초급 수준에서는 단어나 구를, 중급에서는 문장을, 상급에서는 단락 수준에서 논리적 구성력을 갖습니다.

이렇게 공식화된 오픽 평가항목을 좀 더 알기 쉽게 풀어서 설명하면 다음과 같습니다.

① 유창성: 우리말에 없는 영어 고유의 강세, 억양, 리듬처리에 얼마나 능숙하며, 질문을 듣고 나서 빠르고 자연스럽게 답변을 시작해서 문장을 연속적으로 이어가는 능력을 평가합니다.

② 표현력: 같은 단어나 어구를 반복하기 보다는 다양한 문장패턴과 표현들을 상황에 맞게 적절하게 활용하는지를 평가합니다.

③ 답변구성: '서론 - 본론 - 결론'이라는 구성에 맞추어서 단락을 나누고, 각 단락에서 주제문장(topic sentence)에 대해 충분한 보충설명(supporting ideas)을 제시하는 능력을 평가합니다.

④ 문법에러: 습관적이고 반복적인 문법에러의 양이 어느 정도인지를 평가합니다. 특히 우리말에 없는 동사와 명사관련 에러를 집중 평가합니다.

a. 동사관련 에러: 주어 동사 수 일치, 시제처리, 능동태와 수동태 구별

b. 명사관련 에러: 전치사와 관사의 활용 및 단수와 복수명사 구별

오픽 등급을 결정하는 네 가지 평가요소 가운데 가장 중요한 것은 유창성입니다!

유창성 향상을 위해 가장 좋은 학습법은, 원어민의 음성을 귀로 들으면서 동시에 따라 말하는 '쉐도잉 훈련'입니다. 이 훈련을 통해 우리말에 없는 영어 고유의 강세, 억양, 리듬에 익숙해질 수 있습니다. 등급을 결정하는 채점자(rater)는 '얼마나 영어다운 톤으로 답변을 하는가!'를 가장 우선적으로 평가합니다.

'오픽등급이 결정되는
네 가지 평가요소'
유튜브 영상 바로 가기

3. 오픽 시험 진행 안내

시험 단계	세부 시험 항목	내용 설명
오리엔테이션 (약 20 분)	Background Survey	시험 문항 출제를 위한 사전 설문조사
	Self Assessment	시험의 난이도 결정을 위한 자가 평가
	Overview of OPIc	화면 구성, 문항 청취 및 답변 방법 안내
	Sample questions	실제 답변 방법 연습
본 시험 (약 40 분)	1st Session	개인별 맞춤형 문장 출제 (각 질문 2 회 청취 가능) 1 번부터 7 번
	난이도 재조정	2 차 Self Assessment (쉬운 질문, 비슷한 질문, 어려운 질문 중 택 1)
	2nd Session	1st 와 동일 8 번부터 15 번
평가	답변 전송	인터넷을 통한 실시간 답변 전송
	평가	ACTFL 공인 Rater 에 의한 평가
	결과 통보	근무일 기준 5~7 일 이내에 OPIc 공식 사이트(www.opic.co.kr)에서 성적 확인

1. 본 시험 40 분을 최대한 많이 활용하세요! 다음 문제 빨리 누르면 손해입니다.

2. 난이도 3~6단계 기준으로 7번이 끝난 후 두 번째 자가진단(Self Assessment)을 하게 되고, 여기서는 '쉬운 질문 / 비슷한 질문 / 어려운 질문' 이렇게 3 개의 선택지 중 하나를 선택하게 됩니다. 하지만 여기서 어떤 것을 선택하든 이후로 어떤 변화도 생기지 않습니다!

"결국 나에게 주어지는 15 문제는 첫 번째 자기진단에서 100% 결정됩니다."

4. 오픽 시험 화면 속 주요 기능 안내

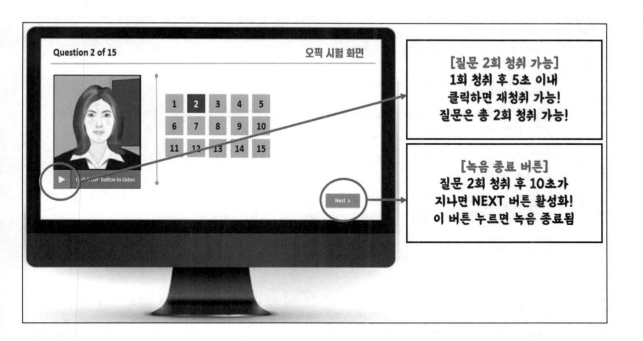

1. 질문은 반드시 2회 모두 청취하세요. 질문을 2회 청취했다고 감점을 받지 않습니다.

2. 답변이 끝난 후 NEXT 버튼을 누르면 녹음이 중단됩니다. 그리고 절대 다음 문제를 급하게 누르지 마세요. 난이도별 100% 적중하는 출제공식을 기억하고, 다음 문제유형을 미리 생각한 후 대략적인 답변 줄거리를 생각해 놓고 다음 문제를 청취하세요.

3. 40분이라는 시험시간은 충분합니다! 절대 급하게 다음 문제 청취 버튼을 누르지 마세요.

5. 오픽 자가진단 (Self Assessment) 단계 선택 요령

Self Assessment

본 Self Assessment에 대한 응답을 기초로 개인별 문항이 출제됩니다. 설명을 잘 읽고 본인의 English 말하기 능력과 비슷한 수준을 선택하시기 바랍니다.

1 ○ ◀) Sample Audio 나는 10단어 이하의 단어로 말할 수 있습니다.

2 ○ ◀) Sample Audio 나는 기본적인 물건, 색깔, 요일, 음식, 의류, 숫자 등을 말할 수 있습니다. 나는 항상 완벽한 문장을 구사하지는 못하고 간단한 질문도 하기 어렵습니다.

3 ○ ◀) Sample Audio 나는 나 자신, 직장, 친숙한 사람과 장소, 일상에 대한 기본적인 정보를 간단한 문장으로 전달할 수 있습니다. 간단한 질문을 할 수 있습니다.

4 ○ ◀) Sample Audio 나는 나 자신, 일상, 일/학교, 취미에 대해 간단한 대화를 할수 있습니다. 나는 이런 친숙한 주제와 일상에 대해 일련의 간단한 문장들을 쉽게 만들어 낼 수 있습니다. 내가 필요한 것을 얻기 위한 질문도 할수 있습니다.

5 ○ ◀) Sample Audio 나는 친숙한 주제와 가정, 일/학교, 개인 및 사회적 관심사에 대해 대화할 수 있습니다. 나는 일어난 일과 일어나고 있는 일, 일어날 일에 대해 문장을 연결하여 말할 수 있습니다. 필요한 경우 설명도 할 수 있습니다. 일상 생활에서 예기치 못한 상황이 발생하더라도 임기응변으로 대처할 수 있습니다.

6 ○ ◀) Sample Audio 나는 일/학교, 개인적인 관심사, 시사 문제에 대한 어떤 대화나 토론에도 자신 있게 참여할 수 있습니다. 나는 대부분의 주제에 관해 높은 수준의 정확성과 폭넓은 어휘로 상세히 설명할 수 있습니다.

총 6단계로 1~2단계를 선택하면 12문제가 출제되고, 3~6단계를 선택하면 15문제가 출제됩니다.

목표 등급이 IL이라면 3단계, IM1이나 IM2라면 4단계, IM3나 IH라면 5단계 그리고 최고등급인 AL이 목표라면 6단계를 선택합니다. 참고로, 5단계를 선택해도 얼마든지 AL등급을 받을 수 있습니다.

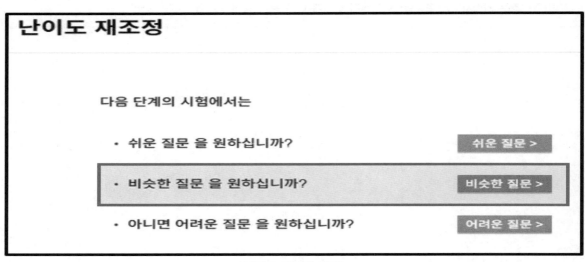

[난이도 재조정 화면]

1. 난이도를 2단계 선택하면 12문제가 출제됩니다. 이 경우에 과거경험을 묻는 문제는 하나도 출제되지 않습니다. 롤플레이 문제 유형이 모두 3개인데, 이들 중 문제가 생긴 상황을 설명하고 대안을 제시하는 '7번유형'도 출제되지 않습니다.

2. 목표 등급이 IL인 경우 2단계에서도 이 등급을 달성할 수 있습니다. 하지만 답변할 기회가 좀 더 많은 3단계를 선택하는 것이 통계적으로 유리합니다. 3~6단계 중 하나를 선택하면 15문제가 출제됩니다.

3. 7번문제가 끝나면 난이도를 재조정하는 화면이 나옵니다. 선택항목은 모두 세 개인데요, '쉬운 질문,' '비슷한 질문,' '어려운 질문' 중에서 '비슷한 질문'을 선택합니다. 사실은, 어떤 항목을 선택해도 8번부터 아무런 변화가 없습니다. 결국, 첫 번째 난이도 선택에서 모든 문제가 결정된다고 할 수 있습니다.

'오픽난이도와
등급의 상관관계'
유튜브 영상 바로 가기

6. 오픽 등급체계

Level	Level Description
AL (Advance Low)	사건을 서술할 때 일관적으로 동사의 시제를 관리하고, 사람과 사물을 묘사할 때 다양한 형용사를 사용한다. 적절한 위치에서 접속사를 사용하기 때문에 문장 간의 결속력도 높고 문단의 구조를 능숙하게 구성할 수 있다. 익숙하지 않은 복잡한 상황에서도 문제를 설명하고 해결할 수 있는 수준이다.
IM3 / IH (Intermediate High)	개인에게 익숙하지 않거나 예측하지 못한 복잡한 상황을 만나더라도 대부분의 상황에서 사건을 설명하고 문제를 효과적으로 해결하곤 한다. 내용이 풍부한 편이고 다양한 어휘를 사용한다.
IM 1/2 (Intermediate Mid)	일상적인 소재뿐 아니라 개인적으로 익숙한 상황에서는 문장을 나열하며 자연스럽게 말할 수 있다. 다양한 문장 형식이나 어휘를 실험적으로 사용하려고 하며 상대방이 조금만 배려해 주면 일정 시간 대화가 가능하다.
IL (Intermediate Low)	일상적인 소재에서는 문장으로 말할 수 있다. 대화에 참여하고 선호하는 소재에서는 자신감을 가지고 말할 수 있다.
NH (Novice High)	일상적인 대부분의 소재에 대해서 문장으로 말할 수 있다. 개인 정보라면 질문을 하고 응답을 할 수 있다.
NM (Novice Mid)	이미 암기한 단어나 문장으로 말하기를 할 수 있다.
NL (Novice Low)	제한적인 수준이지만 영어 단어를 나열하며 말할 수 있다.

IM 등급은 IM 1/2/3 으로 세분화되어 있습니다. 응시생이 가장 많이 몰려 있는 레벨이기 때문에 등급의 세분화할 필요성이 대두되었고, 2010년 6월에 새롭게 세분화된 레벨이 적용되기 시작했습니다. 어휘 선택, 답변 길이, 답변 구성 등의 기준을 통해 1/2/3 으로 분류합니다.

7. 오픽서베이(Background Survey) 주제 선택 전략

배경설문조사(Background Survey)

> 이 Background Survey(배경 설문)에 대한 응답을 기초로 개인 맞춤형 문항이 출제가 됩니다. 질문을 자세히 읽고 답변해 주시기 바랍니다.

1. 현재 귀하는 어느 분야에 종사하고 계십니까? ⊘ 표시는 추천항목입니다.

○ 사업/회사   ○ 재택근무/재택사업   ○ 교사/교육자   ○ 군 복무   ⊘ 일 경험 없음

*직장인도 '일 경험 없음' 선택합니다.

2. 현재 귀하는 학생이십니까?

○ 네   ⊘ 아니오 *학생도 '아니오' 선택합니다.

  2.2 예전에 들었던 강의의 목적은 무엇입니까? ← 위 질문에 '아니오'를 선택할 경우

○ 학위 과정 수업   ○ 전문 기술 향상을 위한 평생 학습

○ 어학수업   ⊘ 수강 후 5년 이상 지남

3. 현재 귀하는 어디에 살고 계십니까?

○ 개인주택이나 아파트에 홀로 거주 *'가족과 함께 거주' 보다 롤플레이 문제가 더 많습니다.

○ 친구나 룸메이트와 함께 주택이나 아파트에 거주

⊘ 가족(배우자/자녀/기타 가족 일원)과 함께 주택이나 아파트에 거주

○ 학교 기숙사

○ 군대 막사

4. 귀하는 여가 활동으로 주로 무엇을 하십니까? (두 개 이상 선택)

ⓥ 영화 보기 ○ 클럽/나이트클럽 가기 ⓥ 공연 보기 ⓥ 콘서트 보기

○ 박물관 가기 ⓥ 공원 가기 ○ 캠핑하기 ⓥ 해변 가기 ⓥ 스포츠 관람

○ 주거 개선 ○ 술집/바에 가기 ⓥ 카페/커피 전문점 가기 *주거 개선은 문제가 까다롭습니다.

○ 게임 하기(비디오, 카드, 보드, 휴대폰 등) ○ 당구치기

○ 체스 하기 ○ SNS 에 글 올리기 ○ 친구들과 문자대화하기

○ 시험대비 과정 수강하기 ○ 뉴스를 보거나 듣기 ○ 요리 관련 프로그램 시청하기

○ 차로 드라이브 하기 ○ 스파/마사지샵 가기

○ 구직 활동하기 ○ 자원봉사하기 ⓥ 쇼핑하기 ⓥ TV 시청하기 ○ 리얼리티 쇼 시청하기

5. 귀하의 취미나 관심사는 무엇입니까? (한 개 이상 선택)

○ 아이에게 책 읽어 주기 ⓥ 음악 감상하기 ⓥ 악기 연주하기 ⓥ 독서

ⓥ 혼자 노래 부르거나 합창하기 ○ 춤추기 ○ 글쓰기(편지, 단문, 시 등)

○ 그림 그리기 ⓥ 요리하기 ○ 애완동물 기르기 ○ 주식 투자하기 ○ 신문 읽기

○ 여행관련 잡지나 블로그 읽기 ○ 사진 촬영하기

6. 귀하는 주로 어떤 운동을 즐기십니까? (한 개 이상 선택)

○ 농구 ○ 야구/소프트 볼 ○ 축구 ○ 미식축구 ○ 하키 ○ 크리켓

○ 골프 ○ 배구 ○ 테니스 ○ 배드민턴 ○ 탁구

○ 수영 ○ 자전거 ○ 스키/스노보드 ○ 아이스 스케이트 *자전거는 문제 수가 많습니다.

ⓥ 조깅 ⓥ 걷기 ○ 요가 ○ 하이킹/트레킹 ○ 낚시 ⓥ 헬스

○ 태권도 ○ 운동수업 수강하기 ⓥ 운동을 전혀 하지 않음 *반드시 선택합니다!

7. 귀하는 어떤 휴가나 출장을 다녀온 경험이 있습니까? (한 개 이상 선택)

○ 국내출장 ○ 해외출장 ⓥ 집에서 보내는 휴가 ⓥ 국내여행 ○ 해외여행 *해외여행은 문제 수가 많습니다.

[오픽서베이 항목 선택 요령]

1번 항목: 일 경험 없음

2번 항목: 학생 아니오 ▶ 수강 후 5년 이상 지남

3번 항목: 가족(배우자/자녀/기타 가족 일원)과 함께 주택이나 아파트에 거주

★'독신'보다는 '가족과 함께 거주'를 선택했을 때 까다로운 문제들이 덜 출제됩니다.

*여기서부터는 선택주제로 반드시 12개를 선택해야 합니다!

4번 항목: 영화 보기, 공연 보기, 공원 가기, 해변 가기, 스포츠 관람, 카페/커피 전문점 가기, 쇼핑하기, TV 시청

5번 항목: 음악 감상하기, 악기 연주하기, 독서, 혼자 노래 부르거나 합창하기, 요리하기

6번 항목: 걷기, 조깅, 헬스, 운동을 전혀 하지 않음

7번 항목: 집에서 보내는 휴가, 국내여행

★주제별로 '문제 세트 수'라는 것이 존재합니다. 적게는 1세트부터 많게는 4세트가 있는 주제들도 있습니다. 선택주제는 대부분 1세트 혹은 2세트입니다. 이곳에 나열된 주제들은 대부분 1세트의 문제만 출제되는 상대적으로 쉬운 주제들입니다.

★지금까지 흔히들 선택했던 주제들 중 이 교재에 없는 주제들은 모두 문제 세트 수가 2개입니다.

예) 캠핑하기, 애완동물 기르기, 농구, 하이킹/트레킹, 자전거, 해외여행 등

★그래서 이 주제들은 추천하지 않습니다!

'오픽서베이
주제 선택 요령'
유튜브 영상 바로 가기

1. IL (Intermediate Low)

오픽 IL (삼성 4급) 시험 준비 전략	
난이도 단계 선택	6단계 중 3단계 선택
집중 공략 문제유형	3번, 4번, 6번, 7번 유형
발화량 (답변길이)	평균 30~40초
훈련 전략	▶ 쉐도잉 훈련으로 영어다운 톤과 억양 만들기 ▶ 교재 답변에 있는 문장 4~5개로 줄거리 잡고, 단문위주 　짧은 문장 3~4개를 추가해서 답변 완성 ▶ 처음에는 20초 정도의 짧은 답변으로 시작해서 40초까지 늘리기 ▶ 오픽보물창고 유튜브 모의고사 영상을 이용한 실전훈련 ▶ 밝은 대화톤으로 연기하는 훈련

1. 난이도 단계 선택

12문제가 출제되는 난이도 2단계로도 IL 등급이 나올 수 있지만, 15문제가 나와서 좀 더 말할 기회가 많은 3단계를 추천합니다. 통계적으로 3단계에서 IL 등급이 가장 많이 나옵니다.

2. 집중 공략 문제유형

총 10개의 문제 유형 중 1번부터 7번유형에 대해서만 답변 훈련을 합니다. (문제번호가 아닌 문제유형 번호입니다) 상대적으로 배점이 낮은 1번, 2번, 5번 유형은 30초 정도 길이로 답변하는 훈련하면서, 더 많은 시간을 상대적으로 배점이 높은 3번, 4번, 6번, 7번 유형에 투자합니다.

3. 발화량 (답변길이)

답변 길이는 30~40초 정도면 충분합니다. 끊김이 잦은 1분 답변보다 끊김이 적고 대화를 하는 느낌을 주는 30초 답변에 대한 등급이 더 높을 수 있습니다. 길이 보다는 '유창성'에 신경 쓰세요.

4. 훈련 전략

▶ 가장 중요한 훈련이 원어민의 음성을 귀로 들으면서 동시에 따라 말하는 '쉐도잉 훈련'입니다. 쉐도잉 훈련을 할 때는 스크립트를 안 보고 하는 것이 더욱 효과적입니다. 답변 당 4~5회 정도가 적당합니다.

▶ 교재 없이 스크립트를 직접 만드는 것은 비추입니다. 내용이 단순하고, 사용하는 문장패턴과 표현이 극히 제한적이기 때문입니다. 직접 스크립트를 작성하기 보다는 교재를 활용합니다. 교재 답변에서 진하게 된 핵심 문장 중심으로 줄거리의 뼈대를 잡고, 여기에 2~3 문장의 자신의 생각을 짧은 단문 위주로 추가해서 자신만의 스크립트를 완성합니다. 이렇게 해야 창작력이 향상되면서 미처 준비하지 못한 질문이 나와도 대응할 수 있는 요령이 생깁니다. 창작에 어려움이 있다면 진하게 된 핵심문장들을 줄거리를 생각하면서 연습합니다. 그리고 자신의 답변을 녹음해서 직접 들어보면 평소에 몰랐던 어색한 부분을 알 수 있습니다.

▶ 일일이 스크립트를 쓰면서 훈련할 필요는 없습니다. 교재에 있는 여백에 추가하고 싶은 문장을 적어놓고 우리말로 줄거리를 생각한 후에 답변하는 것이 훨씬 효과적입니다.

▶ 처음부터 길게 말하기 보다, 20초 정도 분량으로 짧게 시작해서, 조금씩 살을 붙여 최대 40초 정도 길이로 만드는 훈련을 합니다.

▶ 오픽보물창고 유튜브 채널에 있는 모의고사를 이용해서 3단콤보 중심으로 연달아 답변하는 훈련을 꾸준히 합니다. 이때 내 앞에 미국인이 앉아 있다고 가정하고, 최대한 밝은 대화톤을 연출하는 것이 중요합니다.

'오픽 IL 등급을 위한
시험 준비 전략'
유튜브 영상 바로 가기

2. IM1 & IM2 (Intermediate Mid 1 & 2)

오픽 IM1 & IM2 (삼성 3급) 시험 준비 전략	
난이도 단계 선택	6단계 중 4단계 선택
집중 공략 문제유형	3번, 4번, 6번, 7번 유형
발화량 (답변길이)	평균 60~70초

훈련 전략	▶ 쉐도잉 훈련으로 영어다운 톤과 억양 만들기
	▶ 교재 답변에 있는 문장 5~6개로 줄거리 잡고, 사이사이에
	   자신의 생각이 담긴 문장 5~6개 추가해서 답변 완성
	▶ 처음에는 30초 정도의 짧은 답변으로 시작해서 최대 70초까지
	   늘리기
	▶ 오픽보물창고 유튜브 모의고사 영상을 이용한 실전훈련
	▶ 밝은 대화톤으로 연기하는 훈련

1. 난이도 단계 선택

난이도를 4단계로 했을 때 IM1과 IM2 등급이 가장 많이 나온다는 통계가 있습니다.

2. 집중 공략 문제유형

총 10개의 문제 유형 중 1번부터 7번유형에 대해서만 답변 훈련을 합니다. (문제번호가 아닌 문제유형 번호입니다) 상대적으로 배점이 낮은 1번, 2번, 5번 유형은 1분 안쪽 길이로 답변하는 훈련하면서, 더 많은 시간을 3번, 4번, 6번, 7번 유형에 할애합니다.

3. 발화량 (답변길이)

답변 길이는 60~70초 정도가 좋습니다. 중요한 것은 유창성입니다. Well, you know, actually, basically, I mean, you know what I mean? 과 같은 필러를 2~3개 활용하면서 큰 끊김 없이 문장을 이어가는 것이 중요합니다.

4. 훈련 전략

▶ 자신의 영어에 모국어 느낌이 여전히 많은 상태입니다. **'쉐도잉 훈련'**을 통해 우리말 느낌을 제거하고, 영어다운 톤과 강세, 그리고 억양을 만드는 훈련을 합니다.

▶ 교재 없이 스크립트를 직접 만드는 것은 비추입니다. 내용이 단순하고, 사용하는 문장패턴과 표현이 극히 제한적이기 때문입니다. 직접 스크립트를 작성하기 보다는 교재를 이용하는 것이 좋습니다. 교재 답변에서 진하게 되어 있는 핵심문장들 중 5~6문장을 골라 답변의 뼈대를 만들고, 여기에 비슷한 비중인 5~6문장의 자신의 생각을 곁들여서 연습합니다. 문장을 추가하는 창작훈련은 적응이 필요하기 때문에 1~2 문장 추가로 시작해서 조금씩 양을 늘려가는 것이 효과적입니다. 그리고 자신의 답변을 녹음해서 직접 들어보면 평소에 몰랐던 어색한 부분을 알 수 있습니다.

▶ 일일이 스크립트를 쓰면서 훈련할 필요는 없습니다. 교재에 있는 여백에 필요한 문장을 적어놓고 우리말로 줄거리를 생각한 후에 답변하는 훈련이 훨씬 효과적입니다.

▶ 처음부터 길게 말하기 보다, 30 초 정도 분량으로 시작해서, 조금씩 살을 붙여 최대 70 초 정도 길이로 만드는 훈련을 합니다.

▶ 오픽 모의고사를 이용해서 3 단콤보 중심으로 연달아 답변하는 훈련을 꾸준히 합니다. 이때 내 앞에 미국인이 앉아 있다고 가정하고, 최대한 밝은 대화톤을 연출하는 것이 중요합니다.

'오픽 IM1 & IM2 등급을 위한
시험 준비 전략'
유튜브 영상 바로 가기

3. IM3 & IH (Intermediate Mid 3 & High)

오픽 IM3 & IH (삼성 2급) 시험 준비 전략	
난이도 단계 선택	6 단계 중 5 단계 선택
집중 공략 문제유형	3 번, 4 번, 7 번, 8 번 유형
발화량 (답변길이)	평균 80~100 초
훈련 전략	▶ 쉐도잉 훈련으로 영어다운 톤과 억양 만들기 ▶ 교재 답변에 있는 문장 7~8 개로 줄거리 잡고, 사이사이에 자신이 넣고 싶은 문장 7~8 개 추가해서 답변 완성 (관계사, 접속사, 분사 등을 이용한 복문 적극 활용!) ▶ 처음에는 60 초 정도로 시작해서 최대 100 초까지 늘리기 ▶ 오픽보물창고 유튜브 모의고사 영상을 이용한 실전훈련 ▶ 밝은 대화톤으로 연기하는 훈련

1. 난이도 단계 선택

IM3 와 IH 는 난이도를 5 단계로 했을 때 가장 많이 나온다는 통계가 있습니다.

2. 집중 공략 문제유형

총 10 개의 문제 유형 중 1 번부터 8 번유형에 대해서만 답변 훈련을 합니다. (문제번호가 아닌 문제유형 번호입니다) 상대적으로 배점이 낮은 1 번과 2 번유형은 1 분 정도 길이로 답변하는 훈련하면서, 더 많은 시간을 3 번, 4 번, 6 번, 7 번, 8 번 유형에 할애합니다. 한 번 더 정리를 하면 4 번, 7 번, 8 번 유형이 더 중요합니다.

3. 발화량 (답변길이)

답변 길이는 80~100 초 정도가 좋습니다. 중요한 것은 유창성과 디테일한 정보를 제공하는 능력을 보여주는 것입니다. 필러를 충분히 활용하는 것이 좋고, '서론-본론-결론'이라는 답변구성에서 본론 부분에서의 디테일한 정보를 최대한 제공하는 훈련을 합니다.

4. 훈련 전략

▶ 자신의 영어에 모국어 느낌이 여전히 남아있는 상태입니다. '쉐도잉 훈련'을 통해 우리말 느낌을 최대한 제거하고, 영어다운 톤과 강세, 그리고 억양을 만드는 훈련을 합니다.

▶ 자신의 수준에 맞는 교재를 활용해도 좋고, 직접 스크립트를 만드는 것도 괜찮지만, 이왕이면 다양한 문장패턴과 좋은 표현습득을 위해 교재를 활용하는 것을 추천합니다. 교재 답변에서 진하게 되어 있는 핵심문장들 위주로 답변의 틀을 잡고, 여기에 자신이 곁들이고 싶은 문장들을 추가해서 자연스러운 대화톤으로 말하는 훈련을 합니다. 문장을 추가하는 창작훈련은 적응이 필요하기 때문에 2~3 문장 추가로 시작해서 조금씩 양을 늘려가는 것이 효과적입니다. 이때 주의할 것은 단문 보다는 관계사와 같은 연결어를 이용한 복문활용을 많이 활용하는 것이 좋습니다. 그리고 자신의 답변을 녹음해서 직접 들어보면 평소에 몰랐던 어색한 부분을 알 수 있습니다.

▶ 일일이 스크립트를 쓰면서 훈련할 필요는 없습니다. 교재에 있는 여백에 필요한 문장을 적어놓고 우리말로 줄거리를 생각한 후에 답변하는 훈련이 훨씬 효과적입니다.

▶ 처음부터 길게 말하기 보다, 60 초 정도 분량으로 시작해서, 조금씩 살을 붙여 최대 100 초 정도 길이로 만드는 훈련을 합니다.

▶ 오픽 모의고사를 이용해서 3 단콤보 중심으로 연달아 답변하는 훈련을 꾸준히 합니다. 이때 내 앞에 미국인이 앉아 있다고 가정하고, 최대한 밝은 대화톤을 연출하는 것이 중요합니다.

'오픽 IM3 & IH 등급을 위한
시험 준비 전략'
유튜브 영상 바로 가기

4. AL (Advanced Low)

오픽 AL (삼성 1급) 시험 준비 전략	
난이도 단계 선택	6 단계 중 5~6 단계 선택
집중 공략 문제유형	7 번, 8 번, 9 번, 10 번 유형
발화량 (답변길이)	평균 100~120 초
훈련 전략	▶ 문제유형 9 번과 10 번이 충분히 포함된 AL 전용교재를 이용해서 핵심문장으로 줄거리 잡고, 다양한 문장패턴과 표현 등을 활용해서 답변 구성 (굳이 손으로 쓰는 스크립트 필요 없음) ▶ 답변길이는 80~120 초 유지하기 / 디테일한 정보 충분히 삽입 ▶ 오픽보물창고 유튜브 모의고사 영상을 이용한 실전훈련 (특히 마지막 네 문제에 집중해서 훈련하기) ▶ 문법에러 줄이기

1. 난이도 단계 선택

AL 이 목표 등급이면 난이도를 5 단계나 6 단계 중 하나를 선택하면 됩니다. 반드시 6 단계를 선택해야 한다는 이야기는 카더라입니다. 5 단계로도 얼마든지 오픽 최고등급을 받을 수 있습니다. 15 문제 출제공식이 1 도 다르지 않기 때문입니다.

2. 집중 공략 문제유형

총 10 개의 문제 유형 중 마지막 네 문제인 12 번~15 번에 집중합니다. 문제 유형 번호로는 7 번부터 10 번까지입니다. 특히 14 번과 15 번유형에 대한 충분한 연습이 필요합니다. 이 두 유형에서 AL 이 주로 결정되기 때문입니다. 참고로, 이 교재는 IL~IH, 등급 전용이기 때문에 모든 주제에 대한 14 번과 15 번 문제유형을 다루지 않았습니다. 하지만, 교재 마지막 부록에서 인기주제 10 개에 대한 AL 전용 기출문제와 스크립트를 제공했습니다.

3. 발화량 (답변길이)

답변 길이는 100~120초 정도가 좋습니다. 주의할 것은 너무 길게 말하지 않도록 해야 합니다. 2 분이 넘는 답변은 채점자도 듣지 않습니다!

4. 훈련 전략

▶ AL 등급이 결정되는 7/8/9/10 번유형에 대한 집중적인 답변훈련이 필요합니다. 문제번호로는 12 번~15 번까지입니다. 우선 롤플레이 콤보인 7 번과 8 번 유형에 대한 훈련으로 이 두 유형에 대한 자신감을 키우면서, 부록으로 제공된 9 번과 10 번유형 스크립트를 이용한 훈련을 합니다.

▶ 일일이 스크립트를 쓰면서 훈련할 필요는 없습니다. 교재 답변에서 줄거리의 핵심이 되는 문장들을 고르고, 여기에 자신의 생각을 몇 문장 곁들여서 자신만의 스크립트를 만든 후에, 키워드를 생각하면서 답변하는 훈련이 훨씬 효과적입니다.

▶ 답변 길이는 100 초에서 최대 120 초 정도면 됩니다. 서론과 결론을 제외한 본문 단락에서 핵심문장(topic sentence)과 이를 보충하는 문장들(supporting ideas)이 4~5 문장 연결되는 훈련이 중요합니다. 상대방이 궁금해 할 수 있는 정보를 최대한 많이 제공한다는 생각으로 내용을 추가하는 것이 중요합니다.

▶ 오픽보물창고 유튜브 채널에 있는 모의고사를 이용해서 실전훈련을 꾸준히 하되, 마지막 네 문제를 집중적으로 훈련합니다. 특히 14 번과 15 번에 출제되는 9 번과 10 번 유형에 대한 훈련에 더 많은 시간을 투자합니다. 이 두 유형에 대해 어느 정도 편안함을 느껴야 AL 등급달성이 가능합니다.

'오픽 AL 등급을 위한
시험 준비 전략'
유튜브 영상 바로 가기

1. 난이도별 100% 적중하는 출제공식

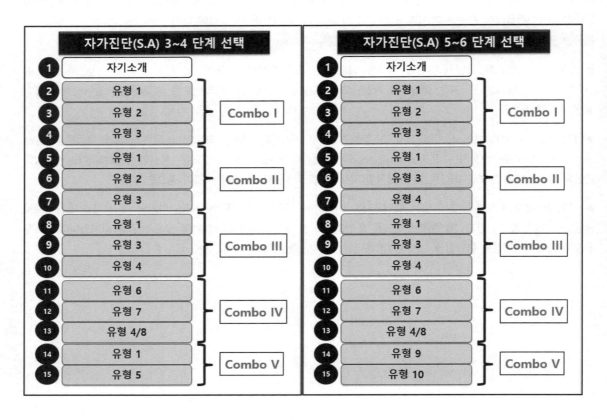

1. 오픽난이도 3~4 단계의 출제공식이 동일하고, 5~6 단계 공식 역시 100% 동일합니다.

2. 첫 번째 문제인 1 번에서는 반드시 '자기소개'에 대한 문제가 출제됩니다.

3. 자기소개 이후에 총 5 개의 콤보가 등장합니다. 이 말은, 총 5 개의 주제가 출제된다는 의미입니다.

4. 총 5 개의 콤보에 대한 선택주제와 돌발주제 출제비중은 3:2 입니다. 다시 말해서, 선택주제가 3 개 그리고 돌발주제가 2 개 출제된다는 의미입니다. 이 공식은 모든 시험에 동일하게 적용됩니다.

5. 11 번~13 번까지는 난이도 3~6 단계 모두 반드시 롤플레이 콤보가 출제됩니다.

6. 13 번에 출제되는 문제유형은 두 가지로, 인상적인 경험을 설명하는 4 번 유형과, 12 번과 비슷한 또 다른 경험을 설명하는 8 번 유형이 모두 출제됩니다. 4 번 유형과 8 번 유형 중 어떤 것이 출제되느냐는 주제에 따라 결정됩니다.

2. 오픽시험에 출제되는 10가지 문제유형별 특징

문제 유형	특징	문제 유형	특징
1번 유형	현재시제로 장소나 종류 묘사	6번 유형	주어진 상황에 맞게 상대방에게 정보요청
2번 유형	현재시제로 활동, 루틴, 단계 묘사	7번 유형	문제상황을 설명하고 해결을 위한 대안제시
3번 유형	최초 혹은 최근 경험 설명	8번 유형	이와 비슷한 또 다른 문제상황 해결 경험 설명
4번 유형	인상적인 경험 설명	9번 유형	비교나 대조
5번 유형	상대방에게 간단한 질문	10번 유형	사회적 관심사나 이슈를 예를 들어 설명

▶ 1번 유형은 배점이 가장 낮은 유형 중 하나로, 현재시제를 이용해서 장소나 종류 혹은 개요를 묘사하는 유형입니다. 큰 비중을 둘 필요가 없는 유형입니다.

▶ 2번 유형도 배점이 낮은 유형에 속하며, 역시 현재시제를 이용해서 활동, 루틴, 단계 등을 묘사하는 유형입니다. 1번 유형처럼 큰 비중을 둘 필요가 없는 유형에 속합니다.

▶ 3번 유형은 과거시제를 이용해서 어떤 것을 최초로 했던 경험을 설명하거나, 최근에 했던 경험을 설명하는 유형입니다. 최초 경험을 묻는 질문에서는 시간이 흐르면서 취향이나 실력의 변화를 덧붙여 묻는 경우가 종종 있습니다. 이 3번유형은 난이도 5~6단계에서 14번에 출제되는 9번 유형과 유사한 부분이 있습니다. 9번 유형을 설명하는 내용을 참고하세요.

▶ 4번 유형은 역시 과거시제를 이용해서 인상적인 경험을 설명하는 유형입니다. 경험을 설명한다는 점에서 3번 유형과 비슷하지만, 인상적인 부분을 좀 더 구체적으로 설명할 수 있어야 가산점을 받을 수 있기 때문에 3번 유형 보다는 배점이 높은 유형입니다.

▶ 5번 유형은 1번과 2번 유형처럼 배점이 가장 낮은 유형에 속하는 롤플레이 유형으로, 상대방에게 간단한 질문 3~4개를 하는 유형입니다. 난이도 3~4단계를 선택했을 때 맨 마지막 15번에 딱 한 번 출제되며, 답변 준비를 할 때 큰 비중을 둘 필요는 없습니다.

▶ 6 번 유형은 3~6 단계 중 어떤 난이도를 선택해도 반드시 11 번에 출제되는 롤플레이 유형으로 주어진 상황에 맞게 상대방에게 특정 정보를 요청하는 3~4 가지 질문을 하는 유형입니다.

▶ 7 번 유형은 반드시 12 번에 출제되는 또 다른 롤플레이 유형으로 제시된 문제상황을 상대방에게 설명하고, 문제해결을 위해 2~3 가지 대안을 제시하는 유형으로 배점이 높은 문제 유형입니다.

▶ 8 번 유형은 13 번에 출제되는 유형으로 12 번과 비슷한 또 다른 경험을 설명하는 유형입니다. 12 번에 출제되는 7 번 유형이 문제상황을 제시하기 때문에, 그와 유사한 또 다른 경험을 설명하고 문제를 어떻게 해결했는지도 반드시 설명해야 하는 배점이 높은 유형입니다. IM3 이상의 등급을 목표로 할 때 철저하게 준비해야 하는 유형입니다.

▶ 9 번 유형은 난이도 5~6 단계를 선택했을 때 14 번에 출제되는 유형으로 과거와 현재 비교 혹은 이것과 저것을 비교하면서, 유사한 점과 다른 점을 균형 있게 설명하는 것이 중요한 유형입니다. 최고 등급인 AL 을 결정짓는데 활용되는 배점이 가장 높은 유형 중 하나입니다.

▶ 10 번 유형은 역시 난이도 5~6 단계를 선택했을 때 맨 마지막 15 번에 출제되는 유형으로 특정 주제와 관련된 사회적 이슈나 관심사를 구체적인 예를 들어 설명해야 하는 오픽 문제 유형 10 가지 중 가장 배점이 높은 유형입니다. 목표등급이 AL 인 경우 철저하게 준비해야 하는 유형입니다.

'100% 적중하는 출제공식과
10가지 문제유형 특징'
유튜브 영상 바로 가기

IV. 한 등급 올려주는 오픽시험 주의사항 10 가지

*오픽시험장 주의사항 10 가지를 자세하게 다룬 영상 QR 코드는 다음 페이지에 있습니다.

| 1 | NO | 오픽서베이 & 오픽난이도 항목과 단계를 전략적으로 선택하지 못한다! |
| | YES | 오픽서베이 항목 선택과 오픽난이도 단계 선택 요령 잘 지키기! |

| 2 | NO | 1 번 자기소개는 평가대상이 아니다! 그러면 스킵? |
| | YES | 1 번 자기소개는 워밍업차원에서 1 분 정도 가볍게! |

| 3 | NO | 웅성거리는 시험장 분위기에 내 페이스는 안드로메다로~! |
| | YES | 주변 사람들 웅성거림에 대해 신경 끄고 내 페이스 유지! |

| 4 | NO | 다음 질문 PLAY 버튼을 너무 급하게 누른다! |
| | YES | 다음 질문 PLAY 버튼 누르기 전 문제유형 미리 생각하기! |

| 5 | NO | 말을 너무 빨리 한다! |
| | YES | 말 빨리 하지 않도록 주의! |

| 6 | NO | 오픽시험에는 전반전과 후반전이 있다. 어디가 더 중요할까? |
| | YES | 8 번부터 시작하는 후반전이 훨씬 더 중요! |

7	NO	길게 말할수록 가산점을 받는다고?
	YES	할 말 많아도 답변길이 2분 넘기지 않기!

8	NO	암기한 티를 내면 NH, 농협등급?
	YES	암기한 티 없애고 최대한 연기하기!

9	NO	할 말 없으면 그냥 NEXT?
	YES	할 말 없다고 그냥 건너뛰기 없기!

10	NO	끝까지 앉아 있으면 가산점 받는다고?
	YES	40분을 최대한 활용하되 시험 끝날 때까지 억지로 앉아 있지 말기!

'오픽시험장 주의사항 10가지'
유튜브 영상 바로 가기

교재 100% 활용법

I. 선택주제와 돌발주제 공략법

1. 선택주제
2. 돌발주제

II. 교재를 활용한 8단계 학습방법

1. 각 주제별 콤보 타입 확인하기
2. 기출문제 들어보고 문제내용 확인하기
3. MP3 음원으로 쉐도잉 훈련하기
4. 키워드와 주제 문장(Topic Sentences)으로 줄거리 잡기
5. 단락 여백에 나만의 문장 추가하기 (번역앱 파파고 활용)
6. 소리 내며 훈련하고 녹음하기
7. 문제 mp3 음원 이용해서 시험처럼 답변하기
8. 오픽보물창고 유튜브 모의고사 영상으로 실전 훈련하기

1. 선택주제

● 1 번 자기소개는 평가대상이 아닙니다! 하지만 워밍업 차원에서 1 분 정도 가볍게 답변합니다.

● 거주지는 '독신'보다 '가족과 함께 거주'를 추천합니다. '독신'이란 주제 속에 상대적으로 좀 더 까다로운 문제들이 포함되어 있기 때문입니다.

● 거주지관련 문제는 출제비중이 매우 높고 문제 수도 많기 때문에 가장 우선적으로 준비합니다.

● 선택주제를 고를 때는 '영화보기, 공원 가기, 음악 감상하기'처럼 주제 이름만 보고 고르지 말고, 각 주제 첫 페이지에 정리된 기출문제 내용과 콤보 구성을 확인하고 최종 선택합니다.

● 거주지관련 주제를 제외하고 12 개의 주제를 골라야 하는데, 시험준비를 할 때는 예비로 1~2 개 주제를 더 골라서 훈련합니다. 주제별로 답변을 준비하다 보면 나에게 잘 맞지 않는 주제가 생길 수 있는데, 이때 예비주제로 대체합니다.

● 오픽서베이 여섯 번째 항목인 '운동'에서는 '운동을 전혀 하지 않음'이란 주제를 반드시 선택합니다. 이 주제와 관련한 문제는 출제되지 않지만, 하나의 주제로 인정해 주기 때문입니다.

● 국내여행과 해외여행이 막연히 비슷하다고 생각해서 두 주제 모두를 고르는 것에 신중하세요. 해외여행 주제에는 까다로운 문제들이 있습니다. 대신, 집에서 보내는 휴가를 추천합니다. 이 주제와 관련된 문제들은 크게 까다롭지 않습니다.

● 주제 추천: 함께 묶어서 답변을 준비하면 효과가 높은 주제들을 4 개 그룹으로 나누었고, 별색으로 된 것이 1 순위로 추천하는 주제들입니다. '가족과 함께 거주'와 '운동을 전혀 하지 않음'은 반드시 선택하고, 나머지 주제들 가운데 최종 11 개를 선택하세요.

Group 1 가족과 함께 거주, 요리, 국내여행, 해외여행

Group 2 영화, 공연, 집에서 보내는 휴가, 쇼핑, TV 시청, 독서, 스포츠관람

Group 3 공원, 해변, 카페, 걷기, 조깅, 헬스

Group 4 음악, 노래, 악기

● 각 그룹에 있는 주제들이 연관성이 있기 때문에 순서대로 훈련하는 것을 추천합니다.

2. 돌발주제

● 돌발주제는 반드시 '두 콤보'가 출제됩니다. 하지만 돌발주제가 출제되는 콤보가 정해져 있는 것이 아니라, 모든 콤보에서도 출제될 수 있습니다. 당연히 11번~13번 자리에 롤플레이 콤보로도 출제될 수 있습니다.

● 돌발주제는 한 마디로 '생뚱'맞습니다. 우리의 일상과 밀접하게 관련된 주제들이기는 하지만, 우리말로도 평소에 생각하지 않는 주제들이기 때문입니다. 그래서 오픽시험에 출제되는 돌발문제들에 익숙해지는 것이 제일 우선입니다. 제공된 MP3 음원을 이용해서 우선 많이 들어봅니다. 동시에 각 문제의 텍스트로 돌발주제 문제 내용을 꼼꼼하게 확인하고 어떤 내용으로 답변할지도 생각합니다.

● 선택주제와 돌발주제의 답변훈련 비중을 3:2로 하는 것이 좋습니다. 다시 말해서, 선택주제를 3개 다루었으면, 돌발주제를 2개 다루는 방식입니다.

● 11번부터 13번에 반드시 출제되는 롤플레이 콤보에서 돌발주제가 나오면 상당히 당황스럽습니다. 그렇기 때문에 돌발주제는 롤플레이 콤보부터 훈련하는 것을 추천합니다.

II. 교재를 활용한 검증된 학습방법 8단계

● 10년이 넘는 기간 동안 많은 학생들에게 성공을 거둔 검증된 학습법입니다. 현재 말하기 수준과 목표등급에 따라 일부 단계를 생략할 수 있습니다. 각 단계의 훈련 효과를 확인해 보고 나에게 필요한 단계를 선택합니다.

1. 각 주제별 콤보 타입 확인하기

● 대상: 출제공식과 콤보타입을 정확히 알지 못하고, 각 주제별 기출문제 정보가 부족한 경우

● 효과: 각각의 문제유형들이 어떤 조합으로 출제되는지를 알면 다음 문제를 예측할 수 있습니다.

● 방법: 각 주제의 첫 페이지에 있는 콤보 구성을 확인합니다. 맨 마지막 14번과 15번에 출제되는 2단콤보는 비교적 단순하기 때문에, 3단콤보가 어떤 내용의 문제들로 세트를 이루는지 미리 파악합니다. 이미 공개한 100% 적중하는 출제공식과 문제유형별 특징을 알면 콤보를 이해하는데 큰 도움이 됩니다. 시험장에서 다음 문제를 예측할 수 있다는 것은 매우 커다란 이점입니다.

2. 기출문제 들어보고 문제내용 확인하기

● 대상: 청취력이 약하고 기출문제를 많이 접해보지 못한 경우

● 효과: 문제 청취력을 향상시키고, 유형별 특징들을 알게 되면서 답변의 질이 좋아집니다.

● 방법: 반드시 문제를 먼저 듣고 나서 질문 텍스트를 확인합니다. 질문 텍스트를 먼저 보거나, 텍스트만 보고 바로 답변훈련으로 넘어가지 마세요. 평소에 문제만 따로 청취하면서, 질문 내용과 문제의 유형 그리고 어떤 내용으로 답변을 할지 생각해 보는 것이 시험장에서 큰 도움이 됩니다.

3. MP3 음원 이용해서 쉐도잉 훈련하기

● 대상: 영어 말하기 환경에 노출된 적이 없거나 적어서 영어발음, 강세처리, 톤, 억양처리에 자신이 없는 경우

● 효과: 영어다운 톤, 강세처리, 억양 등을 향상시켜서 유창성 점수를 높게 받을 수 있고, 어휘력과 표현력이 자연스럽게 좋아집니다.

● 방법: 각 답변의 내용을 텍스트로 확인한 다음, 약 4~5 회 쉐도잉을 합니다. 미리 내용을 파악해 놓으면 따라 말하기가 수월합니다. 주의할 것은, 쉐도잉 훈련을 할 때는 텍스트를 안 보는 것입니다! 그래야 청력을 예민하게 해서 더 큰 효과를 기대할 수 있기 때문입니다. 쉐도잉 훈련을 할 때 내 앞에 미국인이 앉아 있다고 생각하고, 최대한 자연스러운 대화톤을 연출해 봅니다. 강조하지만, 쉐도잉 훈련은 기적의 학습법입니다!

4. 키워드와 주제 문장(Topic Sentences)으로 줄거리 잡기

● 대상: 영어식 답변구성에 대한 훈련에 노출된 적이 없거나 부족하고, 단순암기에만 의존한 경우

● 효과: '서론 – 본론 – 결론'이라는 답변 틀에 맞추어 말하는 능력을 향상시켜서 답변구성 점수를 높게 받을 수 있습니다.

● 방법: 각 답변에 우리말로 된 키워드와, 진하게 표시된 주제 문장(Topic Sentences)으로 줄거리를 구성합니다. 이때 자신이 덧붙이고 싶은 내용이 떠오르면 키워드와 주제 문장을 교체할 수도 있습니다. 단, 줄거리의 흐름이 어색해지지 않도록 주의합니다. 딱히 생각나는 것이 없다면 교재 답변 줄거리를 유지합니다.

5. 단락 여백에 나만의 문장 추가하기 (번역앱 파파고 활용)

● 대상: 우리말로도 1~2 분 길이의 짧은 답변을 하는데 어려움이 있고, 문장을 연결하는 것이 힘든 경우

● 효과: 창작력을 향상시켜 길게 말하는 능력과 돌발적인 문제에 대해 즉흥적으로 답변하는 능력이 향상됩니다.

● 방법: 단순암기로는 절대 좋은 성과를 거둘 수 없기 때문에 각 단락에 자신이 곁들이고 싶은 문장 1~3 개를 덧붙입니다. 이때 파파고와 같은 번역앱을 사용할 수 있고, 교재 답변의 문장들 중 마음에 들지 않는 것들은 내 답변에서 제외할 수 있습니다.

6. 소리 내며 훈련하고 녹음하기

● 대상: 오픽시험을 준비하는 모든 분

● 효과: 실전능력을 향상시키고, 자신의 답변 녹음을 3 자입장에서 들어보면서 약점을 알 수 있습니다.

● 방법: 교재답변 속 주요문장에 자신의 생각을 곁들인 '스크립트'를 완성했다면, 실제시험처럼 직접 소리 내며 말해봅니다. 이 훈련에서 가장 중요한 것은 '줄거리'를 생각하면서 암기하고 답변하는 것입니다. 이때 자신의 답변을 녹음해서 직접 들어보세요. 영어답게 들리는지, 큰 끊김은 없는지, 대화를 하는 듯한 느낌을 주는지 등을 확인합니다. 특히 전문가의 도움 없이 독학을 하는 분들에게 탁월한 효과가 있는 방법입니다.

7. 문제 mp3 음원 이용해서 시험처럼 답변하기

● 대상: 오픽시험을 준비하는 모든 분

● 효과: 실전에 필요한 순발력을 향상시키고, 암기가 아닌 즉흥적인 창작력을 향상시킵니다.

● 방법: 교재답변을 활용한 스크립트를 만들어서 연습을 했다면, 이번에는 질문을 듣고 바로 답변을 해봅니다. 실제 시험을 보듯이 방금 연습한 답변을 한 번 더 연습하면서 시험장 적응력을 높일 수 있는 방법입니다.

8. 오픽보물창고 유튜브 모의고사 영상으로 실전 훈련하기

● 대상: 오픽시험을 준비하는 모든 분

● 효과: 오픽시험을 대비하는 종합적인 훈련단계로, 시험장에서 실수를 줄여주고, 순발력을 향상합니다.

● 방법: '오픽보물창고' 유튜브 채널에 있는 모의고사는 실제 시험과 가장 유사하다는 특징이 있습니다. 질문을 2 회 듣고 답변해 보는 훈련을 매일 1~2 개 콤보씩만 해봐도 시험장 적응력을 높일 수 있습니다. 시험이 임박하다면 모의고사 영상을 이용해서 최대한 많은 문제를 다루어 본 후에 시험장에 가세요! 유튜브 모의고사 영상으로 바로 갈 수 있는 QR 코드가 다음 페이지에 있으니 활용하세요.

'오픽보물창고
모의고사 1'
유튜브 영상 바로 가기

'오픽보물창고
모의고사 2'
유튜브 영상 바로 가기

'오픽보물창고
모의고사 3'
유튜브 영상 바로 가기

'오픽보물창고
모의고사 4'
유튜브 영상 바로 가기

'오픽보물창고
모의고사 5'
유튜브 영상 바로 가기

Unit 1. 자기 소개 Introduce Myself

"1 번 자기소개는 평가대상이 아니다!"

오픽시험 1 번에 출제되는 자기소개는 등급에 어떤 영향도 주지 않는 문제입니다. 다시 말해서 채점자들이 듣고 평가를 하는 대상이 아니라는 것입니다. 그렇다고 1 번 자기소개를 그냥 스킵하는 것이 좋은 생각일까요?

그렇지 않습니다!

시험 시간 40 분 동안 영어로 답변을 하기 위해서는 워밍업이 꼭 필요합니다. 오픽시험이라는 시험은 뒤로 갈수록 좀 더 배점이 높은 문제들이 출제되기 때문에, 앞쪽에서 충분한 워밍업을 한 후에, 뒤로 가면서 더 유창한 답변을 해야 좀 더 높은 등급을 받을 수 있습니다.

평가 대상이 아니라고 건너뛴다는 생각을 하기보다는, 워밍업이라는 차원에서 1 분 정도 간단하게 자기소개를 하는 것이 좋습니다.

Q1. Can you please tell me a little bit about yourself? 당신에 대한 소개를 제게 해 주겠어요?

*별색으로 된 부분은 **자신에게 맞게 수정하고, 각 단락 여백에는 '나만의 문장'을 추가하세요.**

이름, 나이, 거주지 안녕하세요. 제 이름은 정민입니다. 26 살이고, 판교에 살고 있어요. 이곳에 5 년 정도 살고 있습니다.	Hi, I'm Jungmin. I'm 26. I live in Pangyo and I've lived there for about five years now.
가족소개 저는 부모님 그리고 여동생(누나)과 함께 살고 있어요. 아버지는 진지한 분이지만, 어머님은 상당히 재미있는 분입니다. 저는 여동생(누나)과 잘 지냅니다.	I live with my parents and a sister. My dad is a serious person. My mom is very funny though. I get along with my sister.
성격 저는 사교적이고 외향적인 성격입니다. 사람들과 어울리는 것을 좋아하고, 처음 만난 친구들과도 잘 어울립니다.	I'm a sociable, outgoing person. I love mixing with people. I enjoy mingling with new friends too.
미래 계획 저는 해외에서 살면서 일을 하고 싶어요. 전 세계 사람들과 친구가 된다는 것이 정말 재미있을 것 같아요. 그래서 그것 때문에 영어를 열심히 준비하고 있습니다. 들어주셔서 고맙습니다.	I want to live and work overseas. It'll be so much fun to make friends from all over the world. I'm working very hard on my English for that. Thank you for listening.

주요어휘 **serious** 진지한 **funny** 재미있는 **get along with** ~와 잘 지내다 **sociable** 사교적인 **outgoing** 외향적인

mix (mingle) with ~와 어울리다 **overseas** 해외에 **work hard on** 열심히 하다

Q1. Can you please tell me a little bit about yourself? 당신에 대한 소개를 제게 해 주겠어요?

*별색으로 된 부분은 자신에게 맞게 수정하고, 각 단락 여백에는 '나만의 문장'을 추가하세요.

이름, 나이, 전공 저의 이름은 민혁입니다. 27 살이고, 독신이며, 컴퓨터공학을 전공했습니다.	My name is Minhyuk. I'm 27. I'm single and I majored in Computer Science.
거주지 저는 대학교에 간 이후로 계속 서울에서 살고 있습니다. 이곳에는 사람들이 너무 많지만, 취업을 하기에는 좀 더 쉽습니다.	I've been living alone in Seoul since I went to university. It's too crowded but it's easier to find a job here.
직업, 성격 취업 이야기가 나와서 말인데요, 저는 개발자로 일을 하고 싶습니다. 제가 성격이 좀 내성적이어서 그 직업이 저에게는 완벽하다고 생각해요.	Speaking of jobs, I want to work as a developer. I think it'll be a perfect job for me because I'm sort of a shy guy.
취업 준비 여러 가지 일에 지원을 했지만, 안타깝게도 성공하지는 못했습니다. 면접 준비를 더 많이 해야 한다고 생각해요. 이 정도입니다. 고맙습니다.	I've applied for a few jobs. Unfortunately, I didn't make it. I think I should work harder on interviews. Well, that's pretty much it. Thank you.

주요어휘 **single** 독신의 **major in** ~을 전공하다 **crowded** 사람들이 많아 붐비는 **speaking of** ~의 이야기가 나와서 말인데 **developer** 개발자 **sort of** 다소, 좀 **shy** 부끄러움이 많은, 내성적인 **apply for** ~에 지원하다 **make it** 성공하다 (바라던 것을 이루다)

자기소개 | 남성 - 기혼 (자녀 있음)

Q1. Can you please tell me a little bit about yourself? 당신에 대한 소개를 제게 해 주겠어요?

*별색으로 된 부분은 **자신에게 맞게 수정**하고, 각 단락 여백에는 '나만의 문장'을 추가하세요.

이름, 나이, 전공, 자녀 저의 이름은 상준입니다. 31 살이고 대학에서 경제학을 공부했습니다. 결혼을 했고 자녀가 하나 있습니다.	My name is Sangjun. I'm 31 years old. I studied economics at university. I'm married and I have one child.
거주지 특징 저는 수원에 있는 작은 아파트에 살고 있어요. 서울에서 차로 30 분 정도 걸립니다. 물가가 조금 비싸기는 하지만 살기에는 좋은 곳입니다.	I live in a small apartment in Suwon. It's a 30 minute drive from Seoul. It's a nice place to live though things are a little too expensive around here.
직업 저는 회사에서 일을 하고 있는데, 종종 늦게까지 일을 해서 가족들과 함께 보낼 시간이 많지 않습니다. 직업을 바꿀까 생각도 하고 있어요.	I work in a company. I often work late so I don't have enough time to spend with my family. I'm thinking about changing jobs.
자녀 양육 자녀를 키우는 것은 많은 노력이 필요합니다. 그래서 지금 약간의 어려움도 있습니다. 하지만 동시에 즐겁기도 합니다. 이 정도입니다. 들어주셔서 감사합니다.	Well, bringing up a kid takes a lot. So, we're having a little bit of a hard time at the moment. But it's of course a lot of fun too. That's about it! Thank you for listening.

주요어휘 **economics** 경제학 **bring up** 자녀를 양육하다 **take a lot** 많은 노력이 들어가다

have a hard time 어려움이 있다 **fun** 즐거운

Q1. Can you please tell me a little bit about yourself? 당신에 대한 소개를 제게 해 주겠어요?

*별색으로 된 부분은 자신에게 맞게 수정하고, 각 단락 여백에는 '나만의 문장'을 추가하세요.

이름, 나이 안녕하세요. 제 이름은 주영입니다. 20 대 중반이고, 현재 취업을 준비하고 있습니다.	Hi, my name is Jooyoung. I'm in my mid-20s. I'm looking for a job at the moment.
출신지역과 거주지 저는 일산이 고향인데 그곳에서 태어나고 자랐습니다. 서울 바로 옆이죠. 저는 주로 서울에서 친구들과 어울리는데 일산에는 별 것이 없기 때문입니다.	I'm from Ilsan, born and raised. It's right next to Seoul. So, I usually hang out with my friends in Seoul because there's nothing much going on in Ilsan.
성격 저는 사람들과 어울리는 것을 정말 좋아해요. 새로운 친구 사귀는 것도 관심이 있습니다. 그리고 야외활동을 좋아하는데요, 그래서 친구들과 자주 야구를 보러 갑니다.	I really love socializing with people. I'm interested in making new friends too. Also, I enjoy outdoor activities. So, I go to baseball games with my friends often.
직업 성향 돌아다니면서 사람들을 만날 수 있는 일을 할거에요. 하루 종일 사무실에 앉아서 시간을 보내고 싶지는 않거든요. 그것은 제가 아니에요. 네, 제 이야기는 이 정도입니다.	I'll get a job where I can move around and meet a lot of people. I don't want to sit in an office and spend the whole day there. It's just not me. OK, that's pretty much it from me.

주요어휘 **look for a job** 취업을 준비하고 있다 **born and raised** 태어나고 자란 **hang out with** ~와 어울리다

outdoor activity 야외활동 **move around** 돌아다니다

Q1. Can you please tell me a little bit about yourself? 당신에 대한 소개를 제게 해 주겠어요?

*별색으로 된 부분은 자신에게 맞게 수정하고, 각 단락 여백에는 '나만의 문장'을 추가하세요.

이름, 나이, 전공 안녕하세요, 제 이름은 미진이고 26 살이며, 서울에 있는 대학을 졸업했습니다. 전공은 생물학입니다.	Hi, I'm Mijin. I'm 26 and I'm a graduate of a university in Seoul. I studied biology.
가족소개 가족에 대해 말씀 드리면, 서울에서 부모님과 함께 살고 있고 남동생이 하나 있습니다. 동생이 저보고 좀 더 사교적이 되어야 한다고 말하지만, 저는 상당히 내성적입니다.	As for my family, I live in Seoul with my parents and I have a younger brother. He always tells me I should be more sociable but I think I'm too reserved for that.
애완동물 소개 저는 애완동물을 좋아해요. 고양이 한 마리를 키우고 있는데 사람들과 함께 있는 것 보다 고양이랑 있을 때 좀 더 편안합니다. 저한테 무엇을 하라고 시키지 않으니까요.	I like pets. I have a cat. I feel more relaxed with him than with people because they don't tell me to do things.
미래계획 애완동물 샵을 열어볼까 생각 중입니다. 저는 내성적이기는 하지만 동물을 사랑하는 사람들과 의사소통 하는 것에는 문제가 없거든요. 너무 말을 많이 한 것 같네요. 들어주셔서 고맙습니다.	I think I might open a pet shop. I'm usually shy but I have no problem communicating with animal loving people. Well, I think I've talked too much. Thank you for listening.

주요어휘 **graduate** 졸업생 **biology** 생물학 **as for** ~에 대해 말해보면 **sociable** 사교적인 **reserved** 내성적인

feel relaxed 느낌이 편안한

Q1. Can you please tell me a little bit about yourself? 당신에 대한 소개를 제게 해 주겠어요?

*별색으로 된 부분은 자신에게 맞게 수정하고, 각 단락 여백에는 '나만의 문장'을 추가하세요.

결혼시기, 거주지와 가족 안녕하세요, 제 이름은 나연입니다. 5년 전에 결혼을 해서 남편과 함께 부산에 살고 있어요. 두 자녀가 있고요.	Hi, my name is Nayeon. I got married five years ago. I live in Busan with my husband. We have two kids.
전공, 근무 경험, 희망 업종 대학에서 관광을 전공했는데, 상당히 좋았습니다. 호텔에서 일을 했었는데 아이가 생기면서 그만 두었죠. 호텔에서 다시 일을 했으면 좋겠습니다.	I studied tourism at university. I liked it so much. I used to work at a hotel but I had to quit because I had a baby. I hope to work at a hotel again.
부부 성격 저는 제 자신이 조금 까다롭다고 생각해요. 모든 것들이 제 자리에 있기를 원합니다. 남편은 저 같지 않지만 대체로 상당히 협조적입니다.	I consider myself a little too fussy. I want everything in the right place. My husband is not like me but he's quite helpful in general.
현 직업과 소감 현재는 파트타임으로 일을 하고 있습니다. 아이를 키우는 직장여성이 된다는 것이 쉽지 않아요. 자주 스트레스를 받지만 그렇다고 다른 방법이 있는 것은 아닙니다. 저에 대해서는 이 정도입니다. 시간 내 주셔서 고맙습니다.	I'm working part-time at the moment. Being a working mom is not easy. I often get really stressed out but I wouldn't have it any other way. That's it from me. Thank you for your time.

주요어휘 **get married** 결혼을 하다 **used to** ~했었다 **quit** 그만두다 **consider** ~라고 생각하다 **fussy** 까다로운

in the right place 제 자리에 **helpful** 도움을 주는 **in general** 대체로 **work park-time** 아르바이트를 하다

get stressed out 스트레스를 받다 **have it any other** way 다른 방도가 있다

Unit 2. 가족과 함께 거주 Family House

*거주지 관련 주제는 문제 수가 많아서 출제비중이 매우 높으므로 가장 우선적으로 챙기세요!

콤보 I	Set 1	Set 2	Set 3
유형 1	집 묘사	집에서 하는 일 묘사	방 묘사
유형 2	집에서의 활동 묘사	집안일 처리 방법 묘사	가족과의 일상 묘사
유형 3	집에서 생긴 문제점 설명	어릴 적 집안일 설명	어릴 때와 현재의 집 비교

▶ 난이도 3~4 단계: 2 번~7 번까지 두 세트 출제 / 난이도 5~6 단계: 2 번~4 번까지 한 세트만 출제

콤보 II	Set 1	Set 2	Set 3
유형 1	집 묘사	집에서 하는 일 묘사	방 묘사
유형 3	집에서 생긴 문제점 설명	어릴 적 집안일 설명	어릴 때와 현재의 집 비교
유형 4	집 문제 한 가지 상세 설명	부탁을 못 들어준 경험	집에서의 인상적인 경험

▶ 난이도 3~4 단계: 8 번~10 번까지 한 세트만 출제 / 난이도 5~6 단계: 5 번~10 번까지 두 세트 출제

콤보 III	Set 1	Set 2	Set 3
유형 6	가구 구입 위한 정보요청	지인 초대 위한 정보요청	친척 집 봐주는 정보요청
유형 7	구입한 가구 문제해결	초대 불가능한 문제해결	잠겨있는 친척 집 문제해결
유형 4/8	구입한 물건 문제해결 경험	가족 위한 계획 수정 경험	가족 돕는데 어려웠던 경험

▶ 난이도 3~6 단계 모두 반드시 11 번~13 번에 출제 / 13 번에서는 4 번과 8 번유형 주제별로 다름

콤보 IV	Set 1	Set 2	Set 3
유형 1	집 묘사	집에서 하는 일 묘사	방 묘사
유형 5	상대방의 거주지에 대해 질문 하기		

▶ 난이도 3~6 단계에서 14~15 번에 출제되고, 5~6 단계에서는 AL 을 결정하는 9 번과 10 번유형 출제

▶ 이 교재에서는 9 번과 10 번유형을 주제마다 다루지 않습니다.

이 두 유형은 AL 을 평가하기 위한 것으로 IH 를 목표로 할 경우 굳이 많은 시간투자를 할 필요가
없기 때문입니다. 대신 부록(421 페이지)편에서 총 20 개의 기출문제와 스크립트를 제공합니다.

Q1. Describe what your home looks like. Explain the floor plan and the number of rooms your home has. Please discuss what your home is like for me.

당신의 집이 어떻게 생겼는지 묘사하세요. 평면 구조와 방의 개수를 말해 보세요. 당신의 집이 어떻게 생겼는지 제게 자세히 말해보세요.

집의 종류, 모양, 내부 묘사 저는 아파트에 살아요. 여러 다른 한국사람들처럼요. 정사각형 모양이고 세 개의 침실 거실과 식사와 생활 공간 그리고 발코니가 있어요.	**I live in an apartment** like many other Korean people. **It's like a square and it has three bedrooms, a living and dining area and balconies.**
가장 넓은 장소 - 거실 공간이 가장 큰 곳은 주방과 거실이에요. 그것들은 집 정 중앙에 위치하고 있어요.	**The biggest space is the kitchen and the living room.** They are right in the middle of the place.
집안 다른 장소 - 침실과 샤워실 욕실과 샤워실도 있습니다. 샤워실은 가장 큰 방 바로 옆에 있어요.	**We have a bathroom and a shower as well.** The shower is right next to the biggest bedroom.
발코니 마지막으로 중요한 것은, 두 개의 발코니가 있다는 것이에요. 그곳에서 화분도 키우고 세탁기도 있습니다.	**Last but not least, we have two balconies.** We grow some plants and have a washing machine there.

*각 단락 여백은 '**나만의 문장**' 추가를 위한 창작공간입니다.

주요어휘 square 정사각형 **living and dining area** 생활하고 식사하는 공간 **balcony** 발코니

　　　　right in the middle ~의 정 중앙에 **shower** 샤워실 **grow** 키우다

만능표현 **last but not least** '마지막으로 중요한 것은' 여러 가지를 나열할 때 맨 마지막 항목에 앞서서 유용하게

　　　　사용할 수 있는 표현. 마지막에 언급하지만 앞에 언급한 것 못지않게 중요하다는 의미

Q2. While at home, what is your typical routine? During the week and on the weekends, what types of things do you do?

집에 있을 때 주로 하는 일은 무엇인가요? 주중과 주말에 어떤 종류의 활동을 하나요?

주중활동	Let me think. **During the week, I help my mom prepare dinner.** So I try to get home as early as possible.
글쎄요. **주중에는 저녁식사 준비를 하시는 어머님을 도와요.** 그래서 가능한 일찍 집에 가려고 합니다.	
식사 후 활동	**After dinner, I sometimes watch a TV show or a movie with my family.** I think we're spending more time watching Netflix than ever before.
저녁을 먹고 나면, 가끔 가족과 함께 TV 나 영화를 봅니다. 이전보다 네플릭스를 더 많이 보는 것 같아요.	
방에서 하는 활동	**Or, I stay in my room checking social media** like Facebook or Instagram. Then I go to bed around midnight after a quick shower.
아니면, 방에서 페이스북이나 인스타그램 같은 소셜미디어를 확인합니다. 그리고는 간단히 샤워를 한 후 12 시쯤 잠자리에 들어요.	
주말활동	**On weekends, I have more free time so I do some chores.** Or, I go bike riding when the weather's nice. **Of course, I sometimes meet my friends and have a good time too.** I spend the rest of my weekend relaxing with some music in my room.
주말에는 자유시간이 더 많아서 허드렛일을 좀 합니다. 아니면, 날씨 좋을 때 자전거를 타기도해요. 가끔 친구들을 만나서 즐거운 시간을 갖기도 합니다. 나머지 주말 동안에는 방에서 음악을 들으면서 쉽니다.	

*각 단락 여백은 **'나만의 문장'** 추가를 위한 창작공간입니다.

주요어휘 **than ever before** 과거 어느 때보다 더 **go to bed** 잠자리에 들다 **a quick shower** 간단한 샤워
　　　do chores 허드렛일을 하다

만능표현 **let me think** '그러니까 말이죠' 정도로 해석할 수 있으면서 오픽 답변을 시작할 때 적당하게 시간을
　　　끌면서 사용할 수 있는 유용한 표현

Q3. Problems often happen in homes-unfinished projects, plumbing issues, etc. Discuss some of the issues that have occurred in your home.

마무리 되지 않은 일들, 배관 문제 등 집에서는 종종 문제가 발생합니다. 당신 집에서 발생한 이런 문제들을 설명하세요.

도입	
맞아요. 처리를 해야 하는 문제들이 항상 있어요. 그 중 몇 가지를 말해볼게요.	Right. We've had a lot of problems to deal with. Let me tell you some of them.
여름철 문제 – 장마 한국에서는 초여름에 하루 종일 비가 내려요. 장마라고 부르는데, 한국형 우기를 뜻해요. 그래서 지난 여름에는 아파트 건물 앞에 큰 물웅덩이가 생겼죠. 거기를 지나면서 모두들 흠뻑 젖었어요.	It rains all day and every day in the early summer here in Korea. It's called Jang-ma, the Korean monsoon season. **So, last summer, we had huge puddles in front of the apartment building.** Everybody got wet to pass them.
겨울철 문제 – 보일러 겨울이 더 나은 것도 아니에요. 몇 년 전에, 일주일 동안 샤워를 할 수 없었어요. 너무 추워서 보일러가 고장 났거든요. 수리를 하느라 큰 돈이 들었어요.	Winter's not any better. A few years ago, we couldn't take a shower for a week. It was so cold that the boiler broke down. We had to pay a lot to get it fixed.
소감 상당히 춥고 비용이 드는 겨울이었죠. 그래서 저는 겨울이 정말 싫어요.	It was a very cold and expensive winter. That's why I hate winter.

*각 단락 여백은 '**나만의 문장**' 추가를 위한 창작공간입니다.

주요어휘 deal with ~을 처리하다, 다루다 **monsoon** (동남아) 우기, 장마 **puddle** 물웅덩이 **not any better** 더 낫지 않다 **break down** 기계류가 고장 나다

Q4. Select one of the problems that happened at your house and describe to me everything that occurred. When did this happen and what types of things created this problem? Then in detail discuss all of the steps that you did in order to solve this issue.

집에서 발생한 문제들 중 하나를 선택하고 일어난 모든 것을 제게 말해주세요. 언제 일어났고 문제의 원인은 무엇이었나요? 그리고 문제해결을 위해 당신이 취한 모든 단계를 구체적으로 설명해 주세요.

오래된 아파트와 보일러고장 사실 제가 사는 아파트는 오래되어서 상당히 자주 문제가 생깁니다. 약 5년 전에 보일러가 고장 나서 뜨거운 물이 나오지 않았어요.	Actually, our apartment is quite old so problems happen quite often. About five years ago, the boiler broke down so we didn't get any hot water.
관리소에 도움 요청 바로 아파트 관리실에 전화를 했죠. 수리를 하려면 일주일 정도 걸린다고 말하는 거에요.	We called the apartment office right away. They said it would take about a week to have it fixed.
대안 - 히터구입 히터를 구입해서 그 위에 물을 올려놓고 끓였어요. 마냥 기다릴 수는 없었거든요.	We bought a heater and we put some water on top of it to boil the water. We couldn't just wait.
당시 상황 설명과 소감 그래도 완전히 수리가 될 때까지 손과 발을 씻을 수는 있었어요. 매우 불편한 경험이었죠.	We were able to wash our hands and feet until it finally got fixed though. It was a very uncomfortable experience.

*각 단락 여백은 '**나만의 문장**' 추가를 위한 창작공간입니다.

주요어휘 have it fixed ~을 수리하다 pleasant 즐거운 uncomfortable 불편한

Q5. With my family, I currently live in a house in the United States. To find out more information about this home, ask me three to four additional questions.

저는 제 가족과 함께 미국에 있는 집에서 현재 살고 있습니다. 이 집에 대한 추가 정보를 알기 위해 제게 서너 가지 추가 질문을 해 주세요.

도입 - 질문 예고 가족과 함께 산다고 하니 좋네요. 당신이 사는 집에 대해 몇 가지 질문이 있어요.	It's good to know you live with your family. **I have some questions about your home.**
거주지역, 주(state) **우선, 집이 어디에 있나요?** 제 말은, **어떤 주에 사나요?** 미국에 있는 몇몇 주를 알거든요.	**First of all, where is it?** I mean, **in what state do you live?** I know some of the states in the USA.
살고 있는 층과 방의 개수, 용도 **다음은, 당신 방은 몇 층에 있나요?** 전망이 좋나요? **집에는 방이 몇 개나 되나요?** 각 방의 용도를 말해줄래요?	**Next, on which floor is your room?** Do you have a good view from there? **How many rooms do you have in your house?** Can you tell me what they are for?
가장 좋은 점, 마무리 마지막 질문인데요, **당신 집에 대해 어떤 점이 가장 좋나요?** 이 정도면 되겠네요. 시간 내 주셔서 감사해요.	Here's my last question, **what do you like best about your place? That's pretty much it.** Thank you for your time.

*각 단락 여백은 **'나만의 문장'** 추가를 위한 창작공간입니다.

주요어휘 **a good view** 좋은 전망 **pretty much** (=nearly, almost) 거의

Q6. Pretend that you want to buy new furniture for your house. Explain to a salesperson what you are looking for.

집에 필요한 새로운 가구를 사고 싶어한다고 가정해 보세요. 판매직원에게 당신이 찾는 것이 무엇인지 설명하세요.

도입 - 질문 예고 **안녕하세요. 집에 필요한 가구를 좀 사려고합니다. 질문 몇 가지를 할게요.**	**Hello, Hi. I'd like to buy some new furniture for my house** and I have some questions for you.
필요한 가구와 선호하는 색깔 **식탁과 의자 네 개가 필요해요.** 단순하면서도 모던하게 보이는 식탁과 의자를 찾고 있어요. 그런데 어두운 색은 좋아하지 않아요.	**I need a dining table and four chairs for it.** I'm looking for the new table and chairs to look simple and modern. I don't like dark colors by the way.
또 다른 가구 **그리고 3 인용 소파도 필요해요.** 15 년된 소파만 있거든요. 그리고 어떤 재질인지도 궁금합니다.	**I'd also like a three-seater sofa.** I've only got a 15 year-old sofa. I'd like to know what kind of material you use for it.
혜택 문의, 마무리 **마지막으로, 가구에 대한 특별한 혜택이 있나요?** 많이 구입하니까 할인을 해 주시면 좋을 것 같은데요. 당신 의견을 정말 듣고 싶어요. 고맙습니다.	**Finally, do you have any special offers for the items?** I'd be very happy if I was offered a discount because I think I'm buying a lot. **I'm really interested to hear what you have to say.** Thanks.

*각 단락 여백은 '**나만의 문장**' 추가를 위한 창작공간입니다.

주요어휘 **table** 식탁 **modern** 최신의, 모던의 **by the way** 그런데 **three-seater** 3 인이 앉을 수 있는 **material** 재질 **special offer** 할인 같은 특별한 혜택

만능표현 I'd be very happy **if I was offered** a discount. 정중함을 나타내기 위한 세련된 문장 패턴으로서 직역을 하면 '~해 준다면 ~하겠습니다'라는 의미이지만, 그냥 현재형으로 '~을 (정중히) 부탁 드립니다'란 의미로 사용하면 됨.

Q7. You discover a problem with the furniture that you bought. Call the store and explain the problem.

당신이 구매한 가구에 문제가 있음을 발견했습니다. 상점에 전화를 걸어서 문제점을 구체적으로 설명해 보세요.

문제 발생 알림 여보세요. 오늘 아침에 주문한 물건을 받았어요. 그런데 식탁에 문제가 좀 있네요.	Hello, I received my orders this morning. But I've got some problems with the table.
문제 내용 – 색상과 표면 흠집 문제를 말해보면, 너무 어두운 색깔이네요. 제가 원하는 색이 아니에요. 제가 어두운 색으로 된 가구를 싫어한다고 말했는데요. 뿐만 아니라, 의자 하나에 흠집이 좀 있네요.	Here are the problems. **It's too dark. It's not the color I want.** I said I don't like dark furniture. On top of that, **one of the chairs has some scratches.**
대안 1 – 새 제품으로 교체 제가 원하는 것은요, 오늘 중으로 상태가 좋은 식탁과 문제가 없는 의자를 갖다 주세요.	Here's what I want. **Please just get me a good table and a chair without any problem today.**
대안 2 – 환불 요청, 마무리, 소감 그렇게 할 수 없다면, 전부 가져가시고 전액 환불을 해 주세요. 이 문제를 바로 처리해 주세요. 제가 선택할 수 있는 것이 무엇인지 말해주세요. 상당히 실망스럽네요.	If you can't, just take them back and give me a full refund. I need you to take care of these problems right away. Please tell me what my options are. **I'm so disappointed.**

*각 단락 여백은 **'나만의 문장'** 추가를 위한 창작공간입니다.

주요어휘 **orders** 주문한 상품 **on top of that** 뿐만 아니라 **scratch** 흠집 **a full refund** 전액 환불

　　　　 take care of ~을 처리하다 **option** 선택할 수 있는 것

만능표현 **Here's what I want.** 대안을 제시할 때 상대방의 주의를 끌 수 있는 유용한 표현

Q8. Have you ever had a problem with something you purchased for your house? Talk about what the problem was and how you solved the problem.

당신 집을 위해 무엇인가를 구입했는데 문제가 생긴 적이 있나요? 어떤 문제였고, 어떻게 해결했는지 말해 보세요.

시기, 구입제품, 가격 약 1년 전에, 근처에 있는 **컴퓨터 상점에서 프린터 하나를 구입했어요.** 스캔도 되고 복사도 할 수 있는 프린터였는데, 그렇게 비싸지 않았어요.	**About a year ago, I bought a printer from a computer store** around the corner. It was a printer that could scan and make copies, but it wasn't that expensive.
문제 설명 – 스캔 기능 오류 한달 정도는 완벽하게 작동이 되었죠. 그런데 어느 날, 중요한 문서 하나를 PDF 양식으로 스캔을 해야 했는데, 갑자기 스캔 기능이 작동을 하지 않았어요. 문제가 무엇인지 전혀 알 수 없었죠. 소프트웨어를 삭제하고 재설치를 계속 했어요.	**It worked perfectly for about a month.** And one day, I had to scan an important document into a PDF. **But all of a sudden, the scanning function didn't work.** I had absolutely no idea what the problem was. I kept uninstalling and reinstalling the software.
해결책 고민 그리고 새 것으로 교환을 하기에는 이미 너무 늦어버렸죠. 상당히 당황스러웠지만 좋은 해결책을 생각해야만 했어요.	**And it was already too late to return it for a new one.** I was so frustrated but I had to think of a good solution to it.
다른 제품 구입, 소감 그래서 제가 한 것은, 나가서 작은 스캐너를 구입했어요. 상당히 저렴했어요. 제가 원하는 것을 모두 할 수 있었어요. 완벽한 해결책은 아니었지만, 그래도 당장 제가 할 수 있는 최고의 방법이었죠.	**So,** what I did was, **I went out and bought a small scanner. It was fairly cheap,** and it did everything I needed. **It wasn't a perfect solution, but it was the best I could do for the moment.**

*각 단락 여백은 '**나만의 문장**' 추가를 위한 창작공간입니다.

주요어휘 around the corner 가까이에 있는 that expensive 그렇게 비싼 all of a sudden 갑자기 function 기능 frustrated 좌절한, 실망스러운 think of ~을 생각해내다 fairly 상당히 for the moment 당장은

만능표현 It was the best I could do for the moment. '최선의 방법이었다'란 의미를 지닌 유용한 표현

Q1. What are the various responsibilities in your home? Identify who is responsible for what tasks. Explain how things get accomplished.

당신 집에서의 맡은 다양한 일들이 무엇인가요? 어떤 일을 누가 하는지 말해보세요. 그 일들이 어떻게 완료되는지 설명하세요.

집에서 내가 하는 일	We all have different chores to do. I'm responsible for cleaning my bedroom. I often help get ready for dinner such as setting and cleaning the table. Sometimes I wash the dishes after dinner.
우리 모두 각기 해야 할 허드렛일이 있어요. 저는 방 청소 담당입니다. 식탁을 차리고 치우는 것 같이 종종 저녁 식사 준비를 돕기도 합니다. 가끔 식사 후에 설거지도 합니다.	
가족들이 맡은 일	My sister (brother) takes care of the dog since it's hers (his). I like to walk the dog so it's more like a nice walk rather than a chore.
여동생(남동생)은 자신의 강아지를 돌봅니다. 저는 강아지 산책시키는 것을 좋아하는데 허드렛일이라기 보다는 오히려 즐거운 산책에 가깝죠.	
부모님이 맡은 일	My parents do most of the cleaning. My mom's responsible for washing the clothes while my dad is responsible for hanging them on the line.
부모님께서는 대부분의 청소를 하십니다. 어머니는 세탁을 담당하고, 아버지는 빨래 너는 것을 하십니다.	
의견	We have a pretty good arrangement at my house. No one does too much or too little. There's nothing to complain about, I guess.
가족 모두 잘 합의를 합니다. 그 누구도 더 많이 하거나 적게 하지 않아요. 불평할 것이 없다는 생각이 드네요.	

*각 단락 여백은 '나만의 문장' 추가를 위한 창작공간입니다.

주요어휘 **chores** 집안 허드렛일 **walk a dog** 강아지 산책을 시키다 more like 오히려 ~에 가까운

on the line (여기서는) 빨래 줄에 **have a good arrangement** 서로 합의를 잘 하다

Q2. How do you traditionally handle your responsibilities?

당신이 꼭 해야 하는 집안 일들을 주로 어떻게 처리하나요?

도입 음, 집에서 할 일들이 좀 있어요. 그것들을 완벽하게 하려고 하죠.	Well, in the house I have some things to do and I try to get them done perfectly.
청소 우선, 제 방에서 먼지를 털어내고 진공청소기 돌리는 것이 저의 일이에요. 적어도 일주일에 한 번은 합니다.	First, I'm responsible for dusting and vacuuming my bedroom. I do it at least once a week.
재활용 분리수거 재활용 하는 날 쓰레기를 버리는 것도 또 다른 저의 일입니다. 여러 다른 용기에 플라스틱, 종이 그리고 몇몇 다른 것들 넣는 것을 포함하죠.	Putting out the garbage on the recycling day is another responsibility. It involves putting plastic, paper and some other materials into separate bags.
욕실청소, 소감 뜨거운 물로 목욕하는 것을 좋아해서 욕조도 항상 깨끗하게 청소합니다. 저 말고는 그것을 원하는 사람이 없어요. 저는 거의 할 일들을 못하는 경우가 없어요. 책임감이 강한 사람이라고 생각해요.	Because I enjoy taking a hot bath, I keep the bathtub clean. Nobody wants to do it except for me. I rarely fail to get these things done. I think I'm a responsible person.

*각 단락 여백은 '나만의 문장' 추가를 위한 창작공간입니다.

주요어휘 dust 먼지를 털어내다 vacuum 진공청소기로 청소하다 put out the garbage 쓰레기를 내다 버리다

rarely 거의 ~하지 않는 fail to V ~하는 것을 실패하다

Q3. As a child, discuss what responsibilities you had while you were at home. What specific responsibilities were assigned to you and how did you handle them?

어렸을 때 집에서 꼭 했던 일들에 대해 말해보세요. 당신에게 부여된 일들이 무엇이었고 그것들을 어떻게 처리했나요?

어릴 적 부모님의 태도 **어렸을 때는 부모님이 저를 위해 거의 모든 것을 해 주셨어요.** 학교 공부에 집중하기를 원하셨거든요.	When I was a kid, my parents did almost everything for me. They wanted me to concentrate on my school work.
방 청소 **하지만 부탁을 받은 것은 했어요. 제 방을 항상 깨끗하게 유지를 했죠.** 잠자리를 정리하고 방안 모든 것이 깔끔하게 정돈이 되도록 했어요.	But I did what I was told to do. I always kept my room clean, made my bed and made sure everything in my room was tidy.
심부름 그리고 가끔 채소 같은 것을 사기 위해 상점을 다녀오라는 부탁도 받았어요. 어린 아이로서 그 정도 일은 그렇게 어렵지 않았어요.	Also, I was sometimes told to go to the store for some vegetables and so on. It wasn't that difficult as a kid.
화분 물주기, 마무리 사실 상당히 즐거웠어요. 잔돈은 항상 제 것이었기 때문이죠. **가져도 된다고 허락을 받았거든요. 화분에 물을 주라는 부탁도 받았었죠.** 식물이 자라는 것을 보는 것도 좋았어요. **대략 이렇습니다.**	I actually quite enjoyed it because the change was always mine. I was allowed to keep it. **I was also told to water the plants.** I liked to watch them grow. **Well, that's about it.**

*각 단락 여백은 '**나만의 문장**' 추가를 위한 창작공간입니다.

주요어휘 concentrate on ~에 집중하다 make the bed 잠자리를 정돈하다 tidy 깔끔한, 잘 정돈된 not that difficult
(여기서 that은 부사) 그렇게, 그 정도로 ~하지는 않은 quite 꽤, 상당히 change 잔돈 water the plants
화분에 물을 주다

Q4. Do you recall a specific instance as a child when you were asked to do a task and you did not do it? Provide details as to what you were supposed to do, what happened in regard to this situation, and why you could not complete it.

어렸을 어떤 일을 부탁 받았는데 할 수 없었던 특별한 경우를 떠올릴 수 있겠어요? 무엇을 하기로 되어 있었고, 그 상황에서 무슨 일이 생겼으며, 그것을 왜 할 수 없었는지에 대해 자세히 말해보세요.

사건 발생 시기, 맡았던 일 12살 정도 되었던 것 같아요. 여름 방학 중이었어요. **어머니가 세탁물을 빨래 줄에 널라고 말씀하셨죠.** 그리고는 저녁 준비를 위해 장을 보러 가셨어요.	I think I was about 12. I was on summer vacation. **My mom told me to hang the clothes on the line.** Then she went shopping for dinner.
문제의 발단 - 컴퓨터 게임 하지만 저는 대신 가장 좋아하는 컴퓨터 게임을 시작했어요. 금방 끝날 것 같지 않았죠.	But I started to play my favorite computer game instead. And it didn't seem to finish soon.
어머니에게 들킴 그리고 어머니가 세탁물이 여전히 세탁기 안에 있다는 것을 알게 되었어요. 상당히 화가 나셨죠.	Then my mom found out the clothes were still in the washing machine. She was very angry with me.
어머니의 처벌, 마무리 한 달 동안 컴퓨터 게임을 할 수 없게 되었어요. 상당히 끔찍했던 어릴 적 경험이었어요.	I wasn't allowed to play computer games for a month. It was really a terrible experience as a kid.

*각 단락 여백은 '**나만의 문장**' 추가를 위한 창작공간입니다.

주요어휘 **on summer vacation** 방학 중 **hang something on the line** ~을 빨래 줄에 널다 **find out** ~을 알아내다

be not allowed to V ~을 하지 못하게 되다

Q6. You want to have another family come to your house for lunch. Please ask the other members of your family several questions, so that you can decide the best date and time for your acquaintances to visit.

당신이 점심식사를 위해 다른 가족을 초대하려고 합니다. 지인들이 방문하기에 가장 좋은 날짜와 시간을 정하기 위해 가족들에게 몇 가지 질문을 해 보세요.

도입 - 질문 예고 친구 가족을 집으로 초대해서 점심을 먹고 싶어요. 그래서 언제 초대를 하는 것이 좋을지 결정을 해야 해서 **몇 가지 질문이 있습니다.**	Well, I'd like to invite my friend's family over to the house for lunch. So I have some questions to decide when it's good to invite them.
초대 날짜에 대한 질문 우선, 아버지, 주말에 뭐하세요? 바쁘세요? 어머니는 어때요? 다음 주 수요일 어떠세요? 국경일이잖아요.	First, Dad, what are you doing on the weekend? Are you busy? What about you, mom? How about next Wednesday? It's a national holiday.
초대 시간에 대한 질문 그리고 알맞은 시간도 정해야 하는데요. 몇 시가 좋으세요? 그런데요, 어머니, 몇 시에 음식 준비가 될까요? 1 시나 2 시요?	We should also decide on the right time. What time's good? By the way, what time will all the food be ready, mom? One o'clock? Two o'clock?
아버지께 도움 요청, 마무리 아버지, 정오까지 집 청소를 끝낼 수 있을까요? 식탁을 차리기 위해 약간의 시간이 필요하잖아요. **어떻게 생각하시는지 알려주세요.**	Dad, do you think you can finish cleaning the house by noon? We need some time to set the table. **Please let me know what you think.**

*각 단락 여백은 '**나만의 문장**' 추가를 위한 창작공간입니다.

주요어휘 **a national holiday** 국경일 **set the table** 식탁을 차리다

Q7. Unfortunately, on the morning of the day you were going to have lunch with your friend's family, one member of your family becomes sick. Leave a message on your friends' voicemail, and tell them the problem. Then give them a few suggestions for meeting up in the future.

안타깝게도, 친구 가족과 점심을 먹기로 한 당일 아침에 가족 중 한 사람이 아픕니다. 친구에게 음성메시지로 상황을 설명하고, 나중에 만날 약속을 위해 몇 가지 대안을 제시하세요.

문제 발생 알림 여보세요. 정말 이런 말 하고 싶지 않지만, 안 좋은 소식이 좀 있어.	Hello. I really hate to say this but **I've got some bad news.**
문제점 - 독감 있잖아, 엄마가 독감에 걸리셨어. 금방 좋아지실 것 같지 않거든. 그런데 **나한테 몇 가지 대안이 있어.**	**You see, my mom's got the flu** and I don't think she'll get better any time soon. **I've got some suggestions for you though.**
대안 1 - 예정대로 진행 우선, 원한다면 그냥 와도 돼. 내가 음식 준비를 할 수 있거든. 하지만 집에 와 있는 동안 너도 감기에 걸릴 수 있어서 염려가 되거든.	First, you can still come over if you want. I can get the food ready. **But I'm afraid you might catch the disease** while you're here.
대안 2 - 일정 연기, 마무리 한 가지 생각이 더 있어. 다음으로 미룰 수 있을까? 이번 달에 바쁘니? 어머니가 그때까지는 확실하게 나을 거야. 이 제안이 네게 맞지 않으면, 네가 결정해도 돼. **이 메시지 받으면 연락 줘, 알았지?**	I have another idea. Can I take a raincheck? Are you busy at the end of the month? I think she'll definitely be OK by then. If it doesn't really fit you, you can decide. **Call me back when you get this, OK?**

*각 단락 여백은 '**나만의 문장**' 추가를 위한 창작공간입니다.

주요어휘 **hate to say** 이런 말 하고 싶지 않지만 **flu** 유행성 독감 **get better** 상태가 나아지다 **though** 그러나

　　　　catch the disease (여기서는) 감기에 걸리다 **take a raincheck** 미루다 **definitely** 확실히, 분명히

　　　　fit ~에게 맞다

만능표현 **Can I take a raincheck?** '나중으로 미뤄도 될까요?'란 의미의 유용한 표현

Q8. Can you remember a time when something similar occurred in your life? Has it ever been necessary for you to alter your plans because you needed to help one of your family members? I'd like you to describe for me what happened, with as many details as you can.

당신이 살면서 이와 비슷한 일을 경험했던 때가 있나요? 가족 중 누군가를 돕기 위해 계획을 수정할 필요가 있었나요? 무슨 일이 있었는지 최대한 자세하게 설명해 주기 바랍니다.

휴가를 위한 호텔 예약, 동행인 **얼마 전에, 저와 친구 한 명이 휴가를 위해서 해변에 있는 호텔을 예약했어요.** 바닷가 호텔에 묵은 적이 없었기 때문에 정말 좋았어요.	**A while ago, a friend of mine and I booked a hotel on the beach for our vacation.** I was so excited because I'd never stayed at a hotel by the sea.
문제점 - 교통사고 **그런데 휴가 하루 전 날 아버지께서 교통사고를 당하셨어요.** 심각한 사고는 아니었지만 뼈가 약간 부러지셨죠.	**Then my dad had a car accident just one day before my vacation!** It wasn't really a serious accident but he had a little bone broken.
해결책 - 일정 취소 **그래서 모든 것을 취소해야만 했어요.** 솔직히 조금 실망을 했지만 선택의 여지가 없었어요.	**So, I had to cancel everything.** I was a little disappointed to be honest but I had no choice.
결과 - 뜻밖의 보상, 소감 **일주일 동안 거의 매일 아버지를 찾아 뵈었고 간호를 했어요.** 아버지는 빠르게 회복하셨고 그래서 마음은 좋았어요. **그런데 그거 알아요?** 아버지께서 다음 휴가 때 비용을 보상차원에서 지불하겠다고 약속하셨어요.	**I visited my dad almost every day for about a week and took good care of him.** He recovered fast and I felt very good about it. **And guess what? My dad promised to pay for my next vacation as a reward!**

*각 단락 여백은 '나만의 문장' 추가를 위한 창작공간입니다.

주요어휘 **to be honest** 솔직히 **have no choice** 선택의 여지가 없다 **recover** 회복하다 **guess what** 그런데 있잖아 (상대방의 관심을 끌기 위한 일종의 filler) **reward** 보상, 답례

만능표현 **I'd never stayed** at a hotel by the sea. 과거경험 답변에서 이전 보다 더 과거를 설명할 때 과거완료 활용

Q1. Which room in your house do you spend the most time in? Describe it to me.

당신 집의 어떤 방에서 가장 많은 시간을 보내나요? 저에게 묘사를 해 주세요.

도입 - 내 방 특정 **당연히 제 방이겠죠.** 상당히 편안하거든요.	**That'll be my room of course.** I feel very comfortable.
내 방에서 하는 활동 **방에서 TV도 보고, 음악도 들으며, 인터넷 검색 등을 합니다.** 방에 거의 모든 것이 있거든요.	**I watch TV, listen to music and surf the Internet and so on in my room.** I've got almost everything in there.
거실에서의 활동 **거실에 있는 것도 나쁘지 않아요.** 하지만 부모님들은 거실에서 TV를 보면서 많은 시간을 보냅니다.	**I don't mind staying in the living room** but my parents spend a lot of time there watching TV shows there.
욕실, 마무리 **또한 욕실에서 뜨거운 목욕을 즐깁니다.** 목욕을 일주일에 적어도 두 번은 꼭 합니다. **그래서 제 방과 욕실이 집에서 제가 가장 좋아하는 장소입니다.**	**I also enjoy taking a hot bath in the bathroom.** I make sure I have a bath at least twice a week. **So, my room and the bathroom are my favorite spaces in my house.**

*각 단락 여백은 **'나만의 문장'** 추가를 위한 창작공간입니다.

주요어휘 **that'll be** ~일 것이다 **surf the Internet** 인터넷 검색을 하다 **mind - ing** ~하는 것을 꺼리다

　　　　　make sure 꼭 ~하다

Q2. How do you spend time with your family in your house? Describe how you spend time with your family in your house.

당신 집에서 가족들과 어떻게 시간을 보내나요? 가족들과 어떻게 시간을 보내는지 말해보세요.

가족과의 식사 우리 가족은 식사를 함께 하려고 노력해요. 함께 할 수 있는 것 중 최고같아요.	**My family tries to eat together.** I think it is the best we can do.
식사 중 하는 활동 식사를 할 때는 각자의 하루에 대해 이야기를 해요. 그리고 갖고 있는 문제들도 털어놓죠. 무엇이든 상의를 할 수 있어서 좋아요.	**While we eat, we talk about our days** and bring up any problems we have. We discuss anything. I really like that.
식사 후 하는 활동 저녁 식사 후에는 거실에서 함께 시간을 보내요. TV 도 보고, 가끔 맥주도 마시고 말이죠. 유대감을 높이는 중요한 경험이에요.	**After dinner, we hang out in the living room.** We watch TV together, drinking beer sometimes. It's a great bonding experience.
가족과 보내는 시간에 대한 태도 그것 말고는, 가족들과 그렇게 많은 시간을 보내지 않아요. 자주 집 밖에 있거든요. 하지만 기회가 있을 때는 **최대한 가족들과 시간을 보내려고 합니다.** 당연히 가치가 있죠.	**Other than that, I don't spend too much time with my family.** I'm often out of the house. **However, I try to spend as much time as possible with my family members** if I get the chance. It's definitely worth it.

*각 단락 여백은 '나만의 문장' 추가를 위한 창작공간입니다.

주요어휘 **bring up** 꺼내놓다 **hang out** 함께 어울리다 **bonding experience** 유대감을 만드는 기회나 경험

other than that 그것 말고는 **definitely** 당연히, 확실히 **worth it** ~할 가치가 있는

Q3. Talk about your childhood home. Describe how it has changed over the years.

어렸을 때 집에 대해 말해보세요. 세월이 흐르면서 어떻게 변했는지도 이야기해 보세요.

어릴 때 집 묘사 어렸을 때는 오래된 주택에 살았다고 생각해요. 80년대에 지어졌다고 생각해요. 요즘 한국에 있는 아파트처럼 편하지는 않았어요.	**I think I lived in an old house when I was a little kid.** It was built in the 80s, I guess. **It wasn't convenient** like today's modern Korean apartment houses.
현재 집으로 이사, 이유 12살 정도 되었을 때, 우리가 지금 살고 있는 좀 더 큰 집으로 이사를 한다고 아버지가 결심했어요. 제 동생과 제가 빠르게 성장을 했고 각자의 방이 필요했거든요.	**When I was about 12, my dad decided to move to a bigger place,** where we're living now. My brother (sister) and I were growing so fast so we needed our own rooms.
아파트의 관리상 이점 집 상태를 좋게 유지하기 위해 아버지는 많은 일들을 했어요. 하지만 아파트 관리소에서 대부분의 작업을 해주었어요.	**My dad had to do a lot of things to keep the house in good condition** but the apartment office takes care of most of the work for us.
이전과 현재에 대한 소감 아파트에 사는 지금은 모든 것들이 훨씬 더 편리해요.	Now, things are a lot more convenient in an apartment house.

*각 단락 여백은 '나만의 문장' 추가를 위한 창작공간입니다.

주요어휘 **in the 80s** 80년대에 **grow fast** 빠르게 성장하다 **keep something in good condition** ~을 좋은 상태로 유지하다

Q4. Talk about a memorable experience you have had with family members in your house. What made this experience special or unique?

집에서 가족과 겪었던 인상적인 경험을 말해보세요. 이 경험이 특별했던 이유가 무엇이었나요?

배경설명 - 시기, 장소 최근에 절대 잊지 못할 일이 생겼어요. 당신도 좋아하실 거예요. 주말 동안 먹을 것을 사기 위해 슈퍼마켓에 가는 중이었어요.	**Just recently, something happened that I will never forget.** You're going to like the story. **We were on our way to the supermarket for something to eat** for the weekend.
이동 중 군중 발견 그런데 길 위에 많은 사람들이 있는 것을 보게 되었죠. 보아하니 우리 동네에서 영화를 찍고 있었어요. 걸어서 지나가면서 빠르게 살펴보았죠.	**Then we saw a lot of people on the street. Apparently, they are making a movie** in my neighborhood. We took a quick look as we walked past.
배우들 목격 사실 몇몇 배우들도 알아볼 수 있었어요. 그 배우들 주변에 10개가 넘는 카메라가 있었어요.	**We actually recognized a couple of actors and actresses.** There were more than 10 cameras around the actors and actresses.
의견과 소감 한 장면을 찍기 위해 그렇게 많은 사람들이 필요하다는 사실에 우리는 놀랐죠. 멋진 경험이었어요.	**We were surprised that all those people were necessary for only a single scene.** It was a great experience.

*각 단락 여백은 '**나만의 문장**' 추가를 위한 창작공간입니다.

주요어휘 **on one's way to** ~로 가는 도중에 **apparently** 보아하니(듣자 하니) **make a movie** 영화를 찍고 있다

in my neighborhood 우리 동네에서 **recognize** 알아보다 **a single scene** 한 장면

만능표현 **You're going to like the story.** 상대방의 관심을 끌기 위해 사용하는 유용한 표현

Q6. One of your relatives is going on a trip. You have told the family member that you will take care of his or her duties at his/her home. Make a telephone call to your relative. Ask several questions so that you can find out all the information you need.

친척 중 한 명이 휴가를 가는데, 당신이 그 분 집안 일을 봐 드린다고 이야기했습니다. 친척에게 전화를 해서 필요한 정보를 알기 위한 몇 가지 질문을 해보세요.

도입 - 질문 예고 **안녕하세요, 화분과 반려견에 대해 몇 가지 질문을 드리려고 전화를 했어요.**	**Hi, I'm calling to ask you some questions** about your plants and dog.
화분 물주는 회수에 대한 질문 우선, 화분에 물은 얼마나 자주 주어야 하나요? 그리고 어떤 것을 그늘에 계속 두어야 하나요? 이에 대한 쪽지를 남겨주시겠어요?	First of all, **how often should I water the plants?** And which ones need to be kept in the shade? Could you just leave a note on that?
강아지 돌보는 장소에 대한 질문 다음은, 강아지인데요. **가신 동안 강아지를 제 집에서 돌보면 어떨까요?** 그게 저에게는 훨씬 수월할 것 같아서요.	Next, the dog. **What if I take care of your dog at my place while you're away?** That'll be much easier for me.
강아지 산책 질문, 마무리 아, 까먹을 뻔 했네요. 얼마나 자주 그리고 얼마나 오랫동안 산책을 시켜야 하나요? 이게 전부에요. **가능한 빨리 연락주세요.** 안녕히 계세요.	Oh, I almost forgot. **How long and how often should I walk him (her)?** That's it. **Get back to me as soon as possible.** Talk to you later. Bye.

*각 단락 여백은 '**나만의 문장**' 추가를 위한 창작공간입니다.

주요어휘 water the plants 화분에 물주다 in the shade 그늘에 leave a note 쪽지를 남기다

what if ~하면 어떨까요 walk 강아지 따위를 산책시키다 get back to me 나에게 다시 연락하다

만능표현 What if I take care of your dog at my place while you're away? 상대방에게 제안할 때

활용하는 문장패턴

Q7. When you arrive at your family member's home, you discover that the house is locked and the key is not where you were told it would be. Make a telephone call to your family member's hotel. Leave a message telling him/her what has occurred. Offer several ways you can clear up the situation.

집에 도착을 해 보니 문이 잠겨있고 열쇠가 있기로 한 장소에 없다는 것을 알게 되었습니다. 가족이 머물고 있는 호텔에 전화를 해서 무슨 일이 있는지 설명하고, 상황을 해결하기 위해 몇 가지 방법을 제시하세요.

문제 설명 – 열쇠 없음 **여보세요, 전데요.** 그곳에서 즐거운 시간 보내고 있으시길 바래요. 그런데요, 드릴 말씀이 있어요. **열쇠가 없어요!** 전부 찾아보았는데, 찾을 수가 없습니다. 하지만 **저에게 몇 가지 생각이 있어요.**	Hello, it's me. I hope you're having a good time there. **I've got something to tell you though. The keys are gone!!** I've looked everywhere for them. But I couldn't find them. **But I've got some ideas.**
대안 1 – 열쇠공에게 도움 요청 **우선, 열쇠 수리를 하는 분에게 연락을 해서 문을 열게요.** 비용은 제가 지불을 하고, 오셨을 때 갚아주세요. 그렇게 하는 것이 괜찮겠어요?	**First, I'll call the locksmith and have him open the door.** I'll pay him and you pay me when you're back. Would that be okay with you?
대안 2 – 열쇠 우편배송 그 방법이 맘에 안 들면, **최대한 빠른 배달 서비스를 이용해서 열쇠를 보내주세요.** 서두르시면 내일까지는 받을 수 있을 것 같아요.	If it doesn't work for you, just send your keys to me by the super-fast delivery service, I think I'll receive them by tomorrow if you hurry.
마무리 지금 제가 생각할 수 있는 것은 이게 전부에요. **좀 더 나은 생각이 있다면 최대한 빨리 알려주세요.**	That's all I can think of for now. **If you have a better idea, get back to me as soon as possible, please.**

*각 단락 여백은 '**나만의 문장**' 추가를 위한 창작공간입니다.

주요어휘 **locksmith** 열쇠 수리하는 사람 **super-fast** 엄청나게 빠른

Q8. Can you remember a time when you told an acquaintance or relative that you would do something for them, and then were unable to do it? I'd like to hear about what happened, from start to finish. Describe for me what you told them you'd do, what occurred, and how the problem was fixed.

지인이나 친척을 위해 무엇인가를 하려고 했는데, 뜻대로 되지 않았던 때를 기억하나요? 처음부터 끝까지 무슨 일이 있었는지 듣고 싶네요. 무슨 일을 해 주겠다고 했는지, 그리고 문제는 어떻게 해결했는지 설명을 해 주세요.

인물 소개 흠, 흥미로운 이야기가 하나 있어요. 말해볼게요. **혼자서는 결정을 잘 못하는 친구 한 명이 있어요.** 뭔가 사려면 누군가의 도움이 항상 필요한 친구죠.	Well, I have an interesting story to tell you. Here's the story. **I've got a friend who just can't decide alone.** She always needs somebody's help to buy things.
문제발생 - 동행불가 하루는 그녀 스웨터 구입을 위해 함께 쇼핑을 가기로 되어 있었어요. 하지만 일이 좀 생겨서 그곳에 갈 수 없게 되었어요.	One day, we were supposed to go shopping together to buy her sweater. But something happened and I couldn't make it there.
해결책 - 화상통화 빠르게 한 가지 아이디어를 생각해냈어요. 화상통화를 하자고 했어요. 맘에 드는 모든 스웨터를 저에게 보여달라고 했죠.	I came up with an idea quickly. I told her to make a video call and show me all the sweaters she liked.
결과와 소감 그래서, 그녀가 전화를 했고 핸드폰을 통해 어떤 것이 그녀한테 어울리는지 말해주었어요. 그녀는 저의 '스마트한' 조언에 만족했고 저는 기분 좋았어요.	So, she called me and I told her which one was right for her through my smartphone. She was quite happy with my 'smart' advice. I was happy too.

*각 단락 여백은 '**나만의 문장**' 추가를 위한 창작공간입니다.

주요어휘 **be supposed to V** ~하기로 되어 있는 **make it** (어떤 곳에 간신히) 시간 맞춰 가다 **come up with**
~을 생각해내다 **make a video call** 화상통화를 하다 **smart** (여기서는) 최신 기술을 이용해서 영리하게
느껴지는

Unit 3. 독신 Live Alone

*거주지 관련 주제는 문제 수가 많아서 출제비중이 매우 높으므로 가장 우선적으로 챙기세요!

콤보 I	Set 1	Set 2
유형 1	혼자 사는 집 묘사	많은 시간을 보내는 방 묘사
유형 2	집에서의 활동 묘사	집에서의 허드렛일 묘사
유형 3	집에 생겼던 문제점 설명	어릴 적 집과 현재 집 비교

▶ 난이도 3~4단계: 2번~7번까지 두 세트 출제 / 난이도 5~6단계: 2번~4번까지 한 세트만 출제

콤보 II	Set 1	Set 2
유형 1	혼자 사는 집 묘사	많은 시간을 보내는 방 묘사
유형 3	집에 생겼던 문제점 설명	어릴 적 집과 현재 집 비교
유형 4	집에서 생긴 문제점 하나 상세 설명	이사 왔을 때 집과 이후 변화된 내용 설명

▶ 난이도 3~4단계: 8번~10번까지 한 세트만 출제 / 난이도 5~6단계: 5번~10번까지 두 세트 출제

콤보 III	Set 1	Set 2	Set 3	Set 4
유형 6	친척집 봐주기 위한 정보요청	부동산에 집에 대한 정보요청	깨진 창문 수리 요청	가전제품 구입 위한 정보요청
유형 7	친척 집 못 들어가는 문제해결	집 안 깨진 창문 문제해결	당장 못 고치는 문제해결	구입한 제품에 생긴 문제해결
유형 4/8	가족 못 도와준 경험 설명	집에서 생겼던 문제해결 경험	집에 생겼던 문제해결 경험	비슷한 또 다른 경험 설명

▶ 난이도 3~6단계 모두 반드시 11번~13번에 출제 / 13번에서는 4번과 8번유형 주제별로 다름

콤보 IV	Set 1	Set 2
유형 1	혼자 사는 집 묘사	많은 시간을 보내는 방 묘사
유형 5	상대방 거주지에 대해 질문 하기	

▶ 난이도 3~6단계에서 14~15번에 출제되고, 5~6단계에서는 AL을 결정하는 9번과 10번유형 출제

▶ 이 교재에서는 9번과 10번유형을 주제마다 다루지 않습니다. 이 두 유형은 AL을 평가하기 위한 것으로 IH를 목표로 할 경우 굳이 많은 시간투자를 할 필요가 없기 때문입니다. 대신 부록(421페이지)편에서 총 20개의 기출문제와 스크립트를 제공합니다.

Q1. Describe your home for me. What does it look like on the outside, inside, etc.? How many rooms are there? What is the overall floor plan of your home?

당신의 집을 묘사해 주세요. 안팎으로 어떻게 생겼나요? 방은 몇 개인가요? 당신 집의 평면구조는 어떻게 되어 있나요?

사는 집의 종류 저는 **작은 원룸**에 삽니다. 원룸은 한국 어디에나 있습니다. 우리는 '원룸'이라고 부릅니다.	**I live in a little studio alone.** Studio buildings are everywhere in Korea. We often call them one-room in Korea.
원룸 건물 묘사 **주로 여러 집들이 있는 3 층이나 4 층짜리 건물입니다.** (제가 사는 건물에는) 대략 20 개의 집이 있어요.	**It's usually a three or four story building with a lot of units in it.** There are about 20 units in the building.
원룸 구조 묘사 **일반적으로 각각의 집은 정사각형이나 직사각형 모양입니다.** 침실, 작은 거실 그리고 주방이 있습니다.	**Mostly, each unit is like a square or rectangle inside.** We've got a bedroom, a small living and dining area.
내부 추가 설명, 마무리 또, 무엇이 있을까요? **문 옆에 욕실이 있지만 욕조는 없습니다.** 저는 단지 샤워만 하지만 작은 공간에서 그 정도면 충분해요. **마지막으로 굉장히 작은 발코니도 있는데,** 그곳에서 화초를 키웁니다.	And… what else? **There is a bathroom next to the door but without a bathtub.** I only take a shower but that's enough for a tiny space. **And lastly I have a very small balcony** where I grow some plants.

*각 단락 여백은 '**나만의 문장**' 추가를 위한 창작공간입니다.

주요어휘 **studio** 한국식 원룸 **story** (명사) 층 **unit** 한 가구 **square** 정사각형 **rectangle** 직사각형
next to ~옆에 **bathtub** 욕조 **tiny** 작은

만능표현 **And… what else?** 생각을 하고 있다는 느낌을 주는 유용한 필러(filler)

Q2. Discuss a typical routine while you are at home. What types of things do you usually do during the week? What are your activities on the weekend?

집에 있을 때 일반적으로 하는 것들을 말해주세요. 주중에는 주로 어떤 종류의 것들을 하나요? 주말 활동은 무엇을 하나요?

도입 - 주중 저녁 식사 글쎄요. 주 중에는 제가 먹을 저녁 만드는 것을 좋아해요. 그래서 가능한 집에 빨리 가려고 합니다.	**Let me think. During the week, I enjoy cooking dinner for myself.** So I try to get home as early as possible.
저녁 식사 후 TV 나 영화 시청 저녁 식사 후에는 주로 TV 나 영화를 봅니다. 요즘에는 네플릭스를 보느라 많은 시간을 보내는 것 같네요.	**After dinner, I usually watch a TV show or a movie.** I think I'm spending a lot of time watching Netflix these days.
저녁 식사 후 스마트폰 사용 아니면, 작은 소파에 앉아서 핸드폰으로 소셜미디어를 확인합니다. 그리고 간단한 샤워 후에 12 시쯤 잠자리에 들어요.	**Or, I sit on my little sofa checking social media from my smartphone.** Then I go to bed around midnight after a quick shower.
주말 활동 - 청소, 음악감상, 소감 주말에는, 자유시간이 좀 더 많아서 청소 같은 것을 합니다. 그리고는, 방에서 음악을 들으면서 휴식을 취해요. 해야 할 일과 즐길 것들이 많네요. 작은 공간이라도 말이죠.	**On weekends, I have more free time so I do things like cleaning and stuff.** After that, I relax with some music in my room. **There are a lot of things to do and enjoy** even though it's a tiny little place.

*각 단락 여백은 '**나만의 문장**' 추가를 위한 창작공간입니다.

주요어휘 **as early as possible** 가능한 일찍 **social media** 사회 관계망 **a quick shower** 간단한 샤워

　　　　and stuff ~와 같은 것

만능표현 **let me think** '잠깐 생각 좀 해 보고 대답할게요, 글쎄요, 가만 있자, 어디 봅시다' 무엇인가 생각을 해서

　　　　말하겠다는 신호를 보내는 유용한 답변 시작 문장

Q3. There are always problems and conflicts that occur at home--things break and need repair, people you live with argue, etc. Reflect upon some of the problems that you encountered in your own home. How did you deal with these?

물건이 부서지고, 수선이 필요하고, 함께 사는 사람들과 논쟁을 하는 등의 문제점이나 갈등이 집에서는 항상 있습니다. 당신의 집에서 맞닥뜨렸던 문제들을 몇 가지 생각해 보세요. 어떻게 대응을 했나요?

도입 사실 제가 사는 원룸은 상당히 오래되어서 문제들이 종종 발생합니다. 몇 가지를 말해볼게요.	**Actually, my studio apartment is quite old so problems sometimes happen.** Let me talk about them.
시기와 문제점 - 보일러 고장 약 5년 전, 한 겨울에 보일러 작동이 갑자기 멈추었어요. 그래서 며칠 동안 샤워를 할 수 없었죠. 수리를 하느라고 비용이 많이 들었어요.	**About five years ago, the boiler suddenly stopped working in the middle of the winter.** So I couldn't take a hot shower for a couple of days. It cost me a fortune to have it fixed.
세대간 소음 일부 애완동물과 사람들이 늦게까지 시끄러운 소음을 냈어요. 저는 가끔 이웃들이 다투는 것을 보았는데 소음이 원인이었죠. 층간 소음은 또 다른 불만거리입니다.	**Some pet animals and people often made loud noises until late.** I sometimes saw some of my neighbors have an argument because of the noise. Noise between floors was another pet peeve.
소감, 마무리 집 안팎으로 문제들은 항상 발생합니다. 비용을 들이거나 서로를 존중하면서 그런 문제들을 해결할 수 있어요. 그렇게 생각하지 않으세요?	**Problems always happen in and around the house.** We can take care of them by either spending some money or respecting each other. Don't you think so?

*각 단락 여백은 '**나만의 문장**' 추가를 위한 창작공간입니다.

주요어휘 **in the middle of** ~의 중간에 **cost a fortune** 큰 비용이 들다 **have an argument** 다툼을 하다

pet peeve 사람들이 특히 싫어하는 불만거리 **respect each other** 서로 존중하다

만능표현 **Don't you think so?** 마치 상대방이 앞에 있는 것처럼 대화를 하는듯한 표현으로 자연스러운 느낌을 주는 유용한 문장

Q4. Select one of those challenges that happened at your house and explain to me in great detail what happened. Begin with when it occurred and anything you believe caused the situation. Then tell me in detail everything that you did to solve the problem.

집에서 있었던 문제점 중 하나를 골라서 무슨 일이 있었는지 자세히 설명해보세요. 언제 일어났던 일이고 원인이 무엇이었는지, 그리고 문제 해결을 위해 당신이 했던 것을 자세히 말해보세요.

문제점 - 현관문 고장 하루는 퇴근해서 집에 왔는데 자동 문이 열리지 않는 것이었어요. 처음에는 비밀번호를 잘못 입력했다고 생각했죠.	**One day, when I got home from work, the automatic door wouldn't open.** I thought I entered the wrong number at first.
고장 증상, 해결책 - 수리공 호출 버튼을 미친 듯이 눌렀지만 소용이 없었어요. 피곤해졌고 어찌할 바를 몰랐어요. 열쇠 수리를 하는 분에게 전화를 해서 방문을 요청했어요. 그 분이 바로 왔죠.	**I pushed the buttons like crazy but it didn't work.** I got tired and I didn't know what to do. **I had to call the key guy and asked him to come over.** He came right away.
문제 해결 간단히 살펴보고는 1분 정도 만에 문을 열었어요. 저는 30분 동안이나 문을 열려고 했거든요.	**He took a quick look and opened it in about a minute.** I'd been trying to open it for half an hour!
소감, 마무리 하지만 그 1분이란 시간에 대해 20달러 정도를 지불했어요. 짧았지만 비싼 경험이었답니다.	**But for that one minute, I had to pay about 20 US dollars.** It was a short and expensive experience.

*각 단락 여백은 '나만의 문장' 추가를 위한 창작공간입니다.

주요어휘 **get home** 집에 오다 **enter** 입력하다 **at first** 처음에는 **like crazy** 미친 듯이, 빨리 심하게

　　　　　 take a quick look 빠르게 살펴보다

만능표현 **wouldn't** open 여기서 wouldn't 은 자동차, 변기, 출입문처럼 사람이 작동하는 장치를 주어로 취해서

　　　　　 '좀처럼 ~하려 들지 않는다'라는 의미를 나타낼 때 유용하게 사용하는 조동사

Q5. I live in an apartment building in America. Please ask me three questions about how my apartment is.

저는 미국에서 아파트에 삽니다. 제 아파트가 어떤지에 대해서 세 가지 질문을 하세요.

도입 - 질문 예고	It's good to know you live in an apartment. **I have some questions about your apartment.**
아파트에 산다고 하니 반갑네요. **당신이 사는 아파트에 대해 질문 몇 가지가 있어요.**	
아파트 선택이유	**First of all, why did you choose to live in an apartment?** I heard houses are much more common in America, right?
우선, 왜 아파트에 살기로 했나요? 미국에서는 일반 주택이 훨씬 더 흔하다고 들었거든요, 맞죠?	
아파트 층, 방의 개수	**Next (up), on which floor is your place?** What kind of view do you get from there? **How many rooms do you have in your apartment?** Can you tell me what they are for?
다음은, 당신 집은 몇 층인가요? 그곳에서의 전망은 어떤가요? **당신 아파트에는 방이 몇 개인가요?** 각 방의 용도도 알려줄래요?	
아파트의 좋은 점, 마무리	Here's my last question, **what do you like best about your place and why do you like it so much? That's it.** I'm all ears now.
마지막 질문인데요, **당신 집에 대해 가장 좋은 점이 무엇이고 왜 그렇게 좋아하나요? 이게 전부예요.** 이제 (답변을) 들을 준비가 되었어요.	

*각 단락 여백은 **'나만의 문장'** 추가를 위한 창작공간입니다.

주요어휘 **next up** 다음으로는 **view** 전망 **I'm all ears now** 이제 들을 준비가 되다

만능표현 **I'm all ears now** 질문을 한 후에 '들을 준비가 되었다'는 의미로 사용하는 구어체 표현

Q6. Someone in your family has decided to go on vacation, and you have decided to help out with some of his her household responsibilities. Contact your relative and ask three to four questions to gather the information that you need to know in order to help.

당신 가족 중 누군가가 휴가를 가기로 했는데, 당신이 그 분이 집에서 해야 할 일을 돕기로 결정했습니다. 당신 친척에게 연락을 해서 도움을 주기 위해 필요한 정보를 요청하는 질문 서너 가지를 하세요.

도입 - 질문 예고 안녕하세요. 화분하고 강아지에 대해 **몇 가지 질문을 하려고 전화를 드렸어요.**	Hi, **I just called you to ask some questions** about your plants and dog.
화분 물주기 우선, 화분에 얼마나 자주 물을 주어야 하나요? 그리고 계속 그늘에 두어야 하는 것은 어떤 것이죠? 메모를 남겨주시겠어요?	First of all, **how often should I water the plants?** And which ones need to be kept in the shade? **Could you just leave a note on that?**
강아지 돌보는 장소 이번에는 강아지인데요. 휴가를 간 동안 강아지를 제 집에서 돌보면 어떨까요? 그것이 훨씬 수월할 것 같아서요.	Now, the dog. **What if I take care of your dog at my place while you're away?** That'll be much easier for me.
강아지 산책, 마무리 아, 거의 까먹을 뻔 했네요. 얼마나 오랫동안 그리고 얼마나 자주 산책을 시켜야 하나요? 강아지용 장난감은 어떤 것들이 있나요? 이게 전부에요. **가능한 빨리 제게 연락을 주세요.** 안녕히 계세요.	Oh, I almost forgot. **How long and often should I walk him (her)?** What kind of toys have you got for your dog? That's it. **Please get back to me as soon as possible.** Talk to you soon. Bye.

*각 단락 여백은 '**나만의 문장**' 추가를 위한 창작공간입니다.

주요어휘 water the plants 화분에 물을 주다 in the shade 그늘에 what if S V ~하는 것이 어떨까요?

　　　　walk a dog 강아지 산책을 시키다 get back to me 나에게 다시 연락하다

만능표현 what if / what about / how about S + V '~하면 어떤가?'라는 상대방의 의견을 물을 때 자주 사용하는

　　　　문장 패턴

73

Q7. Once you arrive at your relative's home, it is locked and inaccessible because the key is not located where it is supposed to be. Call the place where your relative is staying to leave a message explaining this situation and suggest two to three ways to resolve this issue.

친척집에 도착을 했더니 문이 잠겨있고, 있기로 한 장소에 열쇠가 없어서 들어갈 수 없습니다. 당신 친척이 머물고 있는 곳에 전화를 걸어 메시지를 남기는데, 상황을 설명하고 문제를 해결하기 위한 두세 가지 방법을 제안하세요.

문제 발생 알림 **안녕하세요. 전데요. 문제가 좀 있어요. 열쇠가 없어요! 무슨 일이죠?**	Hello, it's me. I'm in trouble. **The keys are gone!!** What's going on?
대안 1 – 열쇠공 호출 **들어보세요. 이렇게 해 볼게요. 열쇠 수리하는 분에게 문을 열도록 할게요. 비용을 제가 지불하면 돌아오셨을 때 저에게 주세요. 아시겠죠?**	Well, Listen. Here's what I'm going to do. I'll have the locksmith open the door. I'll pay him and you pay me when you're back, ok?
대안 2 – 열쇠 우편배송 **만약 그 방법이 안 맞으면, 특급 배달 서비스를 이용해서 제게 열쇠를 보내주세요. 오래 걸리지 않잖아요.**	If it doesn't work for you, just send your keys to me by the express delivery service. It won't take long.
대안 3 – 창문 깨고 출입, 마무리 **아니면, 창문 하나를 부수고 들어갈게요. 정말로 집안 일을 하기 원하시면 방법이 없잖아요. 지금 제가 생각해 낼 수 있는 것들은 이게 다에요. 더 나은 생각이 있으면, 가능한 빨리 연락주세요.**	Or, I'd just have to break one of your windows and get in. No choice if you really want me to get the job done. **That's all I can think of for now.** If you have a better idea, **get back to me as soon as you can,** please.

*각 단락 여백은 '**나만의 문장**' 추가를 위한 창작공간입니다.

주요어휘 **in trouble** 난처한, 곤경에 빠진 **locksmith** 열쇠 수리공 **express delivery service** 특급 배달 서비스
       no choice 선택의 여지가 없다

만능표현 **Here's what I'm going to do** 7 번유형에서 상황을 설명한 후에 대안을 제시할 때 사용하는 유용한 표현

Q8. Has there ever been a time when a friend or family member asked you to do something, but you could not do so? Provide details, regarding what you agreed to do, what happened during this experience, and how you resolved this situation.

친구나 가족이 당신에게 무엇인가를 해 달라고 부탁을 했는데 그렇게 할 수 없었던 적이 있나요? 어떤 것을 해 주기로 약속을 했고, 그 과정에서 무슨 일이 생겼으며, 어떻게 그 상황을 해결했는지에 대한 구체적인 내용을 말해 주세요.

도입 - 인물 소개	Well, I have an interesting story to tell you. Here's the story. **I've got a friend who just can't decide alone.** She always needs somebody's help to buy things.
흠, 흥미로운 이야기 하나가 있어요. 말해볼게요. **혼자서는 결정을 잘 못하는 친구 한 명이 있어요.** 뭔가 사려면 누군가의 도움이 항상 필요한 친구죠.	
문제점 - 동행 불가능	One day, we were supposed to go shopping together to buy her sweater. But something happened and **I couldn't make it there.**
하루는 그녀의 스웨터 구입을 위해 함께 쇼핑을 가기로 되어 있었어요. 하지만 일이 좀 생겨서 그곳에 갈 수 없게 되었어요.	
해결책 - 화상통화	I came up with an idea quickly. I told her to make a video call and show me all the sweaters she liked.
빠르게 한 가지 아이디어를 생각해냈어요. 화상통화를 하자고 했어요. 맘에 드는 모든 스웨터를 저에게 보여달라고 했죠.	
결과, 소감	So, she called me and I told her which one was right for her through my smartphone. She was quite happy with my 'smart' advice. I was happy too.
그래서, 그녀가 나에게 전화를 했고 저는 핸드폰을 통해 어떤 것이 그녀한테 어울리는지 말해주었어요. 그녀는 저의 '스마트한' 조언에 만족했고 저도 기분이 좋았어요.	

*각 단락 여백은 '나만의 문장' 추가를 위한 창작공간입니다.

주요어휘 be supposed to V ~하기로 되어 있는 make it (어떤 곳에 간신히) 시간 맞춰 가다

come up with ~을 생각해내다 make a video call 화상통화를 하다 smart (여기서는) 최신 기술을

이용해서 영리하게 느껴지는

Q1. Which room in your house do you spend the most time in? Why?

당신 집 안에서 가장 많은 시간을 보내는 방은 어떤 것인가요? 이유는요?

도입 – 거실 특정 **거실이라고 할 수 있어요.** 제가 사는 집에서 가장 편안한 곳이죠.	**I would say it's the living room.** It's the most relaxing space in my place.
거실에서의 활동 **그곳에서 TV 도 보고, 음악도 듣고 노트북을 사용합니다.** 작은 공간이지만 거의 모든 것이 다 있어요.	**I watch TV, listen to music and use my notebook computer there.** It's a small space but I've got almost everything in there.
주방 **그리고 주방에서 많은 시간을 보냅니다.** 제대로 된 독립공간은 아니지만, 거의 매일 그곳에서 음식을 합니다.	**I also spend a lot of time in the kitchen.** Well, it's not actually a separate area but I cook for myself almost every day.
발코니, 소감 **또한 발코니에서 많은 것들을 합니다.** 화초를 키우면서 신선한 공기를 쐬기도 하죠. 그러고 보니 제가 사는 곳의 모든 공간에 있는 것을 좋아하네요.	I do a lot of things on the balcony too. I take care of the plants there while getting some fresh air. **So, it seems that I enjoy being in every area of my place.**

*각 단락 여백은 '**나만의 문장**' 추가를 위한 창작공간입니다.

주요어휘 relaxing 편안한 separate area 독립공간 take care of 가꾸다

만능표현 I would say S + V '~이라고 말할 수 있을 것 같네요.' 자신의 의견을 말할 때 완곡한 어조로 문장을 시작할 때 사용하는 유용한 표현

Q2. **What kind of chores do you do around your house? Describe them.**

집에서는 어떤 허드렛일을 하나요? 묘사해 보세요.

도입	I have more jobs to do than you'd think. And I usually get them done.
당신이 생각하는 것 보다 해야 할 일이 더 많아요. 그것들을 대개는 모두 합니다.	
집안 환기	To start with, I try to keep the air in my place fresh. So, I keep all the windows open for about 10 minutes at least every day.
우선, 집안 공기를 신선하게 하려고 해요. 그래서 하루에 적어도 한 번은 10분 정도 창문을 열어놓습니다.	
쓰레기 분리수거	Next, putting out the garbage on garbage day is also very important. It involves putting paper, plastic, glass and some other materials into separate bags.
그리고, 쓰레기 버리는 날에 갖다 버리는 것 또한 매우 중요해요. 종이, 플라스틱, 유리 그리고 다른 쓰레기들을 분리된 용기에 분류하는 것을 포함합니다.	
화분 물주기, 마무리	I also need to water the plants on the balcony every day. It's quite a lot of work but I enjoy watching them grow. Well, that's what I usually do around my place. They are mostly easy things to do.
또한 매일 발코니에 있는 화분에 물을 주어야 해요. 상당양의 일이지만 그것들이 자라는 것을 보는 것이 좋아요. 이것이 제가 집에서 주로 하는 것들이에요. 대부분 어렵지 않은 것들이죠.	

*각 단락 여백은 '나만의 문장' 추가를 위한 창작공간입니다.

주요어휘 **than you'd think** 당신이 생각하는 것 보다 **to start with** 우선 **put out the garbage** 쓰레기를 버리다
involve ~을 수반하다, 포함하다 **separate bags** 분리 용기 **water the plants** 화분에 물을 주다
quite a lot of 상당한 양의

만능표현 **That's what I usually do** 활동을 묘사하는 답변에서 마무리 문장을 쓸 수 있는 유용한 표현

Q3. Where did you live when you were young? How was your old house different from your current one?

어렸을 때는 어디에 살았나요? 예전 집과 지금 집이 어떻게 다른가요?

어릴 때 집 묘사 어렸을 때 서울에 있는 작고 오래된 집에서 살았던 기억이 납니다.	I remember I lived in a small, old house in Seoul when I was a little kid.
지금 집과 크기 비교 가장 큰 차이점은 크기라고 생각해요. 욕실 하나에 두 개의 방이 있었는데, 지금은 제 방과 샤워실이 있어요. 혼자서 작은 원룸에 살고 있지만요.	**The biggest difference would be the size. It only had one bathroom and two bedrooms but now I have my own bedroom and shower** though I'm living in a small studio apartment alone.
아버지의 이전 집 관리 전에는 아버지가 집 상태를 좋게 유지해 주었는데, 지금은 대부분 제가 해야 할 것들입니다. 집 안에서 생기는 여러 작은 일들을 처리하는 것이 말이죠.	Back then, my dad used to keep the house in good condition. **Now, it's mostly my responsibility** for taking care of the small things that happen around my place.
현재 아파트의 불편한 점, 의견 마지막으로, 지금은 옆집과 위층 아래층에서 소음이 상당합니다. 모두들 함께 살면서 벽과 층을 공유하기 때문에요. 그것이 가장 큰 불편함이라고 생각해요. **대체로, 작은 원룸 아파트가 좀 더 편한 것 같아요.** 집에서 이야기할 사람이 없다는 것 빼고는요.	**Lastly, I get a lot of noise from next door, upstairs and downstairs** because all of us in the building share walls and floors. I think that's the biggest inconvenience. **All in all, things are more convenient in a small studio apartment** except that I have nobody talk to at home.

*각 단락 여백은 **'나만의 문장'** 추가를 위한 창작공간입니다.

주요어휘 shower 샤워실 **back then** 그 당시에 **used to V** ~을 하곤 했다 **keep something in good condition** ~을
좋은 상태로 유지하다 **share** 함께 사용하다 **inconvenience** 불편함 **all in all** 대체로
except that S V ~이 ~라는 것을 제외하고는

만능표현 back then, used to, now 등과 같은 표현들을 이용해서 현재와 과거를 적절하게 비교할 수 있다.

Q4. What did your house look like when you first moved in? What changes have you made to your house since then?

당신이 처음 이사를 왔을 때 집이 어떻게 생겼었나요? 그 이후에 집 안에 어떤 변화를 주었나요?

이사 당시 집 상태 지금 살고 있는 원룸에 처음 이사를 왔을 때 저는 상당히 운이 좋았어요. 비교적 집 상태가 좋았거든요.	**I was quite lucky when I first moved into my current studio.** It was relatively in good condition.
상태 설명 추가 모든 것이 제대로 작동했고 고장이 난 것은 없었어요. 일부 전등이 조금 어두웠지만 괜찮았어요.	**Everything worked fine and nothing was broken.** Some lights were a little too dark but that was OK.
벽지 교체 그런데 벽지는 별로 안 좋았어요. 너무 더럽고 냄새도 났죠. 그래서 대신 페인트칠을 했어요. 벽지가 상당히 비쌌거든요.	**The wallpaper was not OK though. It was too dirty and smelly. So, I had it painted instead.** Wallpaper was a lot more expensive.
가구 구입, 액자, 소감 또한 몇몇 가구도 구입했어요. 소파, 소형 TV, 작은 테이블 그리고 접이식 의자까지요. 마침내 집처럼 보였죠. **마지막으로, 벽에 사진 몇 개를 걸었어요.** 저의 새 집에 대해 상당히 만족했지요.	**I also bought some furniture.** I bought a sofa, a smart TV, a small table, and a foldable chair. It finally looked like a home. **Lastly, I hung a couple of pictures on the wall.** I was quite happy with my new home.

*각 단락 여백은 '**나만의 문장**' 추가를 위한 창작공간입니다.

주요어휘 relatively 비교적 **in good condition** 상태가 좋은 **wallpaper** 벽지 **though** 하지만 **smelly** 냄새 나는 **foldable** 접을 수 있는 **hung** (동사 hang 의 과거) 걸다

만능표현 The wallpaper was not OK **though.** 부사로 사용하는 though 는 주로 문장 끝에 와서 '하지만, 그렇지만' 이란 의미로 매우 활발하게 사용되는 표현

Q6. You are in the process of looking for a new home. Contact a real estate agent, identify yourself, and pose three to four questions about the services and homes they are listing.

당신은 지금 새로운 집을 구하고 있습니다. 부동산에 연락해서, 누구인지 밝히고 그들이 보유하고 있는 주택정보와 서비스에 대해 서너 가지 질문을 해보세요.

도입 - 질문 예고 **안녕하세요.** 침실과 (거실 겸 주방) 그리고 욕실이 있는 집을 찾고 있어요. **몇 가지 질문을 해도 될까요?**	Hi, **I'm looking for a house** with a bedroom, (a living-dining kitchen) and a bathroom. **Can I ask you some questions?**
작은 집에 대한 문의 우선, 작은 집들도 취급하는지 궁금합니다. 저는 혼자 살아서 큰 집이 필요 없거든요.	First of all, **I was wondering if you deal with small ones too.** I'm living alone so I don't need a big place.
임대주택에 대한 문의 그리고, 임대주택도 취급하시나요? 예산이 빠듯해서 집을 구입하는 것은 안 될 것 같거든요.	Also, **do you have a house to rent?** I'm on a tight budget so I don't think I can afford to buy a house.
집 보는데 동행 여부, 마무리 **마지막으로,** 언제 집을 함께 볼 수 있을까요? 매일 점심시간에 주로 시간이 나거든요. 지금 생각나는 것은 이것이 전부네요. **제 질문에 답을 해 주시겠어요?**	Lastly, **when can I take a look at the houses with you?** I'm usually available during lunch time every day. That's all I can think at the moment. **Can you answer my questions please?**

*각 단락 여백은 '**나만의 문장**' 추가를 위한 창작공간입니다.

주요어휘 **a living-dining kitchen** 거실 겸 주방 **deal with** 취급하다 **on a tight budget** 예산이 빠듯한

　　　　　afford to V ~할 금전적 여유가 되다 **available** 시간이 나는

만능표현 **I was wondering if** you deal with small ones. I was wondering if S V '~에 대해서 궁금하다' 라는 의미를

　　　　　나타낼 때 사용하는 비교적 정중한 표현

Q7. Upon arriving at your new home, you notice that a window is broken. Contact a local repair shop and leave a message regarding this matter. Explain how you believe the window got broken. Also, provide a description of its current condition, and explain why it is essential that the window be repaired today.

새로운 집에 도착을 해보니 창문 하나가 깨져있다는 것을 알게 됩니다. 동네 수리점에 연락해서 이 문제에 대한 설명을 하세요. 창문이 왜 깨졌다고 생각하는지 설명하고, 현재 상태가 어떤지도 말하세요. 오늘 반드시 수리가 되어야 하는 이유도 말해보세요.

문제 내용 - 창문 파손 **여보세요. 안녕하세요. 조언이 좀 필요해서요. 발코니 창문이 깨졌어요.** 어제는 괜찮았거든요.	**Hello. Hi, I'd like some advice. The balcony window is broken.** It was OK yesterday.
창문 파손 이유 설명 **밤새 강한 바람이 불었어요.** 자면서 강한 소음도 들었거든요. 아마 그때 깨진 것 같아요.	**There were very strong winds through the night.** I heard a loud noise while I was sleeping. That's probably when it got broken.
창문 현재 상태 설명 **창문에 금이 크게 갔어요.** 곧 부서질 것처럼 보이네요. 굉장히 걱정이 됩니다.	**There's a huge crack across the window.** It looks like it's going to fall apart any minute. I'm so worried.
환기 불가능 문제점 설명, 도움요청 신선한 공기를 위해 문을 열어놓아야 하거든요. 열리는 창문이 그것뿐이기도 하고요. **도움을 좀 주실 수 있나요? 바로 오셔서 고쳐주셨으면 합니다.** 이 메시지 받으시면 연락주세요.	I need to keep it open for fresh air. And that's the only window that can be opened. **Can you help me with that? I need you to come and fix it right away. Call me back when you get this message** please.

*각 단락 여백은 '**나만의 문장**' 추가를 위한 창작공간입니다.

주요어휘 **get broken** 부서지다 **crack** 깨짐, 금 **fall apart** 떨어져 부서지다 **any minute** 금방이라도

Q8. Have you ever been alarmed to discover that something at home is broken or damaged in some way? What was it that you found, how did it get broken, and what steps did you follow in order to solve the problem?

집 안에서 무엇인가 부서지거나 어떤 형태로든 문제가 생긴 것을 발견하고 걱정이 되었던 적이 있나요? 당신이 발견한 것이 무엇이었고, 어떻게 부서졌으며, 문제 해결을 위해 어떤 과정을 거쳤는지 말해보세요.

시기, 화장실 청소 작년에 화장실 청소를 하고 있었어요. 벽과 바닥이 더러워서 물청소를 하는 중이었어요.	**Last year, I was cleaning the bathroom.** The walls and the floor were dirty so I was hosing them down.
문제 발생 - 정전 그런데 갑자기 큰 소리와 함께 집 전체가 어두워졌어요. 벽에 있는 전기 콘센트에 물이 들어갔던 모양이에요. 모든 것이 멈췄고 저는 굉장히 놀랐죠.	**Then all of a sudden, the whole house turned dark with a very loud noise.** Somehow the water got into the power outlets on the wall. Everything stopped and I was so surprised.
해결책 - 관리인 호출 저는 바로 건물 관리인에게 전화를 했어요. 수리를 하는 분이 10분쯤 후에 오셨어요.	**I called the building manager right away** and the repair person came in about 10 minutes.
결과, 소감 그 분이 두꺼비집을 확인하고 다시 전원을 올렸어요. 모든 것이 정상으로 돌아왔죠. **모두 제 잘못이었죠. 인정해요.** 그래서 이제는 화장실에서 물을 쓸 때 매우 조심합니다.	**He checked the fuse box and switched it back on.** Everything went back to normal. **It was all my fault, I must admit.** And I'm very careful now when I use water in the bathroom.

*각 단락 여백은 '**나만의 문장**' 추가를 위한 창작공간입니다.

주요어휘 hose down ~을 물로 씻어서 청소하다 somehow 어떻게든 power outlet 전기 콘센트 fuse box 전기 퓨즈 함(흔히들 두꺼비집이라고 부름) switch back on 다시 전원을 켜다 go back to normal 정상으로 돌아오다 fault 잘못 admit 인정하다

만능표현 **power outlet** 전기 콘센트를 이렇게 부른다. 일본식 콩글리쉬인 '콘센트(consent)'라고 하지 말아야 함.

Q6. You are experiencing difficulty with a window in your house. There is a crack in the glass, and you noted that it is not closing properly. Contact the window repair shop and ask an employee three to four questions dealing with how to fix it.

집 안에 있는 창문에 문제가 생겨서 곤란한 상황입니다. 유리에 금이 갔고, 제대로 닫히지 않는다는 것도 발견했습니다. 창문을 수리하는 곳에 연락을 해서 문제해결을 위해 서너 가지 질문을 해 보세요.

도입 - 창문 깨짐 여보세요. 안녕하세요. 몇 가지 질문이 좀 있습니다. 창문 수리를 해야 해서요.	Hello. Hi, I'd like to ask you some questions. I've got a broken window to fix.
안 열리는 창문, 깨진 유리창 발코니 창문 중 하나가 꼼짝하지 않고 열리지도 않아요. 게다가, 큰 금이 갔고요.	One of our balcony windows got stuck and won't open. Besides, it has a huge crack in it.
방문여부 질문 아무튼, 지금 오셔서 한 번 봐주실 수 있나요? 사람이 다칠까 봐 걱정이 됩니다.	Anyway, can you come over now and take a look please? I'm afraid somebody will get hurt.
수리비 질문, 마무리 간단한 질문 하나를 드릴게요. 비용이 얼마나 들까요? 오시기 전에 돈을 준비해야 해서요. 저를 좀 도와주시겠어요? 바로 오셔서 수리를 해 주셨으면 합니다.	Just a quick question. How much will that be? I need to get the money ready before you're here. Can you help me with that? I need you to come and fix it right away.

*각 단락 여백은 '나만의 문장' 추가를 위한 창작공간입니다.

주요어휘 **a broken window** 깨진 창문 **get stuck** 꼼짝하지 않다 **besides** 게다가 **crack** 금 **get hurt** 다치다

　　　　a quick question 간단한 질문 **right away** 바로, 즉시

만능표현 **won't** open 사람이 동작을 하거나 움직여서 작동하는 사물 주어에 문제가 생겼을 때 won't 을 사용하면

　　　　'좀처럼 ~하지 않는다'는 의미를 나타낸다. Ex) The toilet won't flush. 변기가 막혔어요.

Q7. Unfortunately, you discover that the window repair man will not be able to fix this window until later next week. Contact someone at the repair shop and present two to three reasons why it is vital to fix this window right away.

안타깝게도 창문을 수리하는 사람이 다음 주 이후에나 창문을 고칠 수 있다는 사실을 알게 되었습니다. 수리점 직원에게 연락해서 지금 당장 창문수리가 필요한 이유 몇 가지를 설명하세요.

문제 상황 인지 **여보세요. 성가시게 해서 죄송합니다만, 다음 주까지 창문을 저 상태로 그냥 두라고요?** 그렇게 말씀하시다니 믿을 수가 없네요.	Hello. **I'm sorry to bother you, but I have to leave it stuck until next week?** I can't believe you just said that.
더운 날씨 설명 저기요, 들어보세요. **매일 너무 더워서 창문을 열어두어야 합니다.** 이미 이틀 동안 신선한 공기를 쐬지 못했어요.	Well, listen. **It's burning hot everyday so I have to leave it open.** I haven't had fresh air for two days already.
깨진 유리로 인한 부상 위험성 뿐만 아니라, **큰 금이 갔다고도 말씀 드렸잖아요. 제가 다치면 어떡하시겠어요?** 저 상태로 그냥 둘 수가 없어요.	On top of that, **I told you it's got a huge crack in it as well. What if I get hurt?** I don't really want to leave it as it is.
단골 고객임을 강조, 도움요청 **마지막으로, 그 상점에 오래된 단골 손님이잖아요.** 주변에 많은 다른 가게가 있어도 말이죠. 그 부분도 고려를 해 주셨으면 합니다. **제발 지금 오셔서 창문을 고쳐주세요.**	Lastly, **I've been a long-time customer of yours** even though there are lots other shops around here. I think you should consider that too! **Please come and fix the window right now!**

*각 단락 여백은 '**나만의 문장**' 추가를 위한 창작공간입니다.

주요어휘 **bother** 귀찮게 하다 **leave it stuck** 움직이지 않는 상태로 두다 **burning hot** 찌는 듯이 더운

on top of that 뿐만 아니라 **what if** ~라면 어떻게 할건가요 **as it is** 지금 이 상태로

long-time 오래 동안 **consider** 고려하다

만능표현 **I'm sorry to bother you, but~** 성가시게 해서 죄송하지만! 상대방에게 불만사항을 이야기할 때

예의를 갖춘다는 느낌을 주는 유용한 표현

Q8. Did you have something that needed to be fixed in your house or something delivered to your house but did not receive it at that point? What created the problem? Discuss why there was a delay. How did you address this situation? Describe the details of this situation.

집에 있는 무엇인가를 고쳤거나, 당신 집으로 물건배달을 시켰는데 제 때에 받지 못했던 적이 있나요? 문제의 원인이 무엇이었나요? 배달 지연이 발생한 원인이 무엇이고, 이 문제에 대해 어떻게 대처를 했나요? 구체적으로 설명해 주세요.

시기, 제품, 구입방법 **몇 달 전에 온라인으로 셔츠 하나를 주문했어요.** 다음 날 도착할 것이라고 예상을 했죠. 한국에는 빠른 배달 서비스가 있거든요.	**A few months ago, I ordered a shirt online.** I expected it to arrive the next day. We have fast delivery here in Korea.
문제 내용 - 배송 지연 하지만 일주일이 지나도 물건을 받지 못했어요. 그래서 판매자에게 전화를 했죠. 그리고 무슨 일인지 물었어요.	But I didn't get it even after a week! So, **I called the seller** and asked what was going on.
문제 원인 - 배송 오류 그랬더니, 제가 주문한 것을 다른 사람에게 보냈다고 말하지 뭐에요. 받자마자 정말 입고 싶었기 때문에 상당히 실망을 했어요.	Then, they told me that they'd sent my order to somebody else! I was so disappointed because I really wanted to wear it as soon as I got it.
문제 해결 - 재배송, 소감 그들이 제가 주문한 것을 다시 보내주었고 **(마침내)** 받았어요. 사과의 의미로 티셔츠 한 장도 무료로 보내주었어요. **공짜 티셔츠로 기분은 좋았지만,** 지금까지 가장 느린 배송이었죠.	**They shipped my order again and I got it (at long last).** They gave me a free T-shirt as an apology. **I was happy with the free T-shirt** but it was the slowest delivery ever!

*각 단락 여백은 '**나만의 문장**' 추가를 위한 창작공간입니다.

주요어휘 ship 물건을 배송하다 **at long last** 오랜 시간이 흐른 후에, 마침내(=finally) **an apology** 사과

만능표현 it was the slowest delivery **ever** 강조를 나타내는 부사가 최상급과 함께 사용되면 '여태껏, 지금까지'란 의미가 추가됨

Q6. You decide to buy a new electrical appliance for your house. Act as if you are at a store, asking a salesperson questions about the appliance.

집에 필요한 새로운 가전제품을 구입하기로 했습니다. 상점에 있다고 가정하고, 직원에게 가전제품에 대한 질문 몇 가지를 해 보세요.

도입 - 질문 예고 **실례합니다. 질문 몇 가지 해도 될까요?** 저쪽에 있는 TV 에 대한 정보가 필요해서요.	**Excuse me, can I ask you some questions?** I'd like some information about the TV over there.
유튜브 시청 가능 여부 문의 **우선, 저 TV 로 유튜브를 시청할 수 있나요,** 제 말은, 유튜브 앱이 설치되어 있나요? 대형 스크린으로 보고 싶어서요.	**First, can I watch YouTube on it,** I mean, does it have the YouTube app installed on it? I want to watch it on a large screen.
무료 배송 문의 **다음은, 무료 배송을 해 주나요?** 만약 그렇다면, 제 집에 배달이 되는데 얼마나 걸릴까요?	**Next, do you offer a free delivery service?** If so, how long will it take to get it delivered to my house?
벽 설치 추가요금 문의, 마무리 **마지막으로, 벽에 걸리면 추가비용을 지불해야 하나요?** 제 친구 한 명이 최근에 TV 를 구매했는데 무료라고 해서요. 제가 궁금한 것이 이것이 전부에요. **제 질문에 답해주시겠어요?**	**Lastly, do I have to pay extra money if I want to hang it on the wall?** A friend of mine bought a TV recently and he says it was free. Well, that's all I need to know. **Can you answer my questions please?**

*각 단락 여백은 '**나만의 문장**' 추가를 위한 창작공간입니다.

주요어휘 **app** 앱, 어플리케이션(application) **install** 설치하다 **offer** 제공하다 **pay extra money** 추가비용을 지불하다 **hang** ~을 걸다

만능표현 Can I ask you some questions / first / next / lastly (finally, last but not least) / can you answer my questions please 를 하나로 묶어서 순서대로 사용하면 좋은 답변 틀을 만드는데 편리하다.

Q7. You take the appliance home but discover that there is a problem with it. Pretend you are calling the store to resolve the problem.

집에 가전제품을 갖고 왔는데 문제가 있다는 것을 알게 됩니다. 문제해결을 위해 상점에 전화를 한다고 가정해 보세요.

문제 발생 알림 여보세요. 오늘 아침에 물건을 받았어요. 고맙습니다. 하지만 TV 에 문제가 좀 있어요.	Hello, I received my order this morning. Thank you for that. **But I've got some problems with the TV.**
인터넷 접속 불가, 화면 흠집 우선, **인터넷 연결장치가 없어요.** 매뉴얼을 확인했는데 다른 모델이네요. **그뿐 아니라,** 스크린에 흠집이 있어요. 새 것이 맞나요?	First of all, **it has no Internet access.** I checked the manual but it's the wrong model. **That's not all. There are scratches on the screen.** Are you sure it's a new one?
대안 1 - 새 제품으로 교체 제가 원하는 것은요, **문제 없는 TV 를 오늘 저에게 갖다 주세요.** 기다릴 수 있어요. 사고는 생기는 것이니까요.	Here's what I want. **Please just get me a good TV today without any problem.** I can wait. Accidents happen.
대안 2 - 환불, 마무리 **만약 그렇게 할 수 없으면, 물건을 다시 갖고 가시고 전액 환불을 해 주세요.** 기다리느라고 스트레스를 받고 싶지 않거든요. **이 문제를 바로 해결해 주시기 바랍니다.** 저의 선택사항이 무엇인지 말해주세요.	If you can't, just take it back and give me a full refund. I don't want to get stressed out waiting. **I need you to take care of these problems right away.** Please tell me what my options are.

*각 단락 여백은 '**나만의 문장**' 추가를 위한 창작공간입니다.

주요어휘 **Internet access** 인터넷 접속(연결) **scratches** 흠집 **good** 품질에 문제가 없는 **a full refund** 전액 환불
get stressed out 스트레스를 받다 **take care of** ~을 처리하다 **option** 선택할 수 있는 사항

만능표현 **Here is what I want / I've got some ideas / I have some suggestions** 12 번 롤플레이 상황 중 상대방에게
대안을 제시하기 직전 활용할 수 있는 유용한 표현

Q8. Have you ever encountered a situation like the one you just acted out? Talk about a time when you discovered a problem with an item you bought.

방금 연기를 했던 상황과 비슷한 경험을 한 적이 있나요? 구입한 물건에 문제가 생겼던 경험에 대해 말해보세요.

문제발생 시기, 노트북 구매 일년쯤 전에, 컴퓨터 상점에서 노트북을 하나 구입했어요. 작지만 상당히 성능이 좋았죠.	About a year ago, I bought a notebook computer from a computer store. It was small but quite powerful.
문제발생 - 프로그램 오류 한달 가량 완벽하게 작동을 했는데, 하루는 문서 작업용 소프트웨어 작동이 멈췄어요. 컴퓨터로 중요한 문서를 작업하는 중이었거든요.	It worked perfectly for about a month. And one day, the word processing software went down while I was making an important document on the computer.
상황설명 - 보증기간 만료 새 것으로 교환을 하기에는 너무 늦었거든요. 저는 상당히 실망을 했고 좋은 해결책을 생각해내야만 했어요.	It was already too late to return it for a new one. I was so frustrated but I had to think of a good solution to it.
해결책 - PC 방에서 작업, 수리 결과 그래서, 제가 한 것은, 근처 인터넷 카페에 가서 서류 작성을 마무리했어요. 모든 고생을 하는 바람에 짜증은 났지만, 방법이 없었어요. 아침에 제일 먼저 **고객 서비스 센터로 가서** 서비스를 받았어요. 지금은 작동이 잘 됩니다.	So, what I did was, I went to a nearby Internet café and finished the document there. I was annoyed by all the trouble but I had no choice. I had it serviced at the customer service center first thing in the morning. It's working fine now.

*각 단락 여백은 '나만의 문장' 추가를 위한 창작공간입니다.

주요어휘 powerful 전자제품의 성능이 좋은 **work perfectly** 완벽하게 작동하다 **go down** 기계장치의 작동이 멈추다 **return it for a new one** 새 것으로 바꾸다 **frustrated** 실망스러운 **think of** ~을 생각해내다 **annoyed** 짜증이 나는 **all the trouble** 모든 수고나 고생 **have no choice** 방법이 없다 **first thing in the morning** 아침에 제일 먼저

만능표현 I was so frustrated but I had to think of a good solution to it. 문제가 생겼던 경험을 이야기할 때 활용할 수 있는 만능표현

Unit 4. 영화보기 Go to the Movies

*영화보기는 문제 세트 수가 딱 1 개뿐입니다!

콤보 I	Set 1
유형 1	즐겨 보는 영화 종류 몇 가지 묘사
유형 2	영화 볼 때 주로 하는 활동 묘사
유형 3	최근에 영화를 본 경험 설명

▶ 난이도 3~4 단계: 2 번~7 번까지 두 세트 출제 / 난이도 5~6 단계: 2 번~4 번까지 한 세트만 출제

콤보 II	Set 1
유형 1	즐겨 보는 영화 종류 몇 가지 묘사
유형 3	최근에 영화를 본 경험 설명
유형 4	좋아하는 배우와 관련된 인상적인 사건 설명

▶ 난이도 3~4 단계: 8 번~10 번까지 한 세트만 출제 / 난이도 5~6 단계: 5 번~10 번까지 두 세트 출제

콤보 III	Set 1
유형 6	영화 티켓 구매에 필요한 정보요청
유형 7	영화관 잘못으로 생긴 티켓 문제 해결
유형 4/8	예약이나 티켓 구매가 잘못되었던 경험 설명

▶ 난이도 3~6 단계 모두 반드시 11 번~13 번에 출제 / 13 번에서는 4 번과 8 번유형 주제별로 다름

콤보 IV	Set 1
유형 1	즐겨 보는 영화 종류 몇 가지 묘사
유형 5	상대에게 좋아하는 영화에 대해 질문하기

▶ 난이도 3~6 단계에서 14~15 번에 출제되고, 5~6 단계에서는 AL 을 결정하는 9 번과 10 번유형 출제

▶ 이 교재에서는 9 번과 10 번유형을 주제마다 다루지 않습니다.

이 두 유형은 AL 을 평가하기 위한 것으로 IH 를 목표로 할 경우 굳이 많은 시간투자를 할 필요가 없기 때문입니다. 대신 부록(421 페이지)편에서 총 20 개의 기출문제와 스크립트를 제공합니다.

Q1. What types of movies do you enjoy seeing?

어떤 종류의 영화 보는 것을 좋아하나요?

도입 제게는 모든 영화가 흥미로워요. 저는 거의 모든 종류의 영화를 좋아해요. 결정하기 정말 어렵네요.	**For me, all movies are interesting.** I like almost all kinds of movies. I really can't decide.
영화 1 - 스릴러 - 반전 하지만 스릴러가 최고라고 할 수 있어요. 마지막까지 무슨 일이 벌어질지 모르잖아요.	**But, I'd say thrillers are the best.** You never know what's going to happen until the last minute.
영화 2 - 로맨틱 코미디 - 대중성 로맨틱 코미디도 좋아요. (몇 가지 예를 들자면) 시애틀의 잠 못 이루는 밤, 노팅 힐, 러브 액추얼리 같은 것들이에요. 남녀 모두 즐길 수 있어서 좋아요.	**Rom-coms are good too.** *Sleepless in Seattle, Notting Hill, Love Actually* (to name a few.). They are good because both men and women enjoy them.
영화 3 - 실화바탕 영화 - 간접 경험 또한 실화를 바탕으로 한 영화들도 좋아요. 사람들이 자신의 삶을 어떻게 사는지에 대해 관심이 있거든요. 언급한 대로, **다양한 종류의 영화들을 좋아해요.**	**I also like to see true story movies.** I'm interested in how people lead their lives. As I told you, **I love a lot of different types of movies.**

*각 단락 여백은 '**나만의 문장**' 추가를 위한 창작공간입니다.

주요어휘 **I'd say** ~라고 할 수 있어요 **rom-com** 로맨틱 코미디 **true story movie** 실화를 바탕으로 한 영화

       lead a life 삶을 살다(주도하다)

만능표현 **I would say (that) S + V** '~이라고 할 수 있어요' 확실하지 않아서 자신의 의견이나 감정을 완곡하게

       표현할 때 사용하는 관용어구

Q2. **What do you typically do when going to see a movie? Discuss what you do before and after going to the movie. Who do you typically go to movies with?**

영화를 볼 때 주로 어떤 활동들을 하나요? 영화 보기 전후에 무엇을 하는지 말해주세요. 주로 누구와 함께 영화를 보나요?

도입 영화를 볼 때 늘 하는 것들이 몇 가지 있어요.	There are a few things I always do when I watch a movie.
핸드폰을 이용한 티켓 예매 (무엇보다도) 티켓 예약을 먼저 합니다. 일부 영화는 꽤 인기가 있어서 종종 매진이 되거든요. 티켓 예약을 할 때는 주로 핸드폰을 이용해요. 쉽고 편리하거든요.	First, I book tickets (before everything else). Some movies are really popular and they are often sold out. I usually use my smartphone to book tickets. It's very easy and convenient.
같이 갈 친구 물색 그리고 몇몇 친구들에게 전화를 해서 함께 갈 수 있는지 묻습니다. 영화를 볼 때 누군가 함께 있으면 좋거든요.	After that, I ask some of my friends if they want to join me. It's nice to watch an interesting movie with somebody else.
공연 후 의견 나눔, 마무리 마지막으로, 영화가 끝나면 저녁을 먹거나 커피를 마시면서 영화에 대한 이야기를 합니다. 이것들이 영화를 볼 때 주로 하는 것들이에요.	Finally, after watching the movie, we talk about the movie while eating dinner or drinking coffee. That's all I do before and after I watch a movie.

*각 단락 여백은 '나만의 문장' 추가를 위한 창작공간입니다.

주요어휘 book tickets 표를 예매하다 before everything else 무엇보다도 be sold out 매진되다

만능표현 There are a few things I always do when I do something. (~을 할 때 항상 하는 것들이 몇 가지 있다)

　　　　답변을 시작하는 문장으로 아주 좋음.

Q3. Reflect back to the last movie that you recently went to. Discuss all of the things that happened on that particular day–before, during, and after the movie.

최근에 봤던 영화를 떠 올려 보세요. 영화를 봤던 그 날 일어났던 모든 것들(영화를 보기 전, 보는 중, 본 후)을 설명해 주세요.

영화 본 시기와 영화 종류 지난 달에 재미있는 영화를 봤어요. 할리우드의 애니메이션 영화였어요.	I watched an exciting movie last month. It was an animated movie from Hollywood.
티켓 예매와 동행인 핸드폰을 이용해서 5시 영화의 전자티켓을 미리 예매했어요. 티켓 예매용 앱이 있는데 상당히 유용해요. 그리고 친구 한 명을 초대했는데 그 친구 역시 애니메이션 열혈 팬이에요.	I booked an e-ticket for five o'clock using my smartphone in advance. I have a reservation app and it's very useful. **Then I invited a friend of mine** who is also a big fan of animated movies.
영화관 풍경 영화관에 도착했을 때 입장을 기다리는 사람들이 많았어요.	When we arrived at the movie theater, there were a lot of people waiting to get in.
영화를 본 후 활동, 소감 영화를 보고 나서 저녁 식사를 위해 식당에 갔어요. 식사를 하면서 많은 이야기를 나누었어요. 저희는 그날 저녁에 정말 즐거웠어요.	After watching it, we went to a restaurant for dinner. We had so much to talk about while eating. **We had great fun that night.**

*각 단락 여백은 '**나만의 문장**' 추가를 위한 창작공간입니다.

주요어휘 exciting movie 재미있는 영화 **an animated movie** 애니메이션 영화 **in advance** 미리 **a big fan** 열혈 팬

만능표현 I invited a friend of mine **who** is also a big fan of animated movies. Who 와 같은 관계사를 이용해서 복문을 활용하면 표현력에 대한 가산점 받을 수 있다.

Q4. **Who is your favorite actor or actress? Describe a particular story about something this person did which you heard about in the news. Begin with some details about the actor or actress and then describe all the details of what occurred--in particular, tell me about the things that made this experience so memorable to people who like movies.**

가장 좋아하는 남자 혹은 여자 배우는 누구인가요? 당신께서 뉴스를 통해 들었던 이 배우에 대한 특별한 이야기를 말해주세요. 배우에 대한 몇 가지 세부정보로 시작해서, 어떤 일이 벌어졌는지 묘사해 주세요. 특히 영화를 좋아하는 사람들에게 이 사건이 왜 인상적일 수 있는지 말해주세요.

좋아하는 영화 배우 소개 저에게 최고의 배우는 송강호라고 할 수 있어요. 더 많은 배우들이 있지만 그래도 저는 그 분이 한국 최고의 배우라고 생각해요.	My (all-time) favorite actor would be Song Gang-ho. There are more but I think he's the best Korean actor.
해당 배우의 무명시절 이야기 지금은 세계 최고의 배우들 중 하나이지만, 젊었을 때는 그다지 성공하지 못했죠. 별로 중요하지 않은 배역들을 맡곤 했어요.	**He's now like one of the best actors in the world** but he wasn't really successful when he was young. He used to play so many unimportant roles.
해당 배우의 작품과 성공 최근에 기생충 이란 영화의 주인공을 맡았고 아카데미 최고 작품상을 수상했어요. 모든 사람들이 감명받았죠.	Recently, he played the main character in *Parasite* and it won the Academy Award for Best Picture. **Everybody was impressed.**
해당 배우의 장점 그 배우가 나오는 어떤 영화든 우리를 어렵지 않게 웃고 또 울게 만듭니다. 심지어 그는 멋진 영웅 역할을 하지 않는답니다. 바로 그것이 그가 다른 배우들과 다른 점인 것 같아요.	Whatever movie he is in, he easily makes us laugh and cry. He doesn't even play cool, heroic roles. **I think that's what makes him different.**

*각 단락 여백은 '나만의 문장' 추가를 위한 창작공간입니다.

주요어휘 all-time 최고의 used to V ~하곤 했죠 roles 극 중 역할 Parasite 기생충 Academy Award for Best Picture 아카데미 최고 작품상 whatever 어떤 ~이든지 easily 어렵지 않게 heroic 영웅적인

만능표현 one of the best **actors** | one of 뒤에는 반드시 복수명사가 와야 한다.

Q5. I also enjoy watching movies. Inquire 3-4 questions as to the type of movies I like to watch.

저도 영화 보는 것을 좋아합니다. 제가 즐기는 영화의 종류에 대한 서너 가지 질문을 하세요.

도입 - 질문 예고 **당신이 좋아하는 영화에 대해 몇 가지 질문이 있어요. 답변해 주겠어요?**	I have some questions for you about your favorite movies. Can you answer them please?
좋아하는 영화 종류 우선, **어떤 종류의 영화를 주로 보나요?** 제 말은, 당신이 가장 좋아하는 장르가 있나요?	**To begin with, what kind of movies do you usually watch?** I mean, do you have any particular genre you enjoy the most?
좋아하는 배우 다음 질문은, **가장 좋아하는 배우가 누구인가요?** 그 배우가 다른 배우보다 나은 이유가 무엇이라고 생각하세요?	My next question is, **who is your favorite actor or actress?** Why do you think he or she is better than others?
가장 좋아하는 영화, 마무리 **마지막으로, 당신이 가장 좋아하는 영화가 무엇인지 말해주겠어요?** 왜 그 영화를 가장 좋아하나요? **제가 지금 묻고 싶은 것들입니다.** 제 질문에 답변을 해 주세요.	Lastly, can you tell me what your favorite movie of all time is? And why is it your favorite? **That's what I want to ask for now.** Please go ahead and answer my questions.

*각 단락 여백은 **'나만의 문장'** 추가를 위한 창작공간입니다.

주요어휘 **to begin with** 우선, 먼저 **particular genre** 특별한 장르 **of all time** 지금껏, 역대의 **go ahead** (여기서는) 이제 당신 차례에요

만능표현 **last but not least** '마지막이지만 그렇다고 덜 중요한 것은 아닙니다' 와 같이 질문의 순서를 나타내는 부사를 적절히 사용하는 것이 좋다.

Q6. You want to go to a movie with a friend. Contact the movie theater and pose three to four questions to gain the information that you need to purchase movie tickets.

당신이 친구와 함께 영화를 보고 싶습니다. 영화관에 연락을 해서 당신이 구입하고 싶은 영화 티켓에 대한 정보를 얻기 위해 서너 가지 질문을 하세요.

도입 - 질문 예고 안녕하세요. 영화에 대해 몇 가지 질문이 있어요. 몇 가지 물어봐도 될까요?	Hi, I'd like some information about the movies. Can I ask you a couple of questions?
상영 중인 영화 문의 우선, 요즘에는 어떤 영화들이 상영되고 있나요? 추천할 만한 좋은 영화가 있나요?	First, what kind of movies are playing these days? Are there any good movies you would recommend?
상영 시간 문의 다음으로는, 첫 번째 영화와 마지막 영화의 상영시간이 어떻게 되나요? 상영시간에 대한 정보를 어디서 어떻게 얻나요? 사실 몇 시에 갈지 아직 결정을 못했어요.	Next, what time's the first and last one? Where and how can I get all the show times? Actually, I haven't decided when to go yet.
할인 문의, 마무리 마지막으로, 예약용 앱을 이용해서 티켓 구매를 하면 10% 할인이 된다고 들었어요. 정말인가요? 신용카드로 지불할 수 있나요? 이상입니다. 제 질문에 대한 답변을 해 주시겠어요?	Finally, I heard that there is 10% off if I book on a reservation app. Is that true? Can I pay by credit card? That's it. Could you let me know the answers to my questions, please?

*각 단락 여백은 **'나만의 문장'** 추가를 위한 창작공간입니다.

주요어휘 a couple of 두어 개의 **show times** 상영시간 **book on a reservation app** 예약용 앱

만능표현 that's it / that's pretty much it / that's all I can think of for now 등을 답변 마무리 문장으로 활용

Q7. Upon arrival at the theater, you realize that the wrong tickets have been sold to you. Explain your predicament to the ticket seller in the booth and provide two to three alternatives that help you to resolve this problem.

영화관에 도착을 해 보니 당신한테 잘 못된 티켓이 판매되었다는 사실을 알게 되었습니다. 매표소 직원에게 이 곤란한 상황을 설명하고, 문제 해결을 위한 두세 가지 대안을 제시하세요.

문제 발생 알림 **안녕하세요. 저희 티켓에 문제가 좀 있습니다.** 도움이 필요하네요. **뒤 좌석 2개를 예매했는데 저쪽에 있는 앞 좌석이라고 합니다.** 티켓에 있는 좌석 번호를 확인해 주세요.	**Hi, there's something wrong with our tickets.** I need your help. **I booked two seats in the back but we're told that we're the front seats over there.** Just check the numbers here on our tickets please.
문제점 설명 있잖아요, **앞 자리에서 장시간 올려보는 것을 정말 싫어해요. 아프거든요.** 제 친구도 역시 싫어합니다.	You see, **I hate to look up in the front seat for a long time and it hurts.** My friend doesn't like it, either.
대안 1 - 다른 자리 착석 가능 여부 저기요, 몇 가지 제안을 할게요. **이 영화 관람객이 많지 않으니까 저쪽에 비어 있는 뒤 자리에 앉게 해 주세요.**	**Look, I've got some suggestions.** There aren't many people for the movie so **just let us take those empty seats in the back.**
대안 2 - 다른 영화 무료 관람, 마무리 아니면, 다른 영화 하나를 골라서 공짜로 보게 해 주세요. 어쨌든 당신 잘못이잖아요. **어떻게 생각하시나요?**	Or, let us pick one of the other movies and watch it for free. It's your fault anyway. **Now, what do you say?** Is it possible to fulfill my request?

*각 단락 여백은 '**나만의 문장**' 추가를 위한 창작공간입니다.

주요어휘 seats in the back 뒤 자리 **fault** 잘못, 실수 **what do you say** 어떻게 생각하세요 **fulfill one's request**
　　　　~의 부탁을 들어주다

만능표현 What do you think? 우리말로 '어떻게 생각하세요?'라고 하기 때문에 how do you think 라고 하면 안됨.
　　　　의견을 묻는 것이기 때문에 반드시 what 을 사용한다!

Q8. Have you ever experienced something similar? Have you had reservations or bought tickets and had something go wrong? Discuss this experience. Provide background as to where and when this experience occurred and who was there with you. Most importantly, discuss the details of this incident and what you did to resolve this.

유사한 경험을 한 적이 있나요? 예약을 했거나 티켓을 구매했는데 뭔가 잘 못 된 적이 있나요? 이에 대해서 말해 보세요. 언제 어디서 이 일이 발생했는지, 그리고 누구와 함께 있었는지에 대한 배경설명을 하세요. 가장 중요한 것은, 이 일에 대한 구체적인 내용과 이것을 해결하기 위해 당신이 무엇을 했는지 설명하는 것입니다.

비슷한 경험 있음, 시기, 동행인 **이야기할만한 유사한 경험이 있어요. 좋기도 하고 나쁘기도 한 그런 경험이에요. 작년 여름이었던 것 같아요. 가족 모두 영화를 보기로 했어요.** 휴가 때 모인 것이어서 인원이 많았죠.	I have a similar experience to talk about. It was a good and bad experience at the same time. I think it was last summer. **All my family members decided to watch a movie.** We got together on vacation so it was a crowd of people.
배경설명 - 예매, 요일 **금요일에 전화로 티켓 예매를 했고 일요일에 가족 전체가 극장에 갔어요.** 도착할 때까지는 별 일 없는 듯 보였죠.	**We booked all our tickets over the phone on Friday and went to the movie theater on Sunday.** Everything seemed to be fine until we got there.
문제점 설명 **하지만 도착을 해 보니 두 명 좌석이 없다는 것을 알았어요.** 놀라서 어쩔 줄 몰랐죠. 그래서 책임자에게 상황을 설명했어요.	**But when we arrived, we realized that two of us didn't have seats.** We were so surprised that we didn't know what to do. **Then, I explained the situation to the manager.**
문제 해결과 결과 그 분이 사과를 하더니 다음 영화를 공짜로 보게 해 주었어요. 우리는 한 번 더 놀랐죠. 기다리느라 두어 시간을 보내야 했지만 그럴만한 가치는 있었어요.	She apologized and let us watch the next show for free. We got surprised twice! **We had to spend a couple of hours waiting but it was worth it.**

*각 단락 여백은 '나만의 문장' 추가를 위한 창작공간입니다.

주요어휘 similar experience 유사한 경험 at the same time 동시에 get together 뭉치다 a crowd of ~의 인원이 많은 for free 공짜로 worth it ~할 가치가 있는

Unit 5. 공연보기 Go to the Theater

*공연보기는 문제 세트 수가 딱 1 개뿐입니다!

콤보 I	Set 1
유형 1	좋아하는 공연 종류와 좋아하는 이유 묘사
유형 2	공연을 보기 위한 절차 묘사
유형 3	극장 공연에 관심을 갖게 된 계기와 이후 취향 변화 설명

▶ 난이도 3~4 단계: 2 번~7 번까지 두 세트 출제 / 난이도 5~6 단계: 2 번~4 번까지 한 세트만 출제

콤보 II	Set 1
유형 1	좋아하는 공연 종류와 좋아하는 이유 묘사
유형 3	극장 공연에 관심을 갖게 된 계기와 이후 취향 변화 설명
유형 4	극장 공연에 대한 인상적인 경험 설명

▶ 난이도 3~4 단계: 8 번~10 번까지 한 세트만 출제 / 난이도 5~6 단계: 5 번~10 번까지 두 세트 출제

콤보 III	Set 1
유형 6	공연티켓 구매를 위한 정보요청
유형 7	친구와 함께 갈 수 없는 공연에 대한 문제해결
유형 4/8	가고 싶었던 공연에 갈 수 없었던 경험 설명

▶ 난이도 3~6 단계 모두 반드시 11 번~13 번에 출제 / 13 번에서는 4 번과 8 번유형 주제별로 다름

콤보 IV	Set 1
유형 1	좋아하는 공연 종류와 좋아하는 이유 묘사
유형 5	상대방에게 극장 공연에 대한 질문하기

▶ 난이도 3~6 단계에서 14~15 번에 출제되고, 5~6 단계에서는 AL 을 결정하는 9 번과 10 번유형 출제

▶ 이 교재에서는 9 번과 10 번유형을 주제마다 다루지 않습니다.

이 두 유형은 AL 을 평가하기 위한 것으로 IH 를 목표로 할 경우 굳이 많은 시간투자를 할 필요가

없기 때문입니다. 대신 부록(421 페이지)편에서 총 20 개의 기출문제와 스크립트를 제공합니다.

Q1. **What types of theater events do you enjoy going to? Why?**

어떤 종류의 극장 공연을 즐겨가나요? 이유는 무엇인가요?

도입 까다로운 질문이네요. 사실 생각해 본 적이 없어요.	That's a difficult question. Actually, I haven't thought about it.
좋아하는 공연 종류 - 코미디 코미디를 좋아한다고 생각해요. 왜냐하면 웃는 것을 좋아하거든요. 그래서 기분이 우울하거나 스트레스를 받을 때는 코미디를 보러 갑니다. 실컷 웃고 나면 기분이 훨씬 나아지거든요.	I think I like comedies. I like them **because I like to laugh.** So, when I'm down or stressed out, I go to see a comedy. After laughing a lot there, I feel much better.
좋아하는 공연 종류 - 연극 연극도 좋아해요. 보는 것이 즐겁거든요. 하지만 심각한 내용의 연극은 싫어합니다. 저를 웃게 만드는 연극이 더 좋아요.	**I like plays too.** They are usually fun to watch. **But I don't like serious plays.** I prefer plays that make me laugh.
다른 장르보다 코미디와 연극 좋음 오페라나 뮤지컬 같은 다른 극장 공연들도 봤지만 코미디나 연극처럼 좋아하지는 않아요. 결국 코미디와 연극이 제가 가장 좋아하는 공연입니다.	**I have tried some other theater events** like operas and musicals **but I don't like them** as much as comedies or plays. **So comedies and plays are my favorites.**

*각 단락 여백은 '**나만의 문장**' 추가를 위한 창작공간입니다.

주요어휘 **down** 기운이 없는, 우울한 **favorite** 가장 좋아하는 것(사람)

만능표현 **That's a difficult question. Actually, I haven't thought about it.** 모든 질문에 대해 활용 가능한
유용한 표현

Q2. What steps do you follow in order to attend a theater show?

극장 공연에 가기 위해 어떤 절차를 밟나요?

도입 극장 공연을 보기 위해 하는 것들이 몇 가지 있어요.	There are a few things I do to watch a theater show.
휴대폰을 이용한 티켓 예매 (무엇보다도) 티켓 예약을 먼저 합니다. 일부 공연이 꽤 인기가 있어서 종종 매진이 되거든요. 티켓 예약을 할 때는 주로 휴대폰을 이용해요. 쉽고 편리하거든요.	First, I book tickets (before everything else). Some shows are really popular and they are often sold out. I usually use my smartphone to book tickets. It's very easy and convenient.
같이 갈 친구 물색 그리고 몇몇 친구들에게 전화를 해서 함께 갈 수 있는지 묻습니다. 공연을 볼 때 누군가 함께 있으면 좋거든요.	Then I call some of my friends and ask them to join me. It's nice to have somebody with me for the show.
공연 후 의견 교환, 마무리 마지막으로, 공연 후에는 친구들하고 공연에 대한 얘기를 합니다. 공연에 대해 다른 의견이 있다는 것이 재미있거든요. 이것들이 극장 공연을 보러 갈 때 주로 하는 것들이에요.	Finally, after the show, I talk about it with my friend. It's interesting we have different ideas about it. That's all I usually do when I go watch a theater show.

*각 단락 여백은 '나만의 문장' 추가를 위한 창작공간입니다.

주요어휘 **book tickets** 표를 예매하다 **before everything else** 무엇보다도 **be sold out** 매진되다

만능표현 **That's all I do when I do something.** 묘사를 하는 유형에 대한 답변 마무리 표현

　　　Ex) That's all I usually do at the park. (그것이 제가 공원에서 주로 하는 것들이에요.)

Q3. Why and when did you find yourself becoming interested in theater? In detail, discuss how you initially found yourself interested in theater and how this developed through the years. Were there any memorable performances in particular that developed your interest in theater?

언제 어떤 이유로 극장(공연)에 관심을 갖게 되었다고 생각하나요? 어떻게 당신께서 처음에 극장에 관심을 갖게 되었고, 시간이 흐르면서 어떻게 발전되었는지 구체적으로 말해보세요. 특별히 극장에 대한 관심을 발전시킨 인상적인 공연이 있었나요?

시기, 장소, 동행인 몇 년 전에, 친구와 함께 극장에 갔어요. 친구가 두 장의 티켓이 있어서 저에게 함께 가겠냐고 물었죠. 그래서 함께 가기로 했어요.	A few years ago, I went to the theater with a friend of mine. He had two free tickets and he asked me to join in. I agreed to come together.
극장 풍경 - 한적함 공연이 시작되었는데 사람이 많지는 않았어요. 아마 절반 가량 찼었죠.	The show started but there weren't a lot of people. Maybe it was only half full.
배우들의 진지한 연기 그런데 배우들은 별로 신경 쓰지 않았어요. 그들은 그저 계속 연기를 했어요. 그 부분에 대해 깊은 인상을 받았어요. 공연이 그렇게까지 재미있지는 않았지만, 배우들 연기는 좋았어요.	But the actors and actresses didn't really care. They just kept acting. **I was so impressed by that.** The show wasn't that interesting but their acting was great.
지속적인 관심, 마무리 그 이후로 시간이 있을 때마다 극장에 가려고 합니다. **저는 이렇게 극장에 관심을 갖게 되었죠.**	Since then, I have tried to visit theaters whenever I have time. **That's how I got interested in theater.**

*각 단락 여백은 '나만의 문장' 추가를 위한 창작공간입니다.

주요어휘 **come** 함께 가다 **half full** 반쯤 찬 **care** 신경 쓰다 **acting** 연기 **get interested in** ~에 관심을 갖게 되다

만능표현 ① **I was so impressed by that.** 경험에 대한 느낌을 표현할 때 사용

② **Since then, I have pp**(동사의 과거분사) 특정 시기 이후에 ~에 대한 관심이 지속되고 있음을

나타낼 때 사용 Ex) Since then, I have visited that city as often as I can.

(그 이후로 가능한 자주 그 도시를 방문하고 있어요.)

Q4. Please speak to me about a particularly memorable movie or show that you've attended? This could be the most recent or even the most enjoyable experience which you had or perhaps a time when something comical or surprising occurred. Tell me a lot of details of that experience, from the start of the experience to the end. Finally, make sure that you explain what caused the event to be so memorable.

당신이 직접 보았던 특별히 인상적인 영화나 공연 하나를 말해보세요. 최근 공연이었거나, 가장 즐거웠거나, 아니면 무언가 재미이었거나 놀라운 일이 벌어졌던 경험일 수 있습니다. 이 경험을 처음부터 끝까지 자세히 말해보세요. 그리고 이 경험이 인상적이었던 이유도 마지막에 꼭 설명해 주세요.

콘서트 시기 **몇 년 전에 갔었던 콘서트에 대한 이야기를 해 볼게요.**	Well, **let me tell you about the concert I went to a couple of years ago.**
연주자와 그에 대한 정보, 장소 코로나 19가 전세계를 강타하기 직전에 **미국의 락 밴드가 한국에서 콘서트를 했어요.** 그 밴드의 몇몇 뮤직 비디오를 유튜브에서 봤었고, 그들에 대한 관심이 있었죠.	Right before COVID-19 hit the whole world, **an American rock band had a concert in Korea.** I'd seen some of their YouTube videos and I was interested in them and their music.
티켓 예약과 동행인, 공연장 풍경 아무튼, **티켓 예약을 했고 친구와 함께 갔습니다.** 그 친구도 락 음악을 좋아하거든요. 실은 말이죠, **공연장에 있는 모든 사람들이 모든 노래를 영어로 따라 하지 뭐에요.** 저는 큰 충격을 받았어요.	Anyway, **I booked a ticket and went to the concert with a friend of mine.** He loves rock music. Thing is, **all the people there sang along all the songs in English.** It shocked me so much.
소감, 마무리 즐겁기도 했지만 동시에 충격도 받았어요. **다음에 그들 콘서트에 다시 가면, 저도 그들 노래를 영어로 불렀으면 좋겠네요.**	It was fun but shocking at the same time. **Next time I go to their concert again, I hope I'll sing all their songs in English.**

*각 단락 여백은 '나만의 문장' 추가를 위한 창작공간입니다.

주요어휘 **thing is** (중요한 사실을 언급하기 직전에) 사실은 **next time I + V** 내가 다음에 ~하면

만능표현 **well, (the) things is** 어색한 침묵을 줄이는 유용한 필러

Q5. I go to theaters often. Ask me several questions in order to gain as much insight as you can into my interest in theater.

저도 극장에 자주 갑니다. 극장에 대한 저의 관심을 최대한 이해하기 위한 몇 가지 질문을 해 보세요.

도입 – 질문 예고 극장에 대한 당신의 관심에 대해 **몇 가지 질문이 있어요. 답변을 해 주시겠어요?**	**I have some questions for you** about your interest in theater. Would you please answer them?
공연장 가는 빈도 우선, 극장에는 얼마나 자주 가나요? 자주 간다고 생각해요?	Frist (of all), how often do you go to the theater? Do you think you go there often?
좋아하는 공연 종류 다음은, 어떤 종류의 공연을 좋아하나요? 예를 들면, 오페라, 뮤지컬 아니면 연극을 좋아하나요? 코미디도 좋아하나요?	Next, what kind of theater event do you like? For example, do you like operas, musicals or plays? Do you like comedies too?
가장 좋아하는 극장 묘사 마지막으로, 가장 좋아하는 극장을 묘사할 수 있나요? 얼마나 크고, 얼마나 오래되었나요? 그 극장에 대해 어떤 점이 좋나요? 이것에 제가 알고 싶은 것 전부네요. 고맙습니다.	Last but not least, can you please describe your favorite theater? How big is it? How old is it? What do you like about it? **That's all I'd like to know. Thank you.**

*각 단락 여백은 '**나만의 문장**' 추가를 위한 창작공간입니다.

주요어휘 **last but not least** 마지막으로(열거를 하면서 마지막에 언급하는 것이 앞에 언급한 것에 못지않게

　　　중요함을 나타내기 위해 사용)

만능표현 **first (of all), next, last but not least** 처럼 순서를 나타내는 부사(구)를 사용하면 답변구성 점수에 플러스!

Q6. **You would like to take a friend of yours to a concert for his/her birthday. Contact the ticket office and ask three to four questions regarding this event prior to buying the tickets.**

당신 친구의 생일을 위해 공연에 가려고 합니다. 티켓 구매 전에 매표소에 연락을 해서 이 공연에 대한 서너 가지 질문을 해 보세요.

도입 - 질문 예고 안녕하세요, 여름 음악 축제에 대해 몇 가지 정보가 필요해서요. 질문을 좀 해도 될까요?	Hello, I need some information about the summer music festival. Can I ask you some questions?
공연 기간 축제 기간 동안 콘서트 하나를 가려고 하는데요, **언제 시작해서 언제 끝나요?** 언제 갈지를 결정해야 해서요.	I'm thinking about going to one of the concerts during the festival. But **when does it start and when does it end?** I need to decide when to go.
할인 여부 그리고 저하고 친구를 위해 티켓 두 장을 구입하려고 합니다. 온라인으로 구매하면 15% 할인을 받을 수 있다고 들었는데, 맞나요?	**And**, I'm going to buy two tickets. For me and a friend of mine. I heard you get 15% off the price if I book online. Is that true?
공연장 음식 반입 여부, 마무리 마지막으로, 공연장에서 음식을 먹거나 마실 수 있나요? 아니면 근처에 식당이 있나요? 지금 제가 알고 싶은 것은 이것이 전부에요. 고맙습니다.	Finally, can we have something to eat or drink at the concert? Or, are there any restaurants nearby? **That's what I'd like to know for now. Thank you for listening.**

*각 단락 여백은 '**나만의 문장**' 추가를 위한 창작공간입니다.

주요어휘 **15% off the price** 가격에서 15% 할인된 **book online** 인터넷으로 예약하다

만능표현 **I need some information about ~. Can I ask you some questions?** 11번에 출제되는 롤플레이 답변을 시작할 때 공통으로 사용할 수 있는 문장

Q7. After buying the tickets, you realize that you will be unable to go to the concert with your friend. Call him/her and leave a detailed message explaining the predicament and offer two to three possible resolutions to this problem.

티켓 구매를 하고 나서 친구와 함께 콘서트에 갈 수 없다는 것을 알게 되었습니다. 이 상황을 설명하고 문제해결을 위한 두세 가지 가능한 해결책을 제시하는 자세한 메시지를 남겨보세요.

도입 안녕, 난데. 콘서트에 대해서 할 말이 좀 있어.	Hi, it's me. I have something to tell you about the concert.
문제 상황 설명 말하기 미안한데, 함께 콘서트에 갈 수 없게 되었어. 좀 중요한 일이 생겼거든. 그래서 몇 가지 제안을 할게. 네 맘에 들었음 좋겠다.	Well, I'm sorry to tell you that **I won't be able to make it to the concert with you.** Something important has come up. **So, I have a couple of suggestions for you.** I hope you like them.
대안 1 - 혼자 가거나 친구 동행 먼저, 혼자 가도 괜찮겠니? 나는 그냥 환불을 받으려고. 아니면 네 친구랑 가도 좋고. 내 티켓을 기꺼이 줄게.	**First, do you mind going alone?** I think I should get a refund. **Or you can go with your friend.** I'm happy to give my ticket to you.
대안 2 - 집에서 식사, 노래방 가기 다른 방법도 있어. 우리 집으로 오는 것은 어때? 저녁을 같이 먹고 노래방에 가자. 어떤 것이 더 좋아? 전화해서 알려줘. 안녕.	Here's another option. How about you come over to my place? Let's have dinner together at home and go to a singing room. Which do you like better? Call me back and let me know. Bye.

*각 단락 여백은 '나만의 문장' 추가를 위한 창작공간입니다.

주요어휘 **make it to** ~에 가다, 도착하다 **come up** 일 따위가 생기다 **get a refund** 환불을 받다 **I'm happy to** 기꺼이 ~하다

만능표현 **I'm sorry to tell that I won't be able to make it to ~** 12번 문제에서 상대와 약속한 것을 지키지 못하게 되었을 때 사용할 수 있는 유용한 문장

Q8. Mention if you have ever been forced to miss a performance or show that you really hoped to attend. What happened that interfered with you going, and what did you do with the tickets? Provide background as to where and when this happened and who was with you. Also, provide a detailed account of the situation in regard to everything that happened.

정말 가고 싶었던 공연에 어쩔 수 없이 갈 수 없었던 경험 하나를 설명해보세요. 무슨 일 때문에 갈 수 없었고, 티켓은 어떻게 했나요? 언제 어디서 생긴 일이고, 누구와 함께 있었던 일인지 설명하고, 그날 벌어진 일에 대해 자세한 설명을 해 주세요.

시기, 장소, 동행인 재미있는 이야기 하나가 있어요. 좋아할 것 이라고 생각해요. 바로 작년에, 친구와 함께 서울에서 열리는 콘서트에 가려고 했어요. 그런데 공연 회사로부터 문자 하나를 받았어요.	I have a very good story to tell you. I believe you're going to love it. **Just last year, I was going to go to a concert in Seoul with a friend of mine.** Then I got a text message from the company.
발생한 문제 설명 안타깝게도, 밴드 차량이 사고가 나서 공연이 취소되었어요. 물론 회사가 전액 환불을 약속했어요. 저는 재빠르게 다른 것을 생각해냈죠. 제 친구를 실망시키지 않고 싶었거든요.	**Unfortunately, the band had a car accident and their concert had to be cancelled.** Of course the company promised a full refund. **I quickly thought of something else to do.** I didn't want to disappoint my friend.
문제를 해결한 방법, 결과 맛집에 간 다음에 노래방을 가자고 제안했어요. 다행히 그 친구가 저의 제안을 좋아했고 음식을 맛있게 먹고 나서 노래방에서 2시간 정도 시간을 보냈어요.	**I suggested we go to a good restaurant and go to a singing room afterwards.** Luckily, **she liked my idea** and we enjoyed the food. Then we spent about two hours singing at the singing room.
소감, 마무리 콘서트에 가지 못했지만 상관없었어요. 맛있는 음식과 음악으로 정말 즐거운 시간을 보냈거든요.	We couldn't go to the concert but it didn't matter. **We had a really good time with the food and the music.**

각 단락 여백은 '**나만의 문장**' 추가를 위한 창작공간입니다.

주요어휘 **get a text message** 문자 한 통을 받다 **unfortunately** 안타깝게도 **a full refund** 전액 환불 **think of**

~을 생각해내다 **afterwards** 나중에 **didn't matter** 중요하지 않았다

만능표현 **I have a very good story to tell you. Just last year ~** 과거경험에 대한 답변을 시작하는데 활용하는 유용한 표현

Unit 6. 공원 가기 Go to Parks

*공원 가기는 문제 세트 수가 2 개이지만, 롤플레이 7 번유형을 제외하고 문제가 똑같습니다.

콤보 I	Set 1
유형 1	좋아하는 공원 묘사
유형 2	공원에서의 활동 묘사
유형 3	공원에 갔던 최근 경험 설명

▶ 난이도 3~4 단계: 2 번~7 번까지 두 세트 출제 / 난이도 5~6 단계: 2 번~4 번까지 한 세트만 출제

콤보 II	Set 1
유형 1	좋아하는 공원 묘사
유형 3	공원에 갔던 최근 경험 설명
유형 4	공원에서의 인상적인 경험 설명

▶ 난이도 3~4 단계: 8 번~10 번까지 한 세트만 출제 / 난이도 5~6 단계: 5 번~10 번까지 두 세트 출제

콤보 III	Set 1	
유형 6	함께 공원에 가자는 친구에게 정보요청	
유형 7	공원폐쇄에 따른 문제해결	친구를 데리러 가지 못하는 문제해결
유형 4/8	공원에서의 인상적인 경험 설명	

▶ 난이도 3~6 단계 모두 반드시 11 번~13 번에 출제 / 13 번에서는 4 번과 8 번유형 주제별로 다름

콤보 IV	Set 1
유형 1	좋아하는 공원 묘사
유형 5	상대방에게 좋아하는 공원에 대해 질문하기

▶ 난이도 3~6 단계에서 14~15 번에 출제되고, 5~6 단계에서는 AL 을 결정하는 9 번과 10 번유형 출제

▶ 이 교재에서는 9 번과 10 번유형을 주제마다 다루지 않습니다.

이 두 유형은 AL 을 평가하기 위한 것으로 IH 를 목표로 할 경우 굳이 많은 시간투자를 할 필요가 없기 때문입니다. 대신 부록(421 페이지)편에서 총 20 개의 기출문제와 스크립트를 제공합니다.

Q1. Do you have a favorite park? Describe this park by telling me what it looks like.

가장 좋아하는 공원이 있나요? 어떻게 생겼는지 제게 말하면서 이 공원을 묘사해 보세요.

자주 가는 공원 소개 **집 근처에 좋아하는 공원이 하나 있어요.** 저는 그곳을 최소한 일주일에 한 번은 가는 것 같아요. 그곳을 좋아하죠.	**There is a favorite park near my house.** I think I visit there at least once a week. I love it there.
공원 위치, 모양 묘사 **집에서 걸어서 5분 정도 걸려요.** 가까워서 좋아해요. **정사각형 모양인데,** 나무로 된 멋진 울타리가 쳐져 있어요.	**It's about a five-minute walk from my house.** I like the park because it's close. **It looks like a square.** There are nice wooden fences around it.
공원 내부 묘사 **크기가 큰 공원은 아니지만, 사람들이 필요한 것은 대부분 갖추고 있어요.** 나무도 많고, 잔디에, 꽃도 있고, 약간의 운동기구도 있답니다.	**It's not a big park but it's got almost everything people need.** A lot of trees, grass, flowers and some exercise machines as well.
주민들의 공원 사랑 **동네에 사는 모든 분들이 그 공원을 좋아해요.** 갈 때마다 많은 이웃들을 보게 됩니다.	**Everybody in the neighborhood loves the park.** Whenever I go there, I see many of my neighbors.

*각 단락 여백은 '**나만의 문장**' 추가를 위한 창작공간입니다.

주요어휘 at least 적어도 **a five-minute walk** 걸어서 5분 거리 **square** 정사각형 **exercise machines** 운동기구

만능표현 a five-minute walk '걸어서 5분 거리'라는 의미인데, five-minute 이 walk 를 수식하는 형용사 역할이기 때문에 단수형태로 사용

Q2. Discuss some of the things that you do when going to the park. What does a typical visit to the park consist of?

당신이 공원에 갈 때 하는 것들을 몇 가지 설명해 보세요. 일반적인 공원방문은 어떤 활동들로 이루어지나요?

도입 공원에서 하는 것들이 몇 가지 있어요. 그것들에 대해 말해볼게요.	**There are a few things I do at the park.** Let me tell you about them.
강아지 산책 우선, 매일 저녁 강아지를 산책시킵니다. 녀석을 그곳에 데리고 가면 즐거워해요.	**First, I walk my dog there every evening.** My dog gets excited when I take him there.
운동과 운동기구 두 번째는, 아침에 그곳에서 약간의 운동을 합니다. 사람들이 이용하도록 괜찮은 운동기구들이 좀 있거든요.	**Second, I do a little bit of exercise there in the morning.** There are some useful exercise machines for people.
휴식, 친구와의 대화 장소, 소감 마지막으로, 주말에는 벤치에 앉아서 휴식을 취합니다. 가끔은 친구와 함께 가서 밀린 이야기를 하기도해요. 그곳에서 제가 할 수 있는 것들이 상당히 많습니다. 좋은 장소에요.	**Lastly, I like sitting on the bench and relaxing on weekends.** Sometimes my friend and I go there together catching up on things. **There are quite a lot of things I can do there.** It's a nice place.

*각 단락 여백은 **'나만의 문장'** 추가를 위한 창작공간입니다.

주요어휘 **walk my dog** 강아지를 산책 시키다 **useful** 쓸모 있는, 괜찮은 **catch up on things** 밀린 이야기를 하다

만능표현 Sometimes my friend and I go there together **catching up on things.** catching 은 주어 I 를 수식하는데, 분사를 잘 활용하면 가산점 요소

Q3. Describe your experience the last time you went to the park. In detail, explain which park you went to, what you did while you were there, and who went there with you. What went on during your visit?

최근에 공원에 갔었던 경험을 설명해 주세요. 어느 공원을 갔었고, 그곳에 있는 동안 무엇을 했으며, 누구와 함께 갔는지 구체적으로 말해 보세요. 공원에 있는 동안 어떤 일들이 있었나요?

공원 방문 시기 바로 지난 주말이었어요. 집 근처에 있는 작은 공원을 갔죠.	That was just last weekend. I went to the small park near my place.
친구 강아지와 놀이 친구 한 명을 초대했는데 강아지랑 함께 왔어요. 그 친구가 저랑 같은 동네에 살거든요. 오후 내내 그 친구의 강아지와 놀면서 시간을 보냈어요. 녀석이 우리 주변을 뛰어다니면서 즐거워 보였죠.	I invited a friend of mine and he came with his dog. He lives in the same area. **We spent the whole afternoon playing with his dog.** The dog looked so happy running around us.
편의점에서 음식 구입 그리고 나서 뭐 좀 먹기 위해 편의점에 갔어요. 공원에서 강아지랑 뛰어 다니는 바람에 상당히 배가 고팠거든요.	**Then we went to a convenient store to get something to eat.** We were so hungry because we'd been running with the dog around the park.
소감, 마무리 많이 뛰기도 하면서 상당히 편안한 하루가 되었죠. 강아지와 상당히 즐거운 시간을 보냈어요	**It was a very relaxing day with a lot of running.** We had a lot of fun with the dog.

*각 단락 여백은 '**나만의 문장**' 추가를 위한 창작공간입니다.

주요어휘 **relaxing** 편안한, 마음이 느긋한

만능표현 We were so hungry because **we'd been running** with the dog around the park. 과거 이전 상황을

나타낼 때 과거완료를 활용하면 가산점 요소

Q4. Explain to me the story of an experience you had while going to a park. Maybe something comical, unexpected or interesting happened. Tell me all about that memory. Begin with some background about when and where this occurred, who you were with and what you were doing--and then describe to me the story of what happened that day to make that trip so unforgettable.

공원에 갔을 때 생겼던 이야기를 제게 말해 주세요. 웃긴 일이나, 예상치 못했거나, 흥미로운 일 같은 것들이겠죠. 그 기억을 제게 말해 주세요. 언제, 어디서, 누구와 함께 있었고 무엇을 했는지 등과 같은 배경설명으로 시작해서, 그날 벌어졌던 그 경험을 인상적으로 만든 내용이 무엇인지 제게 설명해 주세요.

공원 방문 시기, 목적 **지난 주에 저녁을 먹고 나서 운동을 좀 하려고 근처 공원을 갔어요.** 야외활동 하기에 완벽한 날씨였어요.	**Last week, I went to the nearby park after dinner to exercise a little.** It was perfect weather for outdoor activities.
길고양이 발견 **그곳에 갔을 때 길 고양이들이 있었죠.** 녀석들은 사람들이 놓아둔 고양이 음식을 먹고 있었어요.	**There were a few street cats when I got there.** They were eating some cat food people had left there for them.
길고양이 접근 약 30 분 정도 운동기구를 이용한 후에 줄넘기를 시작했어요. **그런데 자그마한 녀석 하나가 저한테 오더니 저의 줄넘기랑 놀기 시작했어요.**	After using the exercise equipment for about 30 minutes, I started jump roping. **Then a little cat came close to me and started to play with my jump rope.**
소감, 마무리 **녀석들은 주로 사람들한테 오지 않기 때문에 저는 상당히 놀랐죠.** 녀석은 조금 있다가 지루한 듯 하더니 가버렸어요. **잠깐 동안이었지만 재미있었어요.** 그 조그맣고 귀여운 녀석을 또 만나고 싶네요.	I was quite surprised because they don't usually come to people. After a while it seemed to get bored and left. **It was only a short period of time but it was interesting.** I hope to see the cute little cat again.

*각 단락 여백은 '나만의 문장' 추가를 위한 창작공간입니다.

주요어휘 **street cat** 길 고양이 **jump rope** 줄넘기 **get bored** 지루해지다 **a short period of time** 짧은 시간

Q5. **I enjoy going to the park as well. Please ask me 3 questions to learn more about the park that I go to.**

저도 역시 공원 가는 것을 좋아해요. 제가 가는 공원에 대한 질문을 세 가지 해 보세요.

도입 - 질문 예고	Hi. It's good to know that you like going to the park. Then **I have some questions about your favorite park.**
안녕하세요. 당신도 공원 가는 것을 좋아한다니 반갑네요. 그러면 **당신이 좋아하는 공원에 대해서 몇 가지 질문이 있어요.**	
공원 위치	**First off, where is it?** Can you walk there or do you have to drive?
우선, 어디에 있나요? 걸어갈 수 있나요, 아니면 운전을 해서 가나요?	
동행인	**Next, who do you usually go with?** Do you go alone or with other people?
다음은, 주로 누구와 함께 가나요? 혼자 가나요, 아니면 다른 사람들과 가나요?	
공원에서의 활동, 마무리	And lastly, **what are your favorite activities when you're there? Do you take exercise?** Or do you just spend time on the grass relaxing? That'll be it. **Now, will you answer my questions please?**
마지막으로, 그곳에 가면 가장 좋아하는 활동이 무엇인가요? 운동을 하나요? 아니면 그냥 잔디에 앉아 쉬면서 시간을 보내나요? 이것이 전부입니다. 이제 제 질문에 답해주시겠어요?	

*각 단락 여백은 '**나만의 문장**' 추가를 위한 창작공간입니다.

주요어휘 **good to know** 알게 되어서 좋다, 반갑다 **take exercise** 운동을 하다 **that'll be it** 이게 전부이다

      (= that's it, that's pretty much it, that's all I can think of for now)

만능표현 **It's good to know S + V** 롤플레이 유형에 대해 답변을 시작할 때 유용한 문장

Q6. Next weekend, a friend asks you to go to the park with him. Ask three to four additional questions in order to find out the pertinent details of this meeting.

친구 한 명이 다음 주말에 당신과 함께 공원을 가자고 합니다. 이 만남과 관련된 세부내용을 알기 위해 서너 가지 질문을 하세요.

도입 - 제안 수락 당연하지! 공원에 꼭 갈게. 그런데, 간단한 질문 몇 가지를 해도 될까? 구체적인 내용을 좀 알고 싶거든.	Why not? I'll definitely be there at the park. Well, can I just ask some quick questions? I think I need some more details.
만나는 시간 우선, 몇 시에 만날 거야? 오전에 처리해야 할 일이 몇 가지 있거든.	First, what time should we meet? I have some things to take care of in the morning.
동행인 그리고 누가 또 가니? 친구 몇 명한테 전화해서 올 수 있는지 물어보는 것은 어때? 사람이 많을수록 더 재미있잖아.	Then, who else is coming? Why don't we call some of our friends and ask if they can come? The more the merrier, you know.
취식 가능 여부, 마무리 한 가지 질문이 더 있어. 거기서 먹을 수 있니? 공원에서 먹는 것 좋아하거든. 그곳에서 먹으면 항상 더 맛있거든. 질문에 답해줄래? 질문이 너무 많아서 미안해.	Just one more question. Are we allowed to eat there? I love eating at parks! It's always tastier there. Well then, can you answer the questions? I'm sorry I asked too many questions.

*각 단락 여백은 '나만의 문장' 추가를 위한 창작공간입니다.

주요어휘 **definitely** 분명히, 확실히 **take care of** ~을 처리하다 **the more the merrier** 사람이 많을수록 더 재미있다

are we allowed to V ~하는 것이 허용되나요? **tastier** 좀 더 맛있는

만능표현 **Why not?** '왜 아니겠어.' 라는 의미로 상대방의 제안에 동의를 나타낼 때 사용하는 유용한 표현

Q7. You have just discovered that the park you are going to be visiting will be closed next weekend. Contact your friend to explain this situation and provide two to three alternatives to the issue.

다음 주말에 가려 했던 공원이 폐쇄된다는 것을 방금 알았습니다. 친구에게 연락을 해서 이 상황을 설명하고 두세 가지 대안을 제시하세요.

도입 - 발생한 문제 설명 여보세요. 난데. 좀 안 좋은 소식이 있어. 공원이 한 동안 폐쇄된다고 막 들었어.	Hello. It's me. I've got some bad news. I just heard that the park is going to be closed for a while.
공원 임시 폐쇄 이유 낡은 벤치와 펜스 그리고 운동기구를 고친대. 대략 한 달 정도 걸릴 것이라고 하네.	**They're fixing the old benches and fences and exercise machines.** They say it will take about a month.
대안 1 - 점심 식사 하지만 몇 가지 생각이 있어. 식당에서 만나서 점심을 먹는 것은 어떨까? 함께 만나서 식사를 한지 꽤 되었잖아, 그렇지?	But I've got some ideas. **How about we meet at a restaurant for lunch?** It's been a long time since we last ate together, right?
대안 2 - 다른 공원 방문, 마무리 그것이 불가능하다면, 한 가지 다른 제안이 있어. 다른 공원에 가는 것에 대해서는 어떻게 생각해? 내가 즐겨가는 곳이 한 군데 있거든. 애완동물을 데려갈 수 있어서 네 강아지가 좋아 할거야. 더 나은 생각이 있으면 전화해서 알려줘. 또 봐.	If it's not possible, **I've got another suggestion. What do you say to going to a different park?** There's one I enjoy going to. Pet animals are allowed there so your dog's going to love it there. **If you have a better idea, just give me a call and let me know.** See you.

*각 단락 여백은 **'나만의 문장'** 추가를 위한 창작공간입니다.

주요어휘 for a while 한 동안 what do you say to - ing ~하는 것을 어떻게 생각해? pet animals 애완동물

만능표현 How about S + V / What do say to -ing 상대에게 제안을 나타내는 유용한 표현

Q7. Your friend informs you that she wants you to pick her up in an hour, but you have something else to do at that time. Provide a detailed explanation of why you are unable to go in an hour and discuss two to three alternatives for this problem.

당신 친구가 한 시간 후에 데리러 오라고 하지만, 그 시간에 할 일이 있습니다. 한 시간 후에 갈 수 없는 구체적인 이유를 설명하고, 이 문제를 위해 대안 두세 가지를 말해보세요.

도입 - 약속에 늦을 것 예고 **안녕. 이 말하기 정말 싫은데, 미안하지만 한 시간 후에 갈 수가 없어.** 집에서 처리를 해야 할 일이 좀 있거든.	Hi, I hate to say this but I'm afraid **I can't make it in an hour.** There is something that I have to take care of in the house.
냉장고 고장 설명 **사실은, 냉장고가 고장 나서 지금 수리를 하는 분이 작업을 하고 있어.** 그 분이 마무리할 때까지 여기에 있어야 해.	**Actually, our refrigerator broke this morning so the repairman is working on it.** I have to be here until he's done with it.
대안 1 - 기다려 줄 수 있는지 여부 하지만 몇 가지 생각이 있어. 나를 좀 기다려주겠니? 오래 걸리지는 않게 분명해. 수리비를 지불하고 바로 갈게.	I have a couple of ideas though. Will you just wait for me? I'm sure it won't take too long. I'll be there as soon as I pay him.
대안 2 - 와서 함께 기다림, 마무리 **아니면, 수리가 끝날 때까지 기다리는 동안 네가 우리 집으로 올래?** 그러면 함께 갈 수 있고 시간도 절약하잖아. 불편하게 해서 정말 미안해. **전화해서 네 생각이 어떤지 알려줘. 안녕.**	Otherwise, do you mind coming over to my place while I'm waiting for him to finish? Then we can leave together and waste no time. I'm really sorry about the inconvenience. **Call me back and tell me what you think. Bye.**

*각 단락 여백은 '나만의 문장' 추가를 위한 창작공간입니다.

주요어휘 **hate** 끔찍이 싫어하다 **make it** 시간 맞춰 가다 **take care of** ~을 처리하다 **work on it** 작업을 하다

otherwise 만약 그렇지 않으면 **waste no time** 시간 낭비가 없다 **inconvenience** 불편함

만능표현 **I hate to say this** 내 사정으로 상대와 약속을 지키지 못하는 상황에서 답변을 시작할 수 있는 유용한 표현

Q8. Discuss one of your memorable experiences while visiting a park. Perhaps something wonderful, unexpected, or humorous happened. Explain this experience in detail. Who were you with, when and where did this situation take place, and what types of things did you do while there? Explain what things went on that day that made it particularly memorable.

공원을 갔을 때 생긴 인상적인 경험 하나를 말해 보세요. 즐거웠거나, 예상치 못했거나 아니면 재미 있는 일이 생길 수도 있겠죠. 이 경험을 구체적으로 설명해 주세요. 누구와 함께 갔고, 언제 어디서 이 상황이 발생했는지, 그곳에서 어떤 것들을 했는지 등을 말해 보세요. 그날 벌어졌던 어떤 일이 특별히 인상적인지 설명해 주세요.

시기, 장소, 동행인 지난 달 주말에 부모님과 함께 공원에서 잠깐 산책을 했어요.	Last month, I was at the park taking a little walk with my **parents** on the weekend.
공원풍경 묘사 많은 사람들이 자신들의 강아지를 데리고 즐거운 시간을 보내고 있었죠. 날씨가 좋아서 공원은 많은 사람들로 붐볐죠.	A lot of people were having a good time with their pet dogs. It was a beautiful day so the park was packed with a lot of people.
목줄 없이 다니는 강아지 발견 그런데 큰 강아지 한 마리가 목줄 없이 주변을 돌아다니는 것을 알게 되었죠. 공원에 있는 모든 사람들이 어쩔 줄 몰라 했죠. 녀석이 우리를 당장이라도 공격을 할 수 있었죠.	Then I realized there was a huge dog wandering around without a leash. Everyone at the park didn't know what to do. It might attack us any minute.
강아지 주인에게 관리 요청, 소감 저는 강아지 주인에게 목줄을 채워달라고 정중히 부탁했어요. 그는 바로 사과를 했어요. 정말 무서운 경험이었어요. 사람들이 자신들의 강아지에 대해 좀 더 책임감이 있었으면 좋겠어요.	I politely asked the owner to keep his dog on a leash. He apologized right away. It was a really scary experience. I want people to be more responsible for their pet animals.

*각 단락 여백은 '나만의 문장' 추가를 위한 창작공간입니다.

주요어휘 take a little walk 산책을 좀 하다 be packed with ~으로 붐비는 wander around 주변을 돌아다니다 without a leash 목줄 없이 any minute 당장이라도 politely 정중히 keep a dog on a leash 강아지 목줄을 계속 채우다 scary 무서운, 겁나는

Unit 7. 해변가기 Go to a Beach

*해변가기는 문제 세트 수가 딱 1 개뿐입니다!

콤보 I	Set 1
유형 1	좋아하는 해변 묘사
유형 2	해변에서의 활동 묘사
유형 3	최근에 해변에 갔던 경험 설명

▶ 난이도 3~4 단계: 2 번~7 번까지 두 세트 출제 / 난이도 5~6 단계: 2 번~4 번까지 한 세트만 출제

콤보 II	Set 1
유형 1	좋아하는 해변 묘사
유형 3	최근에 해변에 갔던 경험 설명
유형 4	해변에서의 인상적인 경험 설명

▶ 난이도 3~4 단계: 8 번~10 번까지 한 세트만 출제 / 난이도 5~6 단계: 5 번~10 번까지 두 세트 출제

콤보 III	Set 1
유형 6	해변에 가기 위해 친구에게 정보요청
유형 7	날씨로 해변에 갈 수 없는 문제해결
유형 4/8	해변에서의 인상적인 경험 설명

▶ 난이도 3~6 단계 모두 반드시 11 번~13 번에 출제 / 13 번에서는 4 번과 8 번유형 주제별로 다름

콤보 IV	Set 1
유형 1	좋아하는 해변 묘사
유형 5	상대방이 좋아하는 해변에 대해 질문하기

▶ 난이도 3~6 단계에서 14~15 번에 출제되고, 5~6 단계에서는 AL 을 결정하는 9 번과 10 번유형 출제

▶ 이 교재에서는 9 번과 10 번유형을 주제마다 다루지 않습니다.

이 두 유형은 AL 을 평가하기 위한 것으로 IH 를 목표로 할 경우 굳이 많은 시간투자를 할 필요가 없기 때문입니다. 대신 부록(421 페이지)편에서 총 20 개의 기출문제와 스크립트를 제공합니다.

Q1. Do you have a favorite beach? Describe this beach by telling me what it looks like.

가장 좋아하는 해변이 있나요? 이 해변이 어떻게 생겼는지 묘사해 주세요.

좋아하는 해변 소개 가장 좋아하는 해변은 동해안에 있어요. 속초 비치라는 곳이죠.	My favorite beach is on the east coast. It's called *Sokcho Beach*.
해변 묘사 금빛 해변, 파란 바다 그리고 근처에 해산물을 파는 식당들도 많아요. 한국에서 가장 인기 있는 해변 중 하나죠.	It has golden sand, blue sea, and a lot of seafood restaurants nearby too. It's one of the most popular beaches in Korea.
해변의 인기와 문제점 그래서 휴가철에는 상당히 붐빕니다. 차량이 너무 많아서 그곳에 가려면 시간이 더 많이 걸려요.	So, it's very crowded during the summer vacation period. And it takes a lot longer to get there because of too much traffic.
좋아하는 이유, 의견 항상 해변을 깨끗하게 잘 관리해서 그곳이 좋아요. 제가 아는 바로는 지자체에서 관리를 하고 있어요. 한국에 있는 여러 다른 해변들도 가 봤는데, 속초 비치가 최고인 것 같아요.	I like it there because they make sure it's always nice and clean. As far as I know, it's run by the local government. I've been to many other beaches in this country. But I think *Sokcho beach* is the best.

*각 단락 여백은 '나만의 문장' 추가를 위한 창작공간입니다.

주요어휘 **on the east coast** 동해안에 **golden beach** 금빛 모래 사장이 있는 해변 **local government** 지자체
(시청 혹은 도청)

만능표현 It's **one of the most popular beaches** in Korea. one of 뒤에는 반드시 복수명사가 와야 한다.

Q2. Discuss some of the things that you do when going to the beach. What does a typical visit to the beach consist of?

해변에 갔을 때 당신이 하는 활동 몇 가지를 얘기해 보세요. 일상적인 방문은 어떤 요소로 구성되나요?

도입	There are a few things I do when I go to the beach. Let me tell you about them.
해변에 갈 때 하는 것들이 몇 가지 있어요. 그것들에 대해 말해볼게요.	
동행할 친구 물색	First, I call my friends to see if they want to join me. Usually three or four of us go together.
우선, 친구들에게 전화를 해서 함께 갈 수 있는지를 물어요. 주로 서너 명이 함께 갑니다.	
숙소 물색	Then, we look for a place to stay. Usually we spend three nights there and split the cost.
그리고, 숙소를 찾아요. 주로 3박을 하고 비용은 나누어서 냅니다.	
필요한 물품 쇼핑, 마무리, 소감	Lastly, we go shopping for the things we'll need there. As you know, things are a lot more expensive at vacation destinations. These are the things I usually do when I go to the beach. I can't wait to go already.
마지막으로, 그곳에서 필요한 것들을 구매하기 위해 쇼핑을 합니다. 알다시피, 휴가지에서는 물건들이 좀 더 비싸잖아요. 이것들이 제가 해변에 갈 때 주로 하는 것들입니다. 벌써 기다려지네요.	

*각 단락 여백은 '**나만의 문장**' 추가를 위한 창작공간입니다.

주요어휘 **see if S + V** ~가 ~인지 알아보다 **a place to stay** 숙소 **split the cost** 비용을 분담하다

vacation destinations 휴가지 **can't wait** 기다려진다

만능표현 **These are the things I usually do when I go to the beach.** 활동을 묘사하는 문제유형의 답변에서

마무리 할 때 쓸 수 있는 유용한 문장

Q3. Describe your experience the last time you went to the beach. In detail, explain which beach you went to, what you did while there, and who went there with you. What went on during your visit?

최근에 해변에 갔던 경험을 설명해 보세요. 구체적으로 어떤 해변을 갔고, 그곳에서 무엇을 했으며, 누구와 함께 갔는지 설명하세요. 그곳에서 어떤 일들이 있었나요?

시기와 장소 작년 휴가 때 친구들과 함께 동해안에 갔어요. 제가 가장 좋아하는 속초해변에 갔죠.	Last year, I went to the east coast with a few friends of mine on vacation. I went to *Sokcho* beach, my favorite beach.
한적한 도로상황 코로나19 때문에 가는 길에 차들이 많지 않았어요. 해변도 역시 과거처럼 붐비지 않았죠.	There wasn't a lot of traffic on the way because of COVID-19. The beach was not as busy as it would be either.
해변에서의 방역 해변을 들어갈 때마다 체온을 측정했어요. 다행히도, 모두들 이상이 없었죠.	Every time we entered the beach, we had to get our body temperature checked. Fortunately, we were all fine.
마스크 착용, 소감 또한 항상 마스크를 착용해야만 했어요. 물에 들어갈 때만 마스크를 벗을 수 있었어요. 모든 규정을 지키는 것이 다소 쉽지 않았죠. 그래도 늘 그랬던 것처럼 해변에서 휴가를 즐겼습니다.	Also, we all had to be wearing face masks all the time. We were only allowed to take them off when we're in the water. It was a little tough to follow all the rules **but we enjoyed our vacation at the beach as always.**

*각 단락 여백은 '나만의 문장' 추가를 위한 창작공간입니다.

주요어휘 **on the way** 가는 도중에 **as busy as it would be** 이전처럼 붐비는 **body temperature** 체온

fortunately 다행히도 **tough to follow** 지키기 어려운

만능표현 The beach was not **as busy as it would be** either. 이전과 비교할 때 사용할 수 있는 유용한 문장

120

Q4. Explain to me the story of an experience you had while going to a beach. Maybe something comical, unexpected or interesting happened. Tell me all about that memory. Begin with some background about when and where this occurred, who you were with and what you were doing--and then describe to me the story of what happened that day to make that trip so unforgettable.

해변에 갔을 때 생겼던 경험 한 가지를 제게 설명해 주세요. 웃긴 일이나, 예상치 못했거나, 흥미로운 일 같은 것들이겠죠. 그 기억을 제게 말해 주세요. 언제, 어디서, 누구와 함께 있었고 무엇을 했는지 등과 같은 배경설명으로 시작해서, 그날 벌어졌던 그 경험을 인상적인 것으로 만든 것이 무엇인지 제게 설명해 주세요.

시기, 장소, 동행인 **몇 년 전에 친구들과 해변에 갔어요. 여름휴가 차 갔었죠.**	A few years ago, I went to the beach with a few friends of mine. We were there for our summer vacation.
문제의 발단 - 썬탠 그곳에 있는 동안 날씨가 좋았고, 선탠을 하기에 완벽했죠. 그을린 피부는 건강해 보이잖아요.	The weather was beautiful while we were there. **It was perfect to get a tan.** Tanned skin looks so healthy, you know.
썬탠 도중 잠이 듦 그래서 모래 위에 한 시간 가량 누워있었어요. 그러다 잠이 들었죠. 친구 한 명이 저를 깨웠어요.	So, I spent about an hour lying on the sand. I fell asleep and then a friend of mine woke me up.
햇빛에 의한 화상, 소감 그러고 보니까 얼굴과 팔에 심한 화상을 입었다는 것을 알았어요. 썬 크림 바르는 것을 깜빡 했지 뭐에요. 얼마나 멍청한지! 남은 휴가 기간 동안 호텔 방에만 있어야 했죠. **가장 끔찍한 휴가였어요!**	Then I realized I had a serious sunburn on my face and arms. I'd forgotten to put on sunscreen. How stupid! I spent the rest of my vacation in the hotel room. **It was the worst vacation ever!**

*각 단락 여백은 '나만의 문장' 추가를 위한 창작공간입니다.

주요어휘 **get a tan** 선탠을 하다 **tanned skin** 그을린 피부 **fall asleep** 잠이 들다 **sunburn** 햇볕으로 입은 화상

stupid 바보 같은, 멍청한

만능표현 It was the worst vacation **ever**! 최상급 강조부사

Q5. I enjoy going to the beach as well. Please ask me 3 questions to learn more about the beach that I go to.

저도 해변가는 것을 좋아합니다. 제가 가는 해변에 대해 좀 더 알기 위해 세 가지 질문을 하세요.

도입 - 질문 예고 당신이 가는 해변에 대해 몇 가지 질문을 할게요. 당신이 말할 것이 많을 것 같다는 생각이 드네요.	Let me ask you some questions about the beach you go to. I believe you have a lot to say about it.
해변 이름 첫 번째 질문은, 그 해변의 이름이 무엇인가요? 인기가 많은 곳인가요, 아니면 남들이 잘 모르는 그런 곳인가요?	My first question is, what's the name of the beach? Is it popular or is it your secret place?
해변을 알게 된 계기 두 번째는, 그 해변을 처음에 어떻게 찾았나요? 인터넷에서 찾았나요? 아니면 어릴 때 부모님이 데려갔나요?	Secondly, how did you first find that beach? Did you find it on the Internet? Or did your parents take you there when you were a kid?
동행인, 해변에서의 활동, 마무리 마지막으로, 누구와 가고 그곳에 가면 주로 무엇을 하나요? 일상적으로 해변에서 하는 것들을 말해 주세요. 지금 생각나는 것이 이것이 전부입니다. 제 질문에 답해주세요.	Lastly, who do you go with and what do you usually do once you're there? Tell me the things you normally do at the beach. OK, that's all I can think of for now. **Please answer my questions.**

*각 단락 여백은 **'나만의 문장'** 추가를 위한 창작공간입니다.

주요어휘 **have a lot to say** 말할 것이 많은 **secret place** 남들이 잘 모르는 나만 아는 비밀스러운 장소

　　　　normally 보통 때는 **think of** ~을 생각해내다

만능표현 **That's all I can think of for now** 답변을 마무리할 때 활용할 수 있는 만능 문장

Q6. You and your friend are planning to go on a trip to the beach this weekend. Call your friend and ask 3 to 4 questions regarding the trip you're planning.

당신이 이번 주말에 친구와 함께 해변에 가려고 합니다. 친구에게 연락을 해서 당신의 해변가기 계획에 대해 서너 가지 질문을 해 보세요.

도입 - 질문 예고 안녕, 난데. 질문 좀 하려고 전화했어요. 해변 가는 것에 대해 이야기 좀 하려고.	**Hi, it's me. I'm calling to ask you a couple of questions.** I want to talk about the trip to the beach.
출발 시간 우선, 몇 시에 출발할거야? 차가 막히는 것이 끔찍하게 싫거든. 조금 일찍 출발해야 할거야.	**First of all, what time should we leave?** I hate to get caught in traffic. We should leave a little earlier.
더 많은 동행인 제안 두 번째는, 사람들을 좀 더 데리고 가는 것은 어때? 훨씬 더 재미있을 거야. 인원 많을수록 더 재미있잖아. 그렇게 생각하지 않아?	**Second of all, how about we bring along some more people?** I'm sure it's going to be a lot more fun. The more the merrier. Don't you think?
취사 가능 여부, 마무리 마지막으로 꼭 할 말은, 그곳에서 음식 만드는 것이 허용되니? 해변에서 먹는 것 좋아하거든. 그곳에서 먹으면 항상 더 맛있거든. 이게 전부야. 어떻게 생각해?	**Last not but least, are we allowed to cook there?** I love eating at the beach! It's always tastier there. **Well then, can you answer the questions?** That's it. **What do you think?**

*각 단락 여백은 '**나만의 문장**' 추가를 위한 창작공간입니다.

주요어휘 **hate** 끔찍하게 싫어하다 **get caught in traffic** 교통 체증에 갇히다 **bring along** ~를 데리고 **가다**

　　　　the more the merrier 많을수록 더 재미있다 **last but not least** 마지막으로 꼭 할 말은

　　　　tastier 좀 더 맛있는

만능표현 **Last not but least** 마지막에 언급하는 것이 앞에 언급한 것 못지않게 중요하다 라는 의미로

　　　　자주 쓰이는 유용한 표현

Q7. You have just found out that the weather at the beach you're planning to go to is not going be good this coming weekend. Call your friend and tell him/her about the weather and give 2 to 3 alternatives.

이번 주말에 해변을 갈 계획이었는데, 날씨가 좋지 않을 것이라는 것을 알게 되었습니다. 친구에게 연락을 해서 날씨 예보에 대한 설명을 하고, 문제 해결을 위한 두세 가지 대안을 제시하세요.

문제 발생 알림 **안녕, 너에게 할 말이 좀 있어.** 해변에 가는 것과 관련된 것인데.	Hi, there's something I want to tell you. It's about our trip to the beach.
문제점 – 날씨 상황 설명 **(뉴스에서) 방금 들었는데 주말에 해변 날씨가 좋지 않을 거야.** 우리 운이 그렇지 뭐. 실망이네. 기대했었는데.	I just heard (from the news) that the weather at the beach is not going to be good on the weekend. Just our luck. I'm disappointed. I was looking forward to it.
대안 1 – 영화관람 제안 **아무튼, 몇 가지 생각을 해 봤어. 우선, 영화를 보러 가는 것이 어떨까?** 정말 괜찮은 영화가 있거든. 어떻게 생각해?	Anyway, I've come up with some ideas. First, what about we go to the movies? There is a very good movie to see. What do you think?
대안 2 – 다른 해변 제안, 마무리 **아니면, 갈 수 있는 다른 해변을 찾아보자.** 일기 예보하는 사람이 서해안 날씨는 괜찮을 것이라고 했거든. 자 그럼, 네 생각을 내게 알려줘.	Or, let's look for another beach to go to. The weather guy said the weather would be nice on the west coast. OK then. Let me know what you have to say.

*각 단락 여백은 '**나만의 문장**' 추가를 위한 창작공간입니다.

주요어휘 look forward to ~을 기대하다 come up with ~을 생각해내다 go to the movies 영화를 보러 가다

　　　　what you have to say 네가 생각하는 내용

만능표현 just my/our/somebody's luck 내/우리의/누구의 운수가 그렇지 뭐 (재수 없는 일이 흔해서 그런 일이

　　　　생겨도 놀랍지 않다는 의미로 자주 사용하는 유용한 표현)

Q8. Have you ever had an unforgettable or scary experience at the beach? Perhaps the weather was bad or something prevented you from having a good time. Give me all the details about what happened from beginning to end.

해변에서 인상적인 경험이 있었나요? 예를 들어 날씨가 좋지 않았다거나, 일이 생겨서 즐거운 시간을 갖지 못했을 수도 있습니다. 어떤 일이 벌어졌고 결과는 어땠는지 자세히 설명하세요.

시기와 장소 어렸을 때, 한 번은 우리 가족이 여름 휴가로 캠핑을 갔어요. 동해안이 목적지였죠.	**When I was young, my family once went camping on summer vacation.** The east coast was our destination.
해변에서 즐거운 시간 해변 날씨는 정말 좋았어요. 수영을 하면서 즐거운 시간을 보내고 돼지고기 바비큐인 삼겹살을 저녁으로 먹었죠. 정말 맛있었어요!	**It was just a just great day on the beach.** We had a lot of fun swimming and ate *samgyeopsal*, pork belly barbeque, for dinner. It was so yummy!
게임 후 취침 그리고 나서 함께 게임을 한 후에 잠을 자러 갔어요. 이후로 어떤 일이 벌어질지 전혀 알 수 없었죠.	**Then we went to sleep after playing some games together.** We never knew what was going to happen next.
간밤의 예상치 못한 폭우, 소감 갑자기, 한 밤 중에 비가 엄청 심하게 내리기 시작했어요. 아침까지 그치지 않았어요. 물에 잠긴 텐트 안에서 잠을 잘 수가 없었어요. **해변에서 매우 축축하고 잠 못 드는 밤이었죠.** 떠나기 전에 일기예보를 들었어야 했죠.	**Suddenly, it started to rain very heavily in the middle of the night. And it didn't stop until the morning.** We didn't get any sleep in the flooded tent. **It was a very wet and sleepless night at the beach.** We should have listened to the weather forecast before we left.

*각 단락 여백은 '**나만의 문장**' 추가를 위한 창작공간입니다.

주요어휘 go camping 캠핑을 가다 destination 목적지 pork belly 삼겹살 yummy 맛있는 flooded 물에 잠긴

sleepless 잠 못 이루는, 불면의 should have p.p. ~했어야 했는데 weather forecast 일기예보

만능표현 We **should have listened to** the weather forecast before we left. 이미 끝난 사실에 대해 후회를 할 때

사용하는 매우 유용한 문장 패턴 'should have 과거분사(pp)'

Unit 8. 스포츠관람 Watch Sports

*스포츠관람은 문제 세트 수가 딱 1 개뿐입니다!

콤보 I	Set 1
유형 1	좋아하는 운동선수와 팀 묘사
유형 2	TV 로 가장 즐겨보는 스포츠와 이유 묘사
유형 3	최근에 TV 로 봤던 운동경기 설명

▶ 난이도 3~4 단계: 2 번~7 번까지 두 세트 출제 / 난이도 5~6 단계: 2 번~4 번까지 한 세트만 출제

콤보 II	Set 1
유형 1	좋아하는 운동선수와 팀 묘사
유형 3	최근에 TV 로 봤던 운동경기 설명
유형 4	직접 보고 싶었던 경기를 못 본 경험 설명

▶ 난이도 3~4 단계: 8 번~10 번까지 한 세트만 출제 / 난이도 5~6 단계: 5 번~10 번까지 두 세트 출제

콤보 III	Set 1
유형 6	운동경기를 보기 위한 티켓 구매에 대한 정보요청
유형 7	자리가 거의 없는 운동경기 티켓에 대한 문제해결
유형 4/8	꼭 보고 싶었던 운동경기를 볼 수 없었던 경험 설명

▶ 난이도 3~6 단계 모두 반드시 11 번~13 번에 출제 / 13 번에서는 4 번과 8 번유형 주제별로 다름

콤보 IV	Set 1
유형 1	좋아하는 운동선수와 팀 묘사
유형 5	상대방이 즐겨보는 운동경기에 대해 질문하기

▶ 난이도 3~6 단계에서 14~15 번에 출제되고, 5~6 단계에서는 AL 을 결정하는 9 번과 10 번유형 출제

▶ 이 교재에서는 9 번과 10 번유형을 주제마다 다루지 않습니다.

이 두 유형은 AL 을 평가하기 위한 것으로 IH 를 목표로 할 경우 굳이 많은 시간투자를 할 필요가 없기 때문입니다. 대신 부록(421 페이지)편에서 총 20 개의 기출문제와 스크립트를 제공합니다.

Q1. Who is your favorite sports team? How about your favorite athlete?

가장 좋아하는 운동 팀은 어디인가요? 좋아하는 운동선수는요?

가장 좋아하는 팀 제가 가장 좋아하는 스포츠 팀은 토트넘 핫스퍼입니다. 영국 프리미어리그의 축구팀이죠.	My favorite sports team is Tottenham Hotspur. As you might know, that's a soccer team in the UK's Premier League.
가장 좋아하는 선수 그리고 제가 가장 좋아하는 선수는 당연히 손흥민입니다. 그 팀에서 뛰는 대한민국 공격수죠.	And my favorite athlete is of course Son Heung-min. He is a Korean striker playing for the team.
특정 선수를 좋아하는 이유 그 선수를 좋아하는 사람이 저 뿐만이 아니라고 생각해요. 대한민국 모든 축구팬들이 그 선수를 좋아한다고 생각해요. 그는 심지어 FIFA 가 최고의 골을 넣은 선수에게 수여하는 상도 받았어요. 정말 대단한 골이었죠. 꼭 봐야 합니다.	I don't think it's only me who likes him. **I believe all Korean soccer fans love him. He even won FIFA's wonder goal award.** That was really an incredible goal. You should see it.
의견, 마무리 그는 아마 틀림없이 가장 위대한 세계 최고의 대한민국 축구선수라고 생각해요.	I think he is easily **the greatest world-class Korean soccer player ever.**

*각 단락 여백은 '나만의 문장' 추가를 위한 창작공간입니다.

주요어휘 Tottenham Hotspur 손흥민 선수가 뛰고 있는 영국 프리미어리그 축구팀 **athlete** 운동선수
striker 공격수, 스트라이커 **wonder goal** 경이로운 골, 최고의 공 **world-class** 세계적인 수준의
만능표현 as you might know '알 수도 있겠지만' 이란 의미로 상대와 대화를 하고 있다는 느낌을 주는 표현

Q2. What sport do you like to watch the most on television? Talk about why you like this sport the most.

TV 로 볼 때 가장 좋아하는 운동이 무엇인가요? 왜 그 운동을 좋아하는지 말해보세요.

도입	That's a tough question to answer. Give me a second please.
답변하기 어려운 질문이네요. 시간을 조금만 주세요.	
좋아하는 스포츠와 이유 1	I guess baseball is fun to watch. There are a couple of reasons for that. **First, it's a lot like a board game.** You have use your head. That's why it's interesting to watch.
야구 보는 것이 재미있다고 생각해요. 여기에는 몇 가지 이유가 있어요. **첫째, 보드게임하고 상당히 비슷해요.** 머리를 써야 하죠. 그래서 즐겁게 보는 이유에요.	
좋아하는 이유 2	**Second, we have a lot of great professional players.** Some of them play in the major league in the U.S. I mean, the home of baseball. **I'm so proud of them.**
두 번째는, 훌륭한 프로선수들이 많아요. 몇몇 선수는 미국 메이저리그에서 뛰고 있어요. 야구의 고향말이에요. 저는 그들이 대단히 자랑스러워요.	
마무리	So, baseball is more fun to watch on TV (for the reasons) **than any other sport.**
그래서 (이런 이유로) 그 어떤 스포츠보다 야구가 TV 로 보기에 재미있어요.	

*각 단락 여백은 '**나만의 문장**' 추가를 위한 창작공간입니다.

주요어휘 **a tough question** 대답하기 어려운 질문 **the home of the baseball** 야구의 고향

만능표현 **That's a tough question to answer. Give me a second please.** 어떤 질문이건 답변을 바로 시작할 수 없을 때 유용하게 쓸 수 있는 표현

Q3. What was the most recent sporting event you watched on television? Describe the game in as much detail as possible.

가장 최근에 TV로 시청했던 운동경기가 무엇이었나요? 그 게임을 최대한 자세히 묘사해 보세요.

시기와 배경설명 날씨 좋은 5월의 어느 날이었어요. 약간 따분해서 TV를 켰죠.	**It was a beautiful day in May.** I was a little bored so I turned on the TV.
운동경기 종류 - 야구 야구 경기를 생중계하고 있었어요. 제가 좋아하는 팀이어서 계속 시청을 했어요.	**There was a live baseball game.** It was my favorite team so I kept watching it.
경기 진행상황 설명 안타깝게도 2점차로 뒤지고 있었어요. 그리고 마지막 이닝이 진행 중이었어요. 그런데 제가 가장 좋아하는 선수가 타석에 들어섰어요. 두 명의 주자가 나가있는 상황이었죠.	**Unfortunately, they were losing by two runs** and they were having their last inning. **And then my favorite batter stood in the box.** They had two baserunners on base.
결론, 소감 세상에나! 연속으로 두 개의 스트라이크가 들어온 상황에서 3점짜리 홈런을 쳤어요. 끝내기 홈런이었죠. 그들은 마치 영화 속 장면처럼 이겼어요. 아마도 TV로 본 경기 가장 재미이었던 경기였어요.	Oh my gosh! He hit a three-run home run after two strikes (in a row). It was a walk-off homerun. **They won like in a movie. It was probably the most exciting game I ever saw on TV.**

*각 단락 여백은 '**나만의 문장**' 추가를 위한 창작공간입니다.

주요어휘 **be bored** 지루한 **keep - ing** 계속 ~하다 **run** (여기서는) 야구 점수 **last inning** 마지막 9회 **in the box** 타석에 (= at bat) **baserunner** 주자 **oh my gosh(OMG)** 세상에나 **three-run homerun** 3점 홈런 **walk-off homerun** 끝내기 홈런

만능표현 **oh my gosh (goodness)** '세상에' 감탄의 느낌을 주는 표현으로 Oh my god 보다는 완곡한 표현

Q4. Remember a time when it was hard to watch a sports event that you really wanted to go to. Begin with some background details about when this happened and which teams were playing each other. Then describe particular details of what the problem was, and what steps you took to solve it. Finally, tell me about this experience in as many details as you can.

정말로 직접 가서 보고 싶은 경기가 있었지만 그렇게 하기에는 어려움이 있었던 때를 떠올려 보세요. 언제였고 누가 경기를 했는지에 대한 배경설명을 먼저 하고, 문제점은 무엇이었고 해결하는 방법들을 말해보세요. 마지막으로, 이 경험에 대해 구체적으로 설명해 보세요.

시기와 배경 설명	It was about a year ago. A couple of friends of mine and I agreed to go to one of the Korean series baseball games. We all love baseball.
1년 전쯤이었어요. 친구들 몇 명과 한국시리즈 경기를 보러 가기로 했죠. 우리 모두 야구를 좋아하거든요.	
관람을 위해 야구장에 모임	We all got together at the ball park in the evening. We were so excited waiting to get in. The ball park was packed with a lot of people.
우리는 저녁에 야구장에서 만났어요. 입장을 기다리면서 아주 흥분되었어요. 야구장은 많은 사람들로 붐볐어요.	
티켓을 깜빡 해서 아버지께 도움 요청	Then I realized I didn't have my mobile ticket with me. I was sure I'd left my phone in my room. So, I called my dad using my friend's phone. And he managed to send the mobile ticket through the messenger app.
그리고 나서 핸드폰이 없다는 것을 알게 되었어요. 방에 두고 왔다고 확신했죠. 그래서 친구 전화로 아버지에게 전화를 했고, 메신저 앱을 통해서 가까스로 모바일 티켓을 보내주셨어요.	
결과, 소감	Thanks to my dad, we were able to enjoy the big game. That was really close.
아버지덕분에 우리는 큰 경기를 즐길 수 있었어요. 큰일날 뻔 했어요.	

*각 단락 여백은 '나만의 문장' 추가를 위한 창작공간입니다.

주요어휘 agree to ~하기로 하다 get together 만나다 ball park 야구장 be packed with ~으로 붐비다

manage to V 가까스로 ~하다 thanks to ~덕분에 that was close 큰일날 뻔 하다

만능표현 That was really close. '정말 큰일날 뻔 했다' 라는 의미의 유용한 표현

Q5. **I view sports events each weekend. Pose three to four questions to me about the sports that I watch.**

저는 주말마다 운동 경기를 봅니다. 제가 보는 운동 경기에 대해 서너 가지 질문을 하세요.

도입 - 질문 예고 **질문 몇 가지가** 있어요. 당신이 보는 운동에 대해 정말 알고 싶어요.	**I have some questions for you.** I'm so interested to know about what you watch.
운동경기 종류와 좋아하는 이유 **먼저, 주말마다 어떤 운동경기를 보러 가나요?** 좋아하는 이유도 말해주세요.	**Firstly, what kind of sports do you go watch every weekend?** Tell me why you like them so much as well.
동행인과 경기 후 활동 **두 번째는, 운동경기를 주로 누구와 보러 가나요?** 혼자 가나요 아니면 누군가와 함께 가나요? **경기 후에는 주로 무엇을 하나요?** 술집에 가거나 하나요?	**Secondly, who do you usually go to the sports events with?** Do you go alone or do you need someone else? **What do you usually do after the game?** Do you go to a bar or something?
가장 좋아하는 선수, 이유, 마무리 가장 중요한 질문은, **당신이 가장 좋아하는 스포츠 스타는 누구인가요?** 그리고 좋아하는 이유가 무엇인가요? **이제 답변해 주세요.** 질문이 많아서 미안합니다.	Most importantly, **who are your favorite sports stars?** And what do you like about them? **Please answer my questions now** and I'm sorry I've asked too many questions.

*각 단락 여백은 '**나만의 문장**' 추가를 위한 창작공간입니다.

주요어휘 go watch 보러 가다

만능표현 Do you go to a bar **or something**? '뭐 그러한 것'이란 의미를 나타낼 때 or something 을 사용한다.

Q6. You wish to purchase sporting event tickets for you and a friend. Please ask the person selling tickets 3 or 4 questions about the event.

당신과 친구를 위해 운동 경기 티켓을 사고 싶습니다. 그 운동 경기에 대해 티켓을 판매하는 직원에게 서너 가지 질문을 하세요.

도입 - 질문 예고 안녕하세요. 이번 주말에 있을 축구경기에 대해 알아보려고 전화를 했습니다. 질문을 해도 될까요?	Hi, I'm calling to ask about the soccer match this coming weekend. Can I ask you some questions, please?
티켓 구입 가능 여부 우선, **티켓이 남아있는지 궁금합니다.** 벌써 목요일이어서요.	To start with, **I was wondering if there are enough tickets left.** It's already Thursday.
좌석의 위치 그리고, 우리들이 나란히 함께 앉을 수 있을까요? 저와 친구들을 위해 4~5 장의 티켓이 필요하거든요.	**Next, can we sit next to each other?** I'll need to buy four or five tickets for me and my friends.
우천시 환불과 할인 여부 당일에 비가오면 어떻게 하죠? 우천 교환권이나 전액 환불을 받나요? 마지막 질문은, 앱을 이용해서 티켓 예매를 하면 할인을 받을 수 있나요? 이게 전부입니다. 제 질문에 답변을 해 주시겠어요?	**What if it rains on the day?** Do we get a raincheck or a full refund? One last question. **Can we get a discount if we use your app to book our tickets?** That's it. **Can you please answer all my questions?**

*각 단락 여백은 '**나만의 문장**' 추가를 위한 창작공간입니다.

주요어휘 I'm calling to V ~을 하려고 전화를 했습니다 to start with 우선, 첫 번째로 next to each other 나란히

what if S + V ~하면 어떻게 하죠 raincheck 우천 교환권 a full refund 전액 환불

만능표현 **I was wondering if** there are enough tickets left. '~이 궁금하다'라는 의미의 정중한 표현

Q7. The person selling the tickets explains that tickets are almost sold out. The remaining seats are not together. Leave a message on your friend's voicemail that tells him the situation and offer 2 or 3 alternatives.

티켓을 파는 직원이 티켓이 거의 다 팔렸다고 이야기하는데, 남아 있는 티켓이 서로 옆에 앉을 수 있는 것이 아니라고 합니다. 친구에게 메시지를 남겨서 이 상황을 설명하고 두세 가지 대안을 제시하세요.

문제설명 – 서로 떨어진 좌석 **안녕, 난데. 안 좋은 소식이 좀 있어. 티켓이 거의 매진되었다는 것을 방금 알아냈어.** 그래서 우리가 나란히 앉을 수가 없거든. 선택의 여지가 많지 않네. 하지만 나한테 몇 가지 생각이 있어.	**Hi, it's me. I've got some bad news for you. I just found out that the tickets are almost sold out.** So, we can't sit next to each other there. There's not much choice but **I have a couple of suggestions.**
대안 1 – 관람 강행 제안 **첫째는, 그냥 가서 경기를 보자.** 다시는 기회가 없잖아. 우리가 꼭 봐야 해. 어떻게 생각해?	**First, we just go and watch the game.** There's no second chance. We must see it. What do you think?
대안 2 – 다른 좌석 구입 제안 이것이 맘에 안 들면 한 가지 생각이 더 있어. VIP 좌석 구입을 위해 돈을 좀 더 내면 어떨까? 거기에는 자리가 충분히 남아있다고 하더라고. 우리가 금전적 여유가 있을까?	If it doesn't work for you, **I've got another idea. What about we pay some more money for the VIP seats?** They say that they have enough seats left there. Do you think we can afford it?
마무리 **생각을 해 보고 최대한 빨리 연락을 해줘.**	**Now, think about it and get back to me as soon as possible.**

*각 단락 여백은 '나만의 문장' 추가를 위한 창작공간입니다.

주요어휘 **find out** 알아내다 **be sold out** 매진되다 **not much choice** 선택의 여지가 많지 않다 **no second choice**
더 이상 기회가 없다 **work for** ~에게 맞다, 맘에 들다 **afford it** 금전적으로 여유가 있다
get back to me 나에게 다시 연락하다

만능표현 **but I have a couple of suggestions / I've got some ideas though** 대안을 제시할 때 사용하는 표현

Q8. Recall an instance when you really wanted to attend a sporting event but had trouble getting things to work out. Explain the details of the situation, how you dealt with it, and what the final outcome was.

당신이 정말 가고 싶었던 운동 경기가 있었는데 문제가 있었던 경험을 떠올려 보세요. 상황을 구체적으로 설명하고, 어떻게 대응을 했는지 그리고 최종 결과는 어떻게 되었는지 말해 보세요.

도입 한 가지 흥미로운 이야기가 있어요.	I have an interesting story to tell you.
시기, 경기 종류, 동행인 지난 9월에 정말 보고 싶었던 **중요한 야구 경기**가 있었어요. 몇몇 친구들이 함께 가려고 했고 우리 모두 손꼽아 기다렸어요.	There was a big baseball game I really wanted to watch **last September. Some of my friends would be there with me** and we were all looking forward to it.
벌어진 상황 설명 그런데 도착하자마자 비가 내리기 시작했어요. 미친 듯이 퍼부었죠. 그래서 경기가 **취소되었어요.** 뭔가 할 수 있는 다른 것을 찾아야만 했어요. 뭔가 재미있는 것 말이죠.	But as soon as we got there, **it started to rain** and it rained like crazy. **So, the game was cancelled.** We had to find something else to do. Something interesting, you know.
최종 결과, 소감 그래서 우리는 각자의 휴대폰을 모두 꺼내서 괜찮은 술집과 피씨방을 찾았어요. 결국 우리 모두 즐거운 시간을 보냈어요. 비가 왔음에도 술도 마시고 컴퓨터 게임도 하면서 말이죠.	Then, **we** all took out our phones and **looked for a good bar and a computer game room. We had a great day after** drinking and playing computer games despite the rain.

*각 단락 여백은 '**나만의 문장**' 추가를 위한 창작공간입니다.

주요어휘 look forward to it ~을 고대하다 **like crazy** 미친 듯이, 정말로 심하게 **despite** ~에도 불구하고

Unit 9. 카페/커피 전문점 가기 Go to a Coffee Shop

*카페/커피 전문점 가기는 문제 세트 수가 딱 1 개뿐입니다!

콤보 I	Set 1
유형 1	좋아하는 커피숍 묘사
유형 2	커피숍에서 주로 하는 활동 묘사
유형 3	좋아하는 커피숍에 처음 갔던 경험 설명

▶ 난이도 3~4 단계: 2 번~7 번까지 두 세트 출제 / 난이도 5~6 단계: 2 번~4 번까지 한 세트만 출제

콤보 II	Set 1
유형 1	좋아하는 커피숍 묘사
유형 3	좋아하는 커피숍에 처음 갔던 경험 설명
유형 4	커피숍에서의 인상적인 경험 설명

▶ 난이도 3~4 단계: 8 번~10 번까지 한 세트만 출제 / 난이도 5~6 단계: 5 번~10 번까지 두 세트 출제

콤보 III	Set 1
유형 6	새롭게 문을 연 커피숍에 대한 정보요청
유형 7	커피숍에서 잘못된 주문에 대한 문제해결
유형 4/8	커피숍에서 만족스럽지 못한 경험 설명

▶ 난이도 3~6 단계 모두 반드시 11 번~13 번에 출제 / 13 번에서는 4 번과 8 번유형 주제별로 다름

콤보 IV	Set 1
유형 1	좋아하는 커피숍 묘사
유형 5	상대방이 좋아하는 커피숍에 대해 질문하기

▶ 난이도 3~6 단계에서 14~15 번에 출제되고, 5~6 단계에서는 AL 을 결정하는 9 번과 10 번유형 출제
▶ 이 교재에서는 9 번과 10 번유형을 주제마다 다루지 않습니다.

이 두 유형은 AL 을 평가하기 위한 것으로 IH 를 목표로 할 경우 굳이 많은 시간투자를 할 필요가 없기 때문입니다. 대신 부록(421 페이지)편에서 총 20 개의 기출문제와 스크립트를 제공합니다.

Q1. Do you have a favorite coffee shop? Describe this coffee shop by telling me what it looks like and where it is located. Please discuss this coffee shop for me.

가장 좋아하는 커피숍이 있나요? 어떻게 생겼고, 어디에 있는지에 대한 이야기를 통해 제게 이 커피숍을 묘사해 주세요. 그 커피숍에 대한 이야기를 해 주세요.

도입 - 커피숍 위치, 방문 기간 저희 집 근처에 가장 좋아하는 커피숍이 하나 있어요. 꽤 오래되었어요.	**I have a favorite coffee shop near my house.** It's been there for quite a while now.
커피숍 위치 상세 설명 집에 10분 정도 걸어갈 수 있는 거리에요. 그곳에 가는 것을 좋아해요. 왜냐하면 가장 가깝기도 하고 커피도 아주 맛있거든요.	**It's about a 10-minute walk from my house. I like going there** because it's the closest and the coffee there is very good.
커피숍 내부 묘사 정사각형 모양인데 좌석이 20개 정도 되는 것 같아요. 내부는 아늑한 느낌인데 왜냐하면 대형 체인점 같은 느낌이 아니기 때문이에요.	**It looks like a square with about 20 seats in it. It feels cozy inside** because it's not like one of the big franchise coffee shops.
커피숍 외부 풍경, 소감 그리고 야외에 작고 괜찮은 테이블들이 있어서, 날씨가 좋을 때는 밖에 앉아서 커피 마시면서 날씨 즐기는 것을 선호해요. **모든 사람들이 그곳을 좋아하는 것 같아요.** 들를 때마다 자리잡기가 어렵거든요.	**It also has nice little tables outside.** When the weather's nice, I prefer to sit outside and enjoy the coffee and the weather. **It seems everybody likes it there.** Whenever I drop by, it's hard to get a seat.

*각 단락 여백은 '**나만의 문장**' 추가를 위한 창작공간입니다.

주요어휘 for quite a while 꽤 오랫동안 **square** 정사각형 **cozy** 아늑한 **franchise** 프랜차이즈 **prefer** 선호하다
seem ~인듯하다 **drop by** 들르다 **get a seat** 자리를 잡다

만능표현 It's about a 10-minute walk from my house. 영어는 단복수의 구별이 엄격한데, 10 minutes 을 복수로 사용하지만, 명사(walk)앞에 놓여서 형용사처럼 사용될 때는 10-minute 처럼 's'를 붙이지 않는다.

Q2. Discuss some of the things that you do when going to a coffee shop. What does a typical visit to the coffee shop consist of?

커피숍에 갔을 때 당신이 주로 무엇을 하는지 이야기를 해 주세요. 커피숍에 일상적인 방문은 어떤 것으로 이루어져 있나요?

도입 저는 커피숍에서 다양한 것들을 해요. 하지만 누구와 함께 가느냐에 따라 다르죠.	**I do a lot of things at a coffee shop** but it depends on who I go there with.
친구와 대화를 위한 방문 친구들과 함께 가면 주로 이야기를 나누면서 시간을 보냅니다. 우리의 관심사에 대한 이야기를 하는데, 영화, 연예인, 책 등과 같은 것들입니다.	**When I'm with my friends, I normally spend time chatting.** We talk about our interests such as movies, celebrities, books and things like that.
커피를 마시기 위해 혼자 방문 저는 가끔 혼자서도 가는데 상당히 맛있는 커피를 마시기 위해서 갑니다. 그곳에서 만드는 것과 똑 같은 커피를 만들지는 못하거든요.	**I sometimes go there alone for a really good cup of coffee.** I can't make coffee with the same quality as they do.
독서, 유튜브 시청, 음악감상, 마무리 혼자서 갈 때는 읽을 것을 반드시 갖고 갑니다. 맛있는 커피 한 잔과 함께 책을 읽으면 상당히 편안하거든요. 그만한 것이 없어요. 책 읽는 것이 지루해지면 유튜브를 보거나 음악도 듣습니다. 이것들이 커피숍에서 제가 주로 하는 것들이에요.	**When I go there by myself, I make sure I have something to read there.** It's really relaxing to read a book with a good cup of coffee. There's nothing like it. **When I get bored with the book, I watch YouTube or listen to music.** These are the things I usually do at a coffee shop.

*각 단락 여백은 '**나만의 문장**' 추가를 위한 창작공간입니다.

주요어휘 depend on ~에 따라 다르다 chat 이야기를 나누다, 수다를 떨다 interests 관심사 celebrities 유명인, 연예인 make sure 반드시 ~한다 relaxing 편안한 get bored with ~이 지루해지면

만능표현 There's nothing like it. 어떤 것이 매우 좋다고 강조할 때 사용하는 유용한 표현

Q3. Reflect upon the first time you went to your favorite coffee shop. How did you find out about this coffee shop initially? When did you go? Did you go alone or with friends? Why did you go to the coffee shop? Discuss your first visit in detail.

당신이 가장 좋아하는 커피숍에 처음 갔던 때를 생각해 보세요. 처음에는 그 커피숍에 대해서 어떻게 알게 되었나요? 언제 갔었죠? 혼자서 갔나요 아니면 친구와 함께 갔나요? 그 커피숍에는 왜 갔나요? 첫 방문에 대해 구체적으로 이야기를 해 주세요.

시기, 동행인, 배경 설명 **몇 년 전에, 가족과 함께 산책을 하고 있었어요.** 흔히 하는 저녁 식사 후 가족과의 산책이었죠.	**A few years ago, I was taking a walk with my family.** It was just a usual after-dinner family walk.
커피숍 간 계기 - 커피냄새 **돌아오는 길에, 신선한 커피 냄새가 났어요.** 우리 모두 커피를 마시고 싶었어요. 그날 하루 종일 커피를 못 마셨거든요.	**On the way back, we smelled some fresh coffee.** We all got a craving for coffee because we hadn't had coffee all day.
커피숍 발견 **주변을 둘러보았고 이 작은 커피숍을 발견했죠.** 새로 생긴 곳이었고 절반 가격에 커피를 팔고 있었어요.	**We looked around and found this little coffee shop.** It was new and they were selling coffee at half prices.
단골이 됨, 마무리 **아메리카노를 포장했는데 정말 맛있었어요.** 부모님도 같은 생각이었죠. **그 이후로 저는 그곳에 단골손님이 되었어요.** 이것이 제가 그곳에 어떻게 처음 갔는지에 대한 것입니다.	**We bought take-out Americanos and I loved it.** My parents felt the same way. **I've been a regular customer ever since.** That's pretty much how I went there for the first time.

*각 단락 여백은 '**나만의 문장**' 추가를 위한 창작공간입니다.

주요어휘 **take a walk** 산책을 하다 **after-dinner** 저녁 식사 후 **get a craving for** ~이 정말 먹고 싶다

feel the same way 같은 생각이다 **regular customer** 단골 손님

Q4. Please describe to me an experience that you had at a coffee shop that stands out in your mind because something exciting or surprising occurred. I would like to know everything about that experience. Explain to me everything about what occurred and what made the memory so memorable.

무엇인가 흥분되었거나 놀라운 일이 일어나서 여전히 기억 속에 남아 있는 커피숍에서 벌어진 일을 설명해 주세요. 그 경험에 대해 모든 것을 알고 싶네요. 어떤 일이 벌어졌고 어떤 점이 매우 인상적이었는지 등을 모두 말해 주세요.

시기, 배경 설명 **작년 여름에 아이스 아메리카노를 즐기면서 커피숍에 있었어요.** 시원한 에어컨 바로 옆에서 친구를 만나고 있었죠.	**Last summer, I was at the coffee shop enjoying my iced Americano.** I was there meeting my friend right next to the cool air-conditioner.
내부 상황 - 붐빔 **사람들이 자리를 얻기 위해 오랜 시간 기다려야만 했어요.** 굉장히 더워서 사람들이 시원한 커피를 마시러 들어왔거든요.	**People had to wait for a long time for a table.** It was a very hot day and a lot of people came in for icy cold coffee.
한 손님의 합석부탁 거절 **그래서 직원이 한 손님에게 다른 분들과 자리를 함께 사용해 달라고 요청해야만 했어요.** 저는 '네'라는 대답을 기대했지만 그의 대답은 '싫어요' 였어요.	**So, the manager had to ask a guy to share the table with others.** I was expecting a yes but his answer was a no.
결과, 소감 **이미 4시간 가량 그곳에 있었다고 이야기를 들었습니다.** 그 분은 커피숍을 자신의 침실 정도로 생각한 것이 틀림없어요. 저는 마음이 안쓰러워서 제 테이블을 함께 쓰자고 말했죠. 커피 테이블을 공유하는 것이 그렇게 어려운 것인지 몰랐어요.	**I heard that he'd been there for four hours already.** He must've thought of the coffee shop as his bedroom. I felt sorry so I asked the people to share my table. **I didn't know sharing a coffee table could be that difficult.**

*각 단락 여백은 '**나만의 문장**' 추가를 위한 창작공간입니다.

주요어휘 **iced** 얼음을 넣은 **share** 공유하다 **think of something as** ~을 ~이라고 생각하다 **feel sorry** 안타깝게
생각이 들다 **that difficult** 그렇게 어려운

만능표현 He **must've thought** of the coffee shop as his bedroom. ~임에 틀림이 없다는 의미를 나타낼 때
사용하는 패턴 'must have pp'

139

Q5. I also enjoy going to a coffee shop. Ask me three to four questions about the coffee shop I prefer in order to gain as much information as you can.

저도 커피숍 가는 것을 좋아합니다. 가능한 많은 정보를 얻기 위해 제가 선호하는 커피숍에 대한 서너 가지 질문을 하세요.

도입 - 질문 예고 **당신이 가는 커피숍에 대해 몇 가지 질문을 해도 될까요?** 몇 가지 정보를 알고 싶네요.	**Can I ask you some questions about the coffee shop you go to?** I'd like some more information about it.
커피숍 위치 질문 **우선, 당신이 가장 좋아하는 커피숍은 어디에 있나요?** 운전을 해서 가나요, 아니면 사는 곳에서 가까운가요?	**First, where is your favorite coffee shop?** Do you have to drive or is it close to where you live?
커피에 대한 질문 **그리고, 어떤 종류의 커피를 제공하나요?** 제 말은, 어떤 특별한 커피가 있나요? 그곳에 가면 주로 어떤 것을 주문하나요?	**And, what kind of coffee do they offer?** I mean, are there any specialties? What do you usually order when you go there?
인터넷 사용 여부 질문, 마무리 **마지막으로, 그곳에 있는 동안 무료 인터넷 접속을 사용하나요?** 요즘은 커피숍에서 무료 와이파이가 있는 것이 상당히 중요하다고 생각해요. 이게 다에요. **당신 차례이니 답변해 주겠어요?** 너무 많은 질문을 물어봐서 미안해요.	**Last of all, do you have free Internet access while you're there?** I think it's very important to have free Wi-Fi at coffee shops these days. That's it. **Will you go ahead and answer all my questions please?** I'm sorry I've asked too many questions.

*각 단락 여백은 **'나만의 문장'** 추가를 위한 창작공간입니다.

주요어휘 **close to** ~에 가까운 **offer** 제공하다, 판매하다 **specialty** 전문 요리나 먹을 것

만능표현 **go ahead** '이제 하세요' 란 의미로 상대방에게 허락을 할 때 사용하는 유용한 표현

Q6. You'd like to get coffee from a new coffee shop that has opened nearby. Call the coffee shop and ask 3 to 4 questions about their menu and how to order your coffee.

당신 동네에 새로운 커피숍이 생겼습니다. 커피숍에 연락을 해서 메뉴와 커피 주문하는 방법에 대해 서너 가지 질문을 하세요.

도입 - 질문 예고 여보세요, 커피와 주문방법에 대해 알고 싶어요. 몇 가지 질문을 해도 될까요?	**Hello, I'd like to know about your coffee and how to order it. Can I ask you some questions?**
커피 종류에 대한 질문 우선, 어떤 종류의 커피가 있나요? 그리고 추천할 수 있는 최고의 커피가 무엇이라고 생각하나요?	**First of all, what kind of coffee do you have?** And what do you think is the best coffee you would recommend?
음식 판매 여부에 대한 질문 두 번째는, 케이크나 샌드위치도 있나요? 저는 뭔가를 조금씩 먹으면서 커피 마시는 것을 좋아하거든요.	**Secondly, do you have cakes or sandwiches, too?** I prefer having coffee with something to nibble on.
배달 가능 여부 질문, 마무리 마지막으로 중요한 것은, 배달 서비스도 제공하나요? 배달 앱을 주문을 할 수 있다면 상당히 편할 것 같네요. 지금 생각나는 것은 이 정도입니다. 질문에 답변을 주시겠어요?	**Last but not least, do you provide delivery service?** It'll be much easier for me if I can order on my delivery app. I think that's all I can think of for now. **Can you answer the questions please?**

*각 단락 여백은 '**나만의 문장**' 추가를 위한 창작공간입니다.

주요어휘 **recommend** 추천하다 **nibble** 음식을 조금씩 먹다 **provide** 제공하다 **think of** ~을 생각해 내다

만능표현 **last but not least** 순서를 나타낼 때 '마지막이라고 덜 중요한 것이 아니다' 라는 의미로 사용되는 유용한 표현

Q7. You have had your coffee delivered to your house. When you got your coffee, you find out that you got the wrong order. Call the manager of the coffee shop, explain your situation and give 2 or 3 alternatives to solve the problem.

커피를 주문했는데 잘못 되었음을 알았습니다. 커피숍 직원에게 상황을 설명하고 문제해결을 위해 두세 가지 대안을 제시하세요.

문제 발생 알림	Excuse me, there's something wrong with the coffee I just ordered. I need to talk to the manager please.
실례합니다. 제가 방금 주문한 커피에 잘못된 것이 있어서요. 매니저와 이야기를 해야겠습니다.	
주문했던 커피가 아님	I ordered two iced Americanos but I've got two hot lattes. I hate to drink hot coffee in this boiling hot weather.
저는 두 개의 아이스 아메리카노를 주문했는데 따뜻한 라떼를 받았어요. 이렇게 푹푹 찌는 더운 날씨에 뜨거운 커피 마시는 것을 끔찍이 싫어해요.	
대안 1 - 주문했던 커피 재 요청	Look, I have some suggestions. I want you to get me what I ordered right away. I can wait for another 15 minutes. That's that.
저기요, 몇 가지 제안을 할게요. 제가 주문한 대로 바로 다시 만들어주세요. 제가 15분을 더 기다릴 수 있어요. 다른 말 하지 마세요.	
대안 2 - 환불 요청, 소감, 마무리	If it's not possible, I'd like a full refund with some kind of compensation for my next order. I think I deserve it for the time I wasted. That's all I can offer for now. Please tell me what my options are.
만약 그것이 불가능하다면, 전액 환불해 주세요. 다음에 사용할 수 있는 일종의 보상 같은 것이랑 같이요. 낭비한 시간에 대해 그 정도는 당연하다고 생각해요. 제가 제안할 수 있는 것은 이게 다에요. 제가 선택할 수 있는 것이 무엇인지 말해주세요.	

*각 단락 여백은 '나만의 문장' 추가를 위한 창작공간입니다.

주요어휘 latte 우유를 섞은 커피 hate 끔찍하게 싫어하다 boiling hot weather 푹푹 찌는 날씨 suggestion 제안

a full refund 전액 환불 compensation 보상 deserve 당연히 ~할 자격이 있다

만능표현 That's that 상대방의 잘못으로 따지거나 요청을 할 때 '그것으로 끝이니까 더 이상 이러쿵저러쿵

하지 말아라'는 의미로 사용하는 유용한 표현

142

Q8. Tell me about an unsatisfactory experience you've had at a coffee shop. When and where was it? Who were you with? What were you not happy with? Tell me about the experience in detail and explain why it was unsatisfactory.

커피숍에서 불만족스러운 경험에 대해 설명하세요. 언제 어디였고 누구와 함께였으며, 불편했던 내용이 무엇인가요? 이 경험을 구체적으로 설명하고 만족스럽지 않았던 이유를 말해보세요.

시기, 배경, 동행인 바로 지난 달에 친구와 함께 시내에 있는 커피숍에 있었어요. 여름 휴가에 대해 이야기를 하고 있었죠.	**Just last month, I was at a downtown coffee shop with a friend of mine.** We were talking about our summer vacation.
매니저의 합석 요청 그런데, 매니저가 오더니 우리 테이블을 함께 써 달라고 요청을 하는 것이었어요. 자리를 기다리는 손님들이 너무 많다고 말을 하더라고요.	**Then, the manager came and asked us to share our table.** He told us that there were too many people waiting to get a seat.
합석 요청 거절과 이유 우리는 그렇게 하기 어렵겠다고 말을 했어요. 함께 사용하기에는 테이블이 너무 작았고 많은 물건들이 이미 그 위에 있었거든요.	**We told him that it would be difficult to share the table.** The table was too small to share and we already had a lot of things on it.
매니저의 뒷담화, 소감 하지만 우리 뒤에서 험담을 하는 소리를 들었어요. 우리가 나갈 것을 예상하고 일부러 그랬다고 생각했죠. 상황이 어느 정도는 이해가 되기는 하지만 그 사람이 너무 무례했어요. 저희 동네에 있는 제가 좋아하는 커피숍에서는 절대 일어날 수 없는 일이에요.	**But I could hear him say bad things about us behind our backs.** We thought he did it on purpose expecting us to leave. **I understand the situation in a way but he was so rude.** It never happens at my favorite coffee shop in the neighborhood.

*각 단락 여백은 '나만의 문장' 추가를 위한 창작공간입니다.

주요어휘 downtown 시내에 있는 share 함께 사용하다 say bad things 험담을 하다 behind one's back 등 뒤에서 on purpose 일부러 in a way 어느 정도는, 어떤 면에서는 rude 무례한

Unit 10. 쇼핑하기 Go Shopping

*쇼핑하기는 문제 세트 수가 딱 1 개뿐입니다!

콤보 I	Set 1
유형 1	쇼핑을 좋아하는 이유와 동행인, 쇼핑 장소 묘사
유형 2	쇼핑관련 루틴 묘사
유형 3	쇼핑에 관심을 갖게 된 경험 설명

▶ 난이도 3~4 단계: 2 번~7 번까지 두 세트 출제 / 난이도 5~6 단계: 2 번~4 번까지 한 세트만 출제

콤보 II	Set 1
유형 1	쇼핑을 좋아하는 이유와 동행인, 쇼핑 장소 묘사
유형 3	쇼핑에 관심을 갖게 된 경험 설명
유형 4	쇼핑에 대한 인상적인 경험 설명

▶ 난이도 3~4 단계: 8 번~10 번까지 한 세트만 출제 / 난이도 5~6 단계: 5 번~10 번까지 두 세트 출제

콤보 III	Set 1
유형 6	세일을 하는 상점에 대한 정보요청
유형 7	쇼핑 후 없어진 물건에 대한 문제해결
유형 4/8	인상적인 쇼핑 경험 설명

▶ 난이도 3~6 단계 모두 반드시 11 번~13 번에 출제 / 13 번에서는 4 번과 8 번유형 주제별로 다름

콤보 IV	Set 1
유형 1	쇼핑을 좋아하는 이유와 동행인, 쇼핑 장소 묘사
유형 5	상대방에게 쇼핑에 대해 질문하기

▶ 난이도 3~6 단계에서 14~15 번에 출제되고, 5~6 단계에서는 AL 을 결정하는 9 번과 10 번유형 출제

▶ 이 교재에서는 9 번과 10 번유형을 주제마다 다루지 않습니다.

이 두 유형은 AL 을 평가하기 위한 것으로 IH 를 목표로 할 경우 굳이 많은 시간투자를 할 필요가 없기´때문입니다. 대신 부록(421 페이지)편에서 총 20 개의 기출문제와 스크립트를 제공합니다.

Q1. Discuss your interest in shopping--Why do you enjoy it, who do you enjoy shopping with, where do you enjoy going?

쇼핑에 대한 관심에 대해 이야기를 해 보세요. 왜 좋아하나요? 쇼핑을 누구와 함께 가나요? 어디로 쇼핑 가는 것을 좋아하나요?

도입 사실 저는 쇼핑을 좋아해요. 제가 가장 좋아하는 것들 중 하나입니다.	Actually, I love shopping. It's one of my favorite things to do.
쇼핑 좋아하는 이유 - 스트레스 해소 쇼핑은 스트레스해소에 정말 도움이 됩니다. 제 자신에게 선물을 주는 것 같은 기분입니다. 모든 사람들이 선물을 좋아하잖아요, 그렇죠?	Shopping really helps relieve my stress. It feels like I give myself a present. Everybody likes presents, right?
동행인 누구와 가느냐고요? 음, 저는 주로 친구와 함께 쇼핑을 갑니다. 그녀도 저만큼 쇼핑을 좋아하거든요.	Who do I go with? **Well, I usually go shopping with a friend of mine.** She likes shopping as much as I do.
쇼핑 장소, 쇼핑에 대한 태도 그런데 쇼핑을 어디서 하는지는 그렇게 중요하지 않아요. 사고 싶은 흥미로운 물건이 있다면 어디든 쇼핑을 합니다. 쇼핑은 정말 재미있어요. 하지만 항상 물건 구입 전에 신중하게 생각하려고 노력해요.	**It doesn't really matter where I do my shopping though.** I shop wherever there are interesting things to buy. **Shopping is really great fun** but I always try to think carefully before I buy things.

*각 단락 여백은 **'나만의 문장'** 추가를 위한 창작공간입니다.

주요어휘 **relieve my stress** 스트레스를 풀다 **feel like** ~한 느낌이 있다 **doesn't matter** 중요하지 않다

만능표현 **It doesn't matter** ~이 중요하지 않다 라는 의미로 자주 활용되는 유용한 표현

Q2. Discuss a typical shopping day...What types of things do you do from the beginning to the end of the shopping experience?

보통 쇼핑 가는 날에 대해 이야기해 보세요. 쇼핑을 하는 시작부터 끝날 때까지 당신은 어떤 것들을 하나요?

도입	There are a few things I do when I go shopping. Here's what I do when I go to the supermarket.
쇼핑을 할 때 몇 가지 하는 것들이 있어요. 슈퍼마켓에 갈 때 하는 것들입니다.	
쇼핑 리스트 작성	First, I make a shopping list at home. Otherwise, I happen to buy unnecessary things.
우선, 집에서 쇼핑할 목록을 만듭니다. 그렇지 않으면 불필요한 것들을 살 수 있거든요.	
목록대로 쇼핑, 가격 확인	At the supermarket, I buy the things on the list first. I also compare the prices and check the pull dates carefully.
마켓에서는 우선 리스트에 있는 물건들부터 구입합니다. 또한 가격을 비교하고 유통기한을 꼼꼼하게 확인합니다.	
영수증 확인, 소감, 마무리	Most importantly, **I make sure all the items on the receipt are correct.** Then I put all the items in my shopping bag and get home. **That's the end my usual shopping experience.** It's not that complicated.
가장 중요한 것으로, **영수증에 있는 물건들이 정확한지도 반드시 확인합니다.** 그리고 나서 모든 물건들을 쇼핑백에 담아 집으로 옵니다. **저의 일상적인 쇼핑경험이 이렇게 마무리되지요.** 그렇게 복잡하지 않아요.	

*각 단락 여백은 '**나만의 문장**' 추가를 위한 창작공간입니다.

주요어휘 **otherwise** 만약 그렇지 않으면 **happen to** 우연히 ~하다 **unnecessary** 불필요한 **compare** 비교하다
　　　　receipt 영수증 **usual** 일상적인

만능표현 **pull date**(상할 수 있는 제품에 붙어있는 유통기한): A date stamped on a perishable item of food, such as milk, after which it should not be sold. (우유처럼 잘 상하는 제품에 찍힌 날짜로, 이 기간이 지나서는 판매할 수 없음)

Q3. Think back to a previous shopping experience. How did you initially come to enjoy shopping so much? When and where did you shop, who did you shop with, what types of activities did you do while shopping, or any details that provide a clear discussion of that experience?

이전에 했던 쇼핑 경험을 떠 올려 보세요. 처음에 어떤 계기로 쇼핑을 좋아하게 되었나요? 언제 어디서 누구와 함께 쇼핑을 했고, 쇼핑을 하는 동안 어떤 활동들을 했나요? 아니면 해당 경험에 대해 기억나는 이야기를 자세하게 해 보세요.

시기, 동행인 어렸을 때 부모님이 저를 슈퍼마켓에 종종 데리고 갔었어요. 제가 그때 쇼핑에 대해 처음 관심을 갖게 되었죠.	When I was little, my parents used to take me to the supermarket. That's when I initially got interested in shopping.
태도와 아이스크림 보상 제가 예의 바르게 행동할 때마다 쇼핑이 끝나고 아이스크림을 사 주셨어요. 당시에 돈으로 물건을 살 수 있다는 것을 배웠어요.	Whenever I behaved, they bought me an ice-cream after shopping. I learned that money could buy things at that time.
장난감 구입의 즐거움 그리고 나서 가끔 장난감 사는 것을 허락했어요. 슈퍼마켓에서 모든 장난감 가게를 둘러 보는 것이 정말 기분 좋았어요.	Then I was sometimes allowed to buy a toy. I was so excited to look around all the toy shops at the supermarket.
사탕 구입, 마무리 그리고 종종 사탕도 샀어요. 가게 주인은 항상 사탕을 좀 더 넣어주었던 기억이 여전히 나네요. 저의 쇼핑 경험이 다소 이른 시기에 시작되었다고 생각됩니다.	I often bought some candies at the supermarket too. I still remember the shop owner always threw in some more. I think I started my shopping experience a little too early.

*각 단락 여백은 '나만의 문장' 추가를 위한 창작공간입니다.

주요어휘 **little** 어렸을 때 **used to V** ~하곤 했다 **initially** 처음으로 **behave** 예의 바르게 행동하다 **be allowed to V** ~하는 것에 허락을 받다 **throw in** 던져 넣다

만능표현 My parents **used to** take me to the supermarket. '과거에 ~을 하곤 했다' 는 의미를 나타내고 싶을 때 활용하는 유용한 표현

Q4. You probably have had several memorable experiences while shopping--perhaps some were good, others funny, maybe even some were problematic. Please tell me about a particular shopping experience you had in as many details as possible. Where you were, what exactly happened, how it happened, as well as what you and/or others did, and what the final result was?

아마도 당신은 쇼핑을 하면서 인상적인 경험을 여러 번 했을 것입니다. 아마도 어떤 것들은 좋은 경험이고, 어떤 것은 웃기거나 약간 문제가 되었던 것일 수 있습니다. 가능한 구체적으로 쇼핑 관련 특정 경험 하나에 대해 말해 주세요. 어디였는지, 무슨 일이 벌어졌는지, 어떻게 생긴 일인지 그리고 당신과 다른 사람들은 무엇을 해서 최종 결과가 어땠는지 말해 주세요.

시기, 구입 물품과 구입 방법 **작년에 온라인으로 샴푸를 좀 샀어요.** 같은 제품을 오프라인에서 구입하는 것 보다 온라인이 훨씬 저렴하거든요.	**Last year, I bought some shampoo online.** It's a lot cheaper to buy the same online than offline.
다른 물건이 배송됨 **그런데 다음날, 그것이 아니라 비누가 한 상자 도착했어요.** 인터넷에 접속해서 저의 주문을 확인했죠. 판매자가 잘못된 것을 보냈다고 확신했죠.	**But the next day, a box of soap arrived instead.** I got on the Internet and checked my order. I was sure the seller sent me the wrong one.
재배송 요청 **그래서 판매자에게 전화를 해서 샴푸를 요청했어요.** 그리고 반품비용 지불도 요청했죠. 어쨌든 저의 잘못이 아니니까요.	**So, I called the seller and asked for my shampoo.** And I asked him to pay for return shipping. It wasn't my fault anyway.
결과, 소감, 마무리 **그런데 그 분이 비누를 그냥 가지라고 했어요. 물론 다음 날 샴푸도 역시 받았고요.** 그 분 말로는 비누가 배송비보다 더 싸다고 하더라고요. **약간 미안했지만 운이 좋았어요.** 제가 주문한 물건을 받는데 하루가 더 걸리긴 했지만요.	**Then he let me keep the soap. Of course, I got my shampoo the next day as well.** He told me that the soap was cheaper than the shipping cost. **I felt a little sorry but I was very lucky** though it took another day to receive my order.

*각 단락 여백은 '나만의 문장' 추가를 위한 창작공간입니다.

주요어휘 **soap** 비누 **return shipping** 반품배송 **fault** 잘못 **shipping cost** 배송비용

Q5. I go shopping frequently. Now, in regard to the shopping that I like to do, ask me several additional questions.

저는 자주 쇼핑을 합니다. 자, 제가 즐겨 하는 쇼핑에 대해 몇 가지 질문을 해 보세요.

도입 – 질문 예고 당신의 쇼핑경험에 대해 몇 가지 질문을 해도 될까요? 저도 쇼핑에 관심이 많거든요.	Can I ask some questions about your shopping experience? I'm interested in shopping, too.
쇼핑장소 질문 우선, 당신이 가장 좋아하는 쇼핑 장소는 어디인가요? 백화점에 가나요, 아니면 쇼핑몰을 선호하나요?	First of all, what are your favorite shopping places? Do you go to department stores or do you prefer shopping malls?
인터넷 쇼핑관련 질문 두 번째는, 온라인 쇼핑은 어떤가요? 온라인으로 물건을 구매하기도 하나요? 온라인과 오프라인에서 구입하는 물건들이 무엇인가요?	Secondly, what about online shopping? Do you buy things online as well? What are the things you buy online and offline?
쇼핑시간 질문, 마무리 마지막으로 간단한 질문 하나는, 보통 쇼핑을 하는데 시간은 얼마나 걸리나요? 저는 한 시간 정도 걸리거든요. 당신은 어떤가요? 이것이 전부에요. 제 질문에 답변할 준비가 되었나요?	Just another quick question. How long does it usually take you to do the shopping? For me, it takes about one hour. How about you? I think that's pretty much it. Are you ready to answer my questions now?

*각 단락 여백은 '나만의 문장' 추가를 위한 창작공간입니다.

주요어휘 quick question 간단한 질문

만능표현 department store vs. shopping mall 백화점은 우리에게도 익숙한 형태로 한 건물의 여러 층에 종류별로 물건들이 있는 형태이고, 쇼핑몰은 넓은 실내의 1~2개 층에 많은 상점들이 있어서 사람들이 걸어 다니면서 쇼핑을 할 수 있는 형태로 백화점 보다 훨씬 넓은 바닥면적이 필요하다.

Q6. You find out that your favorite store is having a huge sale. You wish to find out more about the sale. You decide to make a call to the shop, but get voicemail. Leave a message making 3-4 inquiries as to the specifics of the sale.

당신이 제일 좋아하는 상점에서 대형 세일을 한다는 것을 알게 되었습니다. 그 세일에 대해 좀 더 많은 것을 알고 싶은데요, 상점에 전화를 했는데 음성 메시지가 들립니다. 메시지를 남겨서 세일에 대한 구체적인 내용에 대해 서너 가지 질문을 하세요.

도입 - 질문 예고 대규모의 세일을 한다는 소식을 들었어요. 몇 가지 질문을 해도 될까요?	**Hello. I just heard that you're having a big sale. Can I ask you some questions about it?**
세일 기간 질문 우선, 세일 날짜가 어떻게 되나요? 한 번만 있는 행사인가요, 아니면 앞으로도 좀 더 있나요?	**First of all, what are the dates for the sale?** Is it a one-shot event or is there going to be more?
세일 품목 질문 두 번째는, 모든 물건에 대한 세일인가요? 지난 번에는 오직 특별상품에 대한 것이어서 약간 실망을 했거든요.	**Secondly, are all the items on sale?** It was only for special items last time so I was a little disappointed.
인터넷 주문 가능 여부, 마무리 마지막으로 중요한 것은, 온라인으로도 동일한 제품을 같은 가격으로 구입할 수 있나요? 행사 기간 동안 상점에는 너무 많은 사람들이 있을 것이라는 것이 분명하니까요. 지금은 이것이 전부에요. 자, 제 질문에 답변을 해 주겠어요?	**Last but not least, can I buy the items for the same prices online?** There must be too many people at your store during the period. OK, I think that's all at the moment. Now, can you answer my questions please?

*각 단락 여백은 '**나만의 문장**' 추가를 위한 창작공간입니다.

주요어휘 **one-shot event** 한 번만 있는 행사 **during the period** 행사 시간 동안 **at the moment** 지금 당장은

만능표현 **one-shot event** '한 번만 있는 행사'라는 의미로 여기서 one-shot 은 '한 번만 있는' 이란 의미이다.

Q7. You attended the sale and purchased several things. However, when you got back to your apartment, you discovered that one of the things you purchased is gone. Call the store and explain the problem to the clerk. Come up with 3-4 ways to resolve the situation.

당신이 세일에 가서 몇 가지 물건들을 구입했습니다. 하지만 당신 아파트에 와서 보니 당신이 구입한 물건들 중 하나가 없어졌다는 것을 알았습니다. 상점에 전화를 해서 점원에게 문제점을 설명하고 해결방안 서너 가지를 생각해 보세요.

문제 발생 알림 여보세요. 그곳에서 제가 구입한 물건에 문제가 있어요. 무슨 일이 있었는지는 이렇습니다.	Hello, I've got a problem with what I bought there. Here's what happened.
베개 커버 누락 베개 커버가 없어졌어요. 영수증에는 있는데 어디서도 찾을 수가 없습니다.	The pillow cover has gone missing. It's there on the receipt but I can't seem to find it anywhere.
대안 1 - 계산대 주변 확인 요청 하지만 몇 가지 생각이 있어요. 계산대 주변을 한 번 봐주시겠어요? 거기에 두고 왔을 수도 있거든요. 보라색 줄무늬가 있는 회색 베개입니다.	I've got some ideas though. Could you just take a look around the checkout please? I might have left it there. It's a gray pillow cover with purple stripes.
대안 2 - 분실물센터 확인 요청, 마무리 만약 그곳에 없다면, 분실물 보관소도 확인해 주시겠어요? 정말 그곳에 있었으면 좋겠네요. 지금은 이것이 전부입니다. 최대한 빨리 연락을 주셨으면 합니다. 고맙습니다.	If it's not there, would you please check the lost-and-found as well? I really hope it's there. That's all for now. I hope you get back to me as soon as possible. Thanks.

*각 단락 여백은 '나만의 문장' 추가를 위한 창작공간입니다.

주요어휘 pillow 베개 go missing 없어지다 receipt 영수증 take a look 살펴보다 checkout 계산대 gray 회색의

purple stripes 보라색 줄무늬 lost-and-found 분실물 보관소

만능표현 I might have left it there '~했을 수도 있다'라는 의미를 전하고 싶을 때 활용하는 유용한 문장 패턴

151

Q8. Please recall a memorable shopping trip. For example, it may have been a holiday shopping trip, or an interesting conversation you had while shopping, or even a time you had a problem with something you bought. Tell the story of the trip: what the situation was, who you were with, what were the things you bought, and the outcome of the situation. Include details as to what made the experience memorable.

인상적이었던 쇼핑 경험 하나를 떠올려 보세요. 예를 들어, 명절 때 쇼핑이었을 수 있고, 쇼핑을 하면서 즐거운 대화를 나누었던 것일 수 있으며, 구입한 물건에 문제가 생겼던 경험일 수 있습니다. 무슨 일이 있었고, 누구와 함께였으며, 무슨 물건을 구입했고, 결과는 어떻게 되었는지에 대한 이야기를 해 주세요. 그리고 이 경험이 인상적이었던 이유를 알려주세요.

공기청정기 구매, 시기, 이유 **작년에, 공기청정기 하나를 구입했어요.** 사람들이 공기의 질에 관심이 많기 때문에 요즘은 반드시 있어야 하는 장치 같은 것이에요.	Last year, I bought an air-cleaner online. **People are interested in air quality** so it's like a must-have device these days.
물건 도착 후 문제점 발견 **도착을 했고 저는 기쁜 마음으로 상자를 열었어요.** 그런데 틀어보고 나서야 문제가 있다는 것을 알게 되었습니다.	It arrived and I opened the box very happily. I never knew it would give me so much trouble until I turned it on.
작동오류 **어떤 이유에선지, 그 장치가 혼자서 계속해서 꺼졌다 켜졌다 하더라고요.** 매뉴얼을 자세히 읽어보고 시키는 대로 했지만, 제대로 작동시킬 수 있는 방법이 없더라고요.	For some reason, the machine kept turning itself on and off. I read the manual carefully and did what it said but there was nothing I could do to make it work.
제품 교환과정, 결과, 소감 **그래서 판매자에게 전화를 했더니 영상을 요청했어요.** 저는 고장 난 장비를 영상으로 찍어서 메신저 앱을 통해 그에게 보냈어요. **결국에는 교환을 받았지만** 상당히 피곤하고 시간이 많이 걸리는 경험이었죠.	So, I called the seller and he asked for a video of it. I filmed the crazy machine and sent it over to his messenger app. **I got a replacement in the end** but it was a really tiring and time-consuming experience.

*각 단락 여백은 '나만의 문장' 추가를 위한 창작공간입니다.

주요어휘 **a must-have device** 반드시 있어야 하는 장치 **on and off** 켜졌다 꺼졌다 **film** 영상을 찍다 **replacement** 교환 제품 **tiring** 피곤한 **time-consuming** 시간이 많이 걸리는

152

Unit 11. TV 시청 Watch TV

*TV 시청은 문제 세트 수가 딱 1 개뿐입니다!

콤보 I	Set 1
유형 1	좋아하는 TV 프로그램이나 영화 묘사
유형 2	좋아하는 TV 나 영화 캐릭터 묘사
유형 3	TV 나 영화에 관심을 갖게 된 경험 설명

▶ 난이도 3~4 단계: 2 번~7 번까지 두 세트 출제 / 난이도 5~6 단계: 2 번~4 번까지 한 세트만 출제

콤보 II	Set 1
유형 1	좋아하는 TV 프로그램이나 영화 묘사
유형 3	TV 나 영화에 관심을 갖게 된 경험 설명
유형 4	인상적인 TV 프로그램이나 영화를 봤던 경험 설명

▶ 난이도 3~4 단계: 8 번~10 번까지 한 세트만 출제 / 난이도 5~6 단계: 5 번~10 번까지 두 세트 출제

콤보 III	Set 1
유형 6	영화 대여점에서 영화를 빌리는 것에 대한 정보요청
유형 7	재생이 되지 않는 영화에 대한 문제해결
유형 4/8	보고 싶은 TV 나 영화를 볼 수 없었던 경험 설명

▶ 난이도 3~6 단계 모두 반드시 11 번~13 번에 출제 / 13 번에서는 4 번과 8 번유형 주제별로 다름

콤보 IV	Set 1
유형 1	좋아하는 TV 프로그램이나 영화 묘사
유형 5	상대방이 좋아하는 아메리칸 리얼리티 쇼에 대해 질문하기

▶ 난이도 3~6 단계에서 14~15 번에 출제되고, 5~6 단계에서는 AL 을 결정하는 9 번과 10 번유형 출제

▶ 이 교재에서는 9 번과 10 번유형을 주제마다 다루지 않습니다.

이 두 유형은 AL 을 평가하기 위한 것으로 IH 를 목표로 할 경우 굳이 많은 시간투자를 할 필요가
없기 때문입니다. 대신 부록(421 페이지)편에서 총 20 개의 기출문제와 스크립트를 제공합니다.

Q1. Discuss your favorite TV shows and movies. Why do you enjoy watching them?

가장 좋아하는 TV 프로그램과 영화를 묘사해보세요. 그것들을 좋아하는 이유가 무엇인가요?

도입 - 좋아하는 TV 프로그램 소개 **가장 좋아하는 TV 프로그램은 '뭉쳐야 쏜다'입니다.** 은퇴를 한 스타 운동선수들이 새로운 운동을 시도하는 프로그램입니다.	**My favorite TV show is '뭉쳐야 쏜다(Moong choe ya Sson da)'.** It's a show where a group of retired sports stars try new sports.
좋아하는 이유 **바보 같은 실수를 하는 스포츠 스타들 보는 것이 정말 재미있어요.** 하지만 자신들이 하는 것에 대한 실력 향상을 위해 정말 최선을 다합니다.	**It's so funny watching the sports stars make stupid mistakes.** But they try really hard to get better at what they're doing.
좋아하는 영화와 내용 소개 **제가 최근 본 영화는 '미나리'입니다. 상을 받은 작품인데,** 이민을 간 한국계 미국인 가족이 미국이라는 새로운 환경에 정착하는 과정을 그린 영화에요.	**My recent favorite movie is '*Minari*'. It's an award-winning movie** describing a Korean American immigrant family settling into a new environment in the US.
좋아하는 이유와 마무리 **제가 이 영화를 좋아하는 이유는 가족이 무엇인지에 대한 이야기를 하기 때문이에요.** 한국인 가족에 대한 이야기이지만, 전 세계 모든 사람들과 공유할 수 있는 내용입니다. 재미있는 TV 프로그램과 영화들이 많지만, **이것들이 지금 생각나는 것들이네요.**	**I like it because it talks about what a family is.** It's about a Korean family but the story is something the whole world can share. There are a lot of interesting TV shows and movies but **these are the ones I can think of for now.**

*각 단락 여백은 '나만의 문장' 추가를 위한 창작공간입니다.

주요어휘 **TV show** (= TV program) **stupid** 바보 같은 **try hard** 노력하다 **get better** 좀 더 나아지다 **award-winning** 상을 받은 **describe** 묘사하다 **immigrant** 이민자 **settle into** 정착하다 **share** 공유하다

만능표현 the story is something (**that**) the whole world can share. 영어는 관계사가 매우 발달한 언어로서 이를 잘 활용하면 가산점을 받을 수 있다.

Q2. **Select your favorite TV or movie character. Discuss all of the actions of this character in the show or movie.**

당신이 가장 좋아하는 TV 나 영화 속 인물 하나를 골라보세요. 프로그램이나 영화에서 해당 인물의 모든 역할들을 말해보세요.

도입 - TV 속 인물 특정 제가 가장 좋아하는 TV 캐릭터는 백종원이라고 생각해요. 그는 상당히 성공한 사업가이면서 동시에 요리사입니다.	**I think my favorite TV character is Baek Jong-won.** He's a very successful business man and a cook at the same time.
경력 언급 약 10년 동안 다양한 TV 프로그램에 출연을 했어요. 프로그램들은 대부분 한국음식과 식당 운영을 하는 방법에 대한 것입니다.	**He's been on a lot of TV shows for about 10 years.** The shows mostly deal with Korean food and how to run a restaurant.
출연 프로그램 소개 그 분이 출연해서 가장 성공적인 프로그램 중 하나는 '한식대첩'입니다. 그 분이 심사위원 중 하나인데, 우승을 위해 몇 명의 사람들이 경쟁을 합니다.	**One of his most successful shows is 'Korean Food war'.** He was one of the judges and a number of people compete with each other to be a winner.
또 다른 출연 프로그램 소개, 의견 '백종원의 골목식당'이라는 프로그램에서는 사업에 대한 조언자로 나옵니다. 작은 식당을 운영하는 사장님들이 좀 더 식당 운영을 잘 해서 성공하도록 돕습니다. 아마도 그 어떤 TV 연예인 보다 좀 더 유명할 것 같다는 생각이에요.	**In "Baek Jong-won's Alley Restaurant", he is a business adviser.** He also helps small restaurant owners run their restaurants better and be successful. **I think he's probably more popular than any other TV celebrity.**

*각 단락 여백은 '나만의 문장' 추가를 위한 창작공간입니다.

주요어휘 cook 요리사 deal with 다루다 run 운영하다 judge 심사위원 compete 경쟁하다 alley restaurant
　　　　골목식당 celebrities 유명인, 연예인

만능표현 I think he's probably more popular than any other TV celebrities. 묘사를 하는 문제유형의 마지막 부분에서
　　　　자신의 생각이나 의견을 곁들이면 가산점!

Q3. When and how did you initially become interested in TV or movies? How has that interest changed or become enhanced from your younger years until now?

TV 나 영화에 대해 언제 어떻게 처음으로 관심을 갖게 되었나요? 어렸을 때부터 지금까지 그런 관심이 어떻게 변했거나 더 증가했나요?

도입 저는 다른 사람들과 같은 방식으로 TV 에 관심을 갖게 되었어요. 어렸을 때 TV 를 정말 많이 봤습니다.	**I got interested in TV in the same way others did.** I watched a lot of TV shows when I was a kid.
어릴 적 좋아했던 프로그램 **어린이로서 처음에는 만화영화를 좋아했어요.** 대부분 한국이나 일본만화이거나, 디즈니에서 만든 것들이었죠.	**I liked animated TV shows at first as a kid.** They were mostly Korean and Japanese shows as well as some Disney productions.
이후 시트콤에 흥미 느낌 그리고는 여러 다른 시트콤에 관심을 갖게 되었어요. 저를 웃게 만들었기 때문에 그런 프로그램들을 좋아했습니다.	**And then I got interested in many different sitcoms.** I liked to watch them because they made me laugh.
네플릭스 소개와 특징, 소감 요즘에는 네플릭스 특집방송에 빠져있습니다. 영화나 TV 프로그램을 언제 어디서나 볼 수 있어요. 솔직히, 네플릭스에 너무 많은 시간을 소비하는 것 같아요. 좀 줄여야 한다고 생각해요.	**I'm into a lot of the Netflix specials these days.** I can watch a movie or TV show anywhere I want and any time I want. **To be honest, I'm spending too much time on Netflix.** I think I should cut down on it.

단락 여백은 '나만의 문장' 추가를 위한 창작공간입니다.

주요어휘 get interested in ~에 관심을 갖게 되다 animated TV show 만화영화 at first 처음에는

production 제작 sitcom 시트콤 be into 을 좋아하다, ~에 빠져있다 special 특별방송

cut down on ~을 줄이다

만능표현 과거경험을 설명하는 유형에서 가장 중요한 것은 **정확한 시제처리**입니다. 과거는 물론 현재시제를 적절하게 잘 섞으면 좋은 점수를 받을 수 있습니다.

Q4. Can you tell me about a TV show or movie that was particularly memorable? What was it? Who was in it, where did the action take place, what happened, and why was it so unforgettable for you? Give the details beginning with the start and continuing all the way to the end of the show.

특별히 인상적이었던 TV 프로그램이나 영화에 대해서 말해주세요. 어떤 것이죠? 누가 나오나요? 어디에서 벌어진 일이고, 무슨 일이 생겼는지, 당신에게 특별히 인상적인 이유는 무엇이죠? 해당 프로그램의 처음부터 끝까지 자세히 말해주세요.

도입 - TV 프로그램 특정	I saw a TV show titled "Baek Jong-won's Alley Restaurant" recently. It's one of my favorite TV shows.
최근에 '백종원의 골목식당'이라는 프로그램을 봤어요. 제가 가장 좋아하는 TV 프로그램 중 하나입니다.	
프로그램 내용 설명	He chooses a restaurant and tries to turn it into a successful business. Some restaurant owners listen and others don't.
식당 하나를 골라서 성공적인 사업으로 변할 수 있도록 돕습니다. 일부 식당 주인은 말을 듣지만, 일부는 그렇지 않습니다.	
프로그램 속 맡은 역할	In that show, he gives a lot of advice as a professional businessman. He recommends good menus and even teaches how to cook better.
그 프로그램에서 그는 성공적인 사업가로서 많은 조언을 합니다. 좋은 메뉴를 추천하고 심지어 요리를 더 잘 하는 방법을 가르칩니다.	
프로그램 감상 소감, 마무리	But the restaurant owner has his way all the time. Despite a lot of effort and time invested, the restaurant has to shut down in the end. It's no use helping somebody who doesn't want to be helped. That was the lesson I learned.
하지만 식당 주인은 항상 자기 마음대로 합니다. 많은 노력과 시간투자에도 불구하고 결국 그 식당은 문을 닫게 됩니다. 도움 받기를 원하지 않는 사람을 돕는 것은 소용이 없습니다. 그것이 제가 얻은 교훈입니다.	

*각 단락 여백은 '나만의 문장' 추가를 위한 창작공간입니다.

주요어휘 **turn into** ~으로 변하다 **have one's way** 자신의 생각대로 하다 **invested** 투자된 **shut down** 문을 닫다

in the end 결국에는 **lesson** 교훈

만능표현 **It's no use helping** somebody who doesn't want to be helped. 'it's no use -ing '~을 해 봐야 소용이 없다'

라는 의미를 전달할 때 사용하는 유용한 표현

Q5. I enjoy the American Idol reality show on TV. Ask me three to four questions about this TV show so that you can determine if you also want to watch it.

저는 아메리칸 아이돌 리얼리티 쇼를 TV 로 즐겨봅니다. 당신도 보고 싶은지를 알기 위해서 저에게 이 프로그램에 대한 서너 가지 질문을 해 보세요.

도입 - 질문 예고	I've got some questions about the reality show. I'm really interested to know more about it.
그 리얼리티 쇼에 대해 몇 가지 질문이 있어요. 그것에 대해 좀 더 많이 알고 싶습니다.	
프로그램 종류에 대한 질문	First and foremost, what kind of reality show is it? Is it something like a singing and dancing contest? What kind of people are usually on the show?
무엇보다 중요한 것은, 어떤 종류의 리얼리티 쇼인가요? 노래와 춤을 겨루는 것 같은 것인가요? 그 쇼에는 주로 어떤 사람들이 출연하나요?	
방송시간과 방송 빈도	And what time and how often is it on TV? Can I watch it on Netflix? Some shows are too late to watch.
그리고 TV 에서는 몇 시에 하고 얼마나 자주 하나요? 제가 네플릭스에서 볼 수 있나요? 일부 쇼는 너무 늦게 해서 볼 수가 없거든요.	
추천 방송분에 대한 질문, 마무리	Lastly, is there an episode you'd strongly recommend? It'll be much easier for me to decide what to watch first. OK. That's it. Would you please answer my questions now?
마지막으로, 강력히 추천할 만한 방송이 있나요? 어떤 것을 먼저 볼지를 결정하는데 훨씬 쉬울 것 같네요. 네, 여기까지입니다. 제 질문에 답변을 해 주겠어요?	

*각 단락 여백은 '나만의 문장' 추가를 위한 창작공간입니다.

주요어휘 **first and foremost** 무엇보다 중요한 것은 **contest** 경연대회 **episode** 1 회 방송분 **recommend** 추천하다

만능표현 Is there an episode you'd strongly recommend? '**is there something (that) S V**' 패턴은 아주 자주 사용하는 의문문 패턴이다.

Q6. You decide to have a group of friends over, and you all want to watch a specific movie. Contact the movie rental place and ask three to four questions in order to get information about the availability of this movie.

몇 명의 친구들을 초대하기로 했는데, 영화 한 편을 보려고 합니다. 영화 대여점에 연락을 해서 대여가 가능한지에 대해 서너 가지 질문을 하세요.

도입 - 질문 예고 여보세요, 친구들이 집에 와서 함께 영화를 보려고 하거든요. 몇 가지 질문을 해도 될까요?	Hello, I have some friends coming over and we want to watch a movie together. Can I ask you some questions?
특정 영화 대여가능 여부 우선, '아메리칸 셰프' 라는 영화가 있나요? 제 기억이 맞는다면 2015년에 출시되었거든요. 요리사 아빠와 아들이 함께 여행을 하는 것에 대한 것이에요.	First of all, is 'Chef' available? It was released in 2015 if I remember correctly. It's about a chef dad and his son travelling together.
영화 대여 비용 그리고, 얼마인가요? 시간 단위로 돈을 내야 하나요? 빌린 날에 반납하면 할인이 되나요?	Then, how much do you charge? Do I have to pay by the hour? Do I get a discount if I return it on the same day I rent it?
특별 할인행사에 대한 질문, 마무리 마지막으로, 만약 세 개를 빌리면 하나를 무료로 빌린다고 들었는데, 맞나요? 이 특별할인이 언제 끝나나요? 이상입니다. 제 질문에 답변을 해 주시겠어요?	Lastly, I heard that if I rent three, I get one free. Is that true? When does the special offer end? That's pretty much it. Will you answer my questions please?

*각 단락 여백은 '나만의 문장' 추가를 위한 창작공간입니다.

주요어휘 come over 집에 오다 launch 출시하다 charge 요금을 부과하다 return 반납하다
special offer 특별 할인 행사

만능표현 if I remember it correctly '제 기억이 맞는다면' 무엇인가를 떠올려서 말할 때 함께 사용할 수 있는 유용한 표현

Q7. Once you arrive home and try to watch the movie, you realize that it does not play. Explain this issue to your guests and suggest two or three solutions or options for this problem.

집에 도착해서 영화를 보려고 했는데 재생이 안 된다는 사실을 알게 됩니다. 초대한 친구들에게 이 상황을 설명하고 문제 해결을 위해 두세 가지 해결책을 제시하세요.

문제 발생 알림 이봐, 친구들아! 말할 것이 있는데, 안 좋은 소식이야. 우리가 함께 보려고 했던 DVD 에 문제가 좀 있어.	**Hey, guys! I've got something to tell you. It's bad news. There's something wrong with the DVD** we were going to watch together.
문제점 설명 문제는 말이지, 재생이 안돼. 30 분 정도 재생을 시키려고 했는데 포기했어. 더 이상 시간낭비를 하고 싶지 않아.	**Thing is, it just won't play.** I tried to play it for about half an hour and I gave up. I don't want to waste my time any more.
대안 1 - 시청시기 미룸 그런데 몇 가지 생각이 있어. 다음 주말에 보는 것은 어떨까? 플레이어가 문제인지, 아니면 DVD 자체가 문제인지 확인해서 그 사이에 고쳐놓을게.	But **I've got some suggestions. How about we watch it next weekend?** I'll check whether it's my DVD player or the DVD itself and fix the problem in the meantime.
대안 2 - 넷플릭스 시청, 마무리 만약 이것이 맘에 안 들면, 대신 넷플릭스로 다른 영화를 보는 것은 어떨까? '아메리칸 쉐프'라는 이 영화를 꼭 보고 싶었는데 말이야. 하지만 선택의 여지가 없어 보여. **너희들 생각이 어떤지 알려줘.**	**If it doesn't work for you, what about watching a different movie on Netflix instead?** I really wanted to watch this movie, 'Chef' but it looks like we don't have a choice. **Tell me what you think.**

*각 단락 여백은 '**나만의 문장**' 추가를 위한 창작공간입니다.

주요어휘 **give up** 포기하다 **waste time** 시간을 낭비하다 **check whether** ~인지 아닌지 확인하다 **in the meantime** 그 사이에

만능표현 It just **won't** play 사물이나 기계류 등이 작동이 되지 않을 때 '좀처럼 ~하지 않는다'는 의미로 won't V 패턴을 사용한다.

Q8. Have you ever been placed in a position where you wanted to watch a movie or TV event and something prevented you from doing so? Discuss that experience-who were you with, when did it occur, and where were you when it happened? Provide a detailed account of this experience, specifically what prevented you from watching the movie or TV show and how you handled the situation.

영화나 TV 를 보려고 했는데 그렇게 하지 못했던 상황에 놓인 적이 있나요? 그 경험을 말해주세요. 누구와 함께였고, 언제 벌어진 일이며, 장소는 어디였나요? 이 경험에 대해 자세히 설명하고, 무슨 일로 볼 수 없었는지 그리고 이 상황을 어떻게 해결했는지 설명해보세요.

시기, 장소, 인물, 모임 목적 작년에 몇몇 친구들이 집에 왔어요. 새로 산 스마트 TV 로 네플릭스 영화를 보려고 했죠.	Last year, some of my friends came over to my place. We were going to watch some Netflix movies on my brand-new smart TV.
영화 시청과 문제 발생 우리는 네플릭스 영화들을 훑어봤고 첫 번째 영화를 선택했어요. 모두들 저의 대형 스마트 TV 를 좋아했고 또 다른 영화를 보려던 참이었죠.	We browsed through the Netflix choices and finished our first movie. Everybody liked my big smart TV and we were about to move onto the next one.
TV 작동 오류 그런데 갑자기 TV 로 인터넷 접속이 안 되는 것이었어요. 우리는 원인이 무엇인지 몰랐죠.	All of a sudden, my new TV couldn't access the Internet. We didn't know what caused the problem.
문제 해결 위한 조치, 결과, 소감 저는 그냥 포기상태로 TV 를 껐다가 다시 켰어요. 그런데 작동을 하는 것이에요! 그래서 두 번째 영화도 볼 수 있었어요. 모두들 TV 와 영화에 만족했지요. 단순한 원칙 하나를 기억하세요: 껐다가 다시 켜라!	I just hopelessly turned the TV off and turned it back on. Then it worked! We were able to finish the second movie. Everybody was happy with the TV and the movies. Remember the simple rule: turn it off and turn it back on!

*각 단락 여백은 '나만의 문장' 추가를 위한 창작공간입니다.

주요어휘 **come over to** ~의 집에 들르다 **brand-new** 새로 나온, 신제품의 **browse** 훑어보다 **be about to** ~을 막 ~하려고 하다 **access the Internet** 인터넷에 접속하다 **hopelessly** 희망 없이, 포기상태로 **work** 작동하다

만능표현 **all of a sudden** = **suddenly** = **unexpectedly** '갑자기'

Unit 12. 음악감상 Listen to Music

*음악감상은 문제 세트 수가 딱 1 개뿐입니다!

콤보 I	Set 1
유형 1	즐겨 듣는 음악 종류, 밴드, 음악가 묘사
유형 2	음악을 감상하는 방법 묘사
유형 3	음악에 관심을 갖게 된 경험과 이후 취향 변화 설명

▶ 난이도 3~4 단계: 2 번~7 번까지 두 세트 출제 / 난이도 5~6 단계: 2 번~4 번까지 한 세트만 출제

콤보 II	Set 1
유형 1	즐겨 듣는 음악 종류, 밴드, 음악가 묘사
유형 3	음악에 관심을 갖게 된 경험과 이후 취향 변화 설명
유형 4	인상적인 라이브 음악에 대한 경험 설명

▶ 난이도 3~4 단계: 8 번~10 번까지 한 세트만 출제 / 난이도 5~6 단계: 5 번~10 번까지 두 세트 출제

콤보 III	Set 1
유형 6	MP3 구입을 위해 친구에게 정보요청
유형 7	친구의 MP3 고장에 대한 문제해결
유형 4/8	장비가 고장 나서 이를 해결했던 경험 설명

▶ 난이도 3~6 단계 모두 반드시 11 번~13 번에 출제 / 13 번에서는 4 번과 8 번유형 주제별로 다름

콤보 IV	Set 1
유형 1	즐겨 듣는 음악 종류, 밴드, 음악가 묘사
유형 5	바이올린 연주하는 상대에게 질문하기

▶ 난이도 3~6 단계에서 14~15 번에 출제되고, 5~6 단계에서는 AL 을 결정하는 9 번과 10 번유형 출제

▶ 이 교재에서는 9 번과 10 번유형을 주제마다 다루지 않습니다.

이 두 유형은 AL 을 평가하기 위한 것으로 IH 를 목표로 할 경우 굳이 많은 시간투자를 할 필요가

없기 때문입니다. 대신 부록(421 페이지)편에서 총 20 개의 기출문제와 스크립트를 제공합니다.

Q1. **Explain the types of music you enjoy listening to. Discuss some of your favorite composers and or musicians.**

즐겨 듣는 음악 종류에 대해 설명하세요. 좋아하는 밴드, 작곡가 혹은 음악가를 말해보세요.

도입 - 좋아하는 음악 종류	I like almost all kinds of music but I prefer fast, uplifting music. It makes me feel excited.
저는 거의 모든 음악을 좋아하지만, 빠르고 (밝은 느낌의) 기분이 좋아지는 음악을 좋아해요. 저를 신나게 만들거든요.	
음악감상의 장점	What I like about it is that it helps relieve my stress a lot. So I make sure I have a lot of them on my smartphone so I can listen anytime I want.
이 음악의 좋은 점은 스트레스 해소에 크게 도움이 된다는 것입니다. 그래서 원할 때마다 들을 수 있게 핸드폰에 많은 음악을 꼭 저장해 놓습니다.	
좋아하는 다른 음악 종류	Besides that, slow love songs are OK too. I usually listen to them for a change when I don't really feel like dance music.
그것 외에는, 느린 템포의 연가(사랑노래)도 좋아해요. 댄스음악을 별로 듣고 싶지 않을 때는 주로 기분 전환용으로 듣습니다.	
좋아하는 가수, 이유, 마무리	My favorite musicians are BTS. I mean, their music, lyrics, dance, you name it. They're really nice. They treat their fans like their family. So, BTS and dance music are definitely my favorites though I enjoy many other types of music and musicians.
가장 좋아하는 가수는 BTS 에요, 제 말은, 그들의 음악, 가사, 춤 등 모두 말이죠. 그들은 정말 멋져요. 자신의 팬들을 가족처럼 대하죠. 그래서 BTS 와 그들 음악이 정말로 제가 가장 좋아하는 것이에요. 다른 음악과 가수들도 좋아하지만요.	

*각 단락 여백은 '나만의 문장' 추가를 위한 창작공간입니다.

주요어휘 **uplifting** 기분이 좋아지는, 밝은 느낌의 **excited** 신이 나는, 흥분되는 **relieve stress** 스트레스를 풀어주다 **besides** ~외에는 **feel like** ~을 하고 싶은 **lyrics** (= song words) 가사 **treat** 대하다 **definitely** 정말, 확실히

만능표현 **make sure S V** '반드시 ~을 확실하게 하다' | **When it comes to** '~에 대해서라면'

163

Q2. Explain where and when you typically go to listen to music. Do you attend concerts or do you enjoy music by listening to the radio? Explain the many diverse ways that you enjoy music.

보통은 언제 어디서 음악을 듣는지 설명하세요. 콘서트에 가나요, 아니면 라디오로 음악 듣는 것을 좋아하나요? 음악을 어떤 방법으로 즐기는지 설명하세요.

도입 - 핸드폰 이용한 음악감상 스마트폰 덕분에, 어디서든 음악을 들을 수 있어요. MP3 를 들고 다녔는데 스마트폰이 그것들을 대체해버렸어요.	Thanks to my smartphone, I can listen to music everywhere. I used to carry an MP3 player but smartphones have replaced them.
이동 중 음악감상의 편리성 이동 중에는 항상 음악을 듣는 것 같아요. 핸드폰에 수백 곡의 노래가 있어서 출퇴근(등하교)이 전혀 지루하지 않아요.	I think I always listen to music when I'm on the move. I have hundreds of songs on my smartphone so commuting is not boring at all.
콘서트를 통한 음악감상 그리고 가능한 여러 콘서트를 가려고 합니다. 어떤 것도 라이브 음악을 대신할 수 없죠. 스튜디오에서 하는 노래와는 완전히 다릅니다.	I also try to go to as many concerts as possible. Nothing can beat live music. It's completely different from studio versions.
라디오를 통한 음악감상, 소감 가끔 라디오를 듣기도해요. 처음 듣는 음악들을 많이 들려주죠. 그래서 라디오는 신곡에 대한 중요한 소스이기도 합니다. 스마트폰이 음악을 좀 더 많이 그리고 더 낫게 즐길 수 있도록 해 주었다고 생각해요. 음악 없는 세상을 상상조차 할 수 없네요.	I sometimes listen to the radio too. They play a lot of songs I haven't heard of so the radio is a very good source of new music. I think the smartphone made it possible to enjoy music more and better. I can't imagine living without it.

*각 단락 여백은 '나만의 문장' 추가를 위한 창작공간입니다.

주요어휘 **thanks to** ~덕분에 **used to** ~하곤 했다 **replace** ~을 대체하다 **on the move** 이동 중에

commuting 출퇴근, 등하교 **boring** 지루한 **beat** 이기다, 능가하다 **completely** 완전히

만능표현 **nothing can beat something** '그 어떤 것도 ~을 능가할 수 없다'

Q3. Explain when you initially gained an interest in music. What types of music did you initially enjoy? Trace and discuss your musical interest from childhood until now.

음악에 처음으로 관심을 갖게 된 시기가 언제인지 설명하세요. 처음에는 어떤 종류의 음악을 좋아했나요? 어릴 적부터 지금까지 음악에 대한 당신의 관심이 어떻게 변했는지 말해보세요.

유년기에 관심 있던 음악 어렸을 때 음악에 대한 관심을 갖게 되었어요. 애니메이션 영화를 많이 봐서 음악도 좋아했죠.	**I became interested in music when I was a kid.** I watched a lot of animated movies and I liked the music.
청소년기에 관심 있던 음악 그리고는 청소년이 되어서는 랩 음악이 좋아졌어요. 래퍼들이 전하는 메시지가 좋아서 그들을 따라서 해 보려고 시도했던 것이 기억납니다. 사실 상당히 잘 하기도 했죠.	**Then when I was a teenager, I was into rap.** I liked the messages from the rappers and I remember trying to copy all the rappers I liked. I was quite good at it actually.
현재 관심 있는 음악 지금은 랩 음악대신에 댄스 음악을 자주 듣습니다. 한국에는 좋은 댄스 음악가들이 상당히 많거든요. 선택권이 많아요.	**Now I often listen to dance music instead of rap music.** There are so many good dance musicians in Korea. There's a lot of choice.
그 외 관심 음악, 마무리 또 무엇이 있을까요? 락 음악도 나쁘지 않아요. 하지만 한국에서 락 음악이 다른 장르만큼 인기가 없어서 미국이나 영국 락밴드 음악을 주로 듣습니다. 보다시피, 저는 거의 모든 종류 음악을 좋아해요.	What else? **Rock music is not bad.** But rock is not as popular as other types of music in Korea. So I usually listen to the rock bands from the US or UK. **As you see, I like almost all kinds of music.**

*각 단락 여백은 **'나만의 문장'** 추가를 위한 창작공간입니다.

주요어휘 animated movies 애니메이션 영화 **be into** ~을 좋아하다, 관심을 갖다 rap 랩음악 rapper 래퍼

be good at ~을 잘 하다 a lot of choice 선택권이 많은 as you see 보다시피

만능표현 what else? 새로운 단락을 시작할 때 유용한 필러

Q4. Could you think back to a particularly memorable time when you heard live music? Describe that experience in detail. When was it, where were you, who were you with, who did you hear, what happened, and specifically what made that performance so unforgettable or unique.

라이브 음악을 들었던 특별히 인상적인 일을 생각할 수 있나요? 그 경험을 구체적으로 묘사하세요. 언제였고, 어디였고, 누구와 함께였으며, 누구의 음악을 들었으며, 어떤 일이 벌어졌는지, 그리고 그 공연이 특별히 인상적이었던 이유가 무엇인지 말해보세요.

공연을 관람했던 시기 처음으로 갔었던 콘서트가 굉장히 또렷하게 기억납니다. 마치 어제일 같아요.	I remember the first concert I went to very clearly. It feels like yesterday.
동행인과 가수 소개 20 살쯤이었는데 친구와 함께 콘서트에 갔어요. 가수가 그렇게 유명하지는 않았지만 어떤 이유에선지 (콘서트에) 갔어요.	I was about 20 and I went to a concert with a friend of mine. The singer wasn't really that popular but for some reason I went there.
콘서트에 대한 느낌 모든 것이 제가 생각했던 것과는 전혀 달랐어요. 정말 끝내줬어요. 두 시간이 마치 5분 같았죠. 첫 눈에 반했어요.	Everything turned out to be so different from what I'd thought. It was just so great. The whole two hours felt like five minutes. It was like love at first sight.
콘서트 감상에 대한 소감, 마무리 그들은 정말 모든 악기를 완벽하게 연주했어요. 제 앞에서 벌어지는 광경을 정말 믿을 수 없었어요. 그 이후로 저는 라이브 음악에 대해 열혈 팬이 되었죠. 기회가 있을 때마다 콘서트에 가려고 합니다.	They were playing all the instruments just so perfectly. I just couldn't believe what was happening in front of me. Since then, I'm a huge fan of live music. I try to go to a concert whenever I have the opportunity.

*각 단락 여백은 '나만의 문장' 추가를 위한 창작공간입니다.

주요어휘 **feel like** ~인 듯하다 **that popular** 그렇게까지 유명한 **for some reason** 왠지, 어떤 까닭인지 **turn out** ~으로 결론이 나다 **love at first sight** 첫 눈에 반함 **instrument** 악기 **a huge fan of** ~의 열혈 팬

만능표현 **for some reason** 이유를 설명하고 싶은데 딱히 생각나는 것이 없을 때 사용하는 유용한 표현

Q5. I am a violin player in an orchestra. In order to learn more about my violin playing, ask me three to four questions.

저는 오케스트라에서 바이올린을 연주합니다. 저의 바이올린 연주에 대해 더 알기 위해 서너 가지 질문을 하세요.

도입 - 질문 예고 오케스트라에서 바이올린 연주를 한다는 것이 놀랍네요. **당신의 바이올린 연주에 대해 몇 가지 질문을 해도 될까요?**	It's amazing you play the violin in an orchestra. **Do you mind if I ask you some questions about your violin playing?**
바이올린을 좋아하는 이유 **먼저, 바이올린에 대해 어떤 점이 좋나요?** 제 말은, 그 악기의 어떤 점이 특별하다고 생각하나요?	**Firstly, what do you like about the violin?** I mean, what do you think is so special about the instrument?
연주기간, 첫 연주 경험 **그리고, 얼마 동안 연주를 했나요? 언제 처음으로 연주를 했나요?** 음악 레슨 같은 것도 받았나요?	**Then, how long have you played it? When did you first start playing it?** Did you take a music lesson or something?
오케스트라에서의 연주, 마무리 **마지막으로, 오케스트라에서 연주는 하는 것이 어떤 것인가요?** 독주를 하는 것과는 분명히 다르죠, 그렇죠? 좀 더 신나나요? **우선은 이 정도입니다. 제 모든 질문에 답해주겠어요?**	**Lastly, what's it like to play in an orchestra?** It must be different from playing it alone, right? Is it more exciting? **That's all I've got for now. Can you answer all my questions please?**

*각 단락 여백은 '**나만의 문장**' 추가를 위한 창작공간입니다.

주요어휘 **orchestra** 오케스트라 **instrument** 악기 **take a lesson** 레슨을 받다 **or something** 뭐 그런 거

　　　exciting 신이 나는

만능표현 **what's it like to V** ~하는 것이 어떤지를 물을 때 사용하는 유용한 문장 패턴

Q6. You have decided that you want to buy an MP3 player. A friend of yours is particularly knowledgeable about them. Contact this friend and ask three to four questions to gain more information about purchasing an MP3 player.

당신이 MP3 플레이어를 구입하려고 결심을 했어요. 친구 중 한 명이 특별히 이에 대한 지식이 풍부합니다. 그 친구에게 연락을 해서 MP3 구입에 필요한 정보를 위해 서너 가지 질문을 하세요.

도입 - MP3 구입관련 질문 예고 안녕, 나야. MP3 에 대해 질문 몇 가지가 있어. 하나 장만해야 하거든.	Hi, it's me. I've got some questions about MP3 players. I need to buy one.
음질, 인기모델, 가격 우선, 음질이 최고로 좋은 유명한 것들이 무엇이니? 그런데 너무 비싸면 안돼. 예산이 빠듯하거든.	First off, what are the popular ones with the best sound quality? But it can't be too expensive. I'm on a tight budget.
인터넷 접속 가능여부 그리고, 어떤 추가기능들이 필요할까? 인터넷 연결이 되었음 좋겠는데. 핸드폰이 없을 때 아주 유용할 것 같은데.	And, what kind of extra features are useful? I'd like it to have Internet access. That'll come in handy when I don't have my smartphone with me.
음악전송 방법, 마무리 마지막으로 중요한 것은, 음악을 어떻게 저장하지? 무선으로도 가능해? 아니면, 선을 연결해야 하니? 이제 되었어. 내 질문에 답변해 주겠어? 네 의견이 정말 궁금해.	Last but not least, how do you usually put music on it? Is it possible wirelessly? Or do I have to connect the cable to it? Ok then, can you answer my questions? I really want to know what you have to say.

*각 단락 여백은 '**나만의 문장**' 추가를 위한 창작공간입니다.

주요어휘 sound quality 음질 on a tight budget 예산이 빠듯한 feature 기계류의 특징적 기능 Internet access 인터넷 연결 come in handy 쏠모가 있는, 유용한 wirelessly 무선으로

만능표현 I'm on a tight budget 물건 구입에 대한 정보를 요청할 때 '돈이 넉넉하지 않다'는 의미로 사용되는 유용한 표현

Q7. You borrowed an MP3 player from this friend, but you unfortunately broke it. Contact your friend and describe how it broke and its current condition. Then suggest two or three ways that you can get another working MP3 player for your friend as quickly as possible.

이 친구에게 MP3 플레이어를 빌렸는데, 불운하게도 망가졌습니다. 이 친구에게 연락을 해서 어떻게 망가졌고 현재 상태는 어떤지 설명을 하세요. 당신 친구를 위해 작동이 되는 MP3 플레이어를 최대한 빨리 주기 위한 두세 가지 방법을 제안하세요.

도입 - MP3에 문제 생김 정말 미안한데 지난 주에 너에게 빌린 MP3에 대해서 할 말이 있어.	I'm terribly sorry but **I need to talk about the mp3 player I borrowed from you last week.**
화면파손 원인과 상태 설명 지난 밤에 버스에서 내리다가 떨어뜨렸어. 주머니 속에 있었는데 어떻게 하다가 빠져 나와버렸어. 그래서 스크린에 금이 가고 일부 버튼이 작동을 하지 않아.	**I dropped it when I was about to get off the bus last night.** It was in my pocket but somehow it slipped out. **So, the screen got cracked and some buttons don't work anymore.**
대안 1 - 수리 제안 들어봐, 나에게 몇 가지 생각이 있어. 스크린하고 버튼을 교체하면 어떨까? 고치고 나면 새것처럼 될 텐데.	**Listen, I've got some ideas. How about I have the screen and the buttons replaced?** It'll be as good as new once they're fixed.
대안 2 - 새 제품 구입, 마무리, 사과 그것이 맘에 안 들면 새 것을 사주고 고장 난 것은 내가 가질게. 원한다면 새 것에다가 음악을 전부 옮길 수 있어. **가능한 빨리 너의 생각을 알려줘.** 문제가 생긴 점 다시 한번 미안해.	**If you're not happy with that, I can buy you a new one and I can keep the broken one.** I can move all the music onto the new one if you want. **Tell me what you think as soon as possible.** Again, I'm so sorry for all the trouble.

*각 단락 여백은 '나만의 문장' 추가를 위한 창작공간입니다.

주요어휘 borrow from ~에게 빌리다 **get off the bus** 버스에서 내리다 **somehow** 왜 그런지 모르지만
slip out 빠져 나오다 **get cracked** 금이 가다 **listen** 들어봐 **replace** 교체하다 **all the trouble** 발생한
모든 문제

만능표현 **if you're not happy with that** 대안을 제시하는 답변에서 두 번째 대안을 제시하면서 사용할 수 있는
유용한 표현

Q8. Discuss an experience where you have had some sort of equipment that broke or was not working properly. Provide the background surrounding this situation and describe what happened. And how did this situation become resolved?

어떤 장비가 망가졌거나 제대로 작동을 하지 않았던 경험을 얘기해 보세요. 이 상황과 관련된 배경을 설명하고 무슨 일이 벌어졌는지 말해보세요. 그리고 이 상황이 어떻게 해결되었나요?

문제가 발생한 시기, 제품 **바로 작년에 스마트폰이 고장 났다는 것을 알았어요.** 헤드폰을 이용해서 음악을 듣고 있었거든요.	**Just last year, I realized my smartphone was broken** when I was listening to the music using my headphones.
서비스센터에 문의 **서비스센터에 전화를 해서 어떻게 해야 하는지를 물었어요.** 무슨 고장인지를 알아본다고 수리점으로 갖고 오라고 하더군요.	**I called the service center and asked what to do.** They asked me to bring it to the shop to see what was wrong.
서비스센터의 설명 – 책임 전가 **그래서 갖고 갔는데 그곳에서는 제 잘못이라고 말을 했어요.** 저는 그저 헤드폰을 연결했는데 그게 저의 잘못이라고 말이죠! 그들이 제게 그렇게 말한 것이 믿기지 않았어요.	**I took it to the shop and they told me it was my fault.** I just plugged in my headphones and that was my fault! I couldn't believe they just said that to me.
결과, 소감 **보증기간이 지나서 자신들이 해 줄 수 있는 것이 없다고 했어요.** 문제를 해결하는 대신 새 것을 구입해야만 했어요. 새 것을 사는 것만큼 비쌌거든요. **정말 실망스런 경험이었죠.** 보증기간이 더 길어야 한다고 생각해요.	**They said there was nothing they could do because the warranty was over.** I had to buy a new phone instead of fixing the problem because it was as expensive as buying a new one. **It was such a frustrating experience.** I think the warranty should be extended.

*각 단락 여백은 '나만의 문장' 추가를 위한 창작공간입니다.

주요어휘 **realize** 알게 되다 **fault** 잘못 **plug in** ~을 ~에 꽂다 **warranty** 보증기간 **frustrating** 실망스럽고 좌절감이 드는 **extend** 연장하다

Unit 13. 혼자 노래 부르거나 합창하기 Sing

*노래 부르기는 문제 세트 수가 딱 1 개뿐입니다!

콤보 I	Set 1
유형 1	즐겨 부르는 음악이나 노래 묘사
유형 2	노래 부르기와 관련된 루틴 묘사
유형 3	노래 부르기에 관심을 갖게 된 계기와 관심의 변화 설명

▶ 난이도 3~4 단계: 2 번~7 번까지 두 세트 출제 / 난이도 5~6 단계: 2 번~4 번까지 한 세트만 출제

콤보 II	Set 1
유형 1	즐겨 부르는 음악이나 노래 묘사
유형 3	노래 부르기에 관심을 갖게 된 계기와 관심의 변화 설명
유형 4	노래 부르기에 대한 인상적인 경험 설명

▶ 난이도 3~4 단계: 8 번~10 번까지 한 세트만 출제 / 난이도 5~6 단계: 5 번~10 번까지 두 세트 출제

콤보 III	Set 1
유형 6	노래 수업 수강을 위해 음악학원에 정보요청
유형 7	노래 수업에 결석을 하게 된 문제해결
유형 4/8	노래 부르기에 대한 인상적인 경험 설명

▶ 난이도 3~6 단계 모두 반드시 11 번~13 번에 출제 / 13 번에서는 4 번과 8 번유형 주제별로 다름

콤보 IV	Set 1
유형 1	즐겨 부르는 음악이나 노래 묘사
유형 5	노래 부르기를 좋아하는 상대에게 질문하기

▶ 난이도 3~6 단계에서 14~15 번에 출제되고, 5~6 단계에서는 AL 을 결정하는 9 번과 10 번유형 출제

▶ 이 교재에서는 9 번과 10 번유형을 주제마다 다루지 않습니다.

이 두 유형은 AL 을 평가하기 위한 것으로 IH 를 목표로 할 경우 굳이 많은 시간투자를 할 필요가 없기 때문입니다. 대신 부록(421 페이지)편에서 총 20 개의 기출문제와 스크립트를 제공합니다.

Q1. What types of music or songs do you enjoy singing?

당신은 주로 어떤 종류의 음악에 대한 노래를 즐겨 부르나요?

도입 - 즐겨 부르는 노래 종류 저는 댄스음악 같은 빠르고 신나는 노래 부르기를 좋아해요. 저를 기분 좋게 만들거든요.	Well, I like to sing fast, exciting songs like dance music. It makes me feel uplifted.
노래 부르기 장점 - 스트레스 해소 스트레스를 해소하는데도 도움이 됩니다. 그래서 종종 노래방에 가서 노래 몇 곡을 불러요.	It helps relieve my stress, too. So, I often go to the singing room and sing some of the songs.
댄스음악의 인기 저뿐만이 아니라, 한국에서 댄스음악은 굉장히 인기가 있어요. 그래서 많은 사람들이 노래방에서 댄스음악 노래하는 것을 좋아합니다.	It's not only me. Dance music is very popular in Korea so a lot of people love to sing dance songs at singing rooms.
좋아하는 다른 음악종류, 소감 그 외에도, 러브송(연가)도 부르기에 재미있어요. 댄스음악보다는 느린 편이어서 부르기에 어렵지 않아요. 다른 종류에 대한 노래 부르기도 해 봤는데 댄스음악과 사랑노래가 제가 가장 좋아하는 것이에요.	Besides that, love songs are interesting to sing too. I find them easier because they are usually slower than dance music. I've tried some other types of music but dance music and love songs are my favorite.

*각 단락 여백은 '**나만의 문장**' 추가를 위한 창작공간입니다.

주요어휘 **exciting** 신나는 **uplifted** 기분 좋아지는 **relieve stress** 스트레스를 해소하다 **besides** ~외에도

favorite 가장 좋아하는 것

Q2. **Describe your singing routines. Do you sing often? When and where do you typically find yourself singing? Provide several details about the things you do when singing.**

노래를 할 때 일상적인 것들을 묘사해 보세요. 자주 노래를 하나요? 주로 당신은 언제 어디서 노래를 하나요? 노래를 할 때 하는 것들에 대한 몇 가지 내용을 설명하세요.

주로 노래를 부르는 장소 저는 주로 노래방에서 몇몇 친구들과 노래를 불러요. 노래하기에 완벽한 장소죠. 그냥 돈을 지불하고 반주기계에서 나오는 음악에 따라 노래를 부르면 됩니다.	I usually sing with some of my friends at a singing room. It's a perfect place to sing. You just pay and sing to the music from a music machine.
노래방 이용 빈도 어디에나 있기 때문에 우리가 가고 싶을 때마다 그곳에 갑니다. 주로 함께 식사를 하거나 술을 한 잔하고 가게 됩니다.	We go there whenever we feel like it because it's everywhere. And that usually happens after we eat or drink together.
노래방 풍경 묘사 노래방에서 순서를 바꾸면서 노래를 해요. 가끔은 함께 노래를 부르고 춤을 추면서 열광을 합니다.	We take turns singing at the singing room. Sometimes we go crazy singing and dancing together.
노래방 이용에 대한 소감, 마무리 한국사람들은 술을 마시고, 노래하고 춤추는 것을 좋아해요. 노래방에서 노래를 하면서 보내는 시간은 정말 재미있습니다. 저의 노래관련 일상에 대해서는 이 정도가 생각나네요.	Koreans love drinking, singing and dancing. It's really fun spending time singing at the singing room. That's all I can think of for my singing routines.

*각 단락 여백은 '나만의 문장' 추가를 위한 창작공간입니다.

주요어휘 **a singing room** 노래방 **feel like** ~을 하고 싶은 생각이 들다 **take turns** 순서를 바꾸다

　　　　go crazy 열광하다 **think of** 생각해내다

만능표현 **take turns doing something** '~을 교대로 하다'

　　　　ex) We take turns doing the dishes 우리는 교대로 설거지를 해요

Q3. **How did you become involved with singing? Was there something in particular that sparked your interest in it? Who taught you how to do this? When and where did you sing? Describe your initial as well as current interest and development in the area of singing.**

어떻게 노래 부르기에 참여를 하게 되었나요? 이에 대한 관심을 촉발시킨 특별한 일이 있었나요? 노래하는 방법은 누가 알려주었나요? 언제 어디서 노래를 했나요? 노래 부르기에 대한 초기 관심과 현재의 관심 정도 그리고 어떻게 그것이 발전되었는지 설명하세요.

노래 부르기를 시작한 시기 저는 어렸을 때 노래 부르는 것에 참여를 하게 되었어요. 다른 사람들도 비슷할 것이라고 생각합니다.	**I became involved with singing when I was a kid**. I think it's the same with many other people.
유년기 노래 부르기 경험 TV 에서 나오는 노래를 따라 불렀어요. 그리고 학교에서도 음악활동들이 있었고요. 저는 그렇게 노래 부르는 것을 시작하게 되었죠.	**I sang along the songs from TV. There were singing activities at school as well.** That's how I started to sing.
학교에서의 노래 부르기 학교 음악선생님이 노래 부르는 방법을 알려줬어요. 하지만 썩 도움이 되지는 않았어요. 그저 악보를 읽는 방법과 같은 평범한 것이었죠.	**My school music teachers taught me how to sing.** But that wasn't really helpful. It was just the usual stuff like how to read music.
노래방과 관심의 변화 그리고 나서는 노래방에서 노래 부르는 것을 시작했죠. 그곳에서는 제대로 된 마이크와 음악에 따라 가수처럼 노래를 부를 수 있거든요. 그때부터 노래 부르는 것에 진짜 관심을 갖게 되었어요. 지금은 기분이 내킬 때마다 노래방에 가서 노래를 불러요. 항상 친구들이 저와 함께합니다.	**Then I started to go to the singing rooms to sing.** That's where you can really sing like a pro with a proper microphone and music. Since then I'm really into singing. **Now, whenever I feel like it, I visit the singing room and sing.** And my friends are always there with me.

*각 단락 여백은 '**나만의 문장**' 추가를 위한 창작공간입니다.

주요어휘 involved 참여하게 된 **sing along** 노래를 따라 부르다 **singing activities** 음악활동

usual stuff 평범한 것들 **read music** 악보를 읽다 **pro** (여기서는) 전문 가수 **proper** 제대로 된

be into 관심이 많다, 좋아지다

Q4. **Please tell me a story about one experience that you've had while singing--perhaps this was a time when you sang or performed in front of an audience, or when something comical, embarrassing, or surprising happened? Describe to me all the details of your memory and then tell me why it was such an extraordinary experience.**

노래 부르기에 대한 경험 한 가지를 얘기해 주세요. 관객 앞에서 노래를 불렀거나 공연을 했던 경험이나, 웃기거나, 창피했던 아니면 놀라운 일이 벌어졌던 경험일 수 있겠죠. 당신 기억을 자세하게 제게 말해 주시고, 왜 이 사건이 인상적인지 말해주세요.

배경설명 - 시기, 동행인	I have an interesting story to talk about. **My friends and I used to go camping on vacation when I was in college.**
재미있는 이야기 하나가 있어요. **대학교 때 친구들과 저는 방학 때 캠핑을 가곤 했어요.**	
노래 부르는 상황 설명	All of us were singing taking turns on the beach after dinner. **Finally, it was my turn to sing.** I was the last.
우리모두는 저녁 식사 후에 해변에서 교대로 노래를 부르고 있었어요. 마침내 제 차례가 되었죠. 제가 마지막이었어요.	
노래할 때 느낌	I was nervous but ready to sing like a real singer. Everything went fine and I was almost halfway through the song.
떨렸지만 진짜 가수처럼 노래 부를 준비가 되었어요. 모든 것이 순조로웠고 노래를 거의 절반 정도 불렀는데.	
갑작스런 폭우로 망침, 소감	Then all of a sudden, it started to rain with a very strong wind. Everybody ran into the tent and so did I. **It was such an embarrassing and disappointing experience.** Just my luck!
갑자기 매우 강한 바람과 함께 비가 내리기 시작했어요. 모두 텐트로 뛰어갔고 저도 그랬죠. 정말 창피하고 실망스런 경험이었어요. 제 팔자가 그렇죠!	

*각 단락 여백은 '**나만의 문장**' 추가를 위한 창작공간입니다.

주요어휘 **go camping** 캠핑을 가다 **on vacation** 학교 방학 때 **take turns** 교대로 하다 **nervous** 떨리는

　　　　halfway through ~의 중간에 **all of a sudden** 갑자기 **so did I** 나도 그렇게 했다 **embarrassing** 창피한

　　　　just my luck 재수가 없군, 내 운이 그렇지 뭐

만능표현 **I have an interesting story to talk about** 인상적인 경험 이야기를 시작할 때 유용한 문장

Q5. I also enjoy singing. Inquire further about my singing with three or four questions to learn more about it.

저도 노래 부르기를 즐깁니다. 저의 노래 부르기에 대해 좀 더 알기 위해 서너 가지 질문을 하세요.

도입 - 질문 예고 당신도 역시 노래 부르기를 좋아한다니 좋네요. 이제 당신의 노래 부르기에 대한 제 질문에 답변을 해 주세요.	Good to hear you enjoy singing too. **Now, please answer my questions about your singing.**
즐겨 부르는 노래 우선, 어떤 노래 부르는 것을 가장 좋아하나요? 즐겨 부르는 노래 종류가 특별히 있나요?	**First up, what are your favorite songs to sing?** Do you have a particular type of music you enjoy singing?
노래 부르는 장소 두 번째는, 주로 어디에서 노래를 하나요? 한국에는 노래방이 엄청 많거든요. 당신도 그런 것들이 있나요?	**Secondly, where do you usually sing? We've got a lot of singing rooms in Korea.** Do you have anything like that?
노래 실력, 마무리 마지막으로, 노래를 잘 부른다고 생각해요? 저에게 노래 부르는 테크닉에 대해 알려줄 수 있나요? 이 정도가 전부에요. 제 질문에 답변을 해 주겠어요?	**Lastly, do you think you're a good singer?** Can you share some of the techniques with me? **Well, that's pretty much it. Can you answer all my questions please?**

*각 단락 여백은 '**나만의 문장**' 추가를 위한 창작공간입니다.

주요어휘 **first up** 우선 **particular** 특별한 **share** 공유하다 **pretty much** (= almost) 거의

Q6. You hope to take some singing lessons. Contact the music school in order to ask three to four questions to determine what you need to know about them.

노래 수업 듣기를 원하고 있습니다. 음악 학원에 연락을 해서 필요한 정보를 알아 내기 위한 서너 가지 질문을 하세요.

도입 - 질문 예고 여보세요, 안녕하세요. 노래 수업에 대해 정보가 좀 필요합니다. 질문 좀 해도 될까요?	Hi, hello. I'd like some information about your singing programs. Do you mind me asking some questions?
노래 수업의 종류 우선, 어떤 종류의 과정이 있나요? 일대일 수업도 있나요?	First of all, what kind of courses do you have? Do you have one-on-one courses too?
노래 강사의 자격 다음 질문은, 선생님들이 어떤 자격이 있나요? 제 말은, 모두 전문 성악가인가요?	Next question is, what type of qualifications do the coaches have? I mean, are they professional singers?
수강료, 마무리 마지막으로 중요한 것은, 결제방법에는 어떤 것이 있나요? 신용카드도 받나요, 아니면 현금으로 내야 하나요? 지금은 이것이 전부에요. 답변을 해 주시겠어요?	Last but not least, what kind of payment options do I have? Do you take credit cards too or do I have to pay in cash? OK. That's it for the moment. Can you answer the questions please?

*각 단락 여백은 '나만의 문장' 추가를 위한 창작공간입니다.

주요어휘 **mind** ~을 꺼리다 **one-on-one** 일대일로, 맨투맨으로 **qualification** 자격 **coach** 특정 영역의 지도교사

professional singer 전문 성악가, 가수 **payment option** 결제방법 **pay in cash** 현금으로 지불하다

Q7. You have determined that you will have to miss your next few singing lessons. Contact the singing coach, provide details as to why you will have to miss them, and suggest two to three options in order to make up these classes.

노래 수업 몇 회를 결석하게 되었습니다. 담당 강사에게 연락을 해서 왜 수업을 빠져야 하는지 구체적으로 설명하고, 보충을 위해 할 수 있는 두세 가지 대안을 제시하세요.

도입 - 수업불참 예고 **안녕하세요. 수업 몇 번을 빠지게 되었다고 말씀 드리게 되어서 죄송해요.** 설명 드릴게요.	**Hi. I'm sorry to tell you that I'm going to have to miss some lessons.** Let me explain.
불참 이유 **사실은, 휴가 때문에 며칠 어디를 가게 되었어요.** 가족 모임이라 꼭 가야 하거든요.	**Actually, I'll be away for a few days on vacation.** It's a family gathering so I should be there.
대안 1 - 사전 수업 여부 **제가 몇 가지 제안이 있습니다.** 제가 떠나기 전에 수업을 당겨서 해 주실 수 있나요?	**Now, I've got some suggestions. How about you give me some advance classes** before I go away?
대안 2 - 다른 수업 참여 여부, 마무리 **아니면, 선생님의 다른 수업에 참석이 가능할까요?** 저는 화요일과 목요일에 시간이 되거든요. **제가 선택할 수 있는 것이 어떤 것인지 알려주세요.** 선생님 수업이 너무 좋아서 하나라도 놓치고 싶지 않네요. 고맙습니다.	**Or, is it possible for me to attend your other class?** I'm free on Tuesdays and Thursdays. **Please let me know what options I have.** I'm really enjoying your lessons so I don't want to miss any of them. Thanks.

*각 단락 여백은 '**나만의 문장**' 추가를 위한 창작공간입니다.

주요어휘 miss 놓치다, 못 가다 explain 설명하다 on vacation 휴가 차 family gathering 가족 모임

suggestion 제안 advance 사전에, 미리 attend 참석하다 option 선택할 수 있는 것

만능표현 How about you give me some advance classes? 'How about S V~?' '하는 것은 어떤가요?'

Q8. Reflect upon a singing experience that you have had–perhaps a time when you performed or sang in front of others or when something humorous, unexpected, or embarrassing occurred. Discuss the details of the experience and explain why it was unforgettable.

당신에게 생겼던 노래 부르기와 관련된 경험을 떠 올려 보세요. 당신이 공연을 했거나 아니면 다른 사람들 앞에서 노래를 했었을 수도 있고, 아니면, 웃거나, 예상치 못했던 혹은 창피했던 일일 수도 있습니다. 그 경험에 대해 자세히 설명을 하고, 왜 기억에 남는지도 말해 주세요.

시기, 동행인, 배경 작년에 친구 몇 명과 노래방에 갔어요. 상당히 조용했고 우리들만 있는 것처럼 보였어요.	Last year, I went to a singing room with some of my friends. It was very quiet and it seemed that we were the only people in there.
노래방에서 시간 보냄 노래를 부르고, 춤도 추고, 소리도 지르면서 한 시간 정도 즐거운 시간을 보냈죠. 노래방에서는 주로 시간 단위로 비용을 지불하거든요.	We sang, dance, shouted and had a great time for an hour. Usually, we pay by the hour at singing rooms.
무료 시간 연장 그런데 주인이 들어오더니 추가로 30 분 더 노래를 할 수 있게 해 주었어요. 사실, 우리가 막 떠나려던 참이었거든요.	Then the owner came in and let us sing for another 30 minutes. Actually, we were about to leave.
무료 서비스와 소감 우리가 유일한 손님이라고 괜찮다고 했어요. 이후로는 우리가 가장 좋아하는 노래방이 되었죠. 그곳에 갈 때마다 우리는 모두 목소리가 쉰답니다.	He said it was fine because we were the only customers. It's been our most favorite singing room ever since. And we all have to lose our voices whenever we go there.

*각 단락 여백은 '나만의 문장' 추가를 위한 창작공간입니다.

주요어휘 **quiet** 조용한 **it seemed** ~인 듯 보였다 **pay by the hour** 시간 단위로 지불하다 **owner** 주인 **another** 추가로 **be about to V** 막 ~하려고 하다 **lose voice** 목소리가 나오지 않다, 목이 쉬다

만능표현 We **were about to** leave 막 떠나려던 참이었다. Be about to V 는 '막 ~하려고 하다'라는 의미로 자주 사용하는 유용한 표현

Unit 14. 악기 연주하기 Play a Musical Instrument

*악기 연주하기는 문제 세트 수가 딱 1 개뿐입니다!

콤보 I	Set 1
유형 1	즐겨 연주하는 악기, 음악의 종류, 작곡가 묘사
유형 2	악기연주에 대한 루틴 묘사
유형 3	악기 연주에 대해 관심을 갖게 된 계기와 관심 변화 설명

▶ 난이도 3~4 단계: 2 번~7 번까지 두 세트 출제 / 난이도 5~6 단계: 2 번~4 번까지 한 세트만 출제

콤보 II	Set 1
유형 1	즐겨 연주하는 악기, 음악의 종류, 작곡가 묘사
유형 3	악기 연주에 대해 관심을 갖게 된 계기와 관심 변화 설명
유형 4	인상적인 악기 연주 경험 설명

▶ 난이도 3~4 단계: 8 번~10 번까지 한 세트만 출제 / 난이도 5~6 단계: 5 번~10 번까지 두 세트 출제

콤보 III	Set 1
유형 6	악기 구입을 위한 정보요청
유형 7	구입한 악기에 생긴 문제해결
유형 4/8	악기에 문제가 생겨서 해결했던 경험 설명

▶ 난이도 3~6 단계 모두 반드시 11 번~13 번에 출제 / 13 번에서는 4 번과 8 번유형 주제별로 다름

콤보 IV	Set 1
유형 1	즐겨 연주하는 악기, 음악의 종류, 작곡가 묘사
유형 5	상대방의 악기연주에 대해 질문하기

▶ 난이도 3~6 단계에서 14~15 번에 출제되고, 5~6 단계에서는 AL 을 결정하는 9 번과 10 번유형 출제

▶ 이 교재에서는 9 번과 10 번유형을 주제마다 다루지 않습니다.

　이 두 유형은 AL 을 평가하기 위한 것으로 IH 를 목표로 할 경우 굳이 많은 시간투자를 할 필요가
없기 때문입니다. 대신 부록(421 페이지)편에서 총 20 개의 기출문제와 스크립트를 제공합니다.

Q1. Identify the musical instrument you enjoy playing. Discuss the type of music or the composers you like to play and why.

당신이 즐겨 연주하는 악기가 무엇인지 알려 주세요. 좋아하는 음악의 종류나 작곡가를 말하고 왜 좋은지도 알려주세요.

좋아하는 악기 - 피아노 저는 피아노를 약간 칠 줄 압니다. 하지만 굉장히 잘 하는 것은 아니에요.	I can play the piano a little bit. I'm not really good at it though.
피아노를 좋아하는 이유 몇몇 다른 악기들도 시도를 해 봤지만, 피아노 소리가 가장 좋아요. 한국에서 가장 인기 있는 악기인 것 같네요.	I've tried some other musical instruments but **I like the piano sound best. I think it's the most popular instrument in Korea.**
즐겨 연주하는 음악 종류 대부분 저는 팝 음악 연주하는 것을 좋아해요. 클래식 음악도 좋기는 하지만 저에게는 너무 어렵습니다. 팝 음악이 좀 더 쉽고 재미있어요.	**Most of the time, I like to play pop music.** Classical music is also good but it's too difficult for me. **Pop music is easier and more fun.**
좋아하는 작곡가, 마무리 **작곡가에 대해서 말해보면, 모차르트를 좋아하는 것 같아요.** 그 분 음악이 너무 어려워서 연주를 잘 하지는 못하지만, 여전히 가장 위대한 작곡가라고 생각해요. **아무튼, 다시 배워야 할 것 같네요.** 실력이 점점 안 좋아지고 있거든요.	**As for composers, I think I like Mozart.** I can't really play his music because it's too difficult. But I think he's still the greatest composer ever. **Anyway, I should learn it again.** I think I'm getting worse.

*각 단락 여백은 **'나만의 문장'** 추가를 위한 창작공간입니다.

주요어휘 be good at ~을 잘하다, 능숙하다 musical instrument 악기 **most of the time** (= usually) 주로, **대부분**
　　　　get worse 나빠지다

만능표현 as for something '~에 대해서 말하자면' 이란 의미로 about, regarding 과 같은 의미로 사용되는
　　　　유용한 표현

Q2. Discuss your typical routine or practice sessions with this instrument. When and where do you spend time playing? With what frequency and with whom do you play? Provide as many details as you can.

이 악기를 이용해서 일상적으로 하는 것들이나 연습 할 때를 말해주세요. 언제 어디서 연주를 하나요? 얼마나 자주 그리고 누구와 함께 연주를 하나요? 가능한 자세한 정보를 알려주세요.

내킬 때 피아노 연주 사실은, **치고 싶을 때 피아노를 칩니다.** 그것을 연습이라고 불러야 할지는 모르겠네요.	To tell the truth, **I play the piano when I feel like it.** I'm not sure if I can call it practice.
연주하는 장소와 시기 저는 주로 주말에 집에서 피아노를 칩니다. 제 방에 피아노가 있는데, 이 악기를 배울 때부터 계속 갖고 있어요.	**I usually play the piano at home on the weekend.** I have a piano in my room. I've had it since I first learned the instrument.
피아노 치는 것에 대한 어려움 하지만 아파트에 살아서 자주 치지는 못해요. 사람들이 소음에 상당히 민감하거든요. 그들은 제가 피아노 치는 것 보다 조용한 저녁 시간을 더 좋아하거든요.	I can't play it too often though because I live in an apartment. People are very sensitive to noise. They prefer a quiet evening to me playing the piano.
피아노 치는 빈도, 마무리 그래서, 대략 일주일에 한 번 정도 혼자 피아노를 칩니다. 주중에는 너무 바빠서 제 방에 있는 피아노 근처에 갈 수가 없네요. **이 정도가 제가 피아노와 하는 것들입니다.** 좀 더 자주 연습을 해야겠어요.	So, I play alone about once a week. I'm too busy during the week to get around the piano in my room. **That's pretty much what I do with my piano.** I think I should practice more often.

*각 단락 여백은 '**나만의 문장**' 추가를 위한 창작공간입니다.

주요어휘 **to tell the truth** (= actually) 사실 **sensitive to** ~에 민감한 **get around** ~주변에 있다

만능표현 **when I feel like it** '~을 하고 싶은 생각이 들면' 이란 의미의 유용한 표현

Q3. **Discuss your initial interest in playing this instrument. What classes did you take? Who taught you to play? Summarize your interest in playing this instrument from your childhood until now.**

이 악기에 대한 초기 관심에 대해 얘기해 주세요. 어떤 수업을 들었나요? 연주 방법을 누가 가르쳤죠? 어릴 적부터 지금까지 이 악기 연주에 대한 관심의 변화를 요약해서 말해주세요.

유년기 피아노 레슨 시작 7 살쯤 되었을 때 어머니가 피아노 학원에 데리고 가셨어요. 저는 그렇게 이 악기연주를 시작하게 되었죠.	**My mom just took me to a piano school when I was about seven.** That's how I started to play the instrument.
피아노 레슨 대상과 시간 피아노 수업은 오직 아이들을 위한 것이었고, 대략 한 시간쯤 진행되었어요. 7~8 명의 아이들이 저와 함께 배웠죠.	**The piano class was only for kids and it lasted for about an hour.** There were seven or eight other kids learning with me.
피아노 선생님 소개 저의 피아노 선생님은 착하고 친절한 여자 선생님이었어요. 우리에게 배우는 것을 강요하지는 않았어요. 우선 악기와 친숙해지도록 했죠.	**My piano teacher there was a nice and friendly lady.** She didn't force us to learn. She just let us get familiar with the instrument first.
선생님의 영향, 소감 그 선생님 덕분에, 저는 그 악기와 소리에 점점 관심을 갖게 되었어요. 요즘은 너무 바빠서 피아노를 치기 어렵지만 그래도 여전히 연주하는 것을 좋아해요. 피아노 없이는 살 수 없겠다는 생각을 했죠. 마치 저의 가장 오래된 친구 같아요.	**Thanks to her, I gradually got interested in the instrument and the sound. I still love to play it** though I'm often too busy to play the piano these days. **I never thought I could live without it. It's sort of my oldest friend.**

*각 단락 여백은 '나만의 문장' 추가를 위한 창작공간입니다.

주요어휘 **piano school** 피아노 학원 **last for** ~동안 지속되다 **nice and friendly** 착하고 친절한

force 강제로 시키다 **get familiar with** ~과 친숙해지다 **thanks to** ~덕분에 **gradually** 점점, 점차

sort of (= kind of) 일종의 ~같은 것

Q4. Tell me about one particular experience you've had playing a musical instrument that stands out in your mind. It can be a time when you've played in front of one or more people, something funny or unexpected that happened, or simply the most recent or enjoyable time that you've played. Tell me the whole story from beginning to end in as much detail as possible. Make sure to explain what made the experience particularly memorable or special.

이 악기를 연주하면서 기억에 남는 인상적인 경험 하나를 말해 주세요. 여러 사람 앞에서 연주를 했던 것일 수도 있고, 재미있거나 예상치 못했던 것일 수도 있고, 아니면 단순히 가장 최근에 즐거웠던 시간에 대한 것일 수도 있겠네요. 최대한 자세히 처음부터 끝까지 설명해 주세요. 무엇이 이 경험을 특별히 인상적이게 만들었는지 알려주세요.

도입 – 시기와 장소 제가 다녔던 피아노 학원에서 생긴 일이에요. 정말 창피했지만, 동시에 즐거운 어린 시절 추억입니다.	It happened at the kids' piano school I went to. I was so **embarrassed** but it's a **fond** childhood memory at the same time.
캐롤 연주 기회 주어짐 한 번은 크리스마스 이브에 캐롤 한 곡을 연주하라는 요청을 받았어요. 매년 크리스마스 파티를 열고, 모든 아이들이 참여를 해야만 했거든요.	I was once asked to play a Christmas carol on Christmas Eve. We **organized** a Christmas party every year and every kid had to **take part**.
진지한 연습 저는 정말 열심히 연습을 했어요. 실수를 해서 바보같이 보이기는 싫었거든요. 저의 인생을 통틀어서 가장 진지했던 순간이 아니었나 싶네요.	I practiced a lot because I didn't want to **look stupid** making mistakes. It was probably the most serious moment in my whole life.
연주에서 실수하고 실망, 소감 그런데 파티를 하는 날 너무 긴장을 해서 실수를 엄청 많이 했어요. 제 스스로 정말 실망을 했죠. 열심히 연습한 것이 소용없었죠! 하지만 모든 사람들이 박수를 쳐 줬고 응원을 해 주었어요. 저는 그날 밤을 잊지 못한답니다.	Then I got so **nervous** and made so many mistakes at the party. I was so disappointed with myself. No use practicing that hard! But everybody **clapped** and **cheered** for me. I can't forget that night.

*각 단락 여백은 '**나만의 문장**' 추가를 위한 창작공간입니다.

주요어휘 **fond** (특히 오랫동안) 좋아하는 **organize** 준비하다 **take part** 참여하다 (= attend) **look stupid** 바보처럼 보이다 **get nervous** 긴장하다 **clap** 박수를 치다 **cheer for** ~를 응원하다

Q5. I also play a musical instrument. To learn more about my interest in music, ask me several more questions.

저도 역시 악기를 연주해요. 음악에 대한 저의 관심을 알기 위해 몇 가지 질문을 하세요.

도입 – 질문 예고 **제가 몇 가지 질문을 해도 될까요?** 당신의 음악에 대한 관심에 대해 알고 싶어요.	**Do you mind if I ask you some questions?** I'd like to learn about your interest in music.
연주하는 악기 이름 첫 번째 질문은, **즐겨 연주하는 악기 이름은 무엇인가요?** 인기가 있는 것인가요, 아니면 우리가 흔히 들어볼 수 없는 것인가요?	My first question is, **what's the name of the instrument you like to play?** Is it popular or is it something we don't usually get to hear?
관심을 갖게 된 동기 다음은, 그 악기에 대해 어떻게 관심을 갖게 되었나요? 부모님이 추천을 했나요, 아니면 그냥 첫 눈에 반한 것 같은 것인가요? 어떤 것이었나요?	**Next, how did you get interested in it?** Did your parents recommend it or was it like love at first sight? What was it like?
배운 방법, 레슨 경험 여부 **마지막으로, 처음에 누구로부터 배웠나요?** 더 잘하기 위해 레슨을 받았나요? 실력 향상을 위해 무엇을 했나요? 자 이제, **제 질문에 대한 답변을 해 주겠어요?** 제가 궁금한 것은 이 정도입니다.	**Finally, from who did you first learn it?** Are you taking lessons to be better at it? What did you do to improve your skills? Well, then **can you answer my questions please?** I think that's pretty much it.

*각 단락 여백은 '나만의 문장' 추가를 위한 창작공간입니다.

주요어휘 **do you mind if** ~해도 괜찮을까요 **get to hear** 들어볼 수 있는 **recommend** 추천하다

　　　　 was it like ~같은 것인가요 **take lessons** 레슨을 받다 **be better at** ~에 대해 더 나아지다

만능표현 **at first sight** '첫 눈에 반하다'란 의미로 꼭 사람이 아니어도 특정한 것을 한 번에 좋아하게 되었을 때

　　　　 사용하는 유용한 표현

Q6. You have some interest in purchasing a new instrument. Contact the music store manager and leave a voicemail message that asks three to four questions to determine what is available.

당신은 새로운 악기 구입에 대해 관심이 있습니다. 악기를 판매하는 곳 매니저에게 전화를 걸어서 어떤 것이 구입 가능한지에 대해 서너 가지 질문을 하는 메시지를 남기세요.

도입 - 질문 예고 여보세요, 악기 구매에 대한 정보를 얻으려고 전화를 드렸어요. 몇 가지 질문을 드릴게요.	Hi, I'm calling to get some information about buying an instrument. Let me just ask you a few quick questions.
전자 피아노 재고 문의 첫째, 전자 피아노를 취급하시나요? 제가 아파트에 살아서 소리가 너무 크지 않은 것이 필요하거든요.	First of all, do you have electric pianos in stock? I live in an apartment so I need something not too loud.
시험연주 가능여부 두 번째는, 상점을 방문해서 직접 연주를 할 수 있나요? 우선 들어보고 결정을 해야 할 것 같아서요.	Second, can I visit your shop and play the instruments? I think I should listen first and then decide.
품질보증, 마무리 마지막으로 중요한 것은, 품질보증은 어떻게 되나요? 어떤 것이 포함되고 기간은 어떻게 되나요? 추가 비용을 지불하고 기간을 연장할 수 있나요? 제가 지금 궁금한 것은 이것이 전부에요. 제 질문에 답해주시면 감사하겠습니다.	Last not but least, what's your warranty like? What does it cover and how long is it? Can I pay extra money and extend it? That's all I've got for now. I'd appreciate it if you would answer my questions.

*각 단락 여백은 '**나만의 문장**' 추가를 위한 창작공간입니다.

주요어휘 electric piano 전자 피아노 have something in stock 재고가 있다 warranty 품질보증 cover 포함시키다 extend 연장하다

만능표현 **I'd appreciate it** if you would answer my questions. '감사하다'라는 의미를 지닌 appreciate 이란 동사는 보통 사람을 주어로 취하지 않는다. 즉 '대상'이 아니라 '고맙게 여기는 내용'이 와야 하기 때문에 appreciate it 처럼 사용해야 한다. 다시 말해서, I appreciate you 가 아니라 I appreciate your help 처럼 내용을 목적어로 취한다는 것에 주의!

Q7. Later, after already buying this instrument, you notice that there is a problem with it. Contact the store manager to leave a voicemail explaining this situation, describe the problem in detail, and suggest two to three possible options for solving the problem.

그리고 나서, 악기를 이미 구매했는데, 문제가 있음을 알게 되었습니다. 상점 매니저에게 전화를 걸어 메시지를 남기는데, 상황을 설명하고, 문제점을 자세히 묘사하면서 문제 해결을 위한 두세 가지 대안을 제안하세요.

문제 발생 알림 여보세요, 오늘 아침에 주문한 물건을 받았어요. 그런데 전자 피아노에 몇 가지 문제가 있습니다.	Hi, I just got my order this morning. But there are some problems with the electric piano.
문제점 설명 – 흠집과 건반 고장 물건 상자를 열었는데 온통 흠집이 있고 **건반 몇 개는 고장이 났다는 것을** 알게 되었어요. 새것처럼 보이지도 않아요.	I opened the box and realized **there are scratches all over and some keys are broken.** It just doesn't look like a new one.
대안 1 – 환불 요청 몇 가지 제안을 할게요. 전액 환불을 해 **주세요.** 이것은 결함이 있는 제품입니다. 이렇게 문제가 많은 제품을 구매한 것이 처음이네요.	Well, I'd like to suggest a few things. **I'd like a full refund.** It's a faulty product. It's the first time I've bought something with so many problems.
대안 2 – 새 제품으로 교환, 마무리 아니면, 오늘 중으로 새 것으로 교환해 **주세요.** 반드시 오늘이어야 합니다. 이미 상당한 시간을 낭비했거든요. 자, 생각을 해 보시고 **최대한 빨리 저에게 연락을 주세요.**	Or, **change it to a new one today.** It has to be today. I've already wasted quite a lot of time. OK. Think about it and **get back to me as soon as possible please.**

*각 단락 여백은 '나만의 문장' 추가를 위한 창작공간입니다.

주요어휘 order 주문한 물건 scratches 흠집 a full refund 전액 환불 faulty product 결함이 있는 제품

waste 낭비하다 quite a lot of time 상당한 시간

만능표현 I'd like a full refund. / change it to a new one 구입한 물건에 문제가 생겼을 때 전액환불과

새것으로의 교체를 대안으로 제시하는 것이 제일 쉽다.

Q8. Have you ever had an issue with an instrument before? Discuss one of those situations and what was done to solve the problem. Present anything that occurred which made this situation particularly challenging or special.

이전에 악기에 문제가 생겼던 적이 있나요? 그 중 하나에 대해 어떻게 문제를 해결했는지 얘기해 보세요. 특별히 힘이 들었거나 특별했던 일을 말해보세요.

대학시절 기타 구매 대학에 다닐 때 저는 기타에 관심이 많았어요. 그래서 근처 악기점에서 저렴한 것 하나를 구입했죠.	**I was into guitar when I was in college.** So I bought a cheap one from a nearby music shop.
책을 이용한 연습 그리고는 책을 사서 연습을 시작했어요. 악기에 대해서 아는 것이 하나도 없었어요.	**Then I bought a book and started practicing.** I didn't know anything about the instrument.
조율문제로 매장 방문 얼마 동안 연주를 하고 나면 제 기타가 항상 음이 맞지 않았어요. 그래서 기타를 상점에 갖고 가서 불평을 했죠. 고장 난 기타를 구입한 줄 알았거든요.	After playing it for a while, **my guitar always went out of tune. I took it back to the shop and complained.** I thought I'd bought a broken guitar.
문제해결과 소감 상점 직원이 일정 기간 연주를 한 다음에는 음을 다시 맞추어야 한다고 말해주었어요. 기타가 원래 그런 것이라고 말이죠. 정말 창피한 경험이었어요. 불평을 하기 전에 먼저 물어봤어야 했는데 말이죠.	The clerk at the shop **told me that I should tune it again after playing for a while. Guitars are supposed to be like that. It was such an embarrassing experience.** I should've asked first before complaining.

*각 단락 여백은 '**나만의 문장**' 추가를 위한 창작공간입니다.

주요어휘 **be into** ~에 관심이 많다 **for a while** 얼마 동안 **go out of tune** 음이 맞지 않다 **clerk** 직원 **tune** 음을 맞추다, 조율하다 **be supposed to be like that** 그렇다고 여겨진다 **embarrassing** 창피한

만능표현 I **should've asked** first before complaining. should've p.p(과거분사) 형태는 이미 끝난 과거사실에 대해 '~을 했어야 했는데'란 의미의 '후회'를 나타내는 용도로 주로 사용된다.

Unit 15. 요리하기 Cook

*요리하기는 문제 세트 수가 딱 1 개뿐입니다!

콤보 I	Set 1
유형 1	즐겨 하는 요리와 좋아하는 이유 묘사
유형 2	음식을 준비하는 과정 묘사
유형 3	요리를 했던 최근 경험 설명

▶ 난이도 3~4 단계: 2 번~7 번까지 두 세트 출제 / 난이도 5~6 단계: 2 번~4 번까지 한 세트만 출제

콤보 II	Set 1
유형 1	즐겨 하는 요리와 좋아하는 이유 묘사
유형 3	요리를 했던 최근 경험 설명
유형 4	요리를 하다가 뜻대로 안 되었던 경험 설명

▶ 난이도 3~4 단계: 8 번~10 번까지 한 세트만 출제 / 난이도 5~6 단계: 5 번~10 번까지 두 세트 출제

콤보 III	Set 1
유형 6	친구 파티에 갖고 갈 요리에 대해 정보요청
유형 7	친구 파티에 갖고 갈 요리에 생긴 문제해결
유형 4/8	친구나 친척을 위한 요리에 대한 인상적인 경험 설명

▶ 난이도 3~6 단계 모두 반드시 11 번~13 번에 출제 / 13 번에서는 4 번과 8 번유형 주제별로 다름

콤보 IV	Set 1
유형 1	즐겨 하는 요리와 좋아하는 이유 묘사
유형 5	이태리 요리를 좋아하는 상대에게 질문하기

▶ 난이도 3~6 단계에서 14~15 번에 출제되고, 5~6 단계에서는 AL 을 결정하는 9 번과 10 번유형 출제

▶ 이 교재에서는 9 번과 10 번유형을 주제마다 다루지 않습니다.

이 두 유형은 AL 을 평가하기 위한 것으로 IH 를 목표로 할 경우 굳이 많은 시간투자를 할 필요가 없기 때문입니다. 대신 부록(421 페이지)편에서 총 20 개의 기출문제와 스크립트를 제공합니다.

Q1. Discuss several of the things you like to cook and explain why you enjoy cooking such things.

즐겨 하는 요리 몇 가지를 묘사하고 그런 요리를 즐겨 하는 이유를 설명하세요.

즐기는 요리 - 라면	I often make myself instant noodles called ramyeon. You might not call it cooking though.
저는 종종 라면이라고 불리는 인스턴트 국수요리를 합니다. 그것을 요리라고 부르지 않겠지만요.	
라면 요리를 좋아하는 이유	I like to cook it because it's so easy. I say easy because it's always tasty and you can never go wrong with it.
너무 쉬워서 라면 요리를 좋아해요. 항상 맛있고, 절대 실패할 수 없어서 쉽다고 하는 것이에요.	
즐기는 요리 - 샌드위치	I sometimes make an egg sandwich too. I like it because it's a little better than instant ramyeon in terms of nutrition.
가끔 에그 샌드위치도 만듭니다. 영양이라는 측면에서 라면보다는 약간 더 나아서 좋아해요.	
즐기는 요리 - 볶음밥, 소감	Fried rice is also my favorite food I cook. This takes some more time than instant ramyeon or an egg sandwich but I cook it when I need a decent meal. I can only make easy stuff most of the time but I enjoy cooking and I think I'm not a bad cook.
볶음밥도 제가 좋아하는 요리입니다. 라면이나 에그 샌드위치 보다는 시간이 좀 더 걸리긴 하지만 제대로 된 음식이 먹고 싶으면 만들어 먹어요. 대부분은 만들기 쉬운 음식만을 요리하지만, 저는 요리를 즐겨 하고 잘 하는 편이라고 생각해요.	

*각 단락 여백은 '**나만의 문장**' 추가를 위한 창작공간입니다.

주요어휘 **instant** 즉석의 **noodles** 국수 **tasty** 맛있는 **go wrong** 잘못되다 **nutrition** 영양 **decent** 제대로 된
　　　　most of the time 대부분 **cook** 요리사
만능표현 **cook** 과 **cooker** 를 헷갈리지 말자! Cooker 는 요리를 하는 사람이 아니라 요리를 하는 조리 기구를
　　　　의미하기 때문에 요리사는 cook 이라고 해야 한다.

Q2. Summarize the steps involved in preparing a meal.

음식을 준비하는 과정을 요약해서 설명하세요.

도입 **어떤 음식이든 몇 가지 준비과정이 있어요.** 맛있는 음식을 만들기 위해 제가 하는 것을 설명해 볼게요.	**There are a few steps in preparing any meal.** Let me explain what I do to make a good meal.
재료 준비 **우선, 질이 좋고 신선한 재료들을 구합니다.** 아무리 요리를 잘 한다고 해도 오래되고 냄새 나는 고기나 야채로는 맛있는 음식을 만들 수 없잖아요.	**First, I get nice and fresh ingredients.** No matter how good you are at cooking, you can't make a good meal out of old, smelly meat and vegetables.
재료 다듬기 **그리고는, 재료들을 적당한 크기로 자릅니다.** 여기서는 칼을 사용해야 하기 때문에 상당히 조심합니다.	**Then, the ingredients need to be cut into the right sizes.** I need to use a knife here so I have to be very careful.
본격적인 요리, 마무리 **마지막으로, 적절한 온도와 시간에 맞추어서 요리를 하죠.** 이것은 상당히 어려워서 익숙해질 때까지 시간이 필요합니다. **저는 항상 무엇을 요리하든 이 단계를 거칩니다.** 그리고는 제가 만든 것을 즐깁니다.	**Finally, I cook at the right temperature and for the right length of time.** This can be very difficult and it takes time to get used to it. **I always take these steps for anything I cook.** Then I enjoy what I make.

*각 단락 여백은 '**나만의 문장**' 추가를 위한 창작공간입니다.

주요어휘 **step** 단계 **ingredient** 음식재료 (= ingredient) **be good at** ~을 잘 하는 **smelly** 냄새 나는 **temperature** 온도
the length of time 시간의 길이 **get used to** ~에 익숙해지다

만능표현 **no matter how 형/부 S V** '~이 아무리 ~한다고 할지라도' 라는 부사절은 유용하게 활용되는 문장 패턴이다.

Q3. Reflect upon the last special meal that you prepared. Provide an explanation about this dinner. When and where did you prepare this meal? Who were you preparing this meal for? Discuss this meal from the beginning to the end.

최근 당신이 준비했던 특별한 요리를 떠올려 보세요. 이 저녁 식사에 대한 설명을 해 주세요. 언제 어디서 이 음식을 준비했나요? 당신이 준비한 그 식사는 누구를 위한 것이었나요? 이 식사에 대해 처음부터 끝까지 말해주세요.

시기와 배경 - 어머님 생신 집에서 어머님을 위한 요리했던 것이 떠오릅니다. 작년에 어머님 생신 때였어요.	I remember I cooked for my mom at home. It was last year and it was my mom's birthday.
불고기와 미역국 요리 어머님을 위해 불고기와 미역국을 만들었죠. 이것은 한국의 일반적인 생일날 저녁식사입니다.	I made some Bulgogi, and seaweed soup for her. It's a typical Korean birthday dinner.
불고기에 대한 설명 불고기는 기본적으로 소고기를 얇게 썰어서 간장에 넣는 음식이에요. 그리고 이것을 불판에 굽는데, 맛있어서 한국에서는 모든 사람이 좋아합니다.	Bulgogi is basically slices of beef in soy sauce. It is then grilled on a barbecue grill. It's delicious and everybody loves it in Korea.
미역국 설명, 결과와 소감 미역국은 생일파티에 빠질 수 없는 음식입니다. 마치 서양에서 생일 케익과 같은 것입니다. 어머님께서는 제가 만든 불고기를 굉장히 맛있게 드셨어요. 모두에게 정말로 행복한 생일이 되었죠.	The seaweed soup is a must for your birthday party. It must be something like a birthday cake in the west. **My mom really enjoyed the Bulgogi I made.** It was really a happy birthday for everybody.

*각 단락 여백은 '**나만의 문장**' 추가를 위한 창작공간입니다.

주요어휘 **seaweed soup** 미역국 **typical** 일반적인, 대표적인 **slice** 얇게 썬 것 **soy sauce** 간장 **grill** 굽다 **barbecue grill** 불판 **a must** 반드시 있어야 하는 것

만능표현 **it must be something like ~** 상대방의 이해를 돕기 위해 예를 들어 설명할 때 매우 유용한 표현

Q4. Cooking is something you become good at slowly with experience. Describe to me one memory you have about when you attempted to cook or fry something, and it did not turn out exactly as you had wanted! Explain the whole story to me from start to finish, and then tell me why it is so unforgettable to you and what you gained from learning how to cook.

요리라는 것은 경험이 쌓이면서 천천히 실력이 좋아지는 것입니다. 당신이 요리나 무엇인가를 튀기려고 시도했는데 바라는 대로 되지 않았던 기억 하나를 묘사해 주세요. 처음부터 끝까지 이야기 전체를 말해주시고, 그것이 왜 인상적이었는지 그리고 요리하는 방법을 배움으로써 무엇을 얻었는지 말해주세요.

요리 종류 - 떡볶이 **처음 만들었던 떡볶이에 대해 이야기를 해야겠네요.** 빨간 매운 고추장에 넣은 길고 둥근 떡 조각입니다.	**I have to tell you about the first 'Tteok-bokki' I made.** It's long round pieces of rice cake in red hot chili sauce.
시기와 배경 **어느 날 오후에 떡볶이가 먹고 싶어서 직접 만들겠다고 생각을 했어요.** 그래서 떡을 고추장에 넣었죠. 한국의 매운 양념이죠.	**One afternoon, I felt like Tteok-bokki and I decided to make it myself.** So I put some rice cake in Gochujang, which is Korean chili paste.
문제점 내용 **그리고는 약간의 면을 넣으면서 완전히 망쳐버렸어요.** 국수가 모든 국물을 빨아들여서 소스가 하나도 남아있지 않았어요!	**Then I messed it up when I put some noodles in it.** The noodles sucked up all the water and there was no sauce left!
문제의 원인, 결과와 소감 **면을 끓는 물에 따로 요리를 했어야 했는데 말이죠.** 그런 다음 그냥 고추장 양념에 '익힌'면을 넣고 섞기만 했어야 했는데요. **무언가를 할 때는 항상 올바른 방법이 있다는 것을 배웠어요.** 만든 것을 모두 버리고 말았죠.	**I should've cooked the noodles separately in boiling water.** After that, mixed the cooked noodles in the chili sauce. I **learned that there's always the right way to do things.** I ended up throwing away everything I made.

*각 단락 여백은 '**나만의 문장**' 추가를 위한 창작공간입니다.

주요어휘 hot chili sauce 매운 고추장양념 feel like ~이 먹고 싶다 paste 풀같이 걸쭉한 것 mess up 망치다

noodles 국수 suck up 빨아들이다 water 국물 separately 따로 boiling water 끓는 물 stir 휘젓다

end up ~하고야 말았다 throw away 버리다

Q5. I enjoy cooking Italian food. Ask me three to four questions so that you can learn more about Italian food.

저는 이태리 요리하는 것을 좋아합니다. 이태리 음식에 대해 좀 더 알아보기 위한 질문 서너 가지를 하세요.

도입 - 질문 예고 **질문 몇 가지를 해도 될까요?** 당신이 즐겨하는 이태리 음식에 대해 알고 싶네요.	**Do you mind if I ask you some questions?** I'd like to learn about the Italian food you enjoy cooking.
즐겨 하는 이태리 음식 종류 **우선, 어떤 종류의 이태리 음식을 주로 만드나요?** 제 말은, 당신이 즐겨 만드는 가장 좋아하는 이태리 음식이 무엇인가요?	**First off, what kind of Italian food do you usually cook?** I mean what's your favorite Italian food you enjoy cooking?
이태리 조리법 배운 방법 **다음은, 이태리 음식 만드는 법을 누가 가르쳐 주었나요?** 혼자서 터득했나요, 아니면 요리 강습을 받았나요?	**Next, who taught you how to cook Italian food?** Did you teach yourself or did you take a cooking class?
요리 비법, 마무리 **마지막 질문인데요, 당신만의 중요한 요리 비법 좀 알려주시겠어요?** 혼자서 이태리 음식 좀 만들어 보려고요. 이것이 전부입니다. **질문에 답변을 해 주겠어요?**	**Here's my last question. Can you give me some important cooking tips of your own?** I might try to make some Italian food myself. OK. I think that's pretty much it. **Can you answer my questions please?**

*각 단락 여백은 '**나만의 문장**' 추가를 위한 창작공간입니다.

주요어휘 take a cooking class 요리 강습을 받다 tips 요령 of one's own 자신만의

만능표현 first off, next, here's my last question 처럼 질문의 순서를 나타내는 표현은 가산점 요소가 된다.

Q6. A friend of yours is having a dinner party and asks that you bring something. Pose three to four questions to this person about what you need to bring.

당신 친구 중 한 명이 저녁 파티를 하는데 무엇인가를 가져오라고 요청을 합니다. 무엇을 갖고 가야 할지에 대해 그 친구에게 서너 가지 질문을 하세요.

도입 – 질문 예고 여보세요, 난데. 파티에 뭐 좀 갖고 오라고? 할 수 있을 것 같아. 하지만 몇 가지 질문이 있어.	Hello. It's me. You want me to bring something for your party? I think I can do that. **But I've got some questions for you.**
인원수 우선, 사람이 몇 명이나 오니? 모든 사람들을 위해서 얼만큼 준비를 해야 하는지 모르거든. 그래서 식료품점에 가기 전에 알아야 하겠어.	**First, how many people will be there?** I don't know how much food I need to prepare for all the people. So I need to know before I go to the grocery store.
파티 필요 물품 – 잔, 식사 도구 두 번째는, 유리잔, 칼, 포크 같은 것들은 충분히 있니? 아니면 그런 것들도 갖고 갈까?	**Secondly, do you have enough glasses, knives and forks and stuff?** Or do I have to bring those things too?
원하는 과일 종류, 마무리 마지막으로 중요한 것은, 어떤 종류의 과일을 사갈까? 딸기가 조금 비싸서 오렌지나 포도가 좋을 것 같네. 지금은 이게 전부야. 내가 무엇을 할지 결정을 해야 하니까 알려줘.	**Last but not least, what kind of fruit should I buy?** Strawberries are a little too expensive so I think some oranges and grapes will be fine. That's it for the moment. **Please let me know so that I can determine what I should do.**

*각 단락 여백은 '**나만의 문장**' 추가를 위한 창작공간입니다.

주요어휘 **grocery store** 식료품점 **last but not least** 마지막으로 중요한 것은 **determine** 결정하다

만능표현 **and stuff, and things like that** 등은 무엇인가를 나열할 때 문장의 끝에 붙여서 '뭐 그런 것들'이란

　　　의미로 사용하는 유용한 표현

Q7. **While putting the food together that you made to bring to the dinner party, you accidentally drop the dish. Contact your friend to leave a detailed message that explains what occurred and provide two or three possible solutions for this particular mishap.**

저녁 파티에 갖고 가기 위해 음식을 만들다가 실수로 접시를 떨어뜨렸습니다. 친구에게 연락을 해서 자세한 메시지를 남겨 어떤 일이 생겼는지 설명하고, 이런 작은 사고를 위한 두세 가지 가능한 해결책을 제시하세요.

문제 발생 알림 안녕, 난데. 미안하지만 안 좋은 소식이 있어. 어떤 일이 있었는지 말해줄게.	Hi, it's me. I'm sorry but I've got some bad news. Let me tell you what's happened.
음식을 떨어뜨림 음식을 떨어뜨려서 바닥에 음식이 천지야. 그래서 파티에서 먹을 음식이 하나도 남지 않았어.	**I dropped the dish and the food is all over the floor.** So, we have no food left to eat at the party.
대안 1 - 배달 음식 제안 하지만 몇 가지 생각이 있어. 음식을 좀 배달시킬 수 있어. 추가 비용이 들겠지만, 그것이 가장 빠른 해결책일거야.	**I've got some ideas though. I can have some food delivered.** It'll cost us some extra money but it'll be the fastest solution.
대안 2 - 대체 요리 제안, 마무리 그것이 좋은 생각이 아니면, 만들기 쉬운 음식을 다시 만들면 어떨까? 햄버거 같은 것을 만들려면 한 시간 정도는 걸릴 것 같아. 거듭 정말 미안해. 좀 더 조심했어야 했는데. **최대한 빨리 연락 좀 줘.**	**If it's not a good idea, how about I cook something easy again now?** It'll take me about an hour to make something like hamburgers. Again, I'm terribly sorry. I should've been more careful. **Please call me back as soon as possible.**

*각 단락 여백은 '나만의 문장' 추가를 위한 창작공간입니다.

주요어휘 **dish** 요리, 음식 **though** 하지만 **have something delivered** 무엇인가를 배달시키다

　　　　extra money 추가비용 **solution** 해결책

만능표현 **I should've been more careful.** 오픽 12번에 출제되는 7번유형에서 내 잘못으로 문제가 발생했을 때

　　　　사용할 수 있는 매우 유용한 표현

Q8. Identify a time when you have been asked to cook for a friend or relative. Discuss one of those experiences. Include the details that made this experience memorable, humorous, or unusual.

친구나 친척을 위해 요리를 부탁 받았던 때를 생각해 보세요. 그런 경험들 중 하나를 얘기해 보세요. 그 경험이 인상적이었거나, 웃겼거나, 아니면 특별하도록 만든 자세한 내용을 언급해 주세요.

시기와 상황, 만든 요리 몇 주전에 가장 친한 친구가 김치볶음밥을 만들어 달라고 했어요. 네플릭스 영화를 보면서 먹으려고 했거든요.	**A couple of weeks ago, my best friend asked me to make him kimchi fried rice.** We were going to watch a Netflix movie while eating it.
친구 위한 요리 만듦 친구가 도착하자마자 신속하게 만들었어요. 그 친구가 너무 배가 고파서 더 이상 기다릴 수 없었거든요.	**I quickly made it as soon as my friend arrived.** He was so hungry that he couldn't wait to eat it any longer.
요리에 대한 문제발생 하지만 한 입 먹더니 친구 얼굴이 이상하게 변했어요. 친구가 뭐가 잘못되었는지 저 보고 먹어보라고 했어요.	**But his face turned funny when he had his first bite.** He told me to have a bite to see what was wrong.
문제원인, 결과와 소감 아, 저런! 제가 소금대신 설탕을 넣었다는 것을 알게 되었죠. 너무 달아서 먹을 수가 없었어요. **결국 프라이드 치킨을 대신 시켜야만 했어요.** 우리는 여전히 그 이야기를 하면서 웃는답니다.	**Oh, no! It turned out that I'd put in sugar instead of salt!** It was too sweet to eat. **We had to order some fried chicken instead in the end.** We still talk about it and laugh about it.

*각 단락 여백은 '나만의 문장' 추가를 위한 창작공간입니다.

주요어휘 **turn funny** 이상하게 변하다 **first bite** 첫 번째로 한 입 **have a bite** 한 입 먹어보다 **turn out** ~으로 판명되다
      in the end 마침내, 결국

만능표현 **It turned out that I'd put** in sugar instead of salt! 과거완료를 사용하면 가산점 요소가 된다.
      turned out 보다 put 이라는 행위가 더 이전이기 때문에 과거완료를 사용하는 것이 좋다.

Unit 16. 독서 Read

*독서는 문제 세트 수가 딱 1 개뿐입니다!

콤보 I	Set 1
유형 1	독서를 즐겨 하는 책의 종류와 작가 묘사
유형 2	독서에 대한 루틴 묘사
유형 3	독서에 관심을 갖게 해준 경험이나 인물 설명

▶ 난이도 3~4 단계: 2 번~7 번까지 두 세트 출제 / 난이도 5~6 단계: 2 번~4 번까지 한 세트만 출제

콤보 II	Set 1
유형 1	독서를 즐겨 하는 책의 종류와 작가 묘사
유형 3	독서에 관심을 갖게 해준 경험이나 인물 설명
유형 4	인상 깊게 읽은 문학작품에 대한 설명

▶ 난이도 3~4 단계: 8 번~10 번까지 한 세트만 출제 / 난이도 5~6 단계: 5 번~10 번까지 두 세트 출제

콤보 III	Set 1
유형 6	도서 구매를 위한 정보요청
유형 7	구입한 서적에 생긴 문제해결
유형 4/8	인상적인 작품을 읽은 경험 설명

▶ 난이도 3~6 단계 모두 반드시 11 번~13 번에 출제 / 13 번에서는 4 번과 8 번유형 주제별로 다름

콤보 IV	Set 1
유형 1	독서를 즐겨 하는 책의 종류와 작가 묘사
유형 5	독서를 즐기는 상대에게 질문하기

▶ 난이도 3~6 단계에서 14~15 번에 출제되고, 5~6 단계에서는 AL 을 결정하는 9 번과 10 번유형 출제

▶ 이 교재에서는 9 번과 10 번유형을 주제마다 다루지 않습니다.

이 두 유형은 AL 을 평가하기 위한 것으로 IH 를 목표로 할 경우 굳이 많은 시간투자를 할 필요가 없기 때문입니다. 대신 부록(421 페이지)편에서 총 20 개의 기출문제와 스크립트를 제공합니다.

Q1. What types of books do you like to read and what authors do you particularly like?

어떤 종류의 책 읽는 것을 좋아하고, 특별히 어떤 작가를 좋아하나요?

도입 제가 즐겨 읽는 책의 종류가 두서너 개 있습니다. 그것들에 대해 약간 얘기해 볼게요.	**There are a couple of types of books I like to read.** Let me tell you a little bit about them.
좋아하는 책 종류 - 탐정소설 우선, 저는 탐정(추리)소설을 좋아합니다. 저의 첫 번째 탐정소설은 아서 코난 도일의 셜록 홈즈입니다.	**To begin with, I like detective stories.** My first detective story was Sherlock Homes by Arthur Conan Doyle.
탐정소설이 좋은 이유 탐정소설은 범인을 끝까지 알 수 없어요. 너무 재미있어서 가끔 먹는 것도 잊어버립니다.	You never know "whodunit" until the end. They are so interesting that sometimes I forget to eat.
좋아하는 책 종류 - 인문학, 마무리 저는 인문학을 다룬 책 읽는 것도 좋아합니다. 돈 보다 중요한 것이 훨씬 많다는 것을 그 책을 통해 배웁니다. 다른 종류의 책들도 좋아하긴 하는데, **이 두 가지가 제가 가장 읽기 좋아하는 책 종류입니다.**	I also enjoy reading books on humanities. I learn a lot from them that there are more important things than money. I like some other types of books but **these two types are the ones I enjoy the most.**

*각 단락 여백은 '나만의 문장' 추가를 위한 창작공간입니다.

주요어휘 **a couple of** 두서너 개의, 몇 개의 **to begin with** (= first) 먼저, 우선 **detective story** 탐정(추리)소설 **Sherlock Homes** 유명 탐정 소설가 코난 도일의 대표작품 **humanities** 인문학(인간의 사상 및 문화를 다루는 학문 영역)

만능표현 **whodunit**은 'Who has done it?'을 발음이 나는 대로 표기한 것으로, 살인자를 다룬 소설, 영화 혹은 연극 등을 일컫는 말로 끝까지 살인자를 알 수 없는 추리물을 통칭하는 구어체 표현. 여기서는 '범인'이란 의미로 사용되었다.

Q2. Discuss your reading habits: With what frequency do you read, when and where do you prefer to read and what do you particularly like about reading?

당신의 독서습관을 말해주세요. 얼마나 자주 읽고, 언제 어디서 독서하는 것을 좋아하며, 독서에 대해 특별히 좋아하는 것이 무엇인가요?

도입 답변하기 쉽지 않은 질문이네요. 이전에 한 번도 생각해 본적이 없어요.	That's not an easy question to answer. I haven't thought about it before.
독서를 하는 빈도 음, 일주일에 적어도 한 번은 읽는다고 생각해요. 핑계인 것을 알지만, 앉아서 책을 읽을 시간 내는 것이 정말 어렵습니다.	Well, I think I read at least once a week. I know it's an excuse but it's really hard to find the time to sit and read.
독서하는 장소 저는 대부분 이동 중에 독서를 합니다. 가끔은 집에서 인터넷으로 독서를 하기도 합니다. 제대로 된 책을 읽는 것은 아니지만, 그래도 안 읽는 것 보다는 낫다는 생각이에요.	I mostly read books on the move. I sometimes read stories on the Internet at home. It's not reading a proper book but it's better than nothing, I guess.
독서의 효과, 소감 독서는 스트레스를 상당히 줄이는데 도움이 됩니다. 독서를 하면 다른 세상에 있는 것 같아요. 물론, 그러려면 좋은 책이어야 합니다. 이전만큼 독서를 안 하고 있어요. 좀 더 읽어야 한다고 생각해요.	Reading helps reduce stress a lot. When I'm reading, I think I'm in a different world. But of course, it has to be a good book for that to happen. I'm not reading so much as before. I think I should read some more.

*각 단락 여백은 '나만의 문장' 추가를 위한 창작공간입니다.

주요어휘 **at least** 적어도 **an excuse** 핑계, 변명 **mostly** 대부분 **on the move** 이동 중에

proper book 제대로 된 책 **reduce stress** 스트레스를 줄이다 **not so(as) much as** ~처럼 많지는 않은

만능표현 **something is better than nothing** '아무것도 안 하는 것 보다는 낫다'라는 의미의 유용한 표현

Q3. **Discuss how you initially became interested in reading. Was there any experience or person that was particularly instrumental in your childhood or teenage years that encouraged you to become the reader you now are today.**

처음 독서에 관심을 갖게 된 계기를 말해주세요. 당신이 지금처럼 독서를 하도록 만들어준 어릴 적 혹은 청소년 때 겪었던 중요한 경험이나 인물이 있었나요?

독서에 대한 부모님의 영향 사실 저는 부모님으로부터 많은 영향을 받았어요. 제 말의 의미는, 부모님들이 여전히 독서를 많이 합니다.	Actually, I was influenced by my parents a lot. I mean, my parents still read a lot.
유년기의 독서 상황 하지만 처음에 어렸을 때는 독서를 정말 좋아하지 않았어요. 다른 아이들처럼 독서보다는 TV 를 더 많이 보았죠.	But I didn't really like reading as a little child at first. I watched TV more than I read books like many other children.
탐정소설을 만남, 소감 그리고 나서 탐정(추리)소설은 셜록 홈즈가 제 삶을 완전히 바꾸어 놓았어요. 어머님이 도서관에서 빌려왔는데, 그에 대한 모든 다른 이야기들에 의해 저는 매료 당했어요.	Then a detective story, Sherlock Homes completely changed my life. My mom borrowed it from the library. And I got fascinated by all the different stories of him.
도서관, 다른 영역으로 확장, 마무리 너무 맘에 들어서 다른 책을 빌리려고 혼자서 도서관에 가기도 했어요. 그때부터 다른 종류의 책으로 영역을 넓히게 되었습니다. 이것에 제가 처음으로 독서를 시작하게 된 계기입니다. 어머니, 감사합니다!	I liked it so much that I went to the library myself for another one. And I expanded into some other types of books from there. That's how I got into reading for the first time. Thank you very much mom.

*각 단락 여백은 '나만의 문장' 추가를 위한 창작공간입니다.

주요어휘 **influence** ~에게 영향을 주다 **completely** 완전히 **borrow** 빌려오다 **get fascinated** 매료되다

　　　　expand into ~으로 확장하다, 영역을 넓히다 **get into something** ~을 시작하게 되다

　　　　for the first time 처음으로

만능표현 I liked it **so** much **that** I went to the library myself for another one. '너무 ~해서 ~하게 되다'라는 문장패턴으로 so 는 원인을, that 은 결과를 나타낸다.

Q4. I would think that there has been some literature that you have found exciting. I wish to know more about one of those pieces of literature, when and how you came to read that novel, poem, etc., what the writing was about, how it made you feel, and of course anything else that you might wish to tell me about.

당신이 흥미롭다고 느낀 문학작품이 있을 것이라고 생각하는데요, 그 작품들 중 하나에 대해 좀 더 알고 싶네요. 언제, 어떻게 그 소설, 시 같은 작품을 읽게 되었고, 무엇에 대한 것이었으며, 어떤 느낌을 받았는지를 포함해서 저에게 해 주고 싶은 내용을 말해주세요.

작품 소개 - 해리포터 JK 롤링의 작품인 해리포터에 대해 이야기를 해야겠어요. 그 책은 정말 대단한 경험이었죠.	I think I have to talk about Harry Potter by J. K. Rowling. That was quite an experience.
한글판과 영문판 물론 한국어판으로 읽었습니다. 영어로 쓰여진 이야기를 이해할 정도로 제가 영어를 잘 했으면 좋겠어요.	I read the Korean version of course. I wish my English was good enough to understand the story written in English.
해리포터 내용 그 책은 마법학교 학생들에게 일어나는 여러 일들에 대한 것입니다. 작가들이 어떻게 그렇게 창의적일 수 있을 까 여전히 궁금합니다.	It was about all the things happening to magic school kids. I still wonder how writers can be so creative like that.
독서 감상평, 소감 그 책은 저를 완전히 다른 세계로 데려다 주었어요. 마치 해리포터와 함께 날아다니고, 이야기하고, 싸우고 마법을 부리는 것처럼 느껴졌죠. 저는 마술 지팡이를 갖고 있는 여러 마법사 중 하나였어요. **이런 책을 곧 찾았으면 좋겠습니다.** 이 책은 가장 위대한 책 중 하나라고 생각해요.	It took me to a whole different world. I felt as if I was with Harry Potter, flying, talking and fighting and doing magic with him. I was one of the magicians with a wand. I hope I find a book like that soon. I think it's one of the greatest books ever.

*각 단락 여백은 '**나만의 문장**' 추가를 위한 창작공간입니다.

주요어휘 **J. K. Rowling** J.K. 롤링 (해리 포터의 작가) **Korean version** 한국어판 **magic school** 마법학교 **wonder**

궁금하다 **creative** 창의적인 **feel as if** 마치 ~인 것 같다 **wand** 마술 지팡이

ever (최상급과 함께) 지금까지

만능표현 **quite an experience** '대단한 경험' quite a(an) something 은 '상당한, 대단한 어떤 것'이란 의미로 특별한

것을 나타낼 때 관용적으로 활용하는 유용한 표현

Q5. In my free time, I enjoy reading books. Pose three to four questions about the authors and books I prefer.

저는 시간이 날 때 독서를 즐깁니다. 제가 좋아하는 작가나 작품에 대해 서너 가지 질문을 해보세요.

도입 - 질문 예고 안녕하세요, 당신이 좋아하는 책과 작자에 대해 좀 더 알고 싶네요. 그것에 대해 몇 가지 질문을 해도 될까요?	Hi, I'd like to learn more about the books and authors you like. Can I ask you some questions about that?
좋아하는 장르 우선, 소설과 논픽션 중 어떤 것을 선호하나요? 가장 즐겨 읽는 종류는 무엇인가요?	First, which do you prefer, fiction or non-fiction? What kind of books do you enjoy reading the most?
좋아하는 작가 다음은, 가장 좋아하는 작가 이름 좀 알려주시겠어요? 어떤 분들이고 어떤 작품을 썼나요?	Next, can you name some of your favorite authors please? Who are they and what did they write?
책을 구입하는 경로, 마무리 마지막으로, 읽을 책을 주로 어떻게 구하나요? 제 말은, 도서관에 가나요, 아니면 서점에 가서 구입을 하나요? 이것이 생각나는 전부에요. 이제 답변을 해 주시겠어요?	Lastly, how do you normally get books to read? I mean, do you go to the library, or do you go to the book store and buy one? That's all I can think of for now. Now, can you answer my questions please?

*각 단락 여백은 '나만의 문장' 추가를 위한 창작공간입니다.

주요어휘 **author** 작가 **fiction** 허구, 소설류 **non-fiction** 전기, 역사, 사건 기록 같은 논픽션 **name** 이름을 말하다

normally 보통, 주로

Q6. You want to acquire the most recent book by your favorite author. Contact the bookstore and pose three to four questions in order to determine more about this particular book.

당신이 가장 좋아하는 작가의 최근 작품을 구입하고 싶습니다. 서점에 연락해서 특정한 책에 대해 좀 더 알아내기 위해 서너 가지 질문을 해보세요.

도입 - 질문 예고 안녕하세요, 노엄 촘스키의 최근 서적에 대해 몇 가지 질문을 해도 될까요? 정보가 좀 필요해서요.	Hi, can I ask some questions about Noam Chomsky's recent book? I'd like some information about it.
최신작 재고 문의 우선, 그 분의 최근 작품이 재고에 있나요? 제목이 무엇이고 몇 페이지 분량인가요?	First of all, do you have his latest book in stock? What's the title of it and how many pages does it have?
책 커버의 종류 그리고 양장본인지 페이퍼백인지 궁금합니다. 아마도 그 분의 마지막 책일 것 같은데요, 그래서 가능한 내구성이 좋았으면 합니다.	And I was wondering if it's in hardcover as well as paperback. I think it's going to be his last book. So, I want it to last as long as possible.
인터넷 구매 가능 여부, 마무리 마지막 질문인데요, 웹 사이트에서도 구입 가능한가요? 지불방식은 어떤 것을 제공하시나요? 지금은 이것이 전부입니다. 이제 제 질문에 답변을 해 주겠어요?	This is my last question. Is it available on your website too? What kind of payment options do you offer? That's all for now. Will you answer all my questions now please?

*각 단락 여백은 '**나만의 문장**' 추가를 위한 창작공간입니다.

주요어휘 Noam Chomsky 노암 촘스키 미국 언어학자, 비판적 지식인 have something in stock 재고가 있다

wonder ~이 궁금하다 last 오래가다 available 구입 가능한 payment option 지불방식 offer 제공하다

만능표현 Hardcover 는 흔히 양장본으로 불리는 서적의 형태인데, 종의 질이 좋고, 표지가 두껍게 되어 있어서

내구성이 좋은 반면, 무겁고 비싼 편. Paperback 은 우리에게는 다소 생소한 개념인데 갱지 같은 값싼

재질로 인쇄를 해서 가격이 저렴하고 가벼워서 휴가가 간편하지만 내구성이 약함. 문고판이라고도 불림

Q7. Once you bring this new book home, you notice that there is a problem with it. Contact the store, cite the problem, and suggest two to three options to resolve it.

새 책을 집으로 갖고 왔는데 문제가 있다는 것을 알게 됩니다. 서점에 연락해서 어떤 문제인지를 설명하고, 해결을 위해 두세 가지 선택사항을 제시하세요.

문제 발생 알림 안녕하세요, 몇 시간 전에 촘스키가 쓴 책을 하나 구매했는데요, 책에 문제가 좀 있습니다. 어떤 문제인지 설명할게요.	Hi, I bought a book by Chomsky a few hours ago but there's something wrong with it. Let me explain what the problem is.
도서 커버 재질 문제 양장본인 줄 알았는데 그것이 아니고 페이퍼백(문고판)이네요. 더 심각한 것은 그 분의 최신판이 아닙니다. 사실 그 분의 첫 번째 책이라는 것도 알아냈어요.	I thought I got a hardcover but it's a paperback instead. What's worse is it's not his latest book. I found out that it's his first book actually.
대안 1 - 원하는 책 배송 요청 하지만 몇 가지 제안을 할게요. 지금 바로 제대로 된 책을 보내주세요. 그리고 주소를 알려주세요. 잘못된 책을 다시 보내게요.	But I've got some suggestions. I'd like you to send me the right one right now. And please let me know what your address is so that I can send the wrong one back.
대안 2 - 교환 대신 할인 요구, 마무리 옵션이 하나 더 있는데요, 할인을 해 준다면 이 책을 그냥 간직할게요. 일종의 보상을 받을 자격이 있다고 생각해요. 그렇죠? 이게 전부에요. 제가 선택할 수 있는 것이 무엇인지 알려주세요.	Here's another option. I'll keep the book if you give me a discount. I think I deserve some kind of compensation. Don't you think? That's it. Please tell me what my options are.

*각 단락 여백은 '나만의 문장' 추가를 위한 창작공간입니다.

주요어휘 hardcover 양장본 paperback 문고판 latest 최신의 find out 알아내다 send something back
~을 돌려보내다 option 선택할 수 있는 것 deserve ~을 받을 자격이 있다 compensation 보상

만능표현 **What's worse is** it's not his latest book. 좀 더 문제가 되는 것을 설명할 때 사용하는 유용한 표현

Q8. Have there been some books that have been especially memorable to you? Select one book and provide more details about it. Discuss when you read it, how you came to be interested in it, what it was about, how you were affected by reading it, and any additional information you would like to provide.

당신에게 특별히 기억에 남는 작품들이 있나요? 한 권을 선택해서 구체적인 내용을 알려주세요. 언제 읽었고, 어떻게 관심을 갖게 되었으며, 무엇에 대한 내용이고, 어떤 영향을 받았는지 그리고 추가로 알려줄 내용까지 말해주세요.

책 선택 - 서유기 '서유기'라는 제목의 책에 대해 말해볼게요. 굉장히 오래된 어린이용 중국 책입니다.	**Let me tell you about a book titled 'Journey to the West'.** It's a very old Chinese book for children.
읽었던 시기 제가 7 살이나 8 살 때 읽었어요. 어릴 때 정말 좋아했던 몇 안 되는 책 중 하나죠.	**I read it when I was about seven or eight.** It was one of the few books I really enjoyed as a kid.
책의 대략적인 내용 이 책은 스님(삼장법사)과 함께 여행을 하는 원숭이(손오공)에 대한 것입니다. 여러 가지 재미있는 일들과 도전들이 여행 중에 벌어집니다.	**It's a story about a monkey travelling with a monk.** A lot of exciting things and challenges happen to them along the way.
감상평, 소감 마치 그들과 함께 여행을 한다는 느낌을 받았죠. 그들이 곤경에 빠질 때 마다 제 손에는 땀이 찼죠. 원숭이(손오공)가 문제를 겪으면서 싸우며 헤쳐 나갈 때 저는 정말 흥분이 되었어요. 책을 읽으면서 느꼈던 전율을 여전히 기억합니다. **그만한 작품이 없고 앞으로도 없을 거예요.**	**I felt as if I was travelling with them. Whenever they were in trouble, my hands were sweating.** Each time the monkey fought his way through the problem, I got so excited. I still remember the thrill I had reading it. **There's nothing like it and never will be.**

*각 단락 여백은 '**나만의 문장**' 추가를 위한 창작공간입니다.

주요어휘 **monk** 스님(여기서는 삼장법사) **challenge** 도전, 어려움 **along the way** 여정 중에 **feel as if** 마치 ~인 것

같다 **be in trouble** 곤경에 빠지다 **sweat** 땀이 나다 **fight one's way** 싸우며 나아가다

thrill 전율, 소름 **nothing like it** 그만한 것이 없다

만능표현 '**Journey to the West**' '서유기'에 대한 원래 영문 제목

Unit 17. 걷기 Walk

*걷기는 문제 세트 수가 2개인데, 롤플레이 콤보 문제만 다르고 나머지는 같습니다!

콤보 I	Set 1
유형 1	걷기를 하는 장소 묘사
유형 2	걷기에 대한 루틴 묘사
유형 3	걷기를 하게 된 계기 설명

▶ 난이도 3~4단계: 2번~7번까지 두 세트 출제 / 난이도 5~6단계: 2번~4번까지 한 세트만 출제

콤보 II	Set 1
유형 1	걷기를 하는 장소 묘사
유형 3	걷기를 하게 된 계기 설명
유형 4	걷기를 하다가 생긴 인상적인 경험 설명

▶ 난이도 3~4단계: 8번~10번까지 한 세트만 출제 / 난이도 5~6단계: 5번~10번까지 두 세트 출제

콤보 III	Set 1	Set 2
유형 6	걷기 하자는 친구에게 정보요청	걷기용 신발 구매를 위한 정보요청
유형 7	걷기를 더 할 수 없는 문제해결	구입한 신발에 생긴 문제해결
유형 4/8	걷기를 하다가 문제가 있었던 경험 설명	불만족스러웠던 물건 구매 경험 설명

▶ 난이도 3~6단계 모두 반드시 11번~13번에 출제 / 13번에서는 4번과 8번유형 주제별로 다름

콤보 IV	Set 1
유형 1	걷기를 하는 장소 묘사
유형 5	상대방이 걷기를 하는 장소에 대해 질문하기

▶ 난이도 3~6단계에서 14~15번에 출제되고, 5~6단계에서는 AL을 결정하는 9번과 10번유형 출제

▶ 이 교재에서는 9번과 10번유형을 주제마다 다루지 않습니다.

이 두 유형은 AL을 평가하기 위한 것으로 IH를 목표로 할 경우 굳이 많은 시간투자를 할 필요가 없기 때문입니다. 대신 부록(421페이지)편에서 총 20개의 기출문제와 스크립트를 제공합니다.

Q1. Describe the locations where you usually take a walk. Explain what the places look like where you walk.

걷기를 주로 하는 장소를 묘사하세요. 당신이 걷는 장소가 어떻게 생겼는지 설명해 주세요.

걷기 하는 장소 저는 주로 아파트 단지 주변을 걷습니다. 주민들을 위한 괜찮은 산책로가 있거든요.	I usually walk around my apartment complex. It's got a nice path for the residents.
걷는 시간대 저녁을 먹고 나서 아래로 내려가서 걷기를 시작합니다. 각각의 아파트 건물이 산책로와 연결되어 있거든요.	I just go downstairs and start walking after dinner. Each apartment building is connected to the walking path.
걷는 장소의 풍경 마치 산에 있는 등산로 같습니다. 산책로를 따라 나무들, 꽃, 바위 그리고 심지어 작은 연못 등이 주변에 많아요.	It's almost like a nice mountain trail. There are a lot of trees, flowers, rocks and even small ponds alongside.
운동기구, 이웃들, 소감 또한 운동기구와 장비들도 있습니다. 그래서 저녁시간에는 많은 사람들이 가족들과 함께 산책을 하거나 운동을 합니다. 걷기를 위해 다른 곳을 가지 않아도 되기 때문에 상당히 편리하다고 생각해요.	Also, we have machines and equipment for exercise too. So, a lot of people take a walk or exercise in the evening with their family. I think it's really convenient because I don't have to go somewhere else to take a walk.

*각 단락 여백은 '나만의 문장' 추가를 위한 창작공간입니다.

주요어휘 **apartment complex** 아파트 단지 **walking path** 산책로 **resident** 주민 **mountain trail** 등산로 **pond** 연못
alongside 옆에 나란히 **take a walk** 산책하다 **convenient** 편리한

Q2. Explain how far you usually walk. How long does it usually take you to go for a walk? Do you walk daily, weekly, etc.? Discuss your walking routine.

주로 얼마나 멀리 걷기를 하나요? 걷기를 하러 나가면 주로 얼마 동안 걷나요? 매일 혹은 일주일에 한 번 정도 걷나요? 걷기에 관련된 일상적인 활동들을 말해보세요.

걷기를 하는 장소	As I mentioned before, I just walk around my neighborhood, I mean, the apartment complex.
언급한 것처럼, 저는 그냥 동네 주변을 걷습니다. 제 말은, 아파트 단지에요.	
걷는 거리	The entire walking course is about three kilometers. It's just a perfect distance for a little walk after dinner.
걷는 전체 거리는 대략 3 킬로미터 정도 됩니다. 저녁을 먹고 가볍게 걷기에는 완벽한 거리지요.	
걷기를 하는 시간	Time-wise, it takes me about 40 minutes to finish. When I think that's not enough, I try one more round.
시간적인 측면에서는, 대략 40 분 정도 걸으면 끝이 납니다. 그것이 충분하지 않다고 생각되면, 한 바퀴를 더 돕니다.	
걷는 빈도, 소감	I think I walk at least twice a week. And I don't usually go walking in the morning. My walking takes place after I finish dinner. I'm so lucky to live in this wonderful place for walking.
일주일에 적어도 두 번은 걷는 것 같아요. 그리고 저는 주로 아침에 걷지 않고, 저녁 식사 후에 걷습니다. 걷기 좋은 장소에 살아서 굉장히 행운이에요.	

*각 단락 여백은 '나만의 문장' 추가를 위한 창작공간입니다.

주요어휘 **my neighborhood** 내가 사는 동네 **entire** 전체 **distance** 거리 **one more round** 한 바퀴 더 **at least** 적어도 **take place** (= happen) 발생하다, 일어나다 **environment** 환경

만능표현 **time-wise** 시간적인 측면에서 어떤 단어에 wise 라는 접미사를 붙이면 '~라는 측면에서, ~에 관하여'라는 의미가 생김. Ex) money-wise 돈에 관해서는

Q3. Explain when you started walking consistently on a regular basis. Why did you start walking?

당신이 규칙적이고 지속적으로 걷기를 시작한 시기를 설명하세요. 왜 걷기를 시작했나요?

걷기를 시작한 시기 저는 20 대 초반에 규칙적으로 걷기를 시작한 것 같아요. 여기에는 몇 가지 이유가 있습니다.	I think I started walking on a regular bases in my early 20s. There are a couple of reasons for that.
학창시절 운동 안 함 솔직히, 십대 때는 운동을 거의 하지 않고 하루 종일 학교에서 앉아만 있었죠. 한국 학생들은 야외활동을 위한 시간이 충분하지 않거든요.	To be honest (with you), **I had to sit all day at school with little exercise as a teenager.** Korean students just don't get enough time for outdoor activities.
건강을 위한 걷기 시작 그래서 건강을 유지하고 살을 빼기 위한 방법을 찾아야만 했어요. 그래서 걷기가 저에게는 가장 좋은 방법이라고 생각했죠.	So, I had to find a way to keep in shape and lose weight. Then I thought walking was perfect for me.
조깅과 비교했을 때 장점, 마무리 저는 조깅대신에 걷기를 택했어요. 좀 더 할만하니까요. 만약 너무 힘들었으면 바로 포기했을 것이에요. 저는 이렇게 걷기를 시작했죠. 사람들이 거의 비슷한 스토리를 갖고 있다고 생각해요.	I chose to walk instead of jogging because it was more doable. If it was too hard, I know I'd give up right away. **That's how I started walking.** I think people have pretty much the same story.

*각 단락 여백은 '**나만의 문장**' 추가를 위한 창작공간입니다.

주요어휘 **on a regular basis** 규칙적으로 **to be honest** 솔직히 **teenager** 십대 **outdoor activities** 야외활동 **lose weight** 살을 빼다 **doable** 할 수 있는 **give up right away** 바로 포기하다 **pretty much the same** 상당히 비슷한

만능표현 **keep (stay) in shape** '체력관리를 잘해서 건강을 유지하다' 라는 의미로 활용되는 유용한 표현. Keep fit 이라는 표현도 같은 의미

Q4. Have you ever had a particularly memorable experience while walking? Where and when did this happen? Who were you with? What happened during this walk? What particular things did you see? Discuss this experience from start to finish.

걷기를 하다가 겪은 특별한 경험이 있나요? 언제 어디서 벌어진 일인가요? 누구와 함께였죠? 무슨 일이 있었나요? 무언가 특별한 것을 보았나요? 이 경험을 처음부터 끝까지 설명해 주세요.

배경 - 이웃들의 강아지 산책 동네주변에서 걷기를 할 때 많은 사람들이 강아지 산책시키는 것을 봅니다.	**I see a lot of people walking their dogs** when I walk **around my neighborhood.**
저녁 식사 후 걷기 하루는, 저녁식사 후에 산책을 하고 있었어요. 늘 그렇듯이 사람들이 자신들의 강아지와 저녁 산택을 즐기고 있었죠.	**One day, I was taking an evening walk after dinner.** People were enjoying their evening walking their dogs as usual.
강아지가 실례 하는 상황 목격 그런데 강아지 한 마리가 제 앞에 멈추더니 똥을 싸는 것이었어요. 동물들이 똥을 싸야 하니까 저는 괜찮다고 생각을 했죠.	**Then a dog stopped in front of me and did a poo.** I thought it was OK because animals need to poo too.
무책임한 견주, 소감 그런데 주인이 아무 조치도 하지 않는 것이었어요. 자신의 강아지가 끝나기를 기다렸다가 그냥 가버리는 것이었어요. 저는 너무 짜증이 나서 주민센터에 신고를 했어요. 사람들이 그 보다는 좀 더 책임감이 있었으면 좋겠어요. 그것 때문에 저의 즐거운 산책이 망쳐버렸어요.	**But the owner didn't do anything about it.** He just waited for the dog to finish and left. **I was so annoyed that I reported it to the community service center. I hope people are more responsible than that.** It just ruined my happy walking hour.

*각 단락 여백은 '**나만의 문장**' 추가를 위한 창작공간입니다.

주요어휘 **walk a dog** 강아지 산택을 시키다 **my neighborhood** 내가 사는 동네 **as usual** 평소처럼 **do a poo**
똥을 싸다 **annoyed** 짜증이 나는 **report it to** ~에 신고하다 **ruin** 망치다, 엉망으로 만들다

만능표현 I was **so** annoyed **that** I reported it to the community service center. so ~ that 구문은 원인과 결과를
한 문장에서 나타낼 수 있는 문장패턴이다.

Q5. Ask me 4 questions about the specific locations where I enjoy walking.

제가 걷기를 하는 특정한 장소에 대해 네 가지 질문을 하세요.

도입 - 질문 예고 당신도 역시 걷기를 즐기는군요. 좋습니다. 당신이 걷기를 하는 장소에 대해 몇 가지 질문이 있어요.	You enjoy walking too. Good for you. **Well, I've got some questions about your walking places.**
걷기를 하는 장소 **우선, 주로 어디에서 걷기를 하나요?** 걷기를 하는 특별한 장소가 있나요?	**First off, where do you usually walk?** Do you have a particular place for walking?
걷는 장소로의 이동 수단 **두 번째로, 그곳에 어떻게 가나요?** 당신이 사는 곳과 가깝나요, 아니면 운전을 해서 가야 하나요?	**Second, how do you get there?** Is it close to where you live or do you have to drive to get there?
걷는 장소 풍경, 마무리 **마지막으로, 그 장소는 어떻게 생겼나요?** 걷기를 하는 다른 장소와 어떻게 다른가요? 이게 전부네요. **이제 제 질문에 답변을 할** **준비가 되었나요?**	**Lastly, what's the place like?** How is it different from many other walking places? That's it. **Now, are you ready to answer my questions please?**

*각 단락 여백은 '**나만의 문장**' 추가를 위한 창작공간입니다.

주요어휘 **good for you** 잘 되었네요 **a particular place** 특별한 장소 **be different from** ~과는 다른

만능표현 **good for you** '잘 되었네, 잘한다, 축하해, 됐어' 등등 격려나 축하 혹은 강한 동의를 할 때 사용하는

　　　　구어체 표현

Q6. Your friend tells you he or she is going walking. He or she asks you to come walking, too. Make several inquiries to learn more about the walk.

당신 친구가 걷기를 하러 간다고 합니다. 친구가 당신에게 함께 가자고 하는데, 걷기에 대해 몇 가지 질문을 하세요.

도입 - 질문 예고 정말 좋은 생각이야. 가기 전에 몇 가지 물어볼 것이 있어.	That's a great idea. **I've got some questions to ask** before we go for a walk.
걷기를 할 장소 우선, 어디로 갈 거야? 지난 번에 갔던 공원은 사람이 좀 너무 많더라. 같은 장소로 갈 거야?	**First of all, where do you want to go?** The park we went to last time was a little too crowded. Are we going to the same place?
걷기를 하는 시간과 저녁 약속 그리고, 몇 시에 갈 거야? 그날 저녁에 가족을 위해 저녁을 해준다고 약속했거든. 그러니까 이른 오후가 나한테는 좋을 것 같아.	**And, what time are we going?** I promised to make dinner for my family that evening so early afternoon would be good for me.
동행인, 마무리 마지막으로 중요한 것은, 또 누가 우리랑 같이 가니? 몇 명 더 오면 더 좋을 것 같은데. 사람이 많을수록 더 재미있잖아. 어떻게 생각해? 질문에 답변 주겠니?	**Last but not least, who else is coming with us?** A couple more people might be a good idea. The more the merrier, you know. **What do you think? Will you answer my questions?**

*각 단락 여백은 '나만의 문장' 추가를 위한 창작공간입니다.

주요어휘 **a little too** 좀 너무, 약간 너무 **crowded** 붐비다 **last but not least** 마지막이라도 중요한 것은

만능표현 **the more the merrier** 사람이 많을수록 더 재미있다는 유용한 구어체 표현으로 상대가 나를 초대한

상황에서 공통적으로 활용할 수 있다.

Q7. As you are walking, your friend tells you he/she wants to walk further, but you cannot. Tell your friend why you are unable to walk more. Give him/her some suggestions as to what you can do next.

걷기를 하는데 친구가 더 걷고 싶다고 이야기를 합니다. 하지만 당신은 그럴 수가 없습니다. 친구에게 더 이상을 걸을 수 없는 이유를 설명하고, 당신이 하고자 하는 것에 대해 몇 가지 제안을 해 보세요.

문제 발생 알림 너무 미안한데 더 이상을 걷기를 할 수 없을 것 같아. 지금 벌써 4시거든.	**I'm so sorry I don't think I can walk any more.** It's already four now.
더 이상 걷기를 못하는 이유 가능한 빨리 집에 가야 해. 가족들 저녁 식사를 해 주기로 약속했거든. 그래서 지금 기다리고 있어.	**I need to get home as soon as possible.** I promised to cook dinner for my family and they're waiting.
대안 1 – 다음 주 다시 걷기 제안 하지만 몇 가지 생각이 있어. 다음 주말에 걷기를 하는 것은 어때? 나는 아무런 계획이 없거든. 그 때는 네가 원하는 거리만큼 걸을 수 있어.	**But I've got some ideas. Why don't we go walking next weekend?** I don't have any plans. I'll walk as far as you want then.
대안 1 – 10분 추가로 걷기 제안 아니면, 그냥 추가로 10분 정도를 더 걸을 수 있어. 많은 시간이 걸리지는 않으니까 저녁 식사에 늦지 않을 거야. **자아, 어떻게 생각해?** 지금 생각나는 것은 이게 전부야.	**Or, I can walk for just another 10 minutes.** That won't take much time so I won't be late for dinner. **Well then, what do you say?** That's all I can think of for now.

*각 단락 여백은 '**나만의 문장**' 추가를 위한 창작공간입니다.

주요어휘 **plans** 계획, 하려고 하는 일 **as far as** ~만큼 멀리 **another** 별도의, 추가의

만능표현 I don't have any **plans.** 미래의 계획을 말할 때 plan 이 아닌 plans 처럼 복수로 나타내는 것이 더 자연스럽다.

Q8. Do you remember a time when you were out for a walk and something occurred that made you turn around or change your course? I'd like to hear about a walk like this. Tell me all about it, from start to finish. Who were you with? Where were you, and when was the walk? Why did you need to change your route or reverse your walk?

걷기를 하러 나갔는데 일이 생겨서 돌아왔거나 경로를 변경해야 했던 적이 기억나세요? 이런 걷기 경험을 듣고 싶어요. 처음부터 끝까지 설명을 해 주세요. 누구와 동행했나요? 언제 어디서 걸었죠? 왜 경로를 바꾸었거나, 다시 되돌아 왔나요?

장소, 동행인 없음, 시기 하루는, 혼자서 동네 주변을 걷고 있었어요. 저녁 식사 후에 그저 일상적인 걷기였어요.	**One day, I was walking around my neighborhood alone.** It was just a usual evening walk after dinner.
새로운 걷기 코스 발견 그리고는 이전에 한 번도 간 적이 없는 새로운 길 하나를 발견했죠. 그래서 새로운 경험을 하기 위해 **코스를 변경했어요.**	**Then I accidently found a new path I'd never tried before. So, I changed my course** to try the whole new adventure.
새로운 코스에 대한 인상 **주로 갔었던 코스보다 훨씬 더 좋았어요.** 처음부터 끝까지 나무로 된 계단도 있고, 정원과 가족들을 위한 공터도 있더라고요.	**It was way better than the walking course I usually took.** There were wooden steps, gardens and open areas for families from start to finish.
부모님께도 추천, 소감 부모님께 한 번 가보시라고 권유했더니 좋다고 하셨어요. 나중에 들은 이야기인데, 구청에서 지역 주민을 위해 만들었다고 하더라고요. **오래된 것과 새로 만든 걷기 코스가 있어서 좋아요.** 그런 장소가 있다는 것이 행운이라고 생각해요.	**I asked my parents to give it a try and they liked it too.** I heard later that the local government built it for the people in the neighborhood. **I'm happy with the old and new walking courses.** I think I'm lucky to have places like that.

*각 단락 여백은 **'나만의 문장'** 추가를 위한 창작공간입니다.

주요어휘 **my neighborhood** 내가 사는 동네 **usual** 일상적인 **accidently** 우연히 **adventure** 모험, 경험 **wooden steps** 나무로 된 계단 **open area** 공터 **local government** 구청, 시청

만능표현 **give it a try / give it a go / give it a shot** 모두 '한 번 해 보다' 란 의미로 사용되는 구어체 표현

Q6. You decide to buy some shoes for walking. You make a telephone call to a shop that sells sport shoes. Ask several questions, so that you can learn whether they have the sort of shoes you need.

걷기용 신발을 구입하려고 합니다. 운동화를 판매하는 상점에 전화를 해서 당신이 필요한 신발이 있는지를 알기 위해 몇 가지 질문을 하세요.

도입 - 질문 예고 여보세요, 걷기용 신발 한 켤레를 구입하려고 합니다. 그래서 몇 가지 질문이 있어요.	Hi, I'm going to buy a pair of walking shoes. And I've got some questions for you.
전용 운동화 재고 여부 먼저, 걷기용으로 특별히 제작된 신발이 있나요? 걷기용으로는 어떤 재료가 좋나요? 매일 30분 정도 걷거든요.	First, are there any specially made shoes for walking? What kind of materials are good for walking? I just walk for about 30 minutes every day.
신발 사이즈 다음 질문은, 저에게 알맞은 크기는 어떻게 될까요? 꽉 끼는 신발을 선호하거든요. 잘못된 생각일까요?	My next question is, what size is good for me? I prefer my shoes to be a tight fit. Am I wrong?
매장 위치, 마무리 마지막으로, 상점이 어디에 있는지 말해주겠어요? 직접 그곳에 가서 추천해 주는 신발들을 신어봐야겠네요. 이것이 전부입니다. 모든 질문에 대해 답변해 주시겠어요?	Lastly, can you tell me where the shop is located? I should go there and try on the shoes that you recommend. That's it. Can you answer all my questions please?

*각 단락 여백은 '나만의 문장' 추가를 위한 창작공간입니다.

주요어휘 **a pair of** ~의 한 켤레 **specially made** 특별히 제작된 **material** 재료 **a tight fit** 딱 맞거나 꽉 끼는 옷이나 신발 **try on** ~이 맞거나 어울리는지 신어보다 **recommend** 추천하다

Q7. **When you go for a walk with your new shoes, you are dissatisfied. Bring the shoes back to the shop, and tell the salesperson what has happened. Provide several options for fixing the problem.**

새로 산 신발을 신고 걷기를 하려고 하는데 맘에 들지 않습니다. 상점에 신발을 갖고 가서 상점 직원에게 상황을 설명하고 문제해결을 위해 몇 가지 옵션을 제시하세요.

문제 발생 알림 안녕하세요, 이곳에서 구입한 신발에 대해 말씀 드릴 것이 있어서 왔습니다. 몇 가지 문제가 있네요.	**Hi, I'm here to tell you about the shoes I bought here.** There are some problems with them.
사이즈 오류와 신발끈 보세요, 신발이 너무 작은데 신발끈은 너무 길어요. 신발을 신었더니 너무 불편합니다. 신발끈 끝 부분을 자꾸 밟아서 넘어지거든요.	**Look, the shoes are too small and the shoelaces are too long. I feel so uncomfortable in them** and I often step on the end of the shoelace and fall over.
대안 1 - 환불요구 몇 가지 제안을 할게요. 전액 환불을 해 주세요. 긴 신발끈 때문에 생긴 부상에 대한 배상은 요구하지 않을게요.	**Here are my suggestions. Please just give me a full refund.** I won't tell you to pay for the injury I got because of the long shoelaces.
대안 2 - 새 제품으로 교환 요구 그것이 불가능하다면, 새 것으로 교환을 해 주세요. 더 짧은 신발끈이 있는 것으로요. 꽉 끼는 신발을 좋아한다고 했지, 작은 것을 원한다고 하지 않았어요. 이것을 신고 걸을 수가 없네요. 이게 전부에요. 제가 선택할 수 있는 것이 무엇인지 말해주세요.	**If that's impossible, I'd like you to change them to new ones** with shorter shoelaces now. I said I like my shoes tight, not small. **I can't walk in them. That's it. Tell me what my options are.**

*각 단락 여백은 '나만의 문장' 추가를 위한 창작공간입니다.

주요어휘 **shoelaces** 신발끈 **uncomfortable** 불편한 **fall over** 넘어지다 **a full refund** 전액 환불 **injury** 부상

option 선택할 수 있는 것

만능표현 **tell me what my options are** 문제해결을 위해 대안을 제시한 후 맨 마지막 부분에서 활용할 수 있는

유용한 표현

Q8. I'd like to hear about a time when you needed to return a product with which you were unsatisfied. Please describe for me that experience, with as much detail as possible. What did you purchase? Why were you not happy with the item? What did you do to satisfactorily resolve the problem?

만족스럽지 않은 제품을 반납했었던 경험에 대해 듣고 싶습니다. 이 경험을 최대한 구체적으로 제게 말해주세요. 무엇을 구매했나요? 그 제품에 대해 어떤 점이 불만이었나요? 문제를 만족스럽게 해결하기 위해 어떻게 했나요?

시기, 구입한 물건, 느낌 작년에 조깅용 신발 한 켤레를 구입했어요. 비쌌지만 굉장히 맘에 들었죠.	Last year, I bought a pair of jogging shoes. They were expensive but I liked them so much.
공원에서의 조깅 하루는, 공원에서 조깅을 하고 있었어요. 이전 것 보다 훨씬 더 좋아서 신발을 잘 사용하고 있었거든요.	One day, I was jogging around the park. I was enjoying the shoes because they were so much better than the old ones.
신발 밑창 떨어짐 그런데 신발 한 짝에서 고무로 된 밑창이 떨어졌어요. 한 달 정도만 신었는데 말이죠. 밑창이 없는 신발로 걷는 것이 정말 불편했어요.	Then one of the rubber soles came off the bottom of the shoe. I'd been wearing them for only a month. It was so uncomfortable walking on a shoe without a sole.
매장에서 교환, 소감 신발을 상점에 갖고 가서 불만을 얘기했어요. 그들은 새 것으로 교환을 해 주었죠. 밑창이 없는 신발을 보자마자요. **훌륭한 고객 서비스였어요.** 그 이후로 그 상점에 단골손님이 되었죠.	I took them back to the shop and complained. **They changed them to new ones** as soon as they saw the shoe without a sole. **It was wonderful customer service.** I've become a regular at that shop ever since.

*각 단락 여백은 **'나만의 문장'** 추가를 위한 창작공간입니다.

주요어휘 **rubber sole** 고무로 된 신발 밑창 **come off** 떨어져 나가다 **bottom** 바닥 **wear** (여기서는) 신발을 신다

regular 단골 손님 (= regular customer)

Unit 18. 조깅 Jog

*조깅은 문제 세트 수가 딱 1 개뿐입니다!

콤보 I	Set 1
유형 1	조깅을 주로 하는 장소 묘사
유형 2	조깅에 대한 루틴 묘사
유형 3	조깅을 하게 된 계기와 스타일 변화에 대한 설명

▶ 난이도 3~4 단계: 2 번~7 번까지 두 세트 출제 / 난이도 5~6 단계: 2 번~4 번까지 한 세트만 출제

콤보 II	Set 1
유형 1	조깅을 주로 하는 장소 묘사
유형 3	조깅을 하게 된 계기와 스타일 변화에 대한 설명
유형 4	조깅을 하다가 생긴 인상적인 경험 설명

▶ 난이도 3~4 단계: 8 번~10 번까지 한 세트만 출제 / 난이도 5~6 단계: 5 번~10 번까지 두 세트 출제

콤보 III	Set 1
유형 6	조깅을 하자는 친구에게 정보요청
유형 7	친구와 조깅을 할 수 없는 문제해결
유형 4/8	조깅을 하다가 생긴 인상적인 경험 설명

▶ 난이도 3~6 단계 모두 반드시 11 번~13 번에 출제 / 13 번에서는 4 번과 8 번유형 주제별로 다름

콤보 IV	Set 1
유형 1	조깅을 주로 하는 장소 묘사
유형 5	상대방의 조깅 장소에 대해 질문하기

▶ 난이도 3~6 단계에서 14~15 번에 출제되고, 5~6 단계에서는 AL 을 결정하는 9 번과 10 번유형 출제

▶ 이 교재에서는 9 번과 10 번유형을 주제마다 다루지 않습니다.

이 두 유형은 AL 을 평가하기 위한 것으로 IH 를 목표로 할 경우 굳이 많은 시간투자를 할 필요가 없기 때문입니다. 대신 부록(421 페이지)편에서 총 20 개의 기출문제와 스크립트를 제공합니다.

Q1. Where do you normally jog? Where do you go jogging and what does this area look like? Provide several details.

주로 어디서 조깅을 하나요? 어디로 조깅을 하러 가고 그 곳은 어떻게 생겼습니까? 여러 세부내용을 말해주세요.

조깅 장소 저는 주로 아파트 단지 주변에서 조깅을 합니다. 주민들을 위한 괜찮은 조깅코스가 있거든요.	**I usually jog around my apartment complex.** It's got a nice jogging course for the residents.
조깅 빈도, 거주지 주변 조깅 코스 원할 때마다 아래로 내려가서 조깅을 시작합니다. 각각의 아파트 건물이 조깅코스와 연결되어 있거든요.	**I just go downstairs and start jogging whenever I want.** Each apartment building is connected to the jogging path.
조깅 코스 풍경 마치 산에 있는 등산로 같습니다. 조깅코스를 따라 나무들, 꽃, 바위 그리고 심지어 작은 연못 등이 주변에 많아요.	**It's almost like a nice mountain trail.** There are a lot of trees, flowers, rocks and even small ponds alongside.
조깅 코스에 대한 소감 길을 따라서 오르막길과 내리막길이 있고 굽어진 곳도 있어요. 그래서 시작부터 끝까지 재미있습니다. 조깅을 위해 다른 곳을 가지 않아도 되기 때문에 **상당히 편리하다고 생각해요.**	**There are also uphill, downhill sections and bends along the way.** So it's interesting from beginning to end. **I think it's really convenient** because I don't have to go somewhere else for a jog.

*각 단락 여백은 **'나만의 문장'** 추가를 위한 창작공간입니다.

주요어휘 apartment complex 아파트 단지 jogging course 조깅코스 resident 주민 mountain trail 등산로 pond 연못
alongside 옆에 나란히 uphill 오르막길 downhill 내리막길 section 지역, 장소 bend 굽어진 길
convenient 편리한

Q2. Discuss the things you do when jogging--what steps do you take in preparation, do you jog alone or with others, what do you do while jogging (listen to music, etc.)?

조깅을 할 때 하는 것들을 말해보세요. 준비를 위한 절차는 무엇이고, 혼자서 조깅을 하나요, 아니면 누군가와 함께 하나요, 음악을 듣는 것처럼 조깅을 할 때 어떤 활동을 하나요?

도입 **조깅을 하는데 별로 할 것은 없어요.** 하지만 물론 즐거운 조깅을 위해서는 챙길 것이 조금 있습니다.	**It doesn't take a lot to jog really.** But of course there are some things you need for an enjoyable jog.
조깅할 때 복장 **우선, 티셔츠나 반바지 같은 편안한 옷을 착용합니다.** 많은 사람들이 값비싼 상하의를 입고 조깅하는 것을 보는데 저는 그렇지 않아요.	**First, I wear comfortable clothes like a T-shirt and a pair of shorts.** I see a lot of people jogging in expensive tops and bottoms but that's not me.
조깅할 때 동행하는 사람 **가끔은 부모님이 원할 때 함께 조깅을 합니다.** 하지만 따라 오는 것을 힘들어하셔서 저는 주로 혼자서 조깅을 합니다.	**Sometimes, I jog with my parents if they feel like it.** But they find it too hard to catch up. So, I usually jog alone.
조깅과 음악, 소감 저는 조깅을 할 때마다 음악을 듣습니다. 최소 30분 정도 걸리기 때문에 음악을 들으면 덜 지루하거든요. **건강을 유지하는 데는 조깅이 참 좋은 방법인 것 같아요.** 쉽고 조깅을 위해 뭔가를 사지 않아도 되니까요.	**While I'm jogging, I always listen to music.** It takes at least half an hour so listening to music makes it less boring. **I think jogging is a very good way to keep fit.** It's easy and you don't have to buy anything for it.

*각 단락 여백은 '나만의 문장' 추가를 위한 창작공간입니다.

주요어휘 **take a lot** 할 것이 많다 **enjoyable** 즐거운 **shorts** 반바지 **tops and bottoms** 상하의 **feel like it** ~을 하고 싶은 생각이 들다 **catch up** 따라오다 **boring** 지루한 **keep fit** 건강을 유지하다

Q3. When did you initially become interested in jogging? Did someone or something in particular get you interested in jogging? Is there anything that you need to do in preparation to start jogging? Explain how your jogging style has changed or developed through the years.

언제 처음으로 조깅에 관심을 갖게 되었나요? 특별한 사람이나 사건이 관심을 갖게 했나요? 조깅을 시작하기 위해 준비할 것이 있나요? 당신의 조깅 스타일이 세월이 흐르면서 어떻게 변했는지 혹은 발전했는지 설명해 보세요.

조깅을 시작한 시기 저는 20대 초반에 규칙적으로 조깅을 시작한 것 같아요. 여기에는 몇 가지 이유가 있습니다.	I think I started jogging on a regular bases in my early 20s. There are a couple of reasons for that.
조깅 이유 - 건강을 위한 운동 모색 솔직히, 십대 때는 야외활동을 할 시간이 충분하지 않았어요. 그래서 건강을 유지하고 살을 빼기 위한 방법을 찾아야만 했어요.	To be honest (with you), **I didn't have enough time for outdoor activities as a teenager.** So, I had to find a way to keep in shape and lose weight.
부모님의 권유 부모님이 저에게 매일 조깅을 하라고 했죠. 그런 이유로 그렇게 조깅을 시작했어요. 저녁을 먹고 조깅을 하러 나가기 시작했어요.	And my parents told me to jog every day. That's why and how I started jogging. I started going out for a jog after dinner.
체중 감량 효과, 마무리 그리고 살이 많이 빠졌고 지금은 이전처럼 조깅을 하지는 않아요. 일주일에 두 번 조깅을 해요. 너무 바쁘기도 하고요. **이것이 저의 조깅이야기입니다.** 사람들이 거의 비슷한 스토리를 갖고 있다고 생각해요.	Then I lost quite a lot of weight so I don't jog as much as before. I jog twice a week and I'm too busy as well. **That's the story of my jogging life.** I think people have pretty much the same story.

*각 단락 여백은 '나만의 문장' 추가를 위한 창작공간입니다.

주요어휘 **on a regular basis** 규칙적으로 **to be honest** 솔직히 **teenager** 십대 **outdoor activities** 야외활동
keep in shape 건강을 유지하다 **lose weight** 살을 빼다 **as much as before** 이전만큼
pretty much the same 상당히 비슷한

만능표현 I lost **quite a lot of** weight. 'quite a lot of'는 '많은, 상당한 수나 양'을 나타낼 때 원어민들이 사용하는 유용한 덩어리 표현.

Q4. Tell me about one experience you had jogging that stands out in your mind--maybe a time when something funny or unexpected happened, or simply a very enjoyable or recent experience. First give me some background about when and where this took place, and then tell me what happened to make the experience so memorable or enjoyable for you.

조깅을 하는 동안 겪었던 특별한 경험 하나를 말해주세요. 웃기거나 예상치 못한 일이 발생했을 수도 있고, 아니면 단순히 매우 즐거웠던지 아니면 그냥 최근 경험을 말해주세요. 언제 어디서 발생한 일인지 등과 같은 배경설명과 당신에게 그 경험이 인상적인 혹은 재미있는 이유가 무엇인지 설명하세요.

배경 설명 - 이웃들의 강아지 산책 동네주변에서 조깅을 할 때 많은 사람들이 강아지 산책시키는 것을 봅니다.	I see a lot of people walking their dogs when I jog around my neighborhood.
조깅을 한 시기와 주변 모습 하루는, 저녁식사 후에 조깅을 하고 있었어요. 늘 그렇듯이 사람들이 자신들의 강아지와 저녁 산책을 즐기고 있었죠.	One day, I was jogging in the evening after dinner. People were enjoying their evening walking their dogs as usual.
강아지가 실례하는 장면 목격 그런데 강아지 한 마리가 제 앞에 멈추더니 똥을 싸는 것이었어요. 동물들이 똥을 싸야 하니까 저는 그냥 지나갔죠.	Then a dog stopped in front of me and did a poo. I just moved on. Animals need to poo too.
이를 방관하는 견주, 소감 그런데 주인이 아무 조치도 하지 않는 것이었어요. 자신의 강아지가 끝나기를 기다렸다가 그냥 가버리는 것이었어요. 저는 너무 짜증이 나서 주민센터에 신고를 했어요. 사람들이 그 보다는 좀 더 책임감이 있었으면 좋겠어요. 그것 때문에 저의 즐거운 조깅이 망쳐버렸어요.	But the owner didn't do anything about it. He just waited for the dog to finish and left. I was so annoyed that I reported it to the community service center. I hope people are more responsible than that. It just ruined my happy jogging hour.

*각 단락 여백은 '나만의 문장' 추가를 위한 창작공간입니다.

주요어휘 **walk a dog** 강아지 산택을 시키다 **as usual** 평소처럼 **do a poo** 똥을 싸다 **move on** 이동하다

annoyed 짜증이 나는 **report it to** ~에 신고하다 **ruin** 망치다, 엉망으로 만들다

Q5. **I personally go jogging every morning. Inquire about the places where I go to jog by asking three to four additional questions.**

저는 매일 아침 조깅을 합니다. 서너 가지 질문을 통해 제가 조깅을 하는 장소에 대한 질문을 하세요.

도입 - 질문 예고 알았어요, 당신도 역시 조깅을 즐기는군요. 당신이 조깅을 하는 장소에 대해 몇 가지 질문이 있어요.	Right, you enjoy jogging too. **Well, I've got some questions about your jogging places.**
조깅 장소 우선, 주로 어디에서 조깅을 하나요? 조깅을 하는 특별한 장소가 있나요?	**First off, where do you usually jog?** Do you have a particular place for jogging?
조깅 장소 모습 **두 번째로, 그 장소는 어떻게 생겼나요?** 다른 조깅 장소와 어떻게 다른가요?	**Second, what's the place like?** How is it different from many other jogging places?
조깅 할 때 하는 활동, 마무리 마지막으로, 조깅을 하면서 무엇을 하나요? 저는 개인적으로 조깅을 좀 더 즐겁게 하려고 음악을 듣습니다. 이게 전부네요. **이제 제 질문에 답변을 할 준비가 되었나요?**	**Lastly, what do you do while jogging?** Personally, I listen to music to make it a more enjoyable jogging experience. That's pretty much it. **Now, are you ready to answer my questions please?**

*각 단락 여백은 '**나만의 문장**' 추가를 위한 창작공간입니다.

주요어휘 **a particular place** 특별한 장소 **be different from** ~과는 다른 **personally** 개인적인 의견을 말하자면 **enjoyable** 즐거운

만능표현 **what's the place like?** 그 장소가 어떻게 생겼나요? 한국인들이 많이 틀리는 문장으로 what 대신에 how 를 쓰는 경우가 많지만, 사물을 묘사할 때는 how 가 아닌 what 을 반드시 사용해야 한다.

Q6. A friend has asked you to go for a jog. Ask your friend three to four questions about these plans.

친구 한 명이 함께 조깅을 하자고 요청했습니다. 그 계획에 대한 서너 가지 질문을 친구에게 해 보세요.

도입 - 질문 예고 정말 좋은 생각이야. 가기 전에 몇 가지 물어볼 것이 있어.	That's a great idea. **I've got some questions to ask** before I join you.
조깅하러 갈 장소 우선, 어디로 갈 거야? 지난 번에 갔던 공원은 사람이 너무 많더라. 조깅을 거의 할 수 없었잖아. 사람들 사이로 걸어갈 수 밖에 없었지.	**First of all, where do you want to go? There were too many people at the park last time.** We could hardly jog. We just had to walk our way through the crowd.
조깅하러 갈 시간 그리고, 몇 시에 갈 거야? 그날 저녁에 가족을 위해 저녁을 해준다고 약속했거든. 그러니까 이른 오후가 나한테는 좋을 것 같아.	**And, what time are we going?** I promised to make dinner for my family that evening. So early afternoon would be good for me.
동행인, 마무리 마지막으로 중요한 것은, 또 누가 우리랑 같이 가니? 몇 명 더 오면 더 좋을 것 같은데. 사람이 많을수록 더 재미있잖아. 어떻게 생각해? 질문에 답변 주겠니?	**Last but not least, who else is coming with us? A couple more people might be a good idea.** The more the merrier, you know. **What do you think? Will you answer my questions?**

*각 단락 여백은 '**나만의 문장**' 추가를 위한 창작공간입니다.

주요어휘 **could hardly** 거의 ~할 수가 없었다, ~하기 무척 어려웠다 **walk our way through** ~을 뚫고 간신히

　　　　걸어나가다 **last but not least** 마지막이라도 중요한 것은

만능표현 **the more the merrier** 사람이 많을수록 더 재미있다는 유용헌 구어체 표현으로 상대가 나를 초대한

　　　　상황에서 공통적으로 활용할 수 있다.

Q7. Unfortunately, you just found out that you will be unable to join your friend as planned. Contact your friend and explain why you will not be able to join him / her. Finally, offer two to three options to solve this issue.

안타깝게도 계획했던 친구와의 조깅에 참여를 할 수 없다는 사실을 알게 되었습니다. 친구에게 연락을 해서 함께 갈 수 없게 된 이유를 설명하고, 마무리로 문제 해결을 위한 두세 가지 대안을 제시하세요.

문제 발생 알림 **안녕, 난데. 이 말 정말 하기 싫지만 너하고 조깅을 못하게 되었어. 일이 좀 생겼거든.**	Hi, it's me. I hate to say this but I can't come for a jog with you. Things have just come up.
갑작스런 병원 방문 **사실은, 친구가 있는 병원에 가봐야 해. 집에 오는 길에 교통사고를 당했대. 걱정이 되거든.**	Actually, I have to visit a friend of mine at the hospital. He's had a car accident on his way home. **I'm worried about him.**
대안 1 - 조깅 연기 **그래서, 몇 가지 제안을 하려고. 다음 주말에 조깅을 하는 것은 어떨까? 아무런 계획이 없거든. 그때는 네가 원하는 만큼 조깅을 할 수 있어.**	Now, I've got some suggestions. How about we go jogging next weekend? I don't have any plans. I can jog as long as you want then.
대안 2 - 다른 사람과 조깅, 마무리 **아니면, 정호한테 전화를 해서 나 대신 너하고 함께 가라고 부탁할게. 그 친구는 진짜 조깅 잘하니까 너희 둘이 즐거운 시간을 보낼 수 있을 거야. 어떻게 생각해? 지금 생각나는 것은 그 정도야.**	Or, I can call Jeongho and ask him to join you instead. He's a real jogger so you two will have a great time. **Well then, what do you say?** That's all I can think of for now.

*각 단락 여백은 '나만의 문장' 추가를 위한 창작공간입니다.

주요어휘 **hate** 끔찍하게 싫다 **come up** ~이 생기다 **on one's way home** 집에 오는 길에 **think of** ~을 생각해 내다

만능표현 I can't **come** for a jog with you '상대방과 같은 방향으로 가다'라는 의미를 나타낼 때는 go 대신 come 을 사용한다.

Q8. Is there a particular jogging experience that stands out? Perhaps it was something unusual, enjoyable, or humorous. When and where did this experience take place and what made it particularly memorable?

특별한 조깅 경험이 있나요? 특별했거나, 즐거웠거나 아니면 웃겼던 것일 수 있습니다. 언제 어디서 벌어진 일이고, 어떤 점이 특히 인상적이었나요?

배경 설명 - 이웃들의 강아지 산책 동네주변에서 조깅을 할 때 많은 사람들이 강아지 산책시키는 것을 봅니다.	**I see a lot of people walking their dogs** when I jog **around my neighborhood.**
조깅을 한 시기와 주변 모습 하루는, 저녁식사 후에 조깅을 하고 있었어요. 늘 그렇듯이 사람들이 자신들의 강아지와 저녁 산책을 즐기고 있었죠.	**One day, I was jogging in the evening after dinner.** People were enjoying their evening walking their dogs as usual.
강아지가 실례하는 장면 목격 그런데 강아지 한 마리가 제 앞에 멈추더니 똥을 싸는 것이었어요. 동물들이 똥을 싸야 하니까 저는 그냥 지나갔죠.	**Then a dog stopped in front of me and did a poo.** I just moved on. Animals need to poo too.
이를 방관하는 견주, 소감 그런데 주인이 아무 조치도 하지 않는 것이었어요. 자신의 강아지가 끝나기를 기다렸다가 그냥 가버리는 것이었어요. 저는 너무 짜증이 나서 주민센터에 신고를 했어요. **사람들이 그 보다는 좀 더 책임감이 있었으면 좋겠어요.** 그것 때문에 저의 즐거운 조깅이 망쳐버렸어요.	**But the owner didn't do anything about it.** He just waited for the dog to finish and left. I was so annoyed that I reported it to the community service center. **I hope people are more responsible than that.** It just ruined my happy jogging hour.

*각 단락 여백은 '나만의 문장' 추가를 위한 창작공간입니다.

주요어휘 **walk a dog** 강아지 산책을 시키다 **my neighborhood** 내가 사는 동네 **as usual** 평소처럼 **do a poo** 똥을 싸다 **move on** 이동하다 **annoyed** 짜증이 나는 **report it to** ~에 신고하다 **ruin** 망치다, 엉망으로 만들다

Unit 19. 헬스 Go to the Health Club

*헬스는 문제 세트 수가 딱 1 개뿐입니다!

콤보 I	Set 1
유형 1	헬스를 하는 장소 묘사
유형 2	헬스장에서의 루틴 묘사
유형 3	헬스에 관심을 갖게 된 계기 설명

▶ 난이도 3~4 단계: 2 번~7 번까지 두 세트 출제 / 난이도 5~6 단계: 2 번~4 번까지 한 세트만 출제

콤보 II	Set 1
유형 1	헬스를 하는 장소 묘사
유형 3	헬스에 관심을 갖게 된 계기 설명
유형 4	헬스클럽에서 생긴 인상적인 경험 설명

▶ 난이도 3~4 단계: 8 번~10 번까지 한 세트만 출제 / 난이도 5~6 단계: 5 번~10 번까지 두 세트 출제

콤보 III	Set 1
유형 6	새로 생긴 헬스클럽에 연락해서 정보요청
유형 7	헬스클럽에 갈 수 없는 문제해결
유형 4/8	친구와의 계획을 수정했던 경험 설명

▶ 난이도 3~6 단계 모두 반드시 11 번~13 번에 출제 / 13 번에서는 4 번과 8 번유형 주제별로 다름

콤보 IV	Set 1
유형 1	헬스를 하는 장소 묘사
유형 5	헬스클럽에 다니는 상대에게 질문하기

▶ 난이도 3~6 단계에서 14~15 번에 출제되고, 5~6 단계에서는 AL 을 결정하는 9 번과 10 번유형 출제

▶ 이 교재에서는 9 번과 10 번유형을 주제마다 다루지 않습니다.

이 두 유형은 AL 을 평가하기 위한 것으로 IH 를 목표로 할 경우 굳이 많은 시간투자를 할 필요가 없기 때문입니다. 대신 부록(421 페이지)편에서 총 20 개의 기출문제와 스크립트를 제공합니다.

Q1. In detail, discuss what your gym or health club is like. Where is the facility located? What does it look like? What types of things does the club have to offer its patrons?

당신이 가는 체육관이나 헬스 클럽이 어떻게 생겼는지 구체적으로 말해 보세요. 그 시설의 위치는 어디인가요? 어떻게 생겼죠? 그 클럽에서는 고객들에게 어떤 것들을 제공하나요?

헬스클럽 위치와 규모 저는 동네에 있는 중간크기의 체육관에 다녀요. 여러 상점들과 사무실이 있는 건물 안에 있어요. 제일 꼭대기 층에 있어요.	**I go to a medium-sized gym in my neighborhood.** It's in a building with a lot of shops and offices in it. It's on the top floor.
헬스클럽 모습 이 체육관은 대부분의 체육관들과 비슷하게 생겼다고 할 수 있어요. 맨 꼭대기 층에 있어서 전망이 아주 좋기 때문에 운동을 하는 동안 지루하지 않아요	**I'd say that the gym looks like most gyms do.** Because it's on the top floor, the views are so great that I don't get bored while working out.
헬스클럽 시설 필요한 것들이 다 있어요. (바벨이나 덤벨 같은) 프리 웨이트, 런닝머신, 자전거 등등 말이죠. 심지어 에어로빅을 할 수 있는 공간도 있습니다.	**It has everything I need: free weights, running machines, cycles and so on.** It even has an area for people to do aerobics.
비용과 소감 회비를 일 년에 한 번 내요. 월 회원제도 있는데, 연간 회비가 훨씬 저렴합니다. 다른 체육관도 가봤지만 이곳에서 운동하는 것이 상당히 즐겁다고 할 수 있겠네요.	**I pay for membership once a year.** They also offer monthly membership but annual membership is much cheaper. I've tried a couple of other gyms but **I must say that I enjoy working out there quite a bit.**

*각 단락 여백은 '나만의 문장' 추가를 위한 창작공간입니다.

주요어휘 medium-sized 중간 크기의 in my neighborhood 우리 동네에 있는 views 전망 get bored 지루해지는 work out 운동하다 free weights 다른 장치에 연결되어 있지 않아서 자유롭게 들었다 놓았다 할 수 있는 운동 기구의 총칭 open area 탁 트인 공간 offer 제공하다 quite a bit 상당히

만능표현 I must say 자신의 의견을 강조할 때 사용하는 유용한 표현

Q2. **Discuss your usual routine when you go to the gym or health club. What do you typically do when you go there, when do you go, how do you prepare before and once you get there?**

당신이 체육관이나 헬스 클럽에서 규칙적으로 하는 것들에 대해 말해 보세요. 그곳에 가면 보통 어떤 것들을 하나요, 언제 가고, 그곳에 가기 전과 그곳에 도착을 해서 각각 어떻게 준비를 하나요?

도입	**There are a few things I do when I go to the gym.** Let me tell you what they are.
체육관에 가면 하는 것들이 몇 가지 있어요. 그것들이 무엇인지 말해볼게요.	
준비물 - 수건	**I make sure I bring enough towels before I leave home.** I really sweat a lot while I'm there so I need at least two or three towels.
집에서 출발하기 전에 반드시 수건을 충분히 갖고 가요. 그곳에서 운동하는 동안 땀을 많이 흘려서 최소 2~3 장의 수건이 필요하거든요.	
운동복으로 환복, 런닝머신	**The first thing I do at the gym is get changed.** There, I change into comfortable clothes. **What I do next is run on a treadmill for about 20 minutes.**
체육관에서 제일 먼저 하는 것은 옷을 갈아입는 것입니다. 그곳에서 편안한 옷을 갈아입습니다. 다음으로 하는 것은 런닝머신에서 20 분 정도 뛰는 것이에요.	
나머지 운동, 샤워, 마무리	**And then I lift weights after some simple workouts.** I take a quick shower after all that, pack my bag and head for home. **That's pretty much my gym routine.** It's not very difficult but it is not so easy to do it every day.
그리고 나서는 몇몇 가벼운 운동을 하고 나서 역기를 드는 운동을 해요. 간단한 샤워를 하고, 가방을 챙겨서 집으로 옵니다. **그 정도가 체육관에서 항상 반복하는 루틴이에요.** 굉장히 어렵지는 않지만 매일 그렇게 하는 것이 쉽지도 않네요.	

*각 단락 여백은 '**나만의 문장**' 추가를 위한 창작공간입니다.

주요어휘 **sweat** 땀을 흘리다 **get changed** 옷을 갈아입다 **run on a treadmill** 런닝머신 위에서 뛰다 **lift weights** 역기를 들다 **head for** ~를 향해가다

만능표현 **make sure S V** '반드시 ~하다'

Q3. What sparked your interest in working out and going to health clubs? Reflect upon and discuss in detail your first experience when attending a health club.

운동과 헬스 클럽 가는 것에 대해 당신의 관심을 유발시킨 것은 무엇인가요? 처음으로 헬스 클럽에 갔던 기억을 떠올리고 그것에 대해 구체적으로 설명을 해 보세요.

헬스를 하는 친구들과 해변 방문 **운동을 좋아하는 친구 몇 명이 있어요.** 함께 바닷가에 가기 전까지는 그 친구들 몸이 어떤지 몰랐죠.	**I have a couple of friends who love working out.** I didn't know what their bodies were like until we went to the beach together.
친구들 근육으로 자극 받음 **친구들 근육을 봤을 때 운동을 해야겠다고 마음먹었어요.** 친구들의 멋진 몸을 본 이후에는 진지한 체육관 애용자가 되었죠.	**When I saw all their muscles, I decided to work out.** I've been a serious gym lover since I got surprised by their beautiful bodies.
헬스클럽 첫 날 풍경 **체육관에서 첫 날에는 제일 가벼운 역기를 간신히 들 수 있었어요.** 너무 창피해서 그날로 바로 그만둘 뻔했죠.	**On my first day at the gym, I could barely lift the lightest barbell.** I was so embarrassed that I almost decided to quit right away.
꾸준함과 발전, 소감 하지만 포기하지 않았어요. **천천히 하지만 꾸준하게, 체육관에서의 모든 것들에 익숙해졌어요.** 역기 드는 것도 즐긴다는 것을 알게 되었어요. 뭐랄까, 일종의 습관이 만들어졌죠. **지금 저의 모습이 보기 좋아요.** 친구들처럼은 아니지만요.	**But I didn't give up. Slowly but steadily, I got used to everything at the gym.** I also discovered that I enjoyed lifting weights. It sort of became a habit. **I'm happy with how I look now** though I don't look anywhere as good as my friends.

*각 단락 여백은 '나만의 문장' 추가를 위한 창작공간입니다.

주요어휘 **work out** 운동을 하다 **muscles** 근육 **barely** 간신히, 가까스로 **embarrassed** 창피한 **steadily** 꾸준하게 **get used to** ~에 익숙해지다 **discover** 알아내다

만능표현 **sort of** (= sort of like) '뭐랄까' 라는 의미로 순간 적절한 말이 생각나지 않을 때 사용하는 유용한 필러

Q4. Please describe to me an experience you had when you went to a health club or to a gym that you remember quite well. This might be a very recent or exciting experience, or perhaps it was when something surprising or interesting happened. Explain the whole experience to me from start to finish.

헬스 클럽이나 체육관을 다닐 때 일어 났던 상당히 잘 기억나는 경험 하나를 제게 설명해 주세요. 최근에 일어났던 것이거나, 재미있는 경험, 혹은 아니면 놀랍거나 흥미로운 일이 일어났던 경험일 수 있겠네요. 그 경험에 대해 제게 처음부터 끝까지 설명해 주세요.

도입 아주 재미있는 이야기 하나가 있어요. 사실은 아주 창피한 경험이에요.	I've got a very funny story to tell you. Actually, it's such an embarrassing experience.
벤치 프레스, 무게 추가 하루는, 벤치 프레스를 하고 있었어요. 왠지 자신감이 생겨서 평소보다 역기를 추가했어요.	**One day, I was doing the bench press.** For some reason, I felt confident and added a little more weight than usual.
무게를 감당하지 못함 간신히 두 번 들었는데, 팔에 힘이 빠지기 시작했죠. 세 번째 들어올리려 했지만 할 수 없었어요.	I managed to lift the bar twice. But my arms started to get tired. I tried to lift the bar a third time, but I couldn't.
주변인 도움으로 문제해결, 소감 갑자기 손잡이를 놓쳤고 역기가 가슴 위로 떨어졌어요. 하지만 치울 수가 없었죠. 다행히도 누군가 저를 보고 달려와서 역기를 들어주었어요. 너무 창피해서 죽고 싶었죠. 좀 더 조심했어야 했는데.	Suddenly, I lost my grip and the bar fell down onto my chest. But I just couldn't get rid of it. Fortunately, someone saw me and came running over and picked up the bar. **I was so embarrassed that I wanted to die.** I should've been more careful.

*각 단락 여백은 **'나만의 문장'** 추가를 위한 창작공간입니다.

주요어휘 bench press 벤치 같은데 누워서 역기를 들어올리는 운동 for some reason 왠지 confident 자신 있는
add 추가하다 weight 역기 manage 간신히 ~하다 get tired 힘이 빠지다 grip 손잡이 chest 가슴
get rid of 치우다, 제거하다

만능표현 I should've been more careful 좀 더 조심했어야 했다는 의미로 뭔가 부주의했던 경험을 설명할 때
유용한 표현

Q5. I go to a really fun gym. Please ask me three questions about my gym to find out if you would like to go to my gym as well.

저는 정말 재미있는 체육관에 다닙니다. 당신도 제가 다니는 체육관에 다니고 싶은지 알아내기 위해 제가 다니는 체육관에 대한 세 가지 질문을 제게 하세요.

도입 - 질문 예고 즐겁게 체육관에 다니는군요. 잘 되었네요! **당신의 체육관에 대해 몇 가지 정보를 알고 싶어요.**	You go to a fun gym. Good for you! **Well, I'd like some information about your gym.**
헬스클럽의 장점 **우선, 무엇이 당신 체육관을 즐겁게 만드나요?** 당신이 다니는 곳이 굉장히 유명하고 장사가 잘 되나 봐요.	**First of all, what makes your gym so much fun?** The gym you go to must be very popular and successful.
주로 하는 운동 종류 **다음 질문은, 어떤 종류의 운동을 주로 이용하나요?** 당신 몸에는 어떤 변화가 생겼나요?	**Next question. What kind of workout do you usually do?** What changes have been made to your body?
지루함을 더는 방법, 마무리 **마지막으로, 체육관에서 운동할 때 어떻게 좀 더 즐겁게 하나요?** 저 같은 경우에는 지루함을 덜기 위해 주로 음악을 들어요. 이게 전부에요. **제 질문을 답변해 주겠어요?** 당신이 다니는 체육관과 그곳에서의 시간을 어떻게 보내는지 알고 싶네요.	**Lastly, how do you make your gym experience more enjoyable?** For me, I usually listen to music so I don't get bored. That's it. **Can you answer my questions please?** I'd love to find out about your gym and your time there.

*각 단락 여백은 '나만의 문장' 추가를 위한 창작공간입니다.

주요어휘 successful 장사가 잘 되는 **workout** 운동 **enjoyable** 즐거운 **get bored** 지루한 **find out** ~을 알아내다

만능표현 **good for you** 잘 되었네요 라는 의미로 상대방을 격려 혹은 응원하는 의미로 사용하는 유용한 표현

Q6. You are interested in joining a new gym or health club that has recently opened in the area. Contact the manager in order to ask three to four questions that will allow you to become more familiar with this gym or health club.

최근에 동네에 새로 생긴 체육관이나 헬스 클럽에서 운동을 하는 것에 관심이 있습니다. 이 체육관이나 헬스 클럽에 대해 좀 더 알 수 있도록 매니저에게 연락해서 서너 가지 질문을 해 보세요.

도입 - 질문 예고	Hi. I'm calling to get some information about your gym. Can I ask you some questions?
안녕하세요, 체육관에 대한 정보가 좀 필요해서 전화를 했어요. 질문 몇 가지를 해도 될까요?	
운동기구 종류	To begin with, **what kind of equipment do you have at your gym?** Do you have all the weights, treadmills, bikes and things like that?
우선, **어떤 종류의 장비들이 있나요?** 모든 종류의 역기와 런닝머신 그리고 자전거 같은 것들이 있나요?	
헬스클럽 운영시간	Also, **what are the opening hours?** I like to work out very early in the morning or late at night. Will that be possible for me to do?
그리고, 운영시간은 어떻게 되나요? 저는 이른 아침이나 늦은 저녁에 운동하는 것을 좋아하거든요. 그렇게 하는 것이 가능할까요?	
회원제 종류, 마무리	Lastly, **what kind of membership plans do you offer?** Are there any special offers? Could you tell me about them in detail, please? Well, that'll be it for now. **Can you answer my questions please?**
마지막으로, 어떤 종류의 회원제를 제공하나요? 특별 상품도 있나요? 자세하게 알려주시겠어요? 지금은 이것이 전부에요. 질문에 답변을 해 주시겠어요?	

*각 단락 여백은 '**나만의 문장**' 추가를 위한 창작공간입니다.

주요어휘 **to begin with** 우선 **equipment** 장비 **weight** 역기 **membership plan** 회원제 **special offer** 특가 상품 **in detail** 구체적으로

만능표현 **membership plans** 라고 할 때 plan 은 '계획'이란 의미 보다는 '방식, 제도, 종류' 등으로 이해해야 한다.

Q7. **You made an appointment with a friend in order to visit a new gym or health club this afternoon. However, you realized that you will be unable to go there with your friend today. Leave a voicemail message for him/her in order to explain the situation and propose two to three possible alternatives so that you can reschedule this appointment.**

오늘 오후에 새로 생긴 체육관이나 헬스 클럽을 방문하기 위해 친구와 약속을 했습니다. 그러나 오늘 친구와 그 곳에 갈 수 없다는 것을 알게 되었습니다. 상황을 설명하기 위해 음성 메시지를 남기고, 약속일정을 다시 잡기 위해 서너 가지 가능한 대안을 제시하세요.

문제 발생 알림 안녕, 난데. 미안하지만 체육관에 대해 할 말이 있어.	**Hi, it's me. I'm so sorry but I've got something to tell you about the gym.**
문제 내용 - 일정 겹침 오늘 체육관에 함께 갈 수 없을 것 같아. 취소를 해야만 해. 오늘 저녁에 다른 곳에 가야 하거든. 정말 미안해.	**I can't come with you to the gym today.** I'm going to have to cancel on you. **I have to be somewhere else this evening.** I'm terribly sorry.
대안 1 - 다른 사람과 방문 제안 하지만 몇 가지 생각이 있어. 민수와 함께 가는 것은 어때? 그리고 나한테 생각이 어떤지 말해 줄 수 있잖아. 민수도 역시 체육관에 관심이 있었거든.	**But I've got some ideas. Why don't you go to the gym with Minsu?** Then, you guys can tell me what you think. Minsu was interested in the gym too.
대안 2 - 방문 시기 연기제안, 마무리 아니면, 주말에 가는 것은 어때? 광고를 보니까 주말에도 문을 연다고 하더라고. 주말에는 아무데도 안가. 시간 날 때 다시 전화해서 어떤 것이 좋은지 말해 줘. 안녕.	**Or, how about going there on the weekend?** I saw their ad and they are open on weekends too. I'm not going anywhere for the weekend. **Call me back and tell me which one you prefer. Bye.**

*각 단락 여백은 '나만의 문장' 추가를 위한 창작공간입니다.

주요어휘 cancel on someone 누군가와의 약속을 취소하다 **terribly** 정말로 **ad** (= advertisement) 광고 **prefer** 선호하다, 더 좋아하다

만능표현 **I'm so sorry but I've got something to tell you about ~.** 7 번유형에서 상대방과의 약속을 지키지 못할 때 답변 시작 문장으로 유용한 표현

Q8. Have you ever needed to adjust plans that you had with a friend for some reason? What were you initially planning to do, and what were the reasons why you needed to change these plans? Discuss this situation in detail and describe what the outcome was in the end.

어떤 이유로든 친구와 했던 계획을 수정한 적이 있나요? 처음에는 어떤 것을 하려는 계획이었나요, 그리고 그 계획을 변경했던 이유는 무엇이었나요? 이 상황을 구체적으로 언급하고, 최종 결과가 무엇이었는지 말해 보세요.

살이 찐 친구 소개 한 번은 친구 한 명이 운동을 하고 싶다고 말을 했어요. 그 친구가 약간 살이 쪄서 체중 감량을 항상 원했거든요.	**A friend of mine once told me he wanted to work out.** He was a little too fat and he always wanted to lose weight.
그 친구에게 헬스클럽 추천 제가 다니는 체육관을 추천했는데 좋아하더라고요. 운동을 시작할 준비가 되었죠.	**I recommended the gym I was going to and he liked my idea.** He was ready to start his first day.
코로나로 인한 체육관 폐쇄 그러더니 코로나 때문에 체육관이 폐쇄되었어요. 심지어 그 친구가 등록을 하기도 전에 말이죠. 그 친구가 정말 실망을 했는데, 저에게 한 가지 묘안이 있었어요.	**Then gyms had to shut down because of COVID-19** even before he signed up. He was really disappointed and I came up with an idea.
대신 가정용 운동기구 구매, 소감 대신 운동 기구 하나를 장만해서 집에서 운동을 하라고 말했어요. 그래서 적합한 기구를 고르기 위해 상점에 같이 갔어요. 월간 회원권을 구입할 필요가 없어서 그 친구는 지금 좋아합니다. 저도 마찬가지이고요.	**I told him to get an exercise machine instead and work out at home.** So we went to the shop together to choose the right machine. **He's now happy without having to buy monthly membership.** I'm happy for him too.

*각 단락 여백은 '**나만의 문장**' 추가를 위한 창작공간입니다.

주요어휘 work out 운동하다 lose weight 체중을 감량하다 shut down 문을 닫다 sign up 등록하다 come up with ~을 생각해내다 monthly membership 월간 회원권

만능표현 come up with something '해답을 찾아내다' 라는 의미로 사용하는 유용한 표현

Unit 20. 국내여행 Take Vacation Domestically

*국내여행은 롤플레이 7번유형만 2세트이고, 나머지는 모두 1세트입니다!

콤보 I	Set 1
유형 1	즐겨가는 여행지와 좋아하는 이유 묘사
유형 2	여행을 준비하는 절차 묘사
유형 3	어렸을 때 갔던 여행 경험 설명

▶ 난이도 3~4단계: 2번~7번까지 두 세트 출제 / 난이도 5~6단계: 2번~4번까지 한 세트만 출제

콤보 II	Set 1
유형 1	즐겨가는 여행지와 좋아하는 이유 묘사
유형 3	어렸을 때 갔던 여행 경험 설명
유형 4	인상적인 여행 경험 설명

▶ 난이도 3~4단계: 8번~10번까지 한 세트만 출제 / 난이도 5~6단계: 5번~10번까지 두 세트 출제

콤보 III	Set 1	Set 2
유형 6	여행사에 연락해서 국내여행에 필요한 정보요청	
유형 7	환불 안 되는 티켓에 대한 문제해결	원하는 날 여행을 할 수 없는 문제해결
유형 4/8	휴가 계획을 세우다가 어려움이 있었던 경험 설명	

▶ 난이도 3~6단계 모두 반드시 11번~13번에 출제 / 13번에서는 4번과 8번유형 주제별로 다름

콤보 IV	Set 1
유형 1	즐겨가는 여행지와 좋아하는 이유 묘사
유형 5	미국여행을 좋아하는 상대에게 질문하기

▶ 난이도 3~6단계에서 14~15번에 출제되고, 5~6단계에서는 AL을 결정하는 9번과 10번유형 출제

▶ 이 교재에서는 9번과 10번유형을 주제마다 다루지 않습니다.

이 두 유형은 AL을 평가하기 위한 것으로 IH를 목표로 할 경우 굳이 많은 시간투자를 할 필요가 없기 때문입니다. 대신 부록(421페이지)편에서 총 20개의 기출문제와 스크립트를 제공합니다.

Q1. Discuss a few of the places you enjoy traveling to and the reasons why you like going there.

당신이 여행을 즐기는 몇몇 장소와 그곳을 좋아하는 이유들을 말해주세요.

즐겨가는 여행지 - 해변 **동해안을 가장 자주 간다고 생각해요.** 여름 휴가 목적지로 제가 가장 좋아하는 곳입니다.	**I think I go to the east coast most often.** It's my favorite summer vacation destination.
해변과 좋은 점 **해안선을 따라 아름다운 해변이 정말 많아요.** 일출을 보기 위해 가기도 합니다. 정말 아름답거든요.	**There are so many beautiful beaches along the coastline.** I go there to watch the sunrise too. It's stunning.
즐겨가는 여행지 - 산 **가는 도중에 멋진 산도 많아요.** 그래서 무엇보다도, 산과 바다를 동시에 즐길 수 있습니다.	**There are beautiful mountains along the way.** So basically, you can enjoy the sea and the mountains at the same time.
겨울철 여행지 - 스키장, 마무리 **반면에 겨울에는, 종종 스키 리조트를 갑니다.** 사계절이 있어서 우리는 행운인 것 같아요. 왜냐하면 할 것들이 많으니까요. 분명 다른 장소들이 있기는 하겠지만 지금 제가 생각할 수 있는 것이 이것이 전부네요.	**In the winter,** on the other hand, **I often go to the ski resort.** I think we're lucky to have four seasons because we can have different things to do. There must be some other places but **that's all I can think of for now.**

*각 단락 여백은 **'나만의 문장'** 추가를 위한 창작공간입니다.

주요어휘 **east coast** 동해안 **destination** 목적지 **coastline** 해안선 **sunrise** 일출 **stunning** 정말 아름다운
   along the way 도중에 **on the other hand** 반면에 **think of** ~을 생각해내다
만능표현 **basically** 원어민들이 가장 자주 사용하는 필러(filler) 중 하나로, '기본적으로'란 의미 이외에 '무엇보다도'
   라는 강조의 의미를 담고 있음. 자신의 생각이나 의견을 말할 때 중요한 것을 말할 때 사용한다.

Q2. **Explain some of the steps that you take in preparation for a trip.**

여행을 준비하는 몇 가지 절차들을 설명하세요.

도입 **여행갈 때 하는 것들이 몇 가지 있어요. 설명해 볼게요.**	There are a few things when I go on a trip. I'll explain to you.
여행 같이 갈 동행인 물색 **우선, 친구들에 전화를 해서 함께 갈 것인지를 묻습니다. 보통은, 네다섯 명이 가장 좋아요.**	First, I call my friends to see if they want to join me. Usually, a group of four or five is the best.
여행 장소 선정 **두 번째는, 갈 곳을 몇 군데 생각한 다음 한 곳을 정합니다. 우리가 아직 한 번도 들어본 적이 없는 장소들이 많다는 사실이 놀라워요.**	Second, we think of a couple of places to visit and choose one. It's surprising there are so many places we still haven't heard of.
숙박장소 물색, 마무리 **마지막으로는, 숙소를 찾습니다. 일반적으로는 이틀이나 삼일 정도 숙박을 하고 모든 비용은 나누어서 냅니다. 이것들이 제가 여행을 준비할 때 주로 하는 것들이에요. 그리고 출발해서 즐거운 시간을 보냅니다.**	Finally, we look for a place to stay. Normally we spend two to three nights there and split all the costs. **That's what I typically do when we prepare for a trip.** Then we go and enjoy ourselves.

*각 단락 여백은 '**나만의 문장**' 추가를 위한 창작공간입니다.

주요어휘 **go on a trip** 여행가다 **think of** ~을 생각해내다 **normally** 보통은

split the cost 비용을 분담하다 **typically** 보통, 일반적으로

만능표현 **to see if S V** '~인지 알아보다' 라는 의미로 자주 사용하는 패턴으로 see 자리에 ask 도 가능

Q3. Reflect upon some of the trips that you went on during your younger years. Explain where you went, who went on the trips with you, and the things that you saw while on the trip.

어렸을 때 당신이 갔던 여행들을 떠올려 보세요. 당신이 어디를 갔고, 누구와 함께였으며, 여행 중에 당신이 봤던 것들을 설명해 주세요.

여행 시기, 동행인, 장소 한 번은 어렸을 때 가족이 주말을 이용해서 설악산에 갔어요. 우리나라 동쪽에 있는 가장 높은 산들 중 하나입니다.	My family once went to Seoraksan on the weekend when I was young. That's one of the highest mountains in the east part of the country.
가는 길 교통체증 토요일이어서 가는 길에는 차들이 엄청 많았어요. 마치 나라 전체가 주말을 이용해서 도시를 빠져나가고 싶은 것 같았죠.	There was too much traffic on the way because it was Saturday. Maybe the whole country wanted to get out of the city for the weekend, you know.
도착 시간 해는 지고 결국 저는 차에서 잠이 들었어요. 우리가 도착을 했을 때 늦은 저녁이었죠.	The sun went down and eventually I fell asleep in the car. When we arrived, it was late in the evening.
여행 생각나는 것 - 교통체증, 마무리 아버지가 그곳까지 8시간을 운전했어요. 8시간이요! 믿기세요? 보통은 3시간 정도 걸리거든요. 그 당시에는 오로지 자동차만 본 것 같아요. 다른 것은 기억에 없네요. 끔찍한 여행이었죠.	My dad drove for eight hours to get there. Eight hours! Can you believe that? It usually takes about three hours! I think I only saw cars back then. I don't remember anything else. It was a terrible trip.

*각 단락 여백은 '나만의 문장' 추가를 위한 창작공간입니다.

주요어휘 **traffic** 도로 위 차량들 **on the way** 가는 도중에 **get out of the city** 도시를 벗어나다

eventually 결국에는 **fall asleep** 잠들다 **back then** 당시에는

Q4. Traveling to different places can lead to different kinds of interesting, comical and surprising experiences. Please describe to me one travel experience that you had which was rather memorable. Begin by explaining to me when this happened, where you were, and who accompanied you. Next tell me about the things that occurred which made that experience so memorable.

여러 다른 장소로의 여행은 흥미롭거나, 웃긴 그리고 놀라운 여러 경험들로 이어집니다. 상당히 인상적이었던 여행 하나를 제게 설명해 주세요. 언제, 어디서, 누구와 동행했는지에 대한 설명으로 시작해서, 그 경험이 매우 인상적이었던 이유를 말해주세요.

여행 시기, 동행인, 장소 **몇 년 전에 친구들과 해변에 갔어요.** 여름휴가 차 갔죠.	**A few years ago, I went to the beach with a few friends of mine.** We were there for our summer vacation.
날씨, 썬탠 **선택을 하기에 완벽한 날이었어요.** 건강해 보이기 때문에 피부 태우는 것을 좋아합니다.	**The weather was perfect for me to get a tan.** I like my skin tanned because it looks so healthy.
오랜 시간 동안 썬텐 **그래서 모래 위에 한 시간가량 누워있었어요.** 친구가 저녁 먹자고 깨울 때는 잠을 자고 있었어요.	**So, I spent about an hour lying on the sand.** I was asleep when a friend of mine woke me up for dinner.
지나친 썬텐으로 화상 입음, 소감 **그리고 나서 심한 화상을 입었다는 것을 알게 되었어요.** 썬 크림 바르는 것을 깜빡 했지 뭐예요. 얼마나 멍청한지! 남은 휴가 기간 동안 호텔 방에만 있었어요. **가장 끔찍한 휴가였어요!**	**Then I realized I had a serious sunburn.** I'd forgotten to put on sunscreen. How stupid! I spent the rest of my vacation in the hotel room. **It was the worst vacation ever!**

*각 단락 여백은 '**나만의 문장**' 추가를 위한 창작공간입니다.

주요어휘 **get a tan** 선탠을 하다 **tanned** 피부가 햇볕에 그을린 **asleep** 잠을 자고 있는

sunburn 햇볕으로 입은 화상 **sunscreen** 자외선 차단제 **stupid** 바보 같은, 멍청한

Q5. **I like to travel around my own country as well. Please ask me three questions about why I like travelling in America so much.**

저도 저의 나라 국내여행을 좋아합니다. 제가 미국여행을 왜 이렇게 좋아하는지에 대해 세 가지 질문을 하세요.

도입 - 질문 예고 당신의 미국여행에 대한 몇 가지 질문을 할게요. 알고 싶은 것이 몇 가지가 있어요.	**Let me ask you some questions about your travelling in America.** There are some things I'd like to know.
여행을 위한 교통수단 첫 번째 질문은, 어떻게 여행을 하나요? 제 말은, 직접 운전을 하나요, 아니면 비행기를 타나요? 여행할 때 어떤 종류의 교통수단을 선호하나요?	**My first question is, how do you travel? I mean, do you drive yourself or fly?** What type of transportation do you prefer when going on a trip?
여행 갔던 장소, 지역 정보 두 번째는, 지금까지 갔었던 지역에 대해 말해주세요. 그 지역에 대한 정보는 어떻게 얻었나요?	**Secondly, tell me about the places you have visited so far.** How did you get the information about those places?
기억에 남는 여행, 마무리 마지막으로, 가장 인상적인 경험은 무엇인가요? 좋은 경험인가요, 아니면 나쁜 것인가요? 좋은 경험이기를 바랍니다. 이것이 전부에요. 자 이제 제 질문에 답변을 해 주세요.	**Lastly, what is the most memorable experience you've had?** Is it a good experience or bad? I hope it's a good one. OK, that's pretty much it. **Please go ahead and answer my questions.**

*각 단락 여백은 '**나만의 문장**' 추가를 위한 창작공간입니다.

주요어휘 **fly** 비행기를 타다 **transportation** 교통수단 **prefer** 선호하다 **go on a trip** 여행을 가다 **so far** 지금까지

만능표현 **go head** '자 이제 당신 차례에요' 대화를 할 때 상대방에게 허락을 하는 의미로 사용하는 유용한 표현

Q6. You hope to go on a trip within your own country. Contact the travel agent and ask three to four questions in order to gather the information that you need.

당신이 국내여행을 희망하고 있습니다. 여행사에 연락을 해서 필요한 정보를 얻기 위한 서너 가지 질문을 하세요.

도입 - 질문 예고 여보세요. 몇 가지 질문이 있어서 전화를 드렸습니다. 다음 주에 대구에서 열리는 꽃 축제에 갈 계획입니다. 질문 할게요.	Hello. I'm calling to ask you a couple of questions. I'm planning to go to the Flower Festival in Daegu next week. Here are my questions.
교통 수단, 소요 시간 첫째, 그곳에 가는 가장 좋은 방법이 무엇인가요? 제가 선택할 수 있는 것들이 무엇이죠? 그리고 보통 얼마나 걸리나요?	First of all, what's the best way to get there? What kind of options do I have? And how long does it usually take?
숙박 장소 두 번째는, (1 박을 위해) 숙소를 제가 선택할 수 있나요? 그곳에 있는 호텔, 모텔, 그리고 B&B(민박집)에 대한 목록을 얻고 싶습니다.	Second, can I choose where to stay (for the night)? I'd like to get a list of all the hotels, motels and B&Bs over there.
여행지에서의 활동, 마무리 마지막으로, 그곳에 있는 동안 무엇을 할 수 있나요? 제 말은, 어떤 종류의 프로그램을 운영하시나요? 그리고 비용은 어떻게 되나요? 이것이 전부입니다. 제 질문에 답변을 주시겠어요?	Lastly, what can I do while I'm there? I mean, what kind of programs do you have? And how much are they? Ok, that'll be it. **Will you answer the questions please?**

*각 단락 여백은 **'나만의 문장'** 추가를 위한 창작공간입니다.

주요어휘 option 선택할 수 있는 것 **stay for the night** 하룻밤을 묵다

만능표현 B&B: Bed & Breakfast 의 약자로 아침식사가 제공되는 숙박형태임. 아침식사가 제공되는 우리나라의 민박집 같은 의미로 사용하는 표현

Q7. You have purchased and booked a non-refundable airline ticket. Unfortunately, however, something has come up which will prevent you from traveling the following week. Contact your travel agent, explain what has occurred, and suggest two to three resolutions to this problem.

당신이 환불이 안 되는 비행기 티켓을 구매하고 예약을 했습니다. 하지만 안타깝게도 다음 주 여행을 갈 수 없게 만드는 일이 생겼습니다. 당신 여행사에 전화를 해서 상황을 설명하고 문제 해결을 위해 두세 가지 대안을 제시하세요.

문제 발생 알림 여보세요. 지난 주에 예약한 티켓에 대해 말할 것이 있어서 전화를 했습니다. 좀 안 좋은 소식이 있어요.	Hello, I'm calling to talk about the ticket I booked last week. Well, I've got some bad news.
문제 상황 설명 - 회의로 갈 수 없음 사실은 여행 당일에 중요한 회의가 있습니다. 꽃축제에 갈 수 없을 것 같습니다. 그래서 몇 가지 제안을 하겠습니다.	Actually, I have a very important meeting that day. I'm afraid I can't go to the Flower Festival. **So, I've got some suggestions to make.**
대안 1 - 다른 사람에게 양도 제안 먼저, 대신 다른 사람이 갈 수 있을까요? 그 분의 이름이 티켓에 적혀있으면 문제될 것이 없다고 생각하는데요.	First, can somebody else go instead of me? I don't think it matters as long as his or her name is on the ticket.
대안 2 - 부분환불 가능 여부, 마무리 만약 그것이 불가능하다면, 부분 환불이라도 받을 수 있을까요? 환불이 안 되는 티켓이라는 것을 알지만, 손해를 보고 싶지 않아서요. 그러면 제 제안에 대해 어떻게 생각하시나요? 제가 선택할 수 있는 옵션이 있었으면 좋겠네요.	If it's impossible, can I get a partial refund? I know it's a non-refundable ticket but I can't lose all my money. Well then, **what do you think of my suggestions?** I hope there is an option for me to choose.

*각 단락 여백은 '**나만의 문장**' 추가를 위한 창작공간입니다.

주요어휘 **book** 예약하다 **matter** 문제가 되다 **as long as** ~하는 한 **partial refund** 부분 환불 **lose money** 손해를
　　　　보다 **option** 선택할 수 있는 옵션

만능표현 **I'm afraid** I can't go to the Flower Festival. 여기서 사용된 I'm afraid 라는 표현은 유감스러운 내용을
　　　　말할 때 예의상 덧붙이는 표현으로 '유감이지만 ~할 것 같다'라는 의미의 유용한 표현

Q7. The travel agent states that the vacation plans you desire are not available for the dates you specified. Contact your friend, explain the situation by leaving a message, and present two or three alternatives.

여행사 직원이 당신이 원하는 날짜에 여행을 갈 수 없다고 합니다. 친구에게 연락해서, 상황을 설명하고 대안을 제시하는 메시지를 남기세요.

문제 발생 알림 안녕, 난데. 너에게 좀 안 좋은 소식이 있어. 우리 여행 계획에 대한 것이야. 무슨 일이 있는지 설명해줄게.	Hi, it's me. I've got some bad news to tell you. It's about our vacation plans. Let me explain what's going on.
문제 상황 설명 - 호텔 방 없음 방금 전에 여행사에서 전화가 왔는데, 우리가 원하는 날짜에 갈 수 없대. 호텔에 빈 방이 없는 것 같아.	I just got a call from the travel agency. They say the dates we wanted are not available. It seems that there are no vacancies at the hotel.
대안 1 - 여행 일자 변경 제안 하지만 나한테 몇 가지 생각이 있어. 날짜를 조금 뒤로 미루는 것이 어떨까? 여행사에서 월말은 괜찮다고 했어.	But I've got some ideas. Why don't we change the dates to a little bit later? They say the end of the month will be fine.
대안 2 - 행선지 변경 제안, 마무리 아니면, 여행지를 다른 곳으로 바꿀 수도 있어. 그곳은 내년에 가고 말이지. 급할 것 없잖아, 그렇지? 지금 생각나는 것은 이게 전부야. 더 나은 생각이 있으면 알려줘. 안녕.	Or, we could just change our destination to somewhere else. We can go there next year. There's no rush, right? OK, that's all I can think of for now. If you have a better idea, let me know. Bye.

*각 단락 여백은 '나만의 문장' 추가를 위한 창작공간입니다.

주요어휘 travel agency 여행사 available 이용 가능한 vacancy 빈 방 destination 목적지 no rush 급할 것 없는

Q8. Can you recall a difficulty you had in making plans for a vacation? Discuss the details of this experience and explain what you had to do to resolve the situation.

휴가 계획을 세울 때 겪었던 어려움을 생각해 낼 수 있나요? 이 일에 대해 자세하게 말하고, 문제 해결을 위해 무엇을 했는지 설명하세요.

도입	
사실 흥미로운 이야기가 하나 있어요. 많은 사람들이 비슷한 경험을 할 것이라고 생각하는데요.	**Actually, I have a very interesting story to tell you.** I think a lot of people might have a similar experience.
시기, 장소, 동행인 몇 년 전에 음식 축제에 대한 티켓을 예약했어요. 다양한 음식 맛보는 것을 좋아하는 친구와 함께 가려고 했죠.	A couple of years ago, I booked a ticket for a food festival. I was going to go there with a friend of mine who also likes trying many different foods.
코로나 때문에 여행 취소 그런데 여행사 직원이 코로나 때문에 취소가 될 수 밖에 없다고 했어요. 전염병 예방을 위해 모든 실내 행사들이 취소되었습니다. 우리는 정말 실망을 했죠.	However, the travel agent said it had to be cancelled because of COVID-19. All indoor events had to be cancelled to prevent the disease. We were so disappointed.
대신 야외 식당에서 식사, 소감 그래서 우리는 야외 식당에서 함께 저녁을 먹으러 갔어요. 숯불갈비에 약간의 술도 마셨어요. 식당에서 좋은 시간을 보냈어요. 음식 축제만큼 좋지는 않았겠지만요.	So, we went to eat dinner together at an outdoor restaurant. We had Korean barbecue and drank a little. **We had a good time at the restaurant** though it couldn't be as great as a food festival.

*각 단락 여백은 '**나만의 문장**' 추가를 위한 창작공간입니다.

주요어휘 **might have** ~을 있을 수 있다 **try foods** 음식을 먹어보다 **travel agent** 여행사 직원 **indoor event** 실내 행사 **prevent the disease** 질병을 예방하다 **outdoor restaurant** 야외 식당 **though** 비록 ~이긴 하지만 **as great as** ~만큼 좋은

만능표현 it couldn't be **as great as** a food festival. '~만큼 좋은'이란 의미로 사용되는 유용한 표현

Unit 21. 해외여행 Take Vacation Internationally

*해외여행은 롤플레이 콤보만 2세트이고, 나머지는 모두 1세트입니다!

콤보 I	Set 1
유형 1	방문했던 해외 도시나 국가 그리고 사람들 묘사
유형 2	해외여행을 할 때 즐겨 하는 활동 묘사
유형 3	처음으로 해외여행을 갔던 경험 설명

▶ 난이도 3~4단계: 2번~7번까지 두 세트 출제 / 난이도 5~6단계: 2번~4번까지 한 세트만 출제

콤보 II	Set 1
유형 1	방문했던 해외 도시나 국가 그리고 사람들 묘사
유형 3	처음으로 해외여행을 갔던 경험 설명
유형 4	해외여행 중 생긴 인상적인 경험 설명

▶ 난이도 3~4단계: 8번~10번까지 한 세트만 출제 / 난이도 5~6단계: 5번~10번까지 두 세트 출제

콤보 III	Set 1	Set 2
유형 6	여행사에 해외여행에 대한 정보요청	뉴욕 여행을 위해 차량 렌트 정보요청
유형 7	취소된 항공편에 대한 문제해결	렌트에 필요한 면허증 관련 문제해결
유형 4/8	취소된 항공편에 대한 또 다른 경험 설명	여행 중 생겼던 인상적인 경험 설명

▶ 난이도 3~6단계 모두 반드시 11번~13번에 출제 / 13번에서는 4번과 8번유형 주제별로 다름

콤보 IV	Set 1
유형 1	방문했던 해외 도시나 국가 그리고 사람들 묘사
유형 5	캐나다 여행을 좋아하는 상대에게 질문하기

▶ 난이도 3~6단계에서 14~15번에 출제되고, 5~6단계에서는 AL을 결정하는 9번과 10번유형 출제

▶ 이 교재에서는 9번과 10번유형을 주제마다 다루지 않습니다.

이 두 유형은 AL을 평가하기 위한 것으로 IH를 목표로 할 경우 굳이 많은 시간투자를 할 필요가
없기 때문입니다. 대신 부록(421 페이지)편에서 총 20개의 기출문제와 스크립트를 제공합니다.

Q1. Discuss a city or country that you have visited on vacation. What does this place look like, where is it located, what are the people like, and what else is unique about it?

휴가 때 방문했던 도시나 나라에 대해 말해보세요. 어떻게 생겼고, 어디에 있으며, 그곳 사람들은 어떻고 특이한 것은 무엇인가요?

방문했던 나라 - 태국 **몇 년 전에 태국에 갔어요. 푸켓을 갔었는데,** 태국에서 가장 인기 있는 관광지 중 한 곳이에요.	**I went to Thailand a few years ago. I visited Phuket,** one of the most popular vacation places in Thailand.
태국 해변 묘사 **해변이 정말 정말 끝내줬어요.** 그곳에 있는 모든 것이 달랐어요. 바다색, 나무, 보트, 그리고 음식, 그 밖에 무엇이든 말이죠.	**The beach was really, really stunning.** Everything was just so different. The color of the sea, trees, boats, the food, you name it.
태국 현지인 묘사 **사람들은 친절했고 일부는 저에게 한국말로 말을 걸었어요.** 굳이 영어를 쓸 필요가 없어서 좋았어요.	**People were nice and some of them spoke to me in Korean.** I didn't even have to speak English, which was nice.
현지 음식, 소감 또 뭐가 있을까요? 맞아요. **그곳 음식도 좋았어요. 모든 해산물이 너무 맛있었고 태국 카레는 딱 제 취향이었어요. 그곳에서 즐거운 시간을 보냈어요.** 다소 관광객을 끌어들이려는 상업적인 분위기는 좀 그랬지만, 그래도 **다시 가고 싶네요.**	What else? Right, **I really liked the local food as well. All the seafood was so tasty** and Thai curry was exactly to my taste. **I had a wonderful time there** though it was a little too touristy. But **I still want to go there again.**

*각 단락 여백은 '나만의 문장' 추가를 위한 창작공간입니다.

주요어휘 **Thai** (Thailand) 태국 **Phuket** 푸켓 **stunning** 정말 아름다운 **local food** 지역 음식 **tasty** 맛있는

curry 카레 **to my taste** 내 취향에 맞는 **touristy** 관광객을 끌어들이기 위해 상업적인

만능표현 **you name it** 사물을 열거한 뒤에 '그 밖에 무엇이든, 전부 무엇이든' 이란 의미로 활용되는 유용한 표현

Q2. When on vacation in another country, discuss the activities you like to do.

다른 나라에 휴가를 가서 당신이 즐겨 하는 활동들에 대해서 말해 주세요.

도입 해외에 있을 때 제가 즐겨 하는 것들은 많습니다. 몇 가지를 말해볼게요.	There are so many things I like to do when I'm overseas. **Let me tell you some of them.**
현지인과의 소통 우선, 현지인들과 소통하는 것을 좋아합니다. 다른 점들과 비슷한 점들을 알게 되는 것은 재미있거든요. 그것이 바로 제가 영어를 공부하는 이유 중 하나입니다.	First of all, I like to communicate with the local people. It's interesting to see the differences and similarities. That's one of the reasons I'm learning English.
현지 음식 시식 두 번째는, 현지인들이 먹는 모든 음식 맛을 보려고 합니다. 음식이 문화의 가장 큰 부분이기도 하잖아요. 그래서 현지에 있는 맛집에 대한 정보를 충분히 얻으려고 합니다.	Second, I want to try all the food they eat there. Food is also the biggest part of the culture. So I try to get enough information about the nice local restaurants.
쇼핑, 마무리 마지막으로, 흥미로운 물건 구입을 위해 반드시 쇼핑을 합니다. 자국에서 구할 수 없는 여러 가지 작은 것들 말이에요. 제가 즐겨 하는 다른 것들도 있지만 **지금 생각나는 것은 이 정도입니다.**	Lastly, I must go shopping for some interesting things. Just a couple of little things you can't get in your home country. There are some other things I like to do but **that's all I can think of for now.**

*각 단락 여백은 '**나만의 문장**' 추가를 위한 창작공간입니다.

주요어휘 overseas (= abroad) 해외에 있는 **local people** 현지인 **difference** 차이점 **similarity** 비슷한 점 **try** 먹어보다

Q3. Describe for me your first trip to another country. When was the trip? Where did you go? Who did you go with and what did you do? Describe that experience for me in as much detail as possible.

당신의 첫 번째 외국 여행에 대해 얘기를 해 주세요. 그 여행은 언제였나요? 어디를 갔었죠? 누구와 갔었고 무엇을 했나요? 그 경험을 가능한 한 자세하게 설명해 주세요.

해외여행 시기, 방문 국가 **저의 첫 번째 해외여행은 일본이었어요.** 5년전쯤 된 것 같네요.	**My first trip to another country was Japan.** I think it was about five years ago.
동행인 **두 명의 다른 친구들과 휴가 차 그곳에 갔어요.** 일본은 (멀지 않은) 이웃국가이지만, 처음으로 가는 해외여행이라 우리 모두는 상당히 흥분했었죠.	I went there on vacation with two other friends of mine. Japan is a next-door country but we were so excited because we were overseas for the first time.
여행의 목적 - 음식 **무엇보다도, (일종의) 음식 여행이었죠.** 친구들 모두 먹는 것을 좋아해서 가능한 한 많은 식당을 방문하려고 했어요.	**Basically, it was (sort of) like a food tour.** All my friends love to eat so we visited as many restaurants as possible.
관광명소 방문, 소감 **그리고 우리는 고성(古城) 같은 관광지 몇 곳도 다녀왔어요.** 일본의 여러 가지가 달랐지만, 또 많은 것들이 비슷했어요. **아무튼, 다른 나라를 돌아다니면서 상당히 재미있었죠.** 기회가 있다면 다른 곳들도 가보고 싶네요.	Then we went to see some of the tourist attractions like old castles. Things were different in Japan but some other things were quite similar in many ways. **Anyway, it was good fun hanging around in a different country.** I hope to go somewhere else if I have the opportunity.

*각 단락 여백은 '**나만의 문장**' 추가를 위한 창작공간입니다.

주요어휘 **on vacation** 휴가 차 **next-door** 이웃의, 멀지 않은 **go overseas** 해외를 가다 **for the first time** 처음으로
　　　　sort of like ~와 종류가 비슷한 것 **tourist attraction** 관광명소 **old castle** 고성(옛날에 지어진 성)
　　　　hang around 여기저기 다니다
만능표현 it was **good** fun '상당히 재미있었다' good 이라는 형용사가 명사 앞에 와서 '상당히, 매우'란 의미를 나타낸다

250

Q4. Sometimes an extraordinary event happens while one is traveling. I am interested to see if you have ever experienced anything eventful, or surprising during a trip of yours. Please tell me the details of that experience. Begin by describing to me when and where you were traveling. Then explain to me all the particular details of that memory, especially about what exactly happened that made the trip so memorable.

가끔 사람들이 여행 중에 특별한 일이 생깁니다. 저는 당신이 여행 중에 뭔가 사건이 될 만했거나 놀랄 만한 일을 경험했는지 알고 싶습니다. 그 경험을 제게 자세하게 이야기를 해 주세요. 언제, 그리고 어디서 당신이 여행을 하고 있었는지를 얘기하면서 시작하세요. 그리고 특히 어떤 일이 그 여행으로 하여금 기억에 남는 것으로 만들었는지 구체적으로 설명을 해 주세요.

도입	Oh, I have a memorable experience to talk about. I can never forget it.
아, 이야기 할 수 있는 인상적인 경험이 하나 있어요. 절대 잊을 수 없어요.	
여행 시기, 장소, 동행인	My family went to the Philippines once when I was a child. We were on winter vacation. I was so excited because I'd never been to another country.
제가 어릴 때 언젠가 온 가족이 필리핀에 갔어요. 우리는 겨울여행을 갔었어요. 외국에 한 번도 간 적이 없었기 때문에 저는 정말 흥분되었어요.	
해변에서의 새로운 경험	Everything was new but I enjoyed the beach more than anything. I thought it was interesting because it was cold winter back in Korea.
모든 것이 새로웠는데 그 무엇보다 해변에서 즐거웠어요. 한국은 추운 겨울이었기 때문에 흥미롭다고 생각했죠.	
식중독 걸림, 소감	But the thing is, I had food poisoning. We got a lot of seafood there and maybe some of it wasn't fresh enough because of the hot steamy weather. It was a totally painful vacation after all since I had to stay in bed for a day.
그런데 사실은, 제가 식중독에 걸렸어요. 그곳에 많은 해산물을 먹었는데 그 중 일부가 찌는 듯한 더운 날씨 때문에 그리 신선하지 않았나 봐요. 결국 하루 동안 침대에 누워있는 바람에 완전히 고통스런 휴가가 되고 말았죠.	

*각 단락 여백은 '나만의 문장' 추가를 위한 창작공간입니다.

주요어휘 more than anything 그 무엇보다도 food poisoning 식중독 steamy 찌는 듯이 더운 painful 고통스러운 after all 예상과는 달리 결국에는 stay in bed 침대에 누워있다

만능표현 but the thing is '사실은' 중요한 사실이나 이유나 해명 등을 언급할 때 사용하는 유용한 표현

Q5. I like to visit Canada sometimes. Please ask me 3 questions about why I like to go to Canada.

가끔 캐나다 가는 것을 좋아해요. 제가 캐나다를 가려고 하는 이유에 대한 세 가지 질문을 하세요.

도입 - 질문 예고 당신의 캐나다 여행에 대한 몇 가지 질문을 할게요. 알고 싶은 것이 몇 가지가 있어요.	Let me ask you some questions about your trips to Canada. There are some things I'd like to know.
여행을 위한 이동 수단 첫 번째 질문은, 어떻게 여행을 하나요? 제 말은, 직접 운전을 하나요, 아니면 비행기를 타나요? 캐나다를 갈 때 어떤 종류의 교통수단을 선호하나요?	My first question is, **how do you travel? I mean, do you drive yourself or fly?** What type of transportation do you prefer when going to Canada?
캐나다에서 방문했던 장소 두 번째는, 캐나다에서 지금까지 갔었던 지역에 대해 말해주세요. 그 지역에 대한 정보는 어떻게 얻었나요?	Secondly, **tell me about the places you have visited in Canada.** How did you get the information about those places?
여행 중 인상적인 경험, 마무리 마지막으로, **가장 인상적인 경험은 무엇인가요?** 좋은 경험인가요, 아니면 나쁜 것인가요? 좋은 경험이기를 바랍니다. 이것이 전부예요. 자 이제 제 질문에 답변을 해 주세요.	Lastly, **what is the most memorable experience you've had?** Is it a good experience or bad? I hope it's a good one. OK, that's pretty much it. **Please go ahead and answer my questions.**

*각 단락 여백은 '나만의 문장' 추가를 위한 창작공간입니다.

주요어휘 **fly** 비행기를 타다 **transportation** 교통수단 **prefer** 선호하다 **go on a trip** 여행을 가다 **so far** 지금까지
   memorable 인상적인

만능표현 **go head** '자 이제 당신 차례예요' 대화를 할 때 상대방에게 허락을 하는 의미로 사용하는 유용한 표현

Q6. You will be going on a trip next month, so you will need to make some travel arrangements. Contact the travel agency in order to ask three to four questions to gather the information necessary in order to plan your trip.

당신이 다음 달에 여행을 가기 때문에 여행준비를 좀 해야 합니다. 여행을 계획하기 위한 필요한 정보를 얻기 위해 서너 가지 질문을 하기 위해 여행사에 연락을 하세요.

도입 – 질문 예고 여보세요. 싱가포르 여행에 대해 정보 좀 얻고 싶어서 전화를 드렸어요. 질문 몇 가지를 할게요.	Hi, I'm calling to get some information about the trip to Singapore. I'd like to ask you a few questions.
여행하기 가장 좋은 시기, 가격 정보 우선, 그곳에 가는 가장 좋은 시기는 언제인가요? 비수기 가격에 대한 정보를 알고 싶습니다.	First of all, when's the best time to go there? I mean, I'd like the information about the off-season prices.
숙박 업소 선택, 종류 두 번째는, 머물 곳을 선택할 수 있나요? 그 나라의 이용 가능한 호텔, 모텔 그리고 B&B(민박집)에 대한 목록을 얻고 싶습니다.	Second, can I choose where to stay with you? I'd like to get a list of all the hotels, motels and B&Bs available in the country.
여행 중 가능한 활동, 마무리 마지막으로, 그곳에 있는 동안 무엇을 할 수 있나요? 제 말은, 어떤 종류의 프로그램을 운영하시나요? 그리고 비용은 어떻게 되나요? 이것이 전부입니다. 제 질문에 답변을 주시겠어요?	Lastly, what can I do while I'm there? I mean, what kind of programs do you have? And how much are they? Ok, that'll be it. Will you answer the questions please?

*각 단락 여백은 '**나만의 문장**' 추가를 위한 창작공간입니다.

주요어휘 off-season prices 비수기 요금 available 이용 가능한

만능표현 **B&B: Bed & Breakfast** 의 약자로 아침식사가 제공되는 숙박형태임. 아침식사가 제공되는 우리나라의 민박집 같은 의미로 사용하는 표현. 영국과 북아메리카, 아일랜드 뉴질랜드, 호주 등 주로 영어권 국가에 있는 숙박시설이다. 비교적 저렴한 것이 장점.

Q7. Upon arrival at the airport, you are informed that your flight has been cancelled and that there are no other flights available because they are booked. Contact your travel agency, discuss this situation, and suggest some possible resolutions for this predicament.

공항에 도착을 해서 보니까 당신 항공편이 취소되었고, 모두 예약이 되어있어서 이용 가능한 다른 항공편이 없다는 소식을 접했습니다. 당신 여행사에 연락을 해서 상황을 설명하고 이 곤란한 상황의 해결을 위해 몇 가지 해결책을 제시하세요.

문제 발생 알림 **안녕하세요, 제가 지금 공항에 있는데요, 문제가 생겨서 도움이 좀 필요합니다.**	Hi, I'm at the airport but **I'm in big trouble now and I need your help.**
비행편이 취소, 다른 비행편도 없음 **비행기가 취소되었다는 것을 방금 알았어요. 더 심각한 것은 다른 비행기도 없다는 것입니다. 모두 매진되었답니다.**	**I just found out that the flight has been cancelled.** What's worse is that there's no other flights. They're all fully booked.
대안 1 - 다른 비행 편 문의 **몇 가지 대안이 있습니다. 우선, 가장 빨리 출발하는 비행기를 지금 찾아주세요. 몇 시간은 기다릴 수 있어요. 그 정도는 별 것 아니니까요.**	Well, I've got some suggestions. **First, you find me the earliest flight right now.** I can wait for a couple of hours for that. That's not a big deal.
대안 2 - 전액 환불 요청, 할인 문의 **만약 그것이 불가능하다면, 그냥 전액 환불을 받아야겠습니다.** 하지만 다음에 그쪽 여행사에서 티켓을 예약할 때는 할인을 받을 자격이 있다고 생각해요. 제가 드릴 말씀은 이것이 전부에요. 좀 더 나은 생각이 있다면 알려주세요.	**If it's impossible, I'll just have to get a full refund** but I think I deserve to get a discount next time I book tickets with you. That's all from me. **Let me know if you have better ideas.**

*각 단락 여백은 '**나만의 문장**' 추가를 위한 창작공간입니다.

주요어휘 **in big trouble** 큰 곤경에 빠지다 **find out** ~을 알아내다 **fully booked** 매진된

the earliest flight 가장 빠른 비행기 **get a full refund** 전액 환불을 받다 **deserve** ~할 자격이 있다

next time S V ~가 다음에 ~을 할 때는

만능표현 **that's not a big deal** '별일 아니다, 대수롭지 않다'라는 의미의 구어체 표현

Q8. Has a similar situation ever happened to you when you have been placed the position of dealing with the problems associated with a cancelled flight? Discuss this situation in detail by explaining where and when it took place and what happened during the course of the experience.

취소된 항공편과 관련된 문제를 해결해야 하는 상황에 놓였던 비슷한 경우가 있었나요? 언제 어디서 발생한 일이고, 무슨 일이 있었는지 등을 설명하면서 이 상황을 자세하게 말해보세요.

여행 시기, 장소, 동행인 **몇 년 전에 우리 가족이 일본을 가기로 했어요.** 첫 일본 여행이었죠.	**A few years ago, my family was going to go to Japan.** It was going to be the first family trip to Japan.
공항으로 이동 **이른 아침에 공항을 향해 출발했어요.** 너무 기분이 좋아서 무엇을 할지, 무엇을 먹을지 등등을 차 안에서 이야기했죠.	**We left home for the airport early in the morning.** We were so excited that we talked about what to do, what to eat and so on in the car.
현지 지진 소식 접함 **그리고는 우리가 가려고 하는 목적지에 큰 지진이 발생했다는 뉴스를 듣게 되었어요.** 우리가 들은 이야기를 믿을 수 없었죠.	**Then we heard on the news that there were huge earthquakes in our destination.** We couldn't believe what we just heard.
여행 취소, 소감 **차를 돌려서 집으로 돌아올 수 밖에 없었어요.** 물론 우리가 지불한 모든 것에 대해 전액 환불을 받았죠. **우리가 가기 전에 재앙이 일어나서 다행이었어요.** 동시에 살짝 실망은 했지만요.	**We had no choice but to turn the car and get home.** Of course, we got a full refund for everything we paid for. **We were lucky that the disaster happened before we got there** though we were a little disappointed as well.

*각 단락 여백은 '나만의 문장' 추가를 위한 창작공간입니다.

주요어휘 **and so on** (= and things like that) 기타 등등 **huge earthquake** 대형 지진 **destination** 목적지

have no choice but to V ~할 수 밖에 없다 **get a full refund** 전액 환불을 받다 **disaster** 재난, 재앙

만능표현 We **had no choice but to turn** the car and get home. '~할 수 밖에 없다, 별도리가 없다, ~하지 않을 수 없다'와 같은 의미로 사용되는 매우 중요한 표현

Q6. Imagine that you are taking a vacation to New York City. Right now you are at a car rental company because you need to rent a car. Imagine that you are speaking to the person who works at the car rental company. Please ask him three or four questions about renting a car for a week.

뉴욕으로 휴가를 간다고 생각해보세요. 지금 당신은 차가 필요해서 자동차를 렌트하는 곳에 있습니다. 그곳에서 근무하는 직원과 이야기를 한다고 가정하고 자동차를 일주일 동안 빌리는 것에 대한 서너 가지 질문을 해 보세요.

도입 - 질문 예고 실례합니다. 여기서 자동차를 빌리고 싶은데요, 몇 가지 질문을 해도 될까요?	Excuse me. I'd like to rent a car from your shop. Can I ask you some questions about that?
이용 가능한 차량 종류 먼저, 어떤 종류의 자동차가 있나요? 저희가 3명이고 승합차를 빌리고 싶습니다. 지금 있나요? 우리는 뉴욕에 가거든요.	First, what kind of cars do you have? We are a group of three people and would like to rent a van. Do you have it now? We're going to New York.
렌트 비용 문의 두 번째는, 일주일 동안 빌리면 비용이 얼마나 되나요? 비용에 보험이 포함되어 있나요?	Second, how much does it cost if I rent it for a week? Is insurance included in the amount?
비용 지불수단, 마무리 마지막으로 또 중요한 것은, 비용을 어떻게 지불하나요? 신용카드 받나요, 아니면 현금으로 내야 하나요? 지금은 이 정도입니다. 질문에 답변을 주시겠어요?	Last but not least, how do I pay? Do you take credit cards, or do I have to pay in cash? I think that's it for now. **Can you answer the questions please?**

*각 단락 여백은 '나만의 문장' 추가를 위한 창작공간입니다.

주요어휘 rent a car 자동차를 빌리다 van 승합차 insurance 보험 last but not least 마지막으로 덧붙일 중요한 것은 take a credit card 신용카드를 받다 pay in cash 현금으로 지불하다

만능표현 last but not least '마지막으로 덧붙일 중요한 것은' 질문을 여러 가지 하는 경우에 순서를 나타내는 부사(구)를 사용하는 것이 좋은데, '마지막에 언급하지만 앞에 언급한 것에 못지않게 중요하다'라는 의미를 지닌 유용한 표현

Q7. Well, I am not sure if you are allowed to rent a car because you do not have an international driver's license or American driver's license. You only have a driver's license from your own country. Explain the situation and suggest a couple of alternatives to resolve this issue.

국제 면허증이나 미국 면허증이 없어서 차량 렌트가 가능할지 모르겠습니다. 당신은 지금 당신 나라 면허증만 있거든요. 상황을 설명하고 문제 해결을 위해 몇 가지 대안을 제시해 주세요.

상황 인지, 여행사의 정보 부족 알겠어요. 안타깝게도 저는 두 가지 모두 없습니다. 그것에 대해 여행사로부터 아무 말도 듣지 못했거든요.	I see. **Unfortunately, I don't have either of them.** I heard nothing about that from my travel agency.
문제 해결 위한 대안 있음 네, 이 문제 해결을 위해 몇 가지 생각이 있습니다. 먼저 해외에서 운전하는 것에 대한 몇 가지 정보를 말씀 드릴게요.	OK, I think I've got a couple of ideas to sort out this problem. Let me just give you some information on driving overseas first.
한국 대사관의 국제 면허 허가증 발급 제가 아는 바로는, 한국 대사관에서 국제 면허 허가증을 발급합니다. 이것을 받는데 시간이 오래 걸리지 않습니다. 그렇게 하면 될까요?	As far as I know, **the Korean embassy issues international driver's permits.** It won't take long to get one. **Will that do?**
일부 주에서 한국 면허 유효, 마무리 그리고, 한국 운전 면허증이 일부 주에서 유효하다고 기억나는 것 같아요. 제 생각이 잘못되었다면 바로 잡아주시겠어요? 이제 제가 어떻게 해야 할까요?	And, I seem to remember that **a Korean driver's license is also valid in some states.** Would you please set me straight on that? OK. **What do you think I should do now?**

*각 단락 여백은 '나만의 문장' 추가를 위한 창작공간입니다.

주요어휘 either 둘 중 하나 travel agency 여행사 sort out 문제를 해결하다 drive overseas 해외에서 운전하다 as far as I know 내가 아는 바로는 Korean embassy 한국 대사관 issue 발급하다 permit 허가증 seem to remember 기억나는 것 같다 valid 법적으로 유효한 set somebody straight on ~에 대해 잘못된 것을 바로 잡다

만능표현 Will that do? '그렇게 하면 될까요? 여기서 do 동사는 will, would 와 함께 쓰여 '충분하다, 적당하다'란 의미를 나타낸다.

Q8. Can you please tell me a story about one of your travels when something crazy happened? It can be a really great experience, or a really terrible experience. Begin by telling me the events of the story. Then tell me about the people with whom you traveled. Finally, tell me about why the experience was so memorable.

여행 중에 정말 말도 안 되는 일이 생겼던 이야기 하나를 해 보세요. 아주 대단한 경험이거나, 정말 끔찍한 경험일 수도 있습니다. 무슨 일이 벌어졌는지 말해보세요. 함께 여행한 사람에 대한 이야기도 해 주세요. 이 경험이 왜 인상적이었는지도 마지막으로 말해보세요.

시기, 여행지, 동행인 제 기억이 맞는다면, 3년 전이었다고 생각됩니다. 우리 가족이 여름휴가로 세부에 갔어요.	**I think it was three years ago** if I remember it correctly. **My family went to Cebu for a summer vacation.**
관광지 방문 그곳에서 이틀째 되던 날 해변에 있는 것이 지루해져서 재미있는 것들을 구경하기로 했어요. 유명한 곳도 방문하고요.	**On the second day there,** we got bored with the beach so **we** decided to see interesting things and **visited the popular places.**
길을 잃음 그런데 우리가 어디에 있는지 모른다는 사실을 알게 되었죠. 잠시 후에 어디지 가까운 곳에서 한국말이 들렸어요.	**Then we realized that we didn't know where we were.** After a while we heard Korean spoken somewhere close.
한국인 관광객의 도움, 소감 우리가 우연히 한국인 관광객 일행을 만났고 안전하게 호텔로 돌아왔어요. 지금 생각하면 재미있지만, 외딴 곳에서 길을 잃었던 것은 끔찍했죠.	**We accidently met a group of Korean tourists and safely got back to our hotel.** It was fun when I think about it now but it was terrible being lost in the middle of nowhere.

*각 단락 여백은 '나만의 문장' 추가를 위한 창작공간입니다.

주요어휘 **get bored** 지루해지다 **after a while** 잠시 후에 **somewhere close** 어딘가 가까운 곳에서
　　　　　accidently 우연히 **in the middle of nowhere** 외딴 곳에서

만능표현 **if I remember it correctly** '제 기억이 맞는다면' 과거 경험을 설명하는 답변에서 시기를 언급할 때 함께
　　　　　사용할 수 있는 유용한 표현

Unit 22. 집에서 보내는 휴가 Stay at Home for Vacation

*집에서 보내는 휴가는 문제 세트 수가 딱 1 개뿐입니다!

콤보 I	Set 1
유형 1	휴가 때 함께 시간을 보내는 사람들 묘사
유형 2	휴가 때 사람들과 함께 하는 활동 묘사
유형 3	최근에 집에서 휴가를 보낸 경험 설명

▶ 난이도 3~4 단계: 2 번~7 번까지 두 세트 출제 / 난이도 5~6 단계: 2 번~4 번까지 한 세트만 출제

콤보 II	Set 1
유형 1	휴가 때 함께 시간을 보내는 사람들 묘사
유형 3	최근에 집에서 휴가를 보낸 경험 설명
유형 4	휴가 때 겪었던 인상적인 경험 설명

▶ 난이도 3~4 단계: 8 번~10 번까지 한 세트만 출제 / 난이도 5~6 단계: 5 번~10 번까지 두 세트 출제

콤보 III	Set 1
유형 6	휴가 때 공연을 보기 위해 티켓 구매에 필요한 정보요청
유형 7	아파서 공연에 못 가게 된 문제해결
유형 4/8	티켓 구매 후 공연에 갈 수 없었던 경험 설명

▶ 난이도 3~6 단계 모두 반드시 11 번~13 번에 출제 / 13 번에서는 4 번과 8 번유형 주제별로 다름

콤보 IV	Set 1
유형 1	휴가 때 함께 시간을 보내는 사람들 묘사
유형 5	휴가 때 함께 시간을 보내는 사람에 대해 상대방에게 질문하기

▶ 난이도 3~6 단계에서 14~15 번에 출제되고, 5~6 단계에서는 AL 을 결정하는 9 번과 10 번유형 출제

▶ 이 교재에서는 9 번과 10 번유형을 주제마다 다루지 않습니다.

이 두 유형은 AL 을 평가하기 위한 것으로 IH 를 목표로 할 경우 굳이 많은 시간투자를 할 필요가 없기 때문입니다. 대신 부록(421 페이지)편에서 총 20 개의 기출문제와 스크립트를 제공합니다.

Q1. Identify the people you enjoy seeing and spending time with while on vacation.

휴가 때 만나서 함께 시간을 보내는 사람들을 묘사해 주세요.

휴가 때 만나는 사람 1 - 가족 저는 휴가 대부분을 가족과 함께 보낸다고 말할 수 있어요.	I'd say **I spend most of my vacation with my family.**
휴가는 유대감을 갖는 기회 제게 있어 휴가는 유대감을 형성하는 매우 중요한 시간이죠. 평소에는 그렇게 할 시간이 정말 충분치 않거든요.	**For me, vacation is a very good bonding time.** We don't really have enough time for that usually.
부모님과 시간 보내기 부모님은 평소보다 더 많이 저와 함께 있을 수 있어서 매우 행복해하세요. 함께 만나면 그 동안 일어났던 일들에 대해 이야기를 나눕니다.	**My parents are very happy to have me around** more than usual. When we get together, we catch up on things that have happened to us.
휴가 때 만나는 사람 1 - 친구, 마무리 또한 저는 친구들과 어느 정도의 시간 보내는 것을 좋아해요. 커피숍이나 술집에서 만나 여러 가지 이야기를 합니다. **결국 휴가를 대부분 가족이나 친구들과 보냅니다.**	I also enjoy spending some time with my friends. We usually get together at a coffee shop or a bar and talk about a lot of things. **So, I spend (almost) all my vacation with my family and my friends.**

*각 단락 여백은 **'나만의 문장'** 추가를 위한 창작공간입니다.

주요어휘 **I'd say** ~라고 할 수 있어요 **bonding time** 유대감을 형성하는 시간 **get together** 만나다, 모이다

catch up on ~에 대해 밀린 이야기를 하다

Q2. What are some of the activities you enjoy doing with the people you visit or see while on vacation?

휴가 때 당신이 방문하거나 만나는 사람들과 즐겨 하는 활동들이 무엇인가요?

집에서의 휴식 휴가 때 가족과는 많은 것을 하지는 않아요. 그냥 집에서 휴식을 취합니다. **가끔 부모님을 도와 집안 청소를 합니다.**	**Well, I don't do much with my family on vacation.** I just relax at home. **Sometimes, I help my parents clean the house.**
친구들과 다양한 활동하기 **하지만 친구들과는 이런저런 활동들을 함께 합니다.** 제 말은, 모두들 바빠서 평소에는 잘 만나지 못하거든요.	**But I do some activities with my friends.** I mean, everybody's so busy so we don't usually get together.
친구들과 캠핑 가기 가끔 함께 캠핑을 가는 것도 좋아합니다. 하루 종일 함께 시간을 보내고 음식이나 술을 마시면서 이야기를 하며 즐겁게 보냅니다.	**We sometimes enjoy going camping together. We can stay together all day** and have fun eating, drinking and talking.
친구들과 어울림, 마무리 **아니면 적어도 한 번은 함께 영화를 보러 갑니다.** 그리고 저녁에는 함께 먹고 마시는 것도 좋아요. **휴가를 최대한 활용하려고 합니다.** 일주일 동안의 휴가는 그렇게 길지 않잖아요!	**Or we make sure we go to the movies at least once.** We also like eating and drinking together in the evening. **We try to make the most of it.** You see, a week's vacation is not so long!

*각 단락 여백은 **'나만의 문장'** 추가를 위한 창작공간입니다.

주요어휘 **on vacation** 휴가 때 **make sure** 반드시 ~하다 **go to the movies** 영화를 보러 가다

make the most of ~을 최대한 활용하다

261

Q3. **Specifically discuss the things that you did while on the last vacation that you spent at home. Give me a detailed description of what you did from the beginning to the end of the day, of all the activities you participated in, and all of the people you saw that day.**

최근에 집에서 휴가를 보냈을 때 했던 것들을 자세히 말해보세요. 특정한 날 처음부터 끝까지 무엇을 했는지, 어떤 활동에 참여를 했는지, 그날 누구를 만났는지 등을 구체적으로 얘기해 보세요.

시기, 휴가 기간 **지난 여름에** 여느 때처럼 일주일간의 휴가가 있었어요.	I had a week's vacation last summer as usual.
코로나로 집에서 휴가 보내기 집에서 휴가를 보내기로 마음 먹었죠. 왜냐하면 코로나 바이러스가 전국적으로 한창 유행하던 때였거든요. 마스크를 쓰고서는 **밖에서 할 수 있는 것들이 많지 않았어요.**	**I decided to spend my vacation at home** because it was in middle of the COVID-19 pandemic. **There were not many things to do outside** with face masks on.
늦잠 자기와 돈 절약 늦잠 자는 것을 가장 즐겼어요. 왜냐하면 매일 밤 늦게까지 네플릭스를 봤거든요. 가장 좋았던 것은 **휴가 때 돈을 쓰지 않아도 되었다는 것입니다.**	**I enjoyed sleeping late** the most because I watched NEFLIX until late every night. The best thing was **I didn't have to spend any money during the vacation!**
소감, 마무리 **재미없었던 휴가는 전혀 아니었어요.** 하지만 솔직히 말해서, 다른 여름 휴가와 비교해서는 조금 지루했어요.	**It wasn't really a bad vacation at all** but, to be honest, it was a little boring compared to other summer vacations.

*각 단락 여백은 **'나만의 문장'** 추가를 위한 창작공간입니다.

주요어휘 **as usual** 여느 때처럼 **pandemic** 전국적(세계적) 유행병 **compared to** ~과 비교해서

Q4. While on vacation, would you discuss an unexpected, unusual, or satisfying experience you had. Explain all of the details of that experience. Discuss what occurred. Who was involved? Why was this experience so unforgettable?

휴가 중에 당신이 겪었던 예상치 못한, 이례적인, 아니면 만족했던 경험을 설명해 주시겠어요? 그 경험에 대한 구체적인 내용을 말해주세요. 무슨 일이 벌어졌는지, 누가 연루되었는지, 그리고 이 경험이 왜 인상적이었는지 말해보세요.

시기, 장소, 동행인 대략 5년 전쯤 이었어요. 제 기억이 맞는다면요. **친구들과 캠핑을 갔었죠.** 우리의 최종 목적지는 동해안에 있는 속초였어요.	It was about five years ago if my memory serves me fine. **I went camping with a few friends of mine.** Our final destination was Sokcho on the east coast.
날씨 상황 **출발할 때는 날씨가 좋았어요.** 교통도 우리가 생각했던 것만큼 혼잡하지 않았어요. 모든 것이 순조로웠죠.	**It was a beautiful day when we left.** The traffic wasn't as bad as we thought it would be. Everything went fine.
날씨변화로 생긴 문제점 **하지만 우리가 해변에 가까워지면서 하늘이 어두워지더니 비가 내리기 시작했어요.** 삼일 동안 텐트에서만 머물렀어요. 우리가 한 것이라고는 흠뻑 젖었고 실망했다는 것이었네요.	But the sky turned dark and it started to rain as we got close to the beach. **We had to stay in the tent for three days.** All we did was get wet and disappointed.
소감, 마무리 **최악의 휴가였어요.** 휴가에 관해서라면요. 그 경험을 쉽게 잊지 못할 것 같아요.	**It was the worst vacation ever** when it comes to vacation. I won't forget that experience anytime soon.

*각 단락 여백은 '**나만의 문장**' 추가를 위한 창작공간입니다.

주요어휘 **go camping** 캠핑을 가다 **final destination** 최종 목적지 **turn dark** 어둡게 되다 **get close to** ~에 가까워지다 **ever** (최상급 강조) 지금까지, 여태껏 **when it comes to** ~에 관해서라면

만능표현 **if my memory serves me fine** (= if I remember it correctly) 경험을 설명하면서 시기를 나타낼 때 '내 기억이 맞는다면'이란 의미로 자주 사용되는 유용한 표현

Q5. **Now ask me 4 questions** about the people I enjoy spending time with while on vacation.

휴가 중에 제가 시간을 함께 보내기 좋아하는 사람에 대한 네 가지 질문을 하세요.

도입 - 질문 예고	Hi. I'd like to ask you some questions about your vacation.
안녕하세요. 당신 휴가에 대해 **몇 가지 질문을 하고 싶네요.**	
휴가 때 함께 시간을 보내는 사람	For a start, **who are the people you spend your vacation with?** Are they your friends, or family members?
우선, **주로 누구와 휴가를 함께 보내나요?** 친구들인가요, 아니면 가족인가요?	
함께 시간 보내는 이유, 활동	Then, **why do you hang out with them?** What do you like about them? **What are the activities you enjoy with them?**
그리고 왜 그들과 함께 시간을 보내나요? 그들에 대해 좋은 점은 무엇인가요? 그들과 함께 어떤 활동들을 즐기나요?	
휴가를 함께 보내는 사람 인원 수	Just another quick question. **How many people are** usually **there in your vacation team?** That's (pretty much) it. Now, please answer my questions.
마지막으로 간단한 질문 하나 더 하면, 함께 휴가를 보내는 사람들은 주로 몇 명이나 되나요? 이것들이 전부입니다. 이제 제 질문에 답변을 해 주세요.	

*각 단락 여백은 **'나만의 문장'** 추가를 위한 창작공간입니다.

주요어휘 **for a start** 우선 **hang out** 시간을 함께 보내다, 어울리다

Q6. **You are on vacation, and you want to go to see a performance. You need two tickets. Call the ticket office. Make several inquiries, so that you can get all the information necessary for buying tickets.**

당신은 휴가 중인데 공연을 보고 싶고 두 장의 티켓이 필요합니다. 매표소에 전화를 해서 티켓 구매와 관련된 정보를 얻기 위해 몇 가지 질문을 하세요.

도입 - 질문 예고 안녕하세요, 주말 콘서트에 대해 몇 가지 정보가 필요해서요. 질문 몇 가지가 있습니다.	**Hello, I need some information about the concerts for the weekend.** And I've got some questions.
공연 기간 언제 시작해서 언제 끝나나요? 사실 일요일 저녁에 가려고 합니다.	**When does it start and when does it end?** Actually, I'm thinking about going on Saturday night.
할인 여부 두 번째로, 저하고 친구를 위해 티켓 두 장을 구입하려고 합니다. **모바일 앱으로 구매하면 10% 할인을 받을 수 있다고 들었는데, 맞나요?**	**Secondly,** I need to buy two tickets. For me and a friend of mine. I heard there is 10% off the price if I book from your mobile app. Is that true?
공연장 음식반임 여부, 마무리 마지막으로, 공연장에서 음식을 먹거나 마실 수 있나요? 그곳에서 어떤 종류 음식을 구입할 수 있나요? 지금 제가 알고 싶은 것은 이것이 전부에요. **질문에 답변을 해 주시겠어요?**	**Finally, are we allowed to have something to eat or drink at the concert?** What kind of food can we get there? I think that's all for now. **Will you answer the questions please?**

*각 단락 여백은 '나만의 문장' 추가를 위한 창작공간입니다.

주요어휘 **off the price** 정가에서 **are we allowed to V** ~하는 것이 허용되나요

Q7. Unfortunately, you realize that you are ill on the day of the performance. Make a telephone call to your friend, and tell him or her what has happened. Offer two other solutions for this situation.

안타깝게도, 공연 당일 당신이 아프다는 것을 알았습니다. 당신 친구에게 전화를 해서 무슨 일이 생겼는지 설명하고 이 상황에 대한 두 가지의 해결책을 제시하세요.

문제 발생 알림 안녕. 공연에 대해 너에게 할 말이 좀 있어. 미안하지만 좋은 소식은 아니야.	Hi. I've got something to tell you about the performance. I'm sorry it's not good news.
감기로 아픈 상태 설명 사실은, 독감에 걸렸어. 엄마를 돌보다가 옮은 것 같아. 온 몸이 쑤시고 아프네.	Actually, I'm coming down with the flu. I think I got it from my mom while I was taking care of her. **I've got aches and pains all over.**
대안 1 – 내 티켓으로 친구와 동행 우리가 이렇게 했으면 좋겠어. 첫째는, 네가 그냥 친구랑 가도 좋아. 내 티켓을 기꺼이 너에게 줄게.	Here's what we might do. First, you go ahead with one of your friends. I'm happy to give my ticket to you.
대안 2 – 환불 제안, 사과, 마무리 만약 그것이 아니면, 못 간다고 말하고 환불을 받자. 돈을 좀 손해 보겠지만 어쩔 수 없잖아. 불편하게 해서 정말 미안해. 전화해 줘.	Otherwise, we just tell them we can't make it and get a refund. We're going to lose some of the money but we can't help it. I'm terribly sorry for the inconvenience. **Call me back then.**

*각 단락 여백은 '나만의 문장' 추가를 위한 창작공간입니다.

주요어휘 **come down with** (병에) 걸리다 **have aches and pains all over** 온 몸이 쑤시고 아프다 **be happy to V** 기꺼이 ~하다 **otherwise** 만약 그렇지 않으면 **make it** (모임 등에) 가다, 참석하다 **get a refund** 환불을 받다 **can't help it** 어쩔 수 없다 **inconvenience** 불편함

만능표현 **I'm coming down with the flu.** 상대와 약속한 것을 지키지 못하는 상황에서는 아프다는 것은 좋은 핑계로 활용할 수 있다.

Q8. Was there ever a time where you bought a ticket or made plans and then realized that you could not go to the event? When did this occur, and what were the circumstances? Please describe to me everything you can about the situation, and tell me how you tried to fix it.

당신이 티켓을 구매하고 계획을 세웠는데 그 공연에 갈 수 없게 되었던 적이 있나요? 그 일이 언제였나요, 그리고 어떤 상황이었죠? 그 상황에 대해 당신께서 말할 수 있는 모든 것을 얘기해 주세요. 그리고 어떻게 해결을 했는지도 말해 주세요.

도입	Actually, I have a very good story to tell you. Good question!
사실, 재미있는 이야기 하나가 있어요. 까다로운 질문이긴 하네요.	
시기, 공연 종류, 동행인	A few years ago, a friend of mine and I booked a ticket for a play. Then I got a call from the office.
몇 년 전에, 친구와 함께 연극 티켓을 예매했어요. 그런데 공연 회사로부터 전화 한 통을 받았어요.	
주연배우 사정으로 공연취소, 환불	Then, they said the leading actor had a little car accident and it all had to be cancelled. They got us a full refund.
그들 말로는 주연 배우가 약간의 사고를 당해서 연극이 완전히 취소된다는 내용이었죠. 그들이 우리에게 전액 환불을 해 주었어요.	
다른 활동으로 대체, 소감	I thought of something else to do instead. We didn't want to stay at home. So, we ate dinner together after we hung out at the new shopping mall. There was a huge sale going on. We had a lot of fun while the poor actor had to stay in a hospital bed.
저는 대신에 다른 것을 생각해내었어요. 그냥 집에 머물고 싶지 않았거든요. 그래서 새로 생긴 쇼핑몰에 갔다가 함께 저녁을 먹었어요. 대형 할인행사가 있었거든요. 우리는 즐거운 시간을 보냈어요. 불쌍한 배우는 병원 신세를 져야 했지만요.	

*각 단락 여백은 '나만의 문장' 추가를 위한 창작공간입니다.

주요어휘 **good question** 대답하기 까다로운 질문이네요 **play** (여기서는) 연극 **leading actor** 주연 배우

　　　　a full refund 전액 환불 **think of** ~을 생각해내다 **hung out** (hang out)의 과거, 어울리다

만능표현 **(It's a) good question.** 직역해서 '좋은 질문이군요'라는 의미가 아니라, 대답하기 어려워서 '까다로운

　　　　질문이군요'라는 의미임. 답변을 시작하는 도입부에서 유용한 표현

돌발주제 | Unit 23. 거주지 돌발 – 이웃 Neighborhood

*이웃이란 주제는 서베이 항목에 없기 때문에 돌발주제로 분류합니다.

콤보 I	Set 1
유형 1	이웃 동네 묘사
유형 2	이웃들의 다양한 활동 묘사
유형 3	최근에 이웃을 만났던 경험 설명

▶ 난이도 3~4 단계: 2 번~7 번까지 두 세트 출제 / 난이도 5~6 단계: 2 번~4 번까지 한 세트만 출제

콤보 II	Set 1
유형 1	이웃 동네 묘사
유형 3	최근에 이웃을 만났던 경험 설명
유형 4	이웃에서 벌어졌던 인상적인 경험 설명

▶ 난이도 3~4 단계: 8 번~10 번까지 한 세트만 출제 / 난이도 5~6 단계: 5 번~10 번까지 두 세트 출제

콤보 III	Set 1
유형 6	친척의 파티를 돕기 위한 정보요청
유형 7	친척의 파티를 도우러 갈 수 없는 문제해결
유형 4/8	친구나 이웃을 도왔던 경험 설명

▶ 난이도 3~6 단계 모두 반드시 11 번~13 번에 출제 / 13 번에서는 4 번과 8 번유형 주제별로 다름

콤보 IV	Set 1
유형 1	이웃 동네 묘사
유형 5	상대방이 살고 있는 곳에 대해 질문하기

▶ 난이도 3~6 단계에서 14~15 번에 출제되고, 5~6 단계에서는 AL 을 결정하는 9 번과 10 번유형 출제

▶ 이 교재에서는 9 번과 10 번유형을 주제마다 다루지 않습니다.

이 두 유형은 AL 을 평가하기 위한 것으로 IH 를 목표로 할 경우 굳이 많은 시간투자를 할 필요가 없기 때문입니다. 대신 부록(421 페이지)편에서 총 20 개의 기출문제와 스크립트를 제공합니다.

Q1. Tell me about where you live. Explain how this place looks, what the people there are like, and the environment that is created by living there.

당신이 사는 곳에 대한 얘기를 해 주세요. 어떻게 생겼고, 그곳 사람들은 어떤지 그리고 그곳에 살면서 만들어진 환경에 대해서 설명하세요.

이웃들의 거주지 - 아파트 저는 한국의 여러 다른 사람들처럼 아파트에 삽니다. 같은 단지 안에 10개의 아파트 건물이 있습니다.	I live in an apartment like many other people in Korea. There are 10 apartment buildings in the same complex.
아파트 내부 묘사 안쪽은 정사각형 모양이에요. 침실, 거실 그리고 부엌이 있어요. 사람들이 필요한 거의 모든 것이 있다고 생각합니다.	It's like a square inside. It has bedrooms, a living room and a kitchen. I think it has almost everything people need.
이웃들 소개 사람들은 보통 착하고 친절합니다. 하지만 못된 사람들도 있어요. 늦게까지 시끄러운 소음을 내는데 신경을 쓰지 않습니다.	People are usually nice and friendly. But there are some nasty people as well. They make a lot of noise until late and they just don't care.
거주 환경 편리성, 소감 대체로, 주변은 살기에 편안한 환경입니다. 슈퍼마켓, 식당, 학교 등이 가까이에 있습니다. 저는 이곳이 상당히 좋아요. 짜증나는 늦은 밤 소음만 빼면 말이죠.	Overall, it's a convenient living environment around here. There are supermarkets, restaurants, schools and so on just around the corner. I like it here very much except for the annoying late-night noises.

*각 단락 여백은 '나만의 문장' 추가를 위한 창작공간입니다.

주요어휘 complex 단지 square 정사각형 nice and friendly 착하고 친절한 nasty 못된, 고약한, 형편없는

care 신경을 쓰다 overall 대체로 convenient 편안한 annoying 짜증나는 late-night 늦은 밤의

만능표현 just around the corner '아주 가까운 거리에' 라는 의미로 자주 사용하는 유용한 표현

Q2. Explain typical events that your neighbors participate in each day. How do the children, adults, and older people in the neighborhood spend their time?

매일 당신의 이웃들이 참여 하는 일상적인 일들에 대한 설명을 하세요. 이웃의 아이들, 어른들 그리고 노인들이 자신들의 시간을 어떻게 보내나요?

도입 어디나 거의 같다고 생각해요. 사람들은 거의 같은 일상을 살잖아요, 그렇죠?	I think it's pretty much the same everywhere. People have pretty much the same routines, right?
학생들의 일상 동네에 학교가 있어서 학생들은 그곳에 가죠. 또한 아파트 공원에서 농구도 하고 자전거도 타면서 스스로를 즐기기도 합니다.	We have schools in the area so students go there. They also enjoy themselves playing basketball and bike-riding in the apartment parks.
이웃 주민들의 일상 사람들이 아파트 건물 주변 걷는 것을 좋아하는 것 같기도 해요. 한국의 아파트 단지는 보통 규모가 크고 멋진 공원들이 함께 있죠.	People seem to like walking around the apartment buildings. Korean apartment complexes are usually huge and nice parks come with them.
노인들의 일상, 소감 좀 더 나이가 있는 분들은 갈 수 있는 지역 문화센터도 있습니다. 주로 아파트 관리사무소에서 운영을 합니다. 여러 가지 재미있는 프로그램이 있어요. 모든 사람들이 살기에 좋은 장소라고 생각해요. 모든 사람들이 즐길 수 있는 무엇인가가 항상 있으니까요.	Older people have a community center to go to. It's usually run by the apartment office. There are a lot of fun programs for them. I think it's a nice place to live for everybody. There's always something for everybody to enjoy.

*각 단락 여백은 '나만의 문장' 추가를 위한 창작공간입니다.

주요어휘 everywhere 어디든 routine 일상 seem to like ~을 좋아하는 것 같다 huge 거대한 community center 지역 문화센터, 복지관 be run by ~에 의해 운영되다

만능표현 pretty much the same '상당히 비슷한, 거의 같은'이란 의미로 사용되는 유용한 표현

Q3. **Reflect upon the last time you had an encounter with one of your neighbors. Discuss who the neighbor was and how you met him or her? Provide several details regarding this encounter.**

최근에 이웃 중 한 분을 만났던 것을 생각해 보세요. 누구였고 그 분을 어떻게 만나게 되었는지 말해보세요. 이 만남에 대한 구체적인 내용을 언급하세요.

특정 이웃 소개 위층에 살고 있는 사람에 대한 얘기를 해 볼게요. 이 분은 굉장히 착하고 친절합니다.	**Let me tell you about a guy living upstairs. This guy is so nice and friendly.**
이웃의 최근 이사 사실 그 분 가족이 지난 달에 막 이사를 왔어요. 당시에는 서로 이야기를 할 기회가 없었죠.	**Actually, his family just moved in last month.** We didn't have a chance to talk to each other then.
주차장에서 우연히 만남 하루는 주차장에서 그 분을 우연히 마주쳤어요. 슈퍼마켓에서 물건을 사고 집으로 돌아오는 길이었죠.	**One day, I bumped into him in the parking lot.** I was coming home after buying some things at the supermarket.
짐 옮기는데 도움 받음, 현재 관계 그분께서 가장 무거운 짐을 엘리베이터에 싣는 것을 도와주셨어요. 정말 친절했죠. 요즘에는 그 분 같은 사람들이 많지는 않잖아요. **우리는 이제 친구 같은 사이에요.** 엘리베이터에서 종종 가벼운 이야기를 나눕니다.	**He helped me with the heaviest bag into the elevator. He was so kind.** There aren't so many people like that these days. **We're sort of friends now.** We often have a little chat in the elevator.

*각 단락 여백은 '나만의 문장' 추가를 위한 창작공간입니다.

주요어휘 **live upstairs** 위층에 살다 **bump into** 우연히 마주치다 **have a chat** 수다를 떨다

만능표현 We're **sort of** friends now. '일종의 ~같은'이란 의미를 나타내고 싶을 때 사용하는 유용한 표현. 딱히 콕 짚어서 말하기 힘든 다소 애매한 경우일 때 사용함.

Q4. Can you recall an unforgettable event that happened in the area where you live? This could have been something surprising, comical, or noteworthy for any reason. Tell me many details about that event from start to finish, in particular the elements that made the memory so unforgettable.

당신의 살고 있는 곳에서 벌어진 잊지 못할 일을 생각할 수 있나요? 어떤 이유이든지, 놀랍거나, 웃기거나, 혹은 관심을 가질만한 일일 수 있겠네요. 특히 잊지 못할 이유를 포함해서 처음부터 끝까지 그 일에 대한 자세한 내용을 말해주세요.

특정 이웃 소개 아래 층에 사는 이 여성분에 대한 이야기를 해야겠군요. 그 분이 뭐가 잘못되었는지 모르겠어요.	I think I should talk about this lady living downstairs. I don't know what's wrong with her.
승강기에서 인사 무시 어제는 어린 여자아이와 엘리베이터를 타고 있었는데 이 여자분이 들어왔어요. 저는 인사를 했지만 그녀는 대꾸도 않는 것이에요. 약간 창피했지만 별로 신경 쓰지 않았죠.	Yesterday, I was in the elevator with a little girl and she came in. I said hi but she didn't answer me. I was a little embarrassed but I didn't really care.
여자아이 인사도 무시 그리고 심지어 그녀는 어린 여자아이의 인사에도 아무런 대꾸를 하지 않았어요. 여자 아이는 상당히 혼란스러워 보였죠. 우리가 그녀에게 무엇을 잘못했나 라고 생각했어요.	Then she didn't even answer to this little girl saying hi. The girl looked so confused. I thought we'd done something wrong to her.
소감과 의견 저는 상당히 화가 났지만 할 수 있는 것은 없었죠. 사람들에게 내 인사에 대꾸를 하라고 강요할 수는 없잖아요. 사실 그러고 싶네요. 아이들이 인사를 하면 적어도 대꾸는 해야 한다고 생각해요. 우리가 그렇게까지 바쁘지는 않잖아요, 그렇죠?	I was so upset but there was nothing I could do. I can't force people to answer my hellos. Well, I wish I could. I think we should at least answer when kids say hello. We are not that busy, right?

*각 단락 여백은 '나만의 문장' 추가를 위한 창작공간입니다.

주요어휘 **say hi** 인사를 하다 **embarrassed** 창피한 **care** 신경 쓰다 **confused** 혼란스러운

force ~을 하도록 강요하다 **that busy** 그렇게까지 바쁜

만능표현 **I wish I could** 불가능한 일에 대해 '그렇게 했으면 좋겠다'는 소망을 나타내는 유용한 표현

Q5. Pose several questions to me to determine everything you can about the place where I live.

당신이 제가 사는 곳에 대해 알아내기 위한 질문을 몇 가지 해 보세요.

도입 - 질문 예고 당신이 사는 곳에 대해 정보를 좀 얻고 싶어요. 질문 몇 가지를 할게요.	I'd like some information about where you live. Let me ask you some questions.
사는 곳 먼저, 어디에 사나요? 도시인가요, 아니면 시골인가요?	First of all, **where do you live?** Do you live in a city or the country?
이웃 다음은, 당신 이웃은 어떤가요? 그들과 자주 이야기를 하나요? 당신을 약간 귀찮게 하는 사람은 없나요?	**Next up, what are your neighbors like?** Do you speak to them often? Are there any people that bug you a little?
주변 편의 시설, 마무리 마지막 질문인데요, 동네에는 어떤 것들이 있나요? 술집, 식당, 슈퍼마켓 같은 곳에 쉽게 갈 수 있나요? **제 질문에 모두 답변해 주시겠어요?** 말씀하실 내용에 관심이 아주 많습니다.	**Here's my last question. What do you have around your place?** Do you have easy access to bars, restaurants, supermarkets and things like that? **Will you answer all my questions please?** I'm so interested to hear what you've got to say.

*각 단락 여백은 '**나만의 문장**' 추가를 위한 창작공간입니다.

주요어휘 **neighbor** 이웃 **bug** 귀찮게 하다 **have easy access to** ~로 접근이 용이하다

Q6. You get a phone call from a relative asking you to assist in preparing for a large party. Contact this relative and pose three to four questions to determine all that you can about this party.

친척 한 분이 전화를 해서 큰 파티에 대한 준비를 도와달라고 요청을 합니다. 이 분께 연락을 해서 파티를 위해 할 수 있는 것들을 알아내기 위한 서너 가지 질문을 하세요.

도입 - 질문 예고 **여보세요, 전데요. 제가 파티 준비를 돕기 원하시는 것이죠, 그렇죠? 그럴게요.** 그런데 몇 가지 질문이 있어요. 파티를 위해서 제가 무엇을 해야 하는지 알고 싶어요.	Hello, it's me. You want me to help you prepare for the party, right? I'd love to. But I've got some questions for you. I want to know what I should do for the party.
파티의 일시 **우선, 파티가 언제 몇 시인가요?** 아직 결정하지 않았다고 들었거든요. 시간과 날짜를 정했나요?	First, when's the party and what time? I was told that you hadn't decided it. Have you fixed the time and date yet?
초대 받은 인원 수 **그리고 사람이 몇 명이나 오나요?** 혹시 모르니까 제 친구 몇 명에게 도움을 청할 수도 있겠다고 생각해요.	And then, how many people will be there? I think I might need to ask some of my friends for help just in case.
파티 음식, 마무리 **마지막으로 중요한 것은, 파티를 위해 무엇을 만들 것인가요?** 저는 좋은 요리사가 아니지만 맛있는 샐러드는 좀 만들 줄 알아요. **지금은 이것이 전부입니다. 어떻게 생각하는지 전화로 알려주세요.**	Last but not least, what are you going to make for the party? I'm not a good cook but I can make some good salads. That's it for the moment. Call me back and tell me what you think.

*각 단락 여백은 '나만의 문장' 추가를 위한 창작공간입니다.

주요어휘 **I'd love to** 기꺼이 할게요 **be told** 전해 들었다 **fix** 정하다 **cook** 요리사

만능표현 **just in case** '혹시 몰라서, 만약을 대비해서' 라는 의미로 사용하는 유용한 표현

Q7. You discovered that you will have to work on the day of the party. Contact your relative to leave a message which explains the problem. Then offer two to three alternatives on the way that you might still be able to prepare for the party even though you will not be attending.

파티를 하는 날 일을 해야 한다는 사실을 알았습니다. 친척에게 연락을 해서 상황을 설명하는 메시지를 남기세요. 그런 후에는 당신이 비록 참석은 못해도 파티준비를 위해 당신이 할 수 있는 두세 가지 대안들을 제시하세요.

문제 발생 알림 여보세요, 말씀드릴 것이 있어요. 안 좋은 소식이네요. 무슨 일이 있었는지 설명 드릴게요.	Hello, I've got something to tell you. It's bad news. Let me explain what happened.
문제 상황 - 회사 출근 파티를 위해 가서 도와드릴 수 없게 되었어요. 그날 일을 하게 되었어요.	I don't think I can come and help you with the party. I'm going to have to work that day.
대안 1 - 친구가 도울 수 있음 하지만 몇 가지 생각이 있습니다. 샐러드 만드는 것을 돕도록 친구에게 부탁할 수 있어요. 몇몇 식당에서 일을 했었기 때문에 도움이 될 거에요. 확실합니다.	But I have some ideas. I can ask a friend of mine to help you make salads. He's worked at a few restaurants. He'll be helpful, I'm pretty sure.
대안 2 - 음식을 배달 시킴, 마무리 이 생각이 맘에 안 드시면 제가 샐러드를 좀 주문해서 배달되도록 할게요. 훌륭한 샐러드를 만드는 곳을 알거든요. 파티에 가지 못하게 되어서 정말 죄송하지만, 지금 제가 할 수 있는 것은 그것이 전부네요.	If you don't like the idea, I can order some salads for you and have them delivered. I know a place that makes beautiful salads. I'm terribly sorry I can't make it to the party but that's all I can do for now.

*각 단락 여백은 '나만의 문장' 추가를 위한 창작공간입니다.

주요어휘 **helpful** 도움이 되는 **have them delivered** 배달이 되게 하다 **beautiful** 훌륭한 **terribly sorry** 정말
       미안하다 **make it to** ~에 가다

만능표현 He'll be helpful, **I'm pretty sure**. 이 문장을 **I'm pretty sure** he'll be helpful. 처럼 만들 수 있지만,
       I'm pretty sure 를 문장 뒤로 배치해서 자신의 의견을 나중에 언급할 수도 있다.

Q8. At times, we are given the chance to help a friend or neighbor. Reflect back to a time when you were able to help a friend or neighbor. Identify what the problem was, what you did to provide assistance, what the outcome of the situation was, and any other pertinent details.

우리는 가끔 친구나 이웃을 도와줄 기회를 갖게 됩니다. 친구나 이웃을 도울 수 있었던 때를 떠올리고, 문제점이 무엇이었는지, 도움을 주기 위해 무엇을 했는지, 그 상황에 대한 결과는 어땠으며, 그리고 다른 관련 내용들을 얘기해 보세요.

배경 설명 - 대단지라 문제 발생 저는 규모가 큰 아파트 단지에 살아요. 가끔은 방문객이나 어린이 그리고 노인들이 길을 잃기도 합니다.	**I live in a huge apartment complex.** Visitors, kids and elderly people sometimes get lost in it.
시기, 우는 아이 발견 작년에 아파트 건물 근처에서 울고 있는 남자아이를 보게 되었어요. 부모를 찾았지만 아무도 없었죠.	**Last year, I saw a little boy crying near my apartment building.** I looked around for his parents and there was no one.
길을 잃은 아이 그 아이에게 어디에 사는지 물었더니 모르더라고요. 단지 자신의 이름과 나이만 기억했어요.	**I asked him where he lived and he didn't know.** He only remembered his name and age.
아파트 방송과 부모 도착, 소감 그래서 아이를 아파트 관리 사무실로 데려갔어요. 그들이 단지 내 방송 설비를 이용해서 미아가 있다고 알렸어요. 그 아이 부모님이 아이를 보러 바로 왔어요. 부모님이 와서 저에게 수도 없이 감사인사를 했습니다. 그날의 선행이었답니다.	**So I took him to the apartment office. They used the PA system and announced there was a missing child. His parents came flying for him.** His parents came to thank me millions of times. That was my good turn for the day.

*각 단락 여백은 '나만의 문장' 추가를 위한 창작공간입니다.

주요어휘 **get lost** 길을 잃다 **look around** 주변을 살펴보다 **PA system** (= public address system) 특정 장소나 건물에 설치된 방송 설비 **missing child** 미아 **come flying** 즉시 오다

만능표현 That was **my good turn** for the day. '친절한 행위, 선행'이란 의미로 활용되는 유용한 표현

Unit 24. 가구 Furniture

▶ 가구라는 주제는 '선택주제'와 '돌발주제'로 모두 출제될 수 있습니다. 거주지와 관련해서 출제되는 문제와 돌발주제로 출제되는 문제들이 따로 있다는 의미입니다. 여기서 다루는 가구관련 기출문제들은 돌발주제이고, 선택주제로 출제되는 가구관련 문제는 '가족과 함께 거주'를 다루는 유닛에서 확인할 수 있습니다. 집안 가구묘사, 일상에서의 가구 활용, 어렸을 때 가구와 현재 가구의 비교 그리고 집에 있는 가구에 문제가 생겨서 이를 해결했던 경험 등에 대한 질문이 출제됩니다.

유형	기출문제 미리 보기
유형 1	What type of furniture do you have in your home? Do you furnish your home with a particular style of furniture? Is there a specific place where you prefer to purchase your furniture? Is there any piece of furniture that has a special value to you? Why? 당신은 집에는 어떤 가구가 있나요? 당신은 특정 스타일의 가구를 집에 비치하나요? 가구 구매를 주로 하는 특정한 장소가 있나요? 당신에게 특별한 가치가 있는 가구가 있나요? 왜 그런가요?
유형 2	Please tell me about how you use your furniture in your daily life. What kinds of things do you do with your furniture? 당신 일상에서 가구를 어떻게 사용하는지 말해보세요. 당신은 가구로 어떤 것들을 하나요?
유형 3	Talk about the furniture that you had when you were young. How was it different from the furniture that you currently use? 어렸을 때 가구에 대해 말해주세요. 현재 사용하는 가구와 어떻게 달랐나요?
유형 4	Have you ever been alarmed to discover that your furniture at home was broken or damaged for some reason? What was it that you found, how did it get broken, and what steps did you follow in order to solve the problem? 집에 있는 가구가 어떤 이유로든 부서지거나 망가져서 놀랐던 적이 있나요? 당신이 발견한 것은 무엇이었고, 어떻게 부서졌으며, 문제해결을 위해 어떤 조치를 취했나요?

Q1. What type of furniture do you have in your home? Do you furnish your home with a particular style of furniture? Is there a specific place where you prefer to purchase your furniture? Is there any piece of furniture that has a special value to you? Why?

당신은 집에는 어떤 가구가 있나요? 당신은 특정 스타일의 가구를 집에 비치하나요? 가구 구매를 주로 하는 특정한 장소가 있나요? 당신에게 특별한 가치가 있는 가구가 있나요? 왜 그런가요?

집안 가구 묘사 **침대, 테이블, 의자들 같은 것들이 있어요.** 저는 기본적으로 필요한 것들만 있습니다. 제 삶을 훨씬 더 편하게 만들어줍니다.	I have a bed, a sofa, a table, some chairs and stuff like that. I only have the basic essentials. It makes my life a lot easier.
심플한 가구 선호 특별한 스타일이요? 아니에요. **저는 단순한 것이면 무엇이든 좋아요.** 그리고 가구들의 색깔이 검정, 흰색 그리고 회색으로 된 것이 좋습니다. 제 집 안에 너무 많은 색과 모양들 있는 것을 원하지 않아요.	A particular style? No, **I like anything that's simple.** And I also like to have them in black, white and gray. I don't want to have too many colors and shapes in my house.
가구 구입을 위한 여러 매장 방문 **여러 다른 가구점 방문을 좋아합니다. 정확히 제가 원하는 것을 찾는 것이 다소 어렵거든요.** 상당한 발품을 팔아야 합니다.	I enjoy visiting a lot of different furniture shops. **It's kind of difficult to find exactly what I want.** It takes a lot of legwork, you know.
좋아하는 가구, 마무리 저는 소파를 가장 좋아해요. 천으로 된 작은 소파여서 느낌이 좋아요. 이 소파를 10년 넘게 갖고 있어요. 그것 없이는 못 삽니다. 이 정도가 전부입니다.	I like my sofa best. It's a small fabric sofa so it feels nice. I've had it for more than 10 years. I can't live without it. **That's pretty much it.**

*각 단락 여백은 '**나만의 문장**' 추가를 위한 창작공간입니다.

주요어휘 **basic essential** 기본적으로 필요한 것 **kind of** 다소, 약간 **legwork** 발품 **fabric** 천 **leather** 가죽

　　　　 texture 질감

Q2. Please tell me about how you use your furniture in your daily life. What kinds of things do you do with your furniture?

당신 일상에서 가구를 어떻게 사용하는지 말해보세요. 당신은 가구로 어떤 것들을 하나요?

도입 음, 까다로운 질문이네요. 저는 그냥 가구를 매일 사용해요. **한 번도 생각을 해 본 적이 없네요.**	Hmm, that's a tough question. I just use it every day but **I haven't given it a thought before.**
최근 새 침대 구매에 만족 최근에 새 침대를 하나 구입했어요. 비용이 많이 들었지만 만족해요. **이전 것 보다 훨씬 더 편안합니다.**	Well, I recently bought a new bed. It cost me a lot but I'm happy **it's a lot more comfortable than the old one.**
독서할 때는 흔들의자 **흔들의자도 있어요. 독서를 할 때 사용하기 좋아요.** 천천히 움직여서 가끔은 아기처럼 잠이 들어버리기도 한답니다.	**I have a rocking chair too. I like to use it when I read.** I sometimes end up sleeping like a baby because it rocks so gently.
TV 볼 때는 소파, 마무리 아, 까먹을 뻔 했네요. **2 인용 소파도 있어요.** TV 를 시청할 때 딱이죠. 이 정도면 된 것 같네요.	Oh, I almost forgot. **I also have a two-seater sofa.** It's so nice to watch TV on it. That's pretty much it, I guess.

*각 단락 여백은 '**나만의 문장**' 추가를 위한 창작공간입니다.

주요어휘 **give it a thought** 생각해 보다 **cost a lot** 많은 비용이 들다 **rocking chair** 흔들의자 **end up - ing** 결국 ~하는 처지에 놓이다 **rock gently** 부드럽게 흔들리다 **two-seater sofa** 2 인용 소파

만능표현 **hmm, well, oh** 이런 필러들을 사용하면 자연스러운 대화톤을 만드는데 도움이 된다.

Q3. **Talk about the furniture that you had when you were young. How was it different from the furniture that you currently use?**

어렸을 때 가구에 대해 말해주세요. 현재 사용하는 가구와 어떻게 달랐나요?

의자구매를 위해 이케아 방문 **까다로운 질문이네요.** 할 수 있는 이야기가 많은 것 같아요.	**That's a good question.** I think I have a lot to say about it.
이케아에서 가구 구매 **제가 어렸을 때는 가구가 더 비쌌어요. 지금은 싸다는 의미입니다.** 이케아 때문이라고 생각해요. 경쟁이 심해졌잖아요. 구매자 입장에서는 좋죠.	**When I was a kid, furniture was more expensive. I mean, It's cheaper now.** I think it's because of IKEA. There's more competition, which is good for shoppers.
조립해야 하는 가구 하지만 품질에 대해서는 잘 모르겠어요. 대부분 저렴한 합판으로 만들어져서 말이죠. 원목으로 된 가구를 찾기가 쉽지 않아요.	**But I'm not sure about the quality though. It's mostly made of cheap particle boards.** It's difficult to see real wooden furniture.
결과, 소감 **마지막으로, 지금은 직접 가구점에 가지 않고 가구를 온라인으로 주문할 수 있어요.** 많은 것이 변했어요, 그렇죠?	**Finally, we can order furniture online now** without actually going to the store. A lot of things have changed, right?

*각 단락 여백은 '**나만의 문장**' 추가를 위한 창작공간입니다.

주요어휘 competition 경쟁 shopper 구매자 quality 품질 particle board 건축용 합판

만능표현 **That's a good question** '대답하기 까다로운 질문이군요.' 란 의미이지 '좋은 질문'이란 의미가 아니다.

Q4. Have you ever been alarmed to discover that your furniture at home was broken or damaged for some reason? What was it that you found, how did it get broken, and what steps did you follow in order to solve the problem?

집에 있는 가구가 어떤 이유로든 부서지거나 망가져서 놀랐던 적이 있나요? 당신이 발견한 것은 무엇이었고, 어떻게 부서졌으며, 문제해결을 위해 어떤 조치를 취했나요?

10년 넘는 소파 저는 오래된 소파 하나를 갖고 있어요. 10년 넘게 갖고 있었던 것 같네요.	I have a very old sofa. I think I've had it for more than 10 years.
소파의 큰 구멍 발견 아무튼, 하루는 거기에 누워서 TV를 보고 있었어요. 그리고는 큰 구멍이 있는 것을 발견했죠. 하지만 소파에 돈을 쓰고 싶지 않았어요.	Anyway, I was watching TV one day lying on it. And I found a huge hole in it. But I didn't want to spend money on it.
직접 꿰맸지만 보기 안 좋음 그래서 어떻게든 제가 직접 꿰맸어요. 하지만 꿰맨 곳이 너무 흉해서 오히려 구멍이 나아 보였죠.	So, I somehow managed to sew it up myself. But the stitched area looked so ugly that even the hole looked better.
전체 커버 교체, 소감 수리점에 전화를 할 수 밖에 없었고 커버 전체를 교체했어요. 엄청난 비용이 들었지만 지금은 새것처럼 좋아 보입니다.	I had to call the repair shop and they changed the whole cover. It cost me a fortune but it's as good as new now.

*각 단락 여백은 '나만의 문장' 추가를 위한 창작공간입니다.

주요어휘 huge hole 큰 구멍 somehow 어떻게든 manage to 간신히 ~하다 sew up ~을 꿰매다 stitched area 꿰맨 자리 look ugly 보기 안 좋다

만능표현 It cost me a fortune '상당한 비용이 들어가다'라는 의미의 유용한 표현

Unit 25. 명절/휴일 Holidays

▶ 아래 기출문제들을 유심히 살펴보면 공통으로 등장하는 키워드가 'holiday'입니다. 명절 혹은 휴일이라는 돌발주제입니다. 우리가 기념하는 대표적인 명절이나 휴일에 대한 설명과, 관련 경험을 답변의 소재로 활용할 수 있습니다.

유형	기출문제 미리 보기
유형 1	Identify some of the holidays that are celebrated within your country. When are they celebrated? What is the purpose of each holiday? Are some of the holidays considered cultural events? Provide details regarding several of the holidays to familiarize others with them. 당신 나라에서 기념하는 명절 중 몇 가지에 대해 설명해 보세요. 언제 기념을 하는 것이고, 각각의 명절 목적은 무엇인가요? 일부 명절은 문화행사로 간주되나요? 다른 사람들도 그것들에 대해 알 수 있도록 그에 대한 자세한 내용을 말해 주세요.
유형 2	Focus on a particular holiday and discuss all of the people, events, customs, etc. associated with it. When is this holiday celebrated? Are particular foods or meals prepared for this event? What type of family involvement is associated with this holiday? Are there specific events or traditions that occur at this particular holiday celebration every year? Detail the events associated with the holiday. 특정한 명절을 정하고, 그것과 관련된 사람, 행사, 관습 등을 얘기해 보세요. 그 명절이 언제 기념되나요? 이를 위해 특별히 준비되는 음식이나 식사가 있나요? 이를 위해 가족들은 어떤 형태의 참여를 하게 되나요? 매 년 기념하는 이 특별한 명절에 진행하는 특정한 행사나 전통이 있나요? 이 명절과 관련된 행사들을 구체적으로 묘사해 보세요.
유형 3	Discuss a special childhood memory you had involving a holiday. What specific holiday was memorable for you? What particular details made it so relevant and special? Was there a specific event that made it particularly memorable for you? Provide several details to explain your choice. 명절과 관련된 당신의 특별한 유년시절 기억을 떠올려 보세요. 어떤 명절이 당신에게 인상적이었나요? 어떤 사건이 그 명절을 의미 있고 특별하게 만들었나요? 특별히 당신에게 인상적이었던 특정한 사건이 있었나요? 당신이 선택한 내용에 대한 구체적인 사항을 제공해 주세요..

Q1. Identify some of the holidays that are celebrated within your country. When are they celebrated? What is the purpose of each holiday? Are some of the holidays considered cultural events? Provide details regarding several of the holidays to familiarize others with them.

당신 나라에서 기념하는 명절 중 몇 가지에 대해 설명해 보세요. 언제 기념을 하는 것이고, 각각의 명절 목적은 무엇인가요? 일부 명절은 문화행사로 간주되나요? 다른 사람들도 그것들에 대해 알 수 있도록 그에 대한 자세한 내용을 말해 주세요.

한국의 명절 소개 - 추석과 설날 우리는 한국에서 여러 명절을 기념합니다. 추석과 새해 첫 날이 가장 큰 전통 명절입니다.	**We celebrate a number of holidays in Korea.** Chuseok and New Year's Day are the biggest traditional holidays here.
추석에 대한 설명 먼저, 추석은 가을에 추수를 축하하는 명절입니다. 추석은 미국 추수감사절과 매우 비슷합니다. 모든 가족들이 함께 모여서 음식을 먹고 게임을 하면서 즐거운 시간을 보냅니다.	**First, Chuseok is a harvest celebration in the fall.** It's very similar to Thanksgiving Day in America. **All the family members get together and have fun eating and playing games together.**
설날에 대한 설명 한국에는 새해 첫 날도 있는데, 추석처럼 음력입니다. 역시 가족들이 함께 모여서 새해가 왔음을 축하합니다.	**Korea has New Year's Day too** but like Chuseok, it's by the lunar calendar. Again, family members get together and celebrate the arrival of the New Year.
현재 명절의 의미 추석이나 새해와 같은 **전통 명절**은 이제는 오히려 휴가에 가깝습니다. 사람들은 가족 모임 보다 여행 가는 것을 선호합니다.	**Traditional holidays** like Chuseok and New Year's Day **are more like vacations now.** People prefer to go on a trip instead of all family members getting together.

*각 단락 여백은 '나만의 문장' 추가를 위한 창작공간입니다.

주요어휘 traditional holiday 전통적인 명절 harvest 추수 be similar to ~과 비슷한 get together 함께 모이다

　　　　　lunar calendar 음력 instead of ~대신에

만능표현 be more like '오히려 ~에 가까운'이란 의미의 유용한 표현

Q2. Focus on a particular holiday and discuss all of the people, events, customs, etc. associated with it. When is this holiday celebrated? Are particular foods or meals prepared for this event? What type of family involvement is associated with this holiday? Are there specific events or traditions that occur at this particular holiday celebration every year? Detail the events associated with the holiday.

특정한 명절을 정하고, 그것과 관련된 사람, 행사, 관습 등을 얘기해 보세요. 그 명절이 언제 기념되나요? 이를 위해 특별히 준비되는 음식이나 식사가 있나요? 이를 위해 가족들은 어떤 형태의 참여를 하게 되나요? 매 년 기념하는 이 특별한 명절에 진행하는 특정한 행사나 전통이 있나요? 이 명절과 관련된 행사들을 구체적으로 묘사해 보세요.

특정 명절 선택 - 추석 한국에서는 추석이 가장 큰 명절이라고 할 수 있어요. 가장 긴 명절 중 하나이기도 합니다.	**I'd say Chuseok is the biggest holiday in Korea.** It's one of the longest holidays too.
추석의 시기, 날씨 음력으로 8 월 15 일인데요, 주로 9 월이나 10 월에 있습니다. 그 때는 보통 날씨가 아주 좋습니다.	**It's the 15th day of the eighth month of the lunar calendar. It's usually in either September or October.** The weather is usually beautiful around the period.
추석 때 먹는 음식과 전통 '송편'이 이 명절에서 중요한 음식입니다. 작고 쫀득한 쌀로 만든 동그란 모양이에요. '차례'를 위해 여러 가지 다른 음식들을 준비하는데, (차례는) 조상을 위한 추모의식입니다.	**'Songpyeon' is the main food for the holiday. It's small chewy rice balls.** We prepare a lot of different kinds of food for 'Charye', a memorial ceremony for ancestors.
성묘와 각종 놀이 소개 그리고 조상의 묘를 찾아 돌보기도 합니다. 우리는 역시 게임도 합니다. 한국형 레슬링인 '씨름'이 이때 행해지는 게임 중 하나입니다.	**Then, people visit and take care of their ancestors' graves.** We play games as well. Ssireum, which is Korean wrestling, is one of the games played during the holiday.

*각 단락 여백은 '**나만의 문장**' 추가를 위한 창작공간입니다.

주요어휘 chewy 쫀득한 **memorial ceremony** 추모행사(의식) **ancestor** 조상, 선조 **grave** 산소, 묘

만능표현 It's usually in **either** September **or** October. '이것이나 저것'이란 의미를 나타낼 때 활용하는 유용한 표현

Q3. Discuss a special childhood memory you had involving a holiday. What specific holiday was memorable for you? What particular details made it so relevant and special? Was there a specific event that made it particularly memorable for you? Provide several details to explain your choice.

명절과 관련된 당신의 특별한 유년시절 기억을 떠올려 보세요. 어떤 명절이 당신에게 인상적이었나요? 어떤 사건이 그 명절을 의미 있고 특별하게 만들었나요? 특별히 당신에게 인상적이었던 특정한 사건이 있었나요? 당신이 선택한 내용에 대한 구체적인 사항을 제공해 주세요.

어릴 때 명절 - 설날 어릴 때는 모든 명절을 좋아했어요. 하지만 **일년 중 새해가 가장 좋아하는 명절이었죠.**	I enjoyed every holiday as a kid but **New Year's Day was my favorite holiday of the year.**
유년시절 취침시간 제 부모님은 늦게까지 잠을 안 자는 것을 절대 허용하지 않았어요. 9시에는 잠자리에 들어야 했죠. TV를 보다가 잠들고 싶었지만 그럴 수가 없었어요.	**My parents never allowed me to stay up late.** I had to go to bed at nine. I really wanted to fall asleep watching TV but I couldn't.
설날의 특별했던 추억 하지만 12월 31일에는 깨어있는 상태로 새해를 맞이하도록 허용되었어요. 밤새도록 TV를 볼 수 있다는 생각에 정말 신이 났죠.	But on December 31, I was allowed to be awake and wait for the New Year to come. I was really excited by the idea that I could watch TV all night long.
새해맞이의 어려움 그거 아세요? 우습게도 항상 10시경에 잠이 들었어요. 9시 넘어서 깨어있을 수 있어서 항상 기분이 좋았지만 한 번도 새해를 맞이한 적은 없답니다.	You know what? It's funny **I always fell asleep around 10.** I was always excited to be awake past 9 and never saw the New Year arrive.

*각 단락 여백은 '**나만의 문장**' 추가를 위한 창작공간입니다.

주요어휘 **allow** 허락을 하다 **stay up late** 잠을 안 자고 늦게까지 깨어 있다 **go to bed** 잠자리에 들다 **fall asleep** 잠이 들다 **awake** 깨어있는 **excited** 신이 나는 **all night long** 밤새

Unit 26. 재활용 Recycling

▶ 재활용(recycling)과 같은 돌발주제 콤보의 특징을 보면, 3번유형 자리에 인상적인 경험을 묻는 4번유형이 출제될 수 있고, 콤보타입 II에 해당하는 1-3-4 콤보 자리에 아래 기출문제와 같은 문제들이 순서대로 등장할 수 있습니다.

유형	기출문제 미리 보기
유형 1	Discuss a few things about the recycling system in your country. When do you usually recycle? What are the requirements when doing the recycling? 당신 나라의 재활용 시스템에 대해 몇 가지를 얘기해 보세요. 재활용은 주로 언제 하나요? 재활용을 할 때는 어떤 것들이 필요한가요?
유형 2	Explain some of the steps that you take when you do the recycling. How do you recycle? Explain what you do first, second, third. Tell me about the normal routine that is usually followed. 당신이 재활용을 할 때 어떤 절차를 밟는지 설명을 해 보세요. 재활용을 어떻게 하나요? 어떤 것을 가장 먼저하고, 이어서 두 번째와 세 번째 무엇을 하는지 말해 보세요. 일상적으로 따르는 절차에 대해 얘기해 보세요.
유형 3	Have you ever had a particularly memorable experience while doing the recycling? Where and when did this happen? Provide a detailed summary of this experience from the beginning to the end of it. What made this experience unique or memorable for you? 재활용을 하면서 특별히 인상적인 경험을 한 적이 있나요? 언제 어디서 벌어진 일인가요? 이 경험을 처음부터 끝까지 자세하게 요약해서 말해 주세요. 어떤 것이 이 경험을 특별하거나 인상적이게 만들었나요?

Q1. Discuss a few things about the recycling system in your country. When do you usually recycle? What are the requirements when doing the recycling?

당신 나라의 재활용 시스템에 대해 몇 가지를 얘기해 보세요. 재활용은 주로 언제 하나요? 재활용을 할 때는 어떤 것들이 필요한가요?

한국의 재활용 시스템 소개 한국 재활용 시스템은 아주 잘 되어 있습니다. 사람들이 시스템에 익숙하고 적극적으로 참여를 합니다.	Korea's recycling system is well-organized. People are used to the system and actively participate in it.
분리수거 날은 지역마다 다름 쓰레기를 버리는 날은 사는 지역에 따라 다릅니다. 주로 일주일에 한 번입니다. 만약 잘못된 날에 쓰레기를 버리면 벌금이 부과될 수도 있어요. 일부 도시에서는 주민들에게 일년 내내 재활용을 허용합니다.	The garbage day depends on where you live. It's usually once a week. You might get fined if you put out your garbage on the wrong day. Some cities allow their residents to recycle all year around.
분리수거장소 쓰레기는 재활용 장소에 버려야 합니다. 예를 들어, 모든 아파트 건물에는 쓰레기 하치장이 있어요.	Your garbage has to be dumped at the recycling area. For example, every apartment building has its own dump.
일반 쓰레기처리 종류가 다른 쓰레기를 위해 비닐 가방을 구입할 수도 있습니다. 가끔 어떤 쓰레기를 어디에 버려야 하는지 헷갈릴 때가 있습니다.	You might need to buy a plastic bag for other forms of garbage. Sometimes it's too confusing to decide what belongs to which.

*각 단락 여백은 '나만의 문장' 추가를 위한 창작공간입니다.

주요어휘 well-organized 잘 되어 있는 **actively** 적극적으로 **participate in** 참여하다 **depend on** ~에 따라 다르다 **get fined** 벌금이 부과되다 **resident** 주민 **dump** (명) 쓰레기 하치장, (동) 버리다 **plastic bag** 비닐 가방 **confusing** 헷갈리는 **belong to** ~에 속하다

만능표현 be used to '~에 익숙하다'라는 의미로 사용되는 유용한 표현

Q2. Explain some of the steps that you take when you do the recycling. How do you recycle? Explain what you do first, second, third. Tell me about the normal routine that is usually followed.

당신이 재활용을 할 때 어떤 절차를 밟는지 설명을 해 보세요. 재활용을 어떻게 하나요? 어떤 것을 가장 먼저하고, 이어서 두 번째와 세 번째 무엇을 하는지 말해 보세요. 일상적으로 따르는 절차에 대해 얘기해 보세요.

도입 재활용할 때 하는 것들이 몇 가지 있어요. 아파트에 살고 있어서 그곳에서 어떤 일이 벌어지는지 말해볼게요.	**There are a few things to do when I recycle.** I live in an apartment so I'll tell you what happens there.
쓰레기 분류 우선, 수요일에 분류된 쓰레기를 아파트 건물 앞 하치장에 버립니다. 쓰레기는 네 가지로 분류를 해야 합니다. 종이, 플라스틱, 금속 그리고 유리입니다.	**First, on Wednesdays, I leave my separated garbage at the dump in front of my apartment building.** Garbage has to be separated into four main categories. Paper, plastic, metal and glass.
음식물 쓰레기 처리 그리고 음식물 쓰레기는 따로 분리된 용기에 넣습니다. 언제나 버릴 수 있어요.	**Then, food garbage has to go into a separate container.** You can dump it anytime.
대형 쓰레기 처리 가전제품이나 가구 같은 것들은 일주일에 한 번 수거됩니다. 하지만 약간의 비용을 지불해야 합니다. 구청에 담당부서가 있어서 다음 날 아침 수거를 합니다.	**Things like appliances and furniture are collected once a week. But I have to pay a little bit for that.** There is also a department at the local government that collects them the next morning.

*각 단락 여백은 **'나만의 문장'** 추가를 위한 창작공간입니다.

주요어휘 **leave** (여기서는) ~을 버리다 **separated garbage** 분류된 쓰레기 **dump** 쓰레기 하치장 **food garbage** 음식물 쓰레기 **separate container** 따로 분리된 용기 **appliance** 가전제품 **collect** 수거하다 **local government** 구청

Q3. Have you ever had a particularly memorable experience while doing the recycling? Where and when did this happen? Provide a detailed summary of this experience from the beginning to the end of it. What made this experience unique or memorable for you?

재활용을 하면서 특별히 인상적인 경험을 한 적이 있나요? 언제 어디서 벌어진 일인가요? 이 경험을 처음부터 끝까지 자세하게 요약해서 말해 주세요. 어떤 것이 이 경험을 특별하거나 인상적이게 만들었나요?

시기, 배경 지난 달에, 평소처럼 아파트 재활용 장소에서 쓰레기를 버리고 있었어요. 저는 이것을 좋아합니다. 환경을 위해 좋잖아요.	Last month, I was putting out garbage as usual at the apartment recycling area. I like it because it's a good thing for the environment.
버려진 물건 발견 그리고 나서, 금속을 버리는 곳에서 컴퓨터 한 대가 있는 것을 보았죠. 멀쩡한지 보기 위해 집으로 갖고 왔어요.	Then, I saw a computer sitting in the metal recycling area. I brought it home to see if it was OK.
작동 테스트 전원을 연결하고 켰더니 작동이 되는 것이었어요! 약간 오래되긴 했지만 검색을 하기에는 충분히 상태가 좋았어요.	I plugged it in and turned it on. It just worked! It was a little too old but it was good enough to google things.
득템과 이전 재활용 물건 활용 쓰레기장에서 공짜 컴퓨터를 얻었어요! 사실대로 말하면, 전에도 괜찮은 테이블을 갖고 온 적이 있는데, 공짜 컴퓨터가 그 위에 있어요.	I got a free computer from the dump! To tell you the truth, I'd picked up a nice table before and the freebie computer is on top of it.

*각 단락 여백은 '나만의 문장' 추가를 위한 창작공간입니다.

주요어휘 put out 집 밖에 내놓다 **as usual** 평소대로 **bring it home** 그것을 집으로 갖고 오다 **see if** ~인지 보다

　　　　 plug in 전원을 연결하다 **google** 검색을 하다

만능표현 freebie '무료의, 공짜의'란 의미로 사용하는 구어체 표현

Unit 27. 한국의 지형과 활동 Geography

▶ 지형(geography)에 대한 돌발문제에서는 한국의 지형적 특징을 묘사하고, 이를 이용한 다양한 야외활동을 설명한 후에, 지형과 관련해서 겪었던 인상적인 경험을 설명하는 문제가 하나의 콤보를 구성합니다. 배점이 상대적으로 높은 과거 경험유형에서는 국내여행이란 주제의 답변으로도 대체할 수 있습니다.

유형	기출문제 미리 보기
유형 1	Describe the geography in your country. Are there mountains there? Is the seashore part of the geography? Are there lakes? Discuss all the details you can about the geography and landscape in your country. 당신 나라의 지형을 묘사해 보세요. 산이 많나요? 지형 중에 해안도 있나요? 호수는요? 당신 나라의 지형과 풍경에 대한 자세한 것들을 얘기해주세요.
유형 2	What types of outdoor activities do the people in your country do? Are they interested in different types of things than people from other countries? Provide a detailed description of the things that people enjoy doing outdoors. 당신 나라 사람들은 어떤 종류의 야외활동들을 하나요? 다른 나라 사람들과는 다른 종류의 것들에 관심이 많나요? 당신 나라 사람들이 야외에서 즐겨 하는 것들에 대한 자세한 정보를 알려주세요.
유형 3	Discuss something memorable that you experienced during your visit to a special place or a landmark in your country. For instance, it could have been a special event or an experience you had with your parents. Describe the event and everything that happened. 당신 나라의 특별한 장소나 유명한 장소를 갔을 때 경험한 인상적인 것을 얘기해 주세요. 예를 들어, 특별한 행사였거나, 당신 부모님과 관련된 경험일 수 있습니다. 일어났던 모든 일들을 묘사해보세요.

Q1. Describe the geography in your country. Are there mountains there? Is the seashore part of the geography? Are there lakes? Discuss all the details you can about the geography and landscape in your country.

당신 나라의 지형을 묘사해 보세요. 산이 많나요? 지형 중에 해안도 있나요? 호수는요? 당신 나라의 지형과 풍경에 대한 자세한 것들을 얘기해주세요.

한국의 지형 - 산 **한국에는 정말 산이 많아요.** 한국인들의 삶에 정말 중요한 부분을 차지합니다. 산이 국토의 65% 정도를 차지합니다. **어디를 가든 산이 있어요.**	**Korea has really a lot of mountains.** They play an important part of Korean people's lives. Mountains take up about 65% of the country. **Everywhere you go, there are mountains.**
한국의 지형 - 바다 그리고 바다에 둘러싸여 있습니다. 마치 이탈리아와 같죠. 삼면이 바다인데, 서해, 남해 그리고 동해입니다. **마치 섬 같아요.**	Also, the country is surrounded by the sea. It's just like Italy. It has three seas: the West Sea, South Sea and East Sea. **It's like an island.**
한국의 지형 - 호수와 강 그리고 국토 전역에 크고 작은 호수와 강들도 있습니다. 논과 식수로 상당히 중요합니다.	**There are big and small lakes and rivers all over the country too.** They are very important for rice fields and drinking water.
요약, 마무리 **종합해보면,** 한국은 안팎으로 모든 것을 갖추고 있어요. 산, 강, 해변, 호수 등등이요. 무엇이든 말해 보세요. 우리에게 있으니까요.	All in all, **Korea has everything in and around it.** Mountains, rivers, beaches, lakes and so on. You name it, we've got it.

*각 단락 여백은 '**나만의 문장**' 추가를 위한 창작공간입니다.

주요어휘 **play an important part** 중요한 역할을 하다 **take up** 차지하다 **surrounded by** ~에 에워싸여있다

lake 호수 **rice field** 논 **drinking water** 식수 **all in all** 종합해보면

만능표현 **you name it** 사물들을 열거한 뒤에 '그 밖에 무엇이든지 말해 봐' 라는 의미로 사용되는 유용한 표현

Q2. What types of outdoor activities do the people in your country do? Are they interested in different types of things than people from other countries? Provide a detailed description of the things that people enjoy doing outdoors.

당신 나라 사람들은 어떤 종류의 야외활동들을 하나요? 다른 나라 사람들과는 다른 종류의 것들에 관심이 많나요? 당신 나라 사람들이 야외에서 즐겨 하는 것들에 대한 자세한 정보를 알려주세요.

한국인의 야외활동 선호 성향 한국인들은 밖으로 나가 여러 가지 다양한 활동에 참여하는 것을 좋아합니다. 상당히 활동적이어서 밖에서 무엇인가를 합니다.	**Korean people love to go out and take part in different activities.** They're so energetic that they have to be doing something outside.
한국인의 여가 - 등산 예를 들면, 한국인들은 등산을 좋아해요. 하루 일상의 일부입니다. 심지어 굳이 어디를 가지 않아도 됩니다. 주변에 작은 언덕과 산들이 정말 많으니까요.	For example, **Korean people love hiking. It's part of their daily routine.** They don't even have to go anywhere for that. There are so many small hills and mountains around.
한국인의 여가 - 수상스포츠 래프팅과 같은 수상 스포츠도 상당히 인기가 있습니다. 여름에는 사람들이 강에서 래프팅을 하고, 바다에서는 수영을 하며, 호수에서는 배를 탑니다. 파도타기와 스쿠버 다이빙도 요즘 인기를 끌고 있어요.	**Water sports like rafting are very popular too.** In the summer, people raft in the river, swim in the sea and row in the lake. Surfing and scuba diving are getting more popular these days.
계절별 활동 요약, 마무리 여름과 겨울, 바다와 산이 있으니, 제 생각에는 한국이라는 나라는 여러 다른 종류의 활동들을 위한 완벽한 장소입니다. 한 가지 골라보시죠!	**We have the summer, winter, sea and mountains. I think Korea is perfect for many different types of outdoor activities.** Take your pick!

*각 단락 여백은 '**나만의 문장**' 추가를 위한 창작공간입니다.

주요어휘 **take part in** 참여하다 **energetic** 활동적인, 열정적인 **daily routine** 하루 일상 **rafting** 래프팅
row 배를 젓다 **get popular** 점점 인기를 얻다

만능표현 **take your pick** '하나 고르세요!' 오픽은 컴퓨터로 진행되는 면접시험이기 때문에 이런 표현을 이용해서
상대방(가상의 면접관)과 주고 받는 대화를 하고 있다는 느낌을 주게 되면 가산점을 받을 수 있다.

Q3. Discuss something memorable that you experienced during your visit to a special place or a landmark in your country. For instance, it could have been a special event or an experience you had with your parents. Describe the event and everything that happened.

당신 나라의 특별한 장소나 유명한 장소를 갔을 때 경험한 인상적인 것을 얘기해 주세요. 예를 들어, 특별한 행사였거나, 당신 부모님과 관련된 경험일 수 있습니다. 일어났던 모든 일들을 묘사해보세요.

가족과의 여행, 장소 한 번은 우리 가족이 휴가 때 특별한 장소에 갔어요. 경포대라는 곳인데, 아마도 동해안에서 가장 큰 해변입니다.	**My family once went to a special place for a vacation. It's called Gyeongpodae,** probably the largest beach on the east coast.
이동 중 심한 교통체증 하지만 가는 길에 정말 차량이 많았어요. 한국은 너무나 많은 사람들이 사는 작은 나라여서 인기가 있는 장소들은 시종 사람들로 붐빕니다.	**But there was too much traffic on the way.** Korea is a small country with too many people so hot spots are always crowded with visitors.
늦은 도착, 예정된 활동 못함 해는 지고 저는 차 안에서 잠이 들었어요. 도착을 했을 때는 늦은 밤이었죠. 바다에서 수영을 한 후에 바비큐를 할 예정이었거든요.	**The sun finally went down and I fell asleep in the car. When we arrived, it was late in the evening.** We were supposed to be barbecuing after swimming in the sea!
결과, 소감 휴가 대부분을 짐을 싸고, 다시 풀고, 차 안에서 잠 자는 것으로 보냈어요. 특별한 장소에서 정말 짜증나는 휴가였죠.	**I spent most of the vacation packing, unpacking and sleeping in the car.** It was a very unpleasant vacation at a very special place.

*각 단락 여백은 '**나만의 문장**' 추가를 위한 창작공간입니다.

주요어휘 **too much traffic** 정말 많은 차량 **on the way** 가는 도중에 **fall asleep** 잠이 들다 **be supposed to V**
~을 하기로 되어 있는 **barbecue** 숯불 위에 그릴을 얹고 굽다 **pack** 짐을 싸다
unpack 짐을 풀다 **unpleasant** 짜증나는, 마음에 들지 않는
만능표현 **hot spot** 비격식 표현으로 다양한 활동이나 유흥을 즐길 수 있는 장소를 의미하는 표현

Unit 28. 자유시간 Free Time

▶ 돌발주제들 가운데 가장 쉬운 주제 중 하나가 자유시간(free time)에 대한 것입니다. 얼만큼의 자유시간을 어떻게 보내는지 설명한 다음, 최근 자유시간에 했던 경험을 설명할 때는 집이나, 여행 혹은 친구들과 보낸 시간 등을 소재로 답변할 수 있습니다.

유형	기출문제 미리 보기
유형 1	Do you have much free time in Korea? When you need to take personal days from work, what do you have to do? 당신은 한국에서 자유시간이 많나요? 회사에서 휴가를 낼 필요가 있을 때는 반드시 무엇을 해야 하나요?
유형 2	When Koreans have some free time, what do you typically do? What are the things you enjoy to do? What are the differences between different age groups? Do young people spend their free time differently from older people? 한국사람들은 자유시간이 있을 때 주로 무엇을 하나요? 당신이 즐겨 하는 것들은 무엇인가요? 연령대별로 다른 점은 어떤 것들이 있나요? 젊은 사람들은 나이가 좀 더 있는 사람들에 비해 자유시간을 다르게 활용하나요?
유형 3	What did you do when you had some free time lately? Was it something you did over the weekend, or during a vacation? Please tell me as much details as possible about what you did last time when you had free time. 최근에 자유시간이 있을 때 당신은 무엇을 했나요? 주말 동안 한 것인가요, 아니면 휴가 때였나요? 최근 자유시간 때 무엇을 했는지 가능한 자세히 말해주세요.

Q1. Do you have much free time in Korea? When you need to take personal days from work, what do you have to do?

당신은 한국에서 자유시간이 많나요? 회사에서 휴가를 낼 필요가 있을 때는 반드시 무엇을 해야 하나요?

도입 - 여름 휴가	Let's take the summer vacation for example. Here's what you do to get it. And a one-week vacation would be the longest you can get in this country.
여름휴가를 예로 들어볼게요. 휴가를 쓰려면 해야 하는 것은 이렇습니다. 일주일 휴가가 우리나라에서 얻을 수 있는 가장 긴 휴가일 것입니다.	
휴가를 내는 방법	**First, you ask the vacation organizer for a vacation.** Sometimes it's adjusted and reorganized depending on others' vacation plans.
우선, 휴가를 담당하는 직원에게 휴가 요청을 해야 합니다. 다른 사람들의 휴가 계획에 따라 조정이 되고 재편성이 되기도 합니다.	
기간이 짧으면 짧은 휴가(반차)	**If it's not too long, you can just tell your boss** that you need some hours off. You might visit the bank or you might go to the dentist. That shouldn't be a problem.
기간이 짧다면 그냥 상사에게 몇 시간 쉬겠다고 말을 하면 됩니다. 은행을 가거나 치과에 다녀올 수 있으니까요. 그런 것은 큰 문제가 되지 않습니다.	
부족한 휴가, 소감	**Unfortunately, you're not expected to have a long vacation.** Korea is still a very group-minded society. But things are changing for the better.
안타깝게도, 긴 여행을 기대하기는 어렵습니다. 한국은 여전히 단체 중심의 사회이거든요. 하지만 보다 나은 쪽으로 변하고 있습니다.	

*각 단락 여백은 '나만의 문장' 추가를 위한 창작공간입니다.

주요어휘 vacation organizer 휴가 담당 직원 adjust 조정하다 reorganize 재편성하다

some hours off 몇 시간 쉬다 dentist 치과 group-minded 단체 중심의

for the better 보다 나은 쪽으로

만능표현 Let's **take** the summer vacation **for example.** '~을 예로 들다'라고 할 때 take something for example 라는 패턴을 활용할 수 있다.

Q2. When Koreans have some free time, what do you typically do? What are the things you enjoy to do? What are the differences between different age groups? Do young people spend their free time differently from older people?

한국사람들은 자유시간이 있을 때 주로 무엇을 하나요? 당신이 즐겨 하는 것들은 무엇인가요? 연령대별로 다른 점은 어떤 것들이 있나요? 젊은 사람들은 나이가 좀 더 있는 사람들에 비해 자유시간을 다르게 활용하나요?

한국인의 자유시간 – 식사, 음주, 노래 **아마도 한국사람 대부분은 시간이 있을 때 먹고, 마시고 함께 노래를 부르려고 친구들을 만나는 것 같아요.** 제 생각에는 그것이 가장 쉽고 즐거운 것이라고 여겨집니다.	**Most Koreans would probably meet their friends to eat, drink and sing together** when they have time. I think it's the easiest and most enjoyable thing to do.
한국인의 자유시간 – 등산, 캠핑, 자전거 **그리고 사람들은 등산, 캠핑, 자전거 타기 등과 같은 야외활동도 합니다.** 보다 건강한 생활방식에도 관심이 있거든요.	**People also do outdoor activities like hiking, camping, bike-riding and so on.** They are interested in heathier lifestyles as well.
나의 자전거 타기 **개인적으로는, 저는 요즘 자전거 타기에 빠져있어요.** 최근에 좋은 자전거 한 대를 장만했는데, **친구들과 자전거를 타면서 새로운 곳을 둘러 보는 것이 상당히 재미있습니다.**	**Personally, I'm into bike-riding these days.** I recently bought a nice bike and **it's so much fun riding and exploring new places** with my friends.
한국인의 자유시간 – 인터넷, 게임, 쇼핑 **젊은 사람들은 온라인 접속을 좋아하는 듯 합니다.** 컴퓨터 게임을 하고, 여러 인터넷 쇼핑을 하거나 그냥 검색을 하기도 합니다. **그것도 상당히 재미있죠. 더 나을 것도 못 할 것도 없지요.** 단지 스스로 즐기기 위해 무엇을 선택하느냐의 문제일 뿐입니다.	**Young people seem to enjoy staying online.** They play computer games, do a lot of Internet shopping or just surf the Internet. **It's also a lot of fun. There's no better or worse.** It's just a matter of what you choose to enjoy yourself.

*각 단락 여백은 '나만의 문장' 추가를 위한 창작공간입니다.

주요어휘 **outdoor activity** 야외 활동 **personally** 개인적으로는 **be into** ~에 빠져 있는, 관심이 많은 **explore** 둘러보다, 탐험하다 **surf the Internet** 검색을 하다 **no better or worse** 더 나은 것도 나쁜 것도 없는

만능표현 **it's just a matter of** '단지 ~의 문제일 뿐' 이란 의미의 유용한 표현

Q3. What did you do when you had some free time lately? Was it something you did over the weekend, or during a vacation? Please tell me as much details as possible about what you did last time when you had free time.

최근에 자유시간이 있을 때 당신은 무엇을 했나요? 주말 동안 한 것인가요, 아니면 휴가 때였나요? 최근 자유시간 때 무엇을 했는지 가능한 자세히 말해주세요.

자전거 타기의 장점 저는 요즘 자전거 타기에 빠져 있어요. 언제 이것이 지루해질지는 모르겠지만, **정말 재미있습니다.** 그리고 먹고 술에 취하는 것보다 훨씬 더 나아요.	**I'm into bike riding these days.** I'm not sure when I'll get bored with it but **it's so much fun.** And it's a lot better for health than eating and getting drunk!
시기, 동행인, 장소 그래서 몇 주 전에 친구 몇 명과 자전거를 타러 갔어요. 근처 호수 주변을 돌았는데 정말 좋더라고요.	So, I went bike-riding with a couple of my friends a few weeks ago. We rode along the edge of the lake nearby and it was just so nice.
자전거 타다가 식당 발견 도중에 정말 괜찮은 식당도 하나 발견했어요. 돈이 없어서 아무 것도 먹지는 못했습니다. 하지만 **다음에 나가게 되면 그곳에서 함께 식사를 하자고 모두 동의했어요.**	We found a very nice restaurant along the way too. We didn't have any money so we couldn't try anything but **we all agreed to eat dinner there next time we're out.**
소감, 마무리 상당히 편안하고, 느긋하면서도 즐거운 자전거 타기였어요. 다음 주말을 못 기다리겠네요. 그 식당이 상당히 좋아 보였거든요.	It was a very relaxing and slow, pleasant ride. I can't wait for the **next weekend** to come. The restaurant looked really nice.

*각 단락 여백은 **'나만의 문장'** 추가를 위한 창작공간입니다.

주요어휘 **get bored with** ~에 지루함을 느끼는 **get drunk** 술에 취한 **the edge of** ~의 가장자리 **along the way** 도중에 **relaxing** 편안한 **pleasant** 즐거운, 기분 좋은

Unit 29. 모임 Gathering / Celebration

▶ 사람들의 여가활동에 관련해서 '모임'에 대한 돌발주제도 있습니다. 우리의 일상에서 흔히 찾아볼 수 있는 각종 모임에 대한 소개, 특정 모임에 대한 구체적인 묘사, 최근에 참석했던 모임이나 축하행사에 대한 경험을 이야기하고, 인상적인 경험이 있었던 모임에 대한 설명을 하는 문제들이 출제됩니다.

유형	기출문제 미리 보기
유형 1	Discuss some of the gatherings or celebrations in your country. What are the things people usually do when they get together? Provide several details regarding your gatherings. 당신 나라의 모임이나 축하행사 몇 가지에 대해 말해보세요. 사람들이 모이면 주로 어떤 것들을 하나요? 당신의 모임에 대한 여러 가지 구체적인 것들을 얘기해 보세요.
유형 2	Focus on a particular gathering or celebration and discuss all of the things people do in preparation for it. Are special foods prepared for this event? Are there specific events or traditions that occur at this particular celebration? 특별한 모임이나 축하행사 하나에 초점을 맞추고, 준비를 위해 사람들이 하는 모든 것들을 말해보세요. 이 행사를 위해 특별한 음식이 준비되나요? 이 특정 행사에 특별한 이벤트나 전통이 있나요?
유형 3	Reflect upon the last gathering or celebration that you attended. Explain the activities that went on and what you did during this occasion. Talk about this event from the start to finish. 당신이 참여했던 최근 모임이나 축하행사 하나를 생각해 보세요. 이 행사에서 있었던 일들과 당신이 한 일들을 말해보세요. 이 행사의 처음부터 끝까지 얘기해 보세요.
유형 4	Could you think back to a particularly memorable experience at a gathering or celebration? Perhaps it was a very enjoyable experience when something humorous or surprising occurred. Describe this experience and clarify what made this experience so unforgettable. 모임이나 축하행사에서 있었던 특별히 인상적인 경험 하나를 생각해 보세요. 무엇인가 웃겼거나 놀라운 일이 생겨서 상당히 즐거웠던 경험일 수 있습니다. 이 경험을 말해보고 특히 인상적인 이유를 명확하게 설명하세요.

Q1. Discuss some of the gatherings or celebrations in your country. What are the things people usually do when they get together? Provide several details regarding your gatherings.

당신 나라의 모임이나 축하행사 몇 가지에 대해 말해보세요. 사람들이 모이면 주로 어떤 것들을 하나요? 당신의 모임에 대한 여러 가지 구체적인 것들을 얘기해 보세요.

도입 우리에게는 다양한 모임과 축하행사가 있습니다. 그 중 몇 가지를 임의로 얘기해 보겠습니다.	We have a lot of different gatherings and celebrations. Let me talk about some of them randomly.
환갑잔치 우선, '환갑'이라고 불리는 상당히 큰 규모의 생일파티가 있습니다. 60 번째 생일이라는 의미인데요, 모든 가족들 그리고 가까운 친척들이 모여서 함께 축하하고, 먹고 마십니다.	First of all, **we have a huge birthday party called 'Hwangap'. It means the 60th birthday**. All the family members and close relatives come over to celebrate, eat and drink together.
회식 또한 회식도 있습니다. 사무실에 있는 모든 사람들이 퇴근 후에 어딘가 가서 함께 먹고 마십니다. 사실은 많은 사람들이 그냥 집에 가서 쉬는 것을 더 선호합니다.	We also have office parties. **All the people in the office** go somewhere and **eat and drink together after work**. Actually, a lot of people prefer to go home and relax instead.
크리스마스, 마무리 성탄절에 대한 이야기도 해야겠네요. 데이트를 하는 젊은 사람들로 식당과 술집은 만원이 됩니다. 어떤 상황이든 음식과 술이 포함됩니다. 이 정도가 전부인 것 같네요.	I must talk about Christmas Day as well. **Restaurants and bars are crowed with young couples** having a date. Whatever it is, it involves food and alcoholic drinks. **Well, that's pretty much it.**

*각 단락 여백은 '나만의 문장' 추가를 위한 창작공간입니다.

주요어휘 **gathering** 모임 **celebration** 축하행사 **randomly** 임의로 **huge** 규모가 큰, 거대한 **relative** 친척

actually 사실은 **alcoholic drink** 술

만능표현 **whatever it is** '그것이 ~일지라도' 라는 의미를 나타내는 유용한 표현

Q2. Focus on a particular gathering or celebration and discuss all of the things people do in preparation for it. Are special foods prepared for this event? Are there specific events or traditions that occur at this particular celebration?

특별한 모임이나 축하행사 하나에 초점을 맞추고, 준비를 위해 사람들이 하는 모든 것들을 말해보세요. 이 행사를 위해 특별한 음식이 준비되나요? 이 특정 행사에 특별한 이벤트나 전통이 있나요?

특별한 모임 특정 – 추석 우리에게는 추석이라고 불리는 축하행사가 있습니다. 음력으로 8월 15일이에요. 이 기간에는 날씨가 대부분 좋습니다.	**We have a celebration called Chuseok. It's the 15th day of the eighth month of the lunar calendar.** The weather is usually beautiful around the period.
부모님 방문 모든 사람들이 자신의 부모님을 만나기 위해 여행 길에 오릅니다. 도착을 하면 여러 가지 음식을 만들고, 함께 먹고 마시면서 즐거운 시간을 보냅니다.	**All the people hit the road to visit their parents.** Once they arrive, they make a lot of food, eat, drink and have fun all together.
송편과 차례음식 이 명절에는 '송편'이 특별한 음식이에요. 작고 쫀득한 쌀로 만든 동그란 모양입니다. 조상들을 위한 제사인 '차례'를 위해 여러 가지 다른 음식들을 준비합니다.	**'Songpyeon' is the special food for the holiday. It's small chewy rice balls.** We prepare a lot of different kinds of food for 'Charye', a memorial ceremony for ancestors.
성묘, 마무리 그리고는 자신들 조상의 산소를 방문해서 주변을 돌봅니다. 한국의 전통 레슬링인 씨름과 같은 게임을 합니다. 이 정도면 되었네요.	**Then, people visit and take care of their ancestors' graves.** We play games like Ssireum, which is Korean traditional wrestling. Well then, that should be it.

*각 단락 여백은 '나만의 문장' 추가를 위한 창작공간입니다.

주요어휘 lunar calendar 음력 chewy 쫀득한 rice ball 쌀로 만든 둥근 모양의 것 memorial ceremony 제사
      ancestor 조상 grave 산소 that should be it 이 정도면 되다

만능표현 hit the road '여행 길에 오르다, 먼 길을 나서다'란 의미의 표현

Q3. Reflect upon the last gathering or celebration that you attended. Explain the activities that went on and what you did during this occasion. Talk about this event from the start to finish.

당신이 참여했던 최근 모임이나 축하행사 하나를 생각해 보세요. 이 행사에서 있었던 일들과 당신이 한 일들을 말해보세요. 이 행사의 처음부터 끝까지 얘기해 보세요.

모임 특정 - 결혼식 저는 작년에 조카 결혼식에 갔어요. 모든 친척들도 그곳에 있었죠. 이 행사에 대한 이야기를 조금 해 볼게요.	**I went to my cousin's wedding last year.** All my relatives were there too. I'll tell you a little bit about it.
예식장 풍경 결혼식은 재미있었어요. 신혼부부를 위해 친구들이 축가를 불러주었죠. 보고 들을 것이 많았어요.	**The wedding was fun. The couple's friends sang for the newlyweds.** There was a lot to look at and listen to.
폐백 제가 다음으로 한 것은 폐백에 참석한 것이었어요. 신랑의 부모님께 절을 드리는 전통 의식인데, 신혼부부는 한국의 전통의상을 입습니다.	**The next thing I did was take part in Pyebaek. It's a traditional bowing ceremony for groom's parents** where the newlyweds get dressed in traditional Korean clothes.
식사, 소감 그 이후에는 점심을 먹었는데 뷔페였는데 음식이 맛있었습니다. 신혼부부는 식당에 와서 손님들께 감사 인사를 드렸는데, 너무 행복해 보였고, 저 또한 그들 때문에 행복했어요.	**After that we had lunch. It was a buffet and the food was great.** The couple visited the restaurant to thank all the guests. They looked so happy and **I was happy for them too.**

*각 단락 여백은 '나만의 문장' 추가를 위한 창작공간입니다.

주요어휘 **cousin** 사촌 **relative** 친척 **newlyweds** 신혼부부 **take part in** 참여하다 **bowing ceremony** 절을 하는

의식 **groom** 신랑 **get dressed** 옷을 차려 입다

Q4. Could you think back to a particularly memorable experience at a gathering or celebration? Perhaps it was a very enjoyable experience when something humorous or surprising occurred. Describe this experience and clarify what made this experience so unforgettable.

모임이나 축하행사에서 있었던 특별히 인상적인 경험 하나를 생각해 보세요. 무엇인가 웃겼거나 놀라운 일이 생겨서 상당히 즐거웠던 경험일 수 있습니다. 이 경험을 말해보고 특히 인상적인 이유를 명확하게 설명하세요.

모임 특정 - 돌잔치 참석 **작년에 조카 돌잔치에 초대를 받았어요.** 한국에서는 상당히 특별한 날이어서 규모가 큰 파티를 준비합니다.	**Last year, I was invited to my nephew's first birthday party.** It's a very special day in Korea so we organize a very big party for it.
돌잡이 재미있는 순서는 돌잡이 시간이었어요. 몇 가지 다른 물건들 중에서 선택을 하게끔 하는 것이에요. 펜, 마이크, 실 야구공 등이 있는데, 각각의 의미가 있습니다.	**The fun part was the take-your-pick session. He was made to choose from a few different things:** a pen, microphone, thread, baseball, etc. Each thing has a meaning.
야구공 선택 조카가 야구공을 골랐어요. 야구선수가 된다는 의미입니다. 미래의 투수에 대해 이야기하면서 모두들 행복했어요.	**Then he chose the baseball. It means he is going to be a baseball player.** Everybody was happy talking about the future pitcher.
나의 돌잡이, 소감 돌아오는 길에 제가 돈을 선택했다고 아버지가 말씀해 줬어요. 두고 볼 일이죠. 아무튼 즐거운 날이었고, 모두들 아주 즐거웠습니다.	**On the way back, my dad told me I chose money. Well, we'll see. Anyway, it was a great day** and everyone had lots of fun.

*각 단락 여백은 '**나만의 문장**' 추가를 위한 창작공간입니다.

주요어휘 **nephew** 남자조카 **organize** 마련하다 **take-your-pick session** 돌잡이 시간 **thread** 실

future pitcher 미래의 투수

Unit 30. 호텔 Hotel

▶ 호텔(hotel)에 대한 질문은 돌발주제에서만 출제되는 것이 아니라, 국내외 여행 같은 선택주제에서도 활발히 등장하는 주제여서 잘 준비를 해야 하는 주제입니다. 호텔 투숙 경험을 설명하는 유형에서는 여행 중 겪었던 경험을 호텔과 관련 지어서 답변할 수 있습니다.

유형	기출문제 미리 보기
유형 1	Can you tell me about the hotels in your country? What do they look like? Where are they normally located? Provide several details to describe the hotels in your country. 당신 나라의 호텔에 대해 말해주겠어요? 어떻게 생겼나요? 호텔은 보통 어디에 있나요? 당신 나라의 호텔에 대해 구체적인 사항들을 말해주세요.
유형 2	Discuss your typical routine at a hotel. Explain what types of activities you do and how often do you go to the hotel? What are the employees like at these hotels? 호텔에서 당신이 주로 하는 일상적인 것들을 말해보세요. 어떤 활동들을 하고 얼마나 자주 호텔에 가는지 설명하세요. 호텔에 있는 직원들은 어떤가요?
유형 3	Describe your experience the last time you stayed at a hotel. In detail, explain which hotel you went to, why you went there, what you did while there, and who went there with you. Please describe the whole story from beginning to end. 최근에 호텔에 머물렀던 경험을 이야기해 보세요. 구체적으로 어느 호텔에 갔고, 왜 갔으며, 머무는 동안 무엇을 했으며, 누구와 동행했는지 말해보세요. 처음부터 끝까지 모든 이야기를 해 보세요.

Q1. Can you tell me about the hotels in your country? What do they look like? Where are they normally located? Provide several details to describe the hotels in your country.

당신 나라의 호텔에 대해 말해주겠어요? 어떻게 생겼나요? 호텔은 보통 어디에 있나요? 당신 나라의 호텔에 대해 구체적인 사항들을 말해주세요.

도입 한국에는 여러 다른 타입의 호텔들이 있어요. 사람들이 가장 많이 사용하는 두어 가지 호텔에 대해 말해볼게요.	**We have a lot of different types of hotels in Korea.** Let me talk about a couple of types people use the most.
5 성호텔 우선, 가격이 비싼 대형 5 성 호텔들이 있어요. 주로 대도시나 휴양지 근처에 있어요. 그곳에서 제공하는 모든 것들은 세계적인 수준입니다. 하지만 저는 그런 곳에 머물만한 경제적 능력이 되지 않아요.	**First, we have big, expensive five-star hotels. They are usually in big cities or near holiday destinations.** Everything they offer is world-class. Well, I can't afford them though.
모텔 모텔도 있어요. 어디든 있어요. 특급 호텔보다는 저렴하고 크기도 작지만, 대개 깨끗하고 괜찮아요.	**We also have motels. They're everywhere. They're cheaper and smaller** than the luxury hotels **but they're usually nice and clean.**
팬션과 콘도 펜션이나 콘도 같은 다른 종류의 호텔도 있어요. 주로 시골이나 해변 근처에 있어요. 그곳에서는 요리가 허용됩니다.	**There are other types of hotels like pension houses or condos. They're usually in the country or near the beach.** You're also allowed to cook there.

*각 단락 여백은 '나만의 문장' 추가를 위한 창작공간입니다.

주요어휘 **a couple of** 두어 가지 **five-star hotel** 오성(특급) 호텔 **holiday destination** 휴양지 **offer** 제공하다

　　　　world-class 세계적인 수준의, 최상의 **afford** 경제적으로 여유가 되다 **luxury hotel** 특급 호텔

　　　　pension house 펜션 **condo** (= condominium) 콘도

만능표현 **be allowed to V** '~하는 것이 허용되다'라는 의미의 유용한 문장패턴

Q2. Discuss your typical routine at a hotel. Explain what types of activities you do and how often do you go to the hotel? What are the employees like at these hotels?

호텔에서 당신이 주로 하는 일상적인 것들을 말해보세요. 어떤 활동들을 하고 얼마나 자주 호텔에 가는지 설명하세요. 호텔에 있는 직원들은 어떤가요?

소형 호텔 애용 어디를 갈 때는 작은 호텔을 종종 이용합니다. 어디를 가든 찾기가 상당히 쉽거든요. 가격이 합리적이고 대부분 깨끗하고 괜찮습니다. 하지만 여름휴가철에는 상당히 비싸집니다.	**I often use small hotels when I'm away. It's so easy to find one wherever I am.** Prices are reasonable and they're mostly nice and clean. But during the summer vacation season, they get so expensive.
와이파이 사용, 주변 시설 확인 반드시 호텔에서 제공하는 무료 와이파이에 핸드폰을 연결합니다. 그리고는 지도 앱을 열어서 호텔 주변에 무엇이 있는지 확인합니다. 음식을 배달시키거나 식당에서 외식을 합니다.	**I make sure my phone is connected to the free hotel Wi-Fi.** Then I open my map app and check what's there around the hotel. I might order in some food or I eat out at a restaurant.
목욕 또 잠자리에 들기 전에는 항상 뜨거운 목욕을 합니다. 일부 호텔에는 각 방에 온천 시설이 있어요. 또한 여름에는 에어컨과 겨울에는 난방시설이 있어서 아주 좋습니다.	**Also, I always take a hot bath before I go to bed.** Some hotels have a spa in each room. It's also wonderful to have air-conditioning in the summer and heating in the winter.
직원들의 친절함 직원들은 대개 친절합니다. 일부 직원은 약간 불친절하지만 그렇다고 꼭 불친절하지는 않아요. 제가 질문하면 친절하게 답변하고, 간혹 가볼 만한 곳을 추천해주기도 합니다.	**The staff are usually nice.** Some are a little unfriendly but not necessarily rude. **They answer my questions kindly and sometimes recommend places to visit.**

*각 단락 여백은 '나만의 문장' 추가를 위한 창작공간입니다.

주요어휘 reasonable 합리적인 get expensive 비싸진다 make sure ~을 반드시 한다 order in 배달을 시키다
eat out 외식을 하다 spa 온천(시설) unfriendly 불친절한 necessarily 그렇다고 꼭 rude 무례한

Q3. Describe your experience the last time you stayed at a hotel. In detail, explain which hotel you went to, why you went there, what you did while there, and who went there with you. Please describe the whole story from beginning to end.

최근에 호텔에 머물렀던 경험을 이야기해 보세요. 구체적으로 어느 호텔에 갔고, 왜 갔으며, 머무는 동안 무엇을 했으며, 누구와 동행했는지 말해보세요. 처음부터 끝까지 모든 이야기를 해 보세요.

시기, 특급호텔 할인행사 발견 지난 여름에 특급호텔의 저렴한 상품 광고가 제 핸드폰에 떴어요. 모든 것이 포함된 2 인용 1 박 상품이었죠. 수영장 무료 사용, 세 코스 저녁식사, 아침식사 그리고 바에서 술까지!	Last summer, a five-star hotel hot deal ad popped up on my phone. It was an all-included overnight package for two people. Free swimming pool, three-course dinner, breakfast and a drink at the bar.
동행인 구함 바로 친구에게 전화를 해서 함께 가자고 말했어요. 2 시간 동안만 유효한 반값행사였어요. 좋은 조건을 활용하기로 결정했어요.	I called a friend of mine right away and asked him (her) to join me. It was a half-price deal available for two hours. We decided to take advantage of a good deal.
호텔에서 수영, 식사, 음주 그래서 함께 갔어요. 체크인을 한 후에 바로 수영장에 갔고, 저녁식사로 스테이크와 바에서 술도 한잔 했습니다. 침대느낌이 너무 좋아서 바로 잠이 들었죠.	So, we went together. After we checked in, **we went straight to the swimming pool. We had steak for dinner and had a drink at the bar.** The bed felt so nice that we fell asleep right away.
늦잠, 소감 안타깝게도 무료 아침식사에는 너무 늦게 일어났어요. 대신 샤워를 오랫동안 하고 체크아웃을 했습니다. **비싼 호텔에서의 첫 번째 숙박이었는데, 정말 좋았어요.**	Unfortunately, we got up too late for the free breakfast. We took a very long shower instead and checked out. **It was our first stay at an expensive hotel. I really liked it there.**

*각 단락 여백은 '**나만의 문장**' 추가를 위한 창작공간입니다.

주요어휘 **hot deal** (단기간에 판매하는) 저렴한 상품 **pop up** 갑자기 나타나다 **all-included** 모든 것이 포함된

overnight package 1 박 패키지 **three-course dinner** 세 가지 메인 음식이 나오는 저녁 식사

take advantage of ~을 이용하다 **good deal** 저렴한 서비스나 상품

Unit 31. 기술 Technology

▶ 기술(technology)에 대한 돌발주제에서는 우리가 흔히 사용하는 기술과 내가 주로 사용하는 기술들을 묘사한 후에, 특정 기술의 변화와 발전을 말하고, 특정 기술이 제대로 작동하지 않아서 어려움을 겪었던 경험을 설명하라는 문제가 출제됩니다. 컴퓨터, 인터넷, 핸드폰 등과 같이 우리가 일상에서 흔히 사용하는 것들을 답변 소재로 활용할 수 있습니다.

유형	기출문제 미리 보기
유형 1	Please tell me about some of the technologies people usually use in your country. What are some common forms of technology that people use? And why do they use them? 당신 나라 사람들이 주로 사용하는 기술 몇 가지에 대해 말해보세요. 사람들이 사용하는 흔한 기술들은 무엇인가요? 그리고 그것들을 왜 사용하나요?
유형 2	Discuss how you typically use technology. What types of activities does technology help you with on a daily basis? 당신이 주로 사용하는 기술에 대해 말해보세요. 기술이 당신의 일상과 관련된 어떤 활동들에 도움이 되나요?
유형 3	Technology has rapidly advanced in the modern era. Describe to me one memory you have about a piece of technology. How has that technology changed in the past 10 years? 현대에는 기술이 빠르게 발전하고 있습니다. 특정 기술에 대한 기억 한 가지를 제게 말해주세요. 지난 10년 동안 그 기술이 어떻게 변화를 했나요?
유형 4	Sometimes problems arise when technology doesn't work properly. Tell me a story about an experience you've had when your technology was not working. What exactly was the problem? How did it affect your work? What did you do to resolve the problem? Tell me that story in a detailed fashion. 가끔 기술이 제대로 작동하지 않아서 문제가 발생합니다. 당신이 사용하는 기술이 제대로 작동하지 않았던 경험 하나를 말해주세요. 문제가 정확히 무엇이었죠? 당신의 일에 어떤 영향을 주었나요? 문제해결을 위해 무엇을 했나요? 자세하게 말해주세요.

Q1. Please tell me about some of the technologies people usually use in your country. What are some common forms of technology that people use? And why do they use them?

당신 나라 사람들이 주로 사용하는 기술 몇 가지에 대해 말해보세요. 사람들이 사용하는 흔한 기술들은 무엇인가요? 그리고 그것들을 왜 사용하나요?

도입 – 한국의 기술 개요 한국 사람들은 여러 가지 다른 기술들을 사용합니다. 그리고 새로운 기술에 대해서도 관심이 있습니다. 한국은 삼성이나 LG와 같은 대형 첨단 기술 회사들의 본고장입니다.	**People use a lot of different technologies in Korea.** They are also interested in new technologies. Korea is home of the big high-tech companies like Samsung, LG and all that.
교통카드 시스템 우선, 우리는 디지털 방식으로 대중교통 요금을 지불합니다. 버스, 택시, 지하철, 무엇이든 가능해요. 만약 당신이 스마트폰만 있다면 더 이상 지갑이 필요 없습니다.	**For a start, we pay digitally for public transportation. Bus, taxi, subway, you name it.** If you've got a smartphone, you don't need your wallet anymore.
온라인 민원시스템 또한 우리는 거의 모든 서류를 집에서 발급할 수 있어요. 예를 들어, 정부 웹사이트를 이용해서 집에서 가족관계 증명서를 출력할 수 있어요.	**We can get almost all the important documents from home too.** For example, you can print out your family relation certificate on the government's website at home.
고속 인터넷, 마무리 인터넷 접속에 대한 이야기를 잊을 뻔 했네요. 빠르고 대부분 무료입니다. 인터넷 접속을 위해 옮겨 다닐 필요가 없어요. 훨씬 더 많은데 **지금 생각나는 것은 이 정도입니다.**	**I almost forgot to talk about the Internet access. It's fast and often free.** You don't have to move around to get onto the Internet. There's a lot more but **that's all I think of for now.**

*각 단락 여백은 '나만의 문장' 추가를 위한 창작공간입니다.

주요어휘 **and all that** 앞서 언급한 것들과 비슷한 그런 것들 **home of** ~의 본고장 **high-tech** 최첨단의 **for a start** 우선 **you name it** 뭐든 해당한다 **print out** 출력하다 **family relation certificate** 가족관계 증명서 **get onto the Internet** 인터넷에 접속하다

만능표현 **and all that** '앞서 언급한 것과 비슷한 모든 것들' 이라는 의미로 열거할 때 맨 뒤에 붙이는 유용한 표현

Q2. Discuss how you typically use technology. What types of activities does technology help you with on a daily basis?

당신이 주로 사용하는 기술에 대해 말해보세요. 기술이 당신의 일상과 관련된 어떤 활동들에 도움이 되나요?

도입	I use a lot of digital services. I don't think I can live without them now. I bet you feel the same way.
저는 다양한 디지털 서비스를 활용합니다. 이제는 이것들 없이는 살 수 없겠다는 생각이에요. 당신도 같은 생각일 것이라 확신해요.	
스마트폰을 이용한 예매와 쇼핑	First, I don't make phone calls anymore to book tickets. I shop online a lot too. It's faster and easier once you have a smartphone.
우선, 티켓 예매를 위해 더 이상 전화를 하지 않습니다. 온라인으로 쇼핑도 많이 해요. 스마트폰만 있으면 더 쉽고 더 빨라요.	
전자결제	Next up is the digital payment system. We have Samsung Pay and Kakao Pay and many other payment systems. I don't really have to carry my wallet in my pocket anymore.
디지털 지불 방식이 다음입니다. 삼성페이나 카카오페이 그리고 여러 다른 지불 방식들이 있어요. 저는 정말로 더 이상 주머니에 지갑을 갖고 다니지 않아도 됩니다.	
스마트워치, 마무리	Finally, I use my smartwatch every day for my health. It tells me about all the activities I've had during the day. I'm not sure if it's really precise but it's quite fun. Well, that's how I use technology.
마지막으로, 건강을 이유로 스마트워치를 매일 사용해요. 하루 동안 제가 했던 모든 활동들을 알려줍니다. 그것이 정말 정확한지는 모르겠지만 상당히 재미있어요. 이것이 제가 어떻게 기술을 활용하는지에 대한 것입니다.	

*각 단락 여백은 '나만의 문장' 추가를 위한 창작공간입니다.

주요어휘 **next up** 다음으로 다룰 것은 **carry** 갖고 다니다 **during the day** 하루 동안 **precise** 정확한

만능표현 **I bet you feel the same way** '당신도 저와 같은 생각일 것이라 확신해요' 란 의미로 상대방과 대화를 하는듯한 느낌을 연출할 수 있는 유용한 표현

Q3. Technology has rapidly advanced in the modern era. Describe to me one memory you have about a piece of technology. How has that technology changed in the past 10 years?

현대에는 기술이 빠르게 발전하고 있습니다. 특정 기술에 대한 기억 한 가지를 제게 말해주세요. 지난 10 년 동안 그 기술이 어떻게 변화를 했나요?

도입 (시기, 특정 제품 소개) 대략 10 년 전쯤에 스마트폰을 처음 갖게 되었어요. 아버지께서 생일 선물로 사 주셨죠.	I think it was about 10 years ago when I got my first smartphone. My dad bought it for my birthday.
느낌, 당시 상황 설명 너무 좋아서 모든 사람들에게 저의 새 휴대폰을 자랑했어요. 당시에 스마트폰을 사용하는 사람이 많지 않았거든요.	I was so happy that I showed off my brand-new phone to everyone. Not many people were using smartphones back then.
친구의 원격 도움 4 인치 스크린에, 카메라 그리고 인터넷 접속도 되는 것이었죠. 실제로 휴대폰에서 게임을 다운받아 게임을 할 수 있다는 것이 놀라웠어요.	It had a 4-inch screen, cameras, and Internet access too. It was amazing that I could actually download games and play them on it.
결과, 소감 지금은, 화면을 반으로 접을 수 있어요. 화면 아래쪽에 지문 인식 장치가 있고 화면이 휴대폰 전면을 채웁니다. 앞으로 10 년 동안 휴대폰이 어떻게 바뀌게 될지 궁금해요.	Now, you can fold the display in half. There's a fingerprint reader under the screen and the display fills the entire front. I wonder what it's going to look like in another 10 years.

*각 단락 여백은 '나만의 문장' 추가를 위한 창작공간입니다.

주요어휘 show off ~을 자랑하다 brand-new 완전 새 것인 amazing 놀라운 fold the display (휴대폰) 화면을 접다 in half 반으로 fingerprint reader 지문 인식 장치 fill the entire front 전면을 채우다 wonder 궁금하다

만능표현 let me think '잠깐 생각을 해 보고 답변을 하겠다'는 의미로 오픽 답변을 시작할 때 생각할 시간을 벌어주는 유용한 표현

Q4. Sometimes problems arise when technology doesn't work properly. Tell me a story about an experience you've had when your technology was not working. What exactly was the problem? How did it affect your work? What did you do to resolve the problem? Tell me that story in a detailed fashion.

가끔 기술이 제대로 작동하지 않아서 문제가 발생합니다. 당신이 사용하는 기술이 제대로 작동하지 않았던 경험 하나를 말해주세요. 문제가 정확히 무엇이었죠? 당신의 일에 어떤 영향을 주었나요? 문제해결을 위해 무엇을 했나요? 자세하게 말해주세요.

시기, 화상 회의, 장비 **몇 달 전에, 온라인으로 중요한 회의가 있었어요.** 모든 것이 잘 작동되었죠. 제 노트북, 카메라, 스피커 등등 말이죠.	**A few months ago, I had an important online meeting.** Everything was working fine. My laptop, camera, speakers and so on.
화상 회의 풍경 **사람들이 자신의 생각을 이야기하고 서로 질문도 하고 그랬어요.** 마치 실제로 사무실에서 토론을 하는 것 같았죠.	**People talked about their ideas and asked each other questions.** It was just like a real discussion in the office.
소프트웨어 문제 발생 그리고 제가 말할 차례가 되었는데, 어떤 이유에선지 온라인 회의 소프트웨어가 작동을 멈추었어요. 문제를 해결하려고 했지만, 할 수 없었죠.	Then it was my turn to speak but for some reason, the online meeting software stopped working. I tried to fix the problem but I couldn't.
문제의 원인, 결과와 소감 동시에 인터넷 접속이 몰린 것으로 판명되었어요. 30 분쯤 지나서 인터넷 접속이 되었지만 회의는 이미 끝이 나 버렸어요. **사고는 늘 발생하지만 당황스러웠습니다.**	It turned out that there was too much Internet traffic at once. I got the Internet back about 30 minutes later but the meeting was already over. **Accidents always happen but it was so frustrating.**

*각 단락 여백은 '나만의 문장' 추가를 위한 창작공간입니다.

주요어휘 **my turn** 내 차례 **for some reason** 어떤 이유에선지 **Internet traffic** 인터넷 통신량

　　　　frustrating 실망스러운, 당황스러운

만능표현 **It turned out that S + V** '~이 ~되었다고 판명되었다'란 의미로 사용하는 유용한 표현

Unit 32. 휴대폰 Phone

▶ 휴대폰에 대한 돌발주제에서는 휴대폰 묘사, 일상에서의 휴대폰 활용, 처음으로 휴대폰을 사용했던 경험 그리고 휴대폰과 관련된 어려움을 겪었던 경험을 설명하라는 문제가 출제됩니다. 꼭 내 얘기가 아니더라도 누구나 겪을 수 있는 이야기를 소재로 삼아 내 이야기처럼 꾸며서 답변해 보세요.

유형	기출문제 미리 보기
유형 1	Describe your phone for me. What type of phone is it? What do you particularly like about this phone? Aside from talking, what other things do you typically do with your phone? Please provide as many details as possible. 당신 전화기를 묘사해보세요. 어떤 종류인가요? 그 전화의 어떤 점이 특히 좋은가요? 전화로 통화 말고 어떤 것들을 주로 하나요? 가능한 많은 세부정보를 알려주세요.
유형 2	Discuss your typical routine while talking on the phone. Who do you talk to? What time of day do you typically talk and for how long? While on the phone, do you do other things at the same time? 전화로 통화를 하는 것과 관련한 당신의 일상적인 루틴을 말해주세요. 누구와 통화를 하나요? 하루 중 어느 시간에 주로 통화를 하고 얼마나 하나요? 전화를 하면서 다른 것도 동시에 하나요?
유형 3	Explain the reasons why talking on the phone became important to you. At what age did you first start communicating with your friends on the telephone? Discuss everything that you can remember when you first started talking on the phone. 전화통화가 당신에게 중요하게 된 이유를 설명하세요. 몇 살 때 처음으로 친구들과 전화로 의사소통을 시작했나요? 전화로 통화를 시작한 시기와 관련해서 모든 것을 말해주세요.
유형 4	Think about whether you have ever experienced a problem with your cell phone. Describe the situation including the specific problems you were having, why the problem was memorable, and how it became resolved. 당신의 스마트폰에 문제가 생겼던 경험을 이야기해 주세요. 겪었던 문제를 포함한 상황과 그 문제가 인상적인 이유 그리고 어떻게 해결했는지 말해주세요.

Q1. Describe your phone for me. What type of phone is it? What do you particularly like about this phone? Aside from talking, what other things do you typically do with your phone? Please provide as many details as possible.

당신 전화기를 묘사해보세요. 어떤 종류인가요? 그 전화의 어떤 점이 특히 좋은가요? 전화로 통화 말고 어떤 것들을 주로 하나요? 가능한 많은 세부정보를 알려주세요.

핸드폰 소개 – 종류와 구매 저는 LG 스마트폰을 갖고 있어요. 6인치 스크린으로 된 평범한 스마트폰이에요. 작년에 온라인으로 구매를 했어요.	I have an LG phone. It's just a usual smartphone with a 6-inch screen. I bought it online last year.
핸드폰으로 하는 것들 1 – 메일, 메신저 제 핸드폰으로 많은 것을 하지는 않아요. 이메일과 메신저 앱에서 메시지를 확인하는 정도입니다.	Well, I don't really do much with my phone. I just check my emails and messages from messenger apps.
전화로 하는 것들 2 – 뉴스, 웹툰, 게임 하지만 읽는 것을 많이 합니다. 뉴스, 이야기 그리고 웹툰 등을 봅니다. 일부 사람들은 모바일 게임을 하려고 비싼 핸드폰을 구입하는데 저는 그렇지 않아요.	But I read a lot. I read news, stories and web toons. Some people buy expensive phones to play mobile games. But I don't.
전화로 하는 것들 3 – 유튜브 유튜브 영상을 보는 것도 저의 일상이기도 합니다. 줄이려고 노력 중이에요. 왜냐하면 너무 오랫동안 작은 스크린으로 보고 나면 눈이 이상한 느낌이거든요. 이 정도면 된 것 같네요.	Watching YouTube videos is my daily routine too. I try to cut down on it though because my eyes get weird sometimes after watching the small screen for too long. Well, that's pretty much about it.

*각 단락 여백은 '나만의 문장' 추가를 위한 창작공간입니다.

주요어휘 **usual** 흔히 볼 수 있는 **inch** 인치(2.54cm) **web toon** 웹툰 **daily routine** 하루 일상

cut down on ~을 줄이다

만능표현 **get weird** '이상해진다' 이 표현은 정말 많은 의미로 사용되는데, 특정한 이유 없이 뭔가 이상한 느낌이 들 때 언제든 활발하게 사용할 수 있음

Q2. Discuss your typical routine while talking on the phone. Who do you talk to? What time of day do you typically talk and for how long? While on the phone, do you do other things at the same time?

전화로 통화를 하는 것과 관련한 당신의 일상적인 루틴을 말해주세요. 누구와 통화를 하나요? 하루 중 어느 시간에 주로 통화를 하고 얼마나 하나요? 전화를 하면서 다른 것도 동시에 하나요?

전화보다는 문자나 미팅 선호 우선, 저는 전화로 통화를 아주 많이 하지는 않아요. 문자 메시지를 보내거나, 중요한 일이면 직접 만나서 이야기 하는 것을 선호하거든요.	First of all, I don't talk a lot over the phone really. I prefer to send text messages or meet and talk in person if it's an important thing.
부모님 안부 묻기 하지만 부모님께 안부를 여쭙기 위해 주로 전화를 합니다. 연세가 드시면서 제가 전화를 하면 좋아하시는 것 같아요.	But I usually call my parents to see if they're doing OK. It seems that they feel happier with my calls as they get older.
통화 시간대, 통화 시간 주로 저녁에 통화를 해요. 그리고 가능한 짧게 하려고 합니다. 사람들이 바쁠 때 전화하는 것을 피하려고도 하고요. 그리고 너무 늦은 시간에 전화를 하지 않으려고도 합니다.	Well, I usually talk on the phone in the evening. And I try to make my calls as short as possible. I try to avoid calling people when they're busy. Also, I try not to call people too late.
통화를 하면서 동시에 하는 활동 요리를 할 때 전화하는 것을 좋아합니다. 간혹 음식을 태우기도 하지만, 요리하는 시간이 덜 지루하게 해 줍니다. 가끔 전화통화를 하면서 TV 보기도 해요. 그래도 통화를 하는데 좀 더 집중해야겠죠, 그렇죠?	I like to be on the phone when I'm cooking. Sometimes I happen to burn the food but it makes my cooking time less boring. I sometimes watch TV when I'm on the phone too. Well, I should focus more on the talking, right?

*각 단락 여백은 '**나만의 문장**' 추가를 위한 창작공간입니다.

주요어휘 **over the phone** 전화로 **text message** 문자 **in person** 직접 만나서 **see if** ~인지 알아보려고 **burn** 태우다

boring 지루한

Q3. Explain the reasons why talking on the phone became important to you. At what age did you first start communicating with your friends on the telephone? Discuss everything that you can remember when you first started talking on the phone.

전화통화가 당신에게 중요하게 된 이유를 설명하세요. 몇 살 때 처음으로 친구들과 전화로 의사소통을 시작했나요? 전화로 통화를 시작한 시기와 관련해서 모든 것을 말해주세요.

첫 통화 시기, 상황 열 살쯤 되었을 때 친구에게 전화를 해서 숙제가 무엇인지 알아봐야만 했었어요. 그렇게 전화통화를 시작하게 된 것 같네요.	**Well, at about 10. I had to call a friend of mine and find out what my homework was.** I think that's how I first started talking on the phone.
첫 통화 소감 이동을 하면서 실제 이야기를 나눌 수 있다는 사실이 정말 좋았어요. 하지만 당시에는 제 전화가 없어서, 부모님 전화를 대신 빌려서 통화를 했죠.	**I really liked the fact that we could actually communicate while on the move.** But I didn't have my own phone that time. So, my parents let me use their phones instead.
나의 첫 휴대폰 그리고 나서 부모님께서 핸드폰을 사 주셨어요. 부모님 전화를 빌려서 오랫동안 통화를 하는 것이 불편했던 모양이에요. 제 전화기는 제가 소유한 것들 중 가장 중요한 것이 되었습니다.	**Then my parents bought me a cell phone.** I think they didn't like it when I borrowed their phones and use it for a long time. **My phone became the most important thing I had.**
휴대폰과 우리의 삶 친구와의 가벼운 잡담일 수도 있고, 회사에서 걸려온 중요한 전화일 수도 있어요. 어느 쪽이든, 우리 삶에 중요한 일부분입니다.	It might be a casual chat with our friends. It might also be an important call from work. Either way, it's an important part of our life.

*각 단락 여백은 '**나만의 문장**' 추가를 위한 창작공간입니다.

주요어휘 **find out** 알아내다 **while on the move** 움직이면서, 이동을 하면서 **casual** 가벼운, 일상적인

　　　　 chat 잡담, 수다

만능표현 **I like the fact that S + V** '~라는 사실이 좋다'라는 의미를 전달할 때 활용하는 유용한 문장 패턴

Q4. Think about whether you have ever experienced a problem with your cell phone. Describe the situation including the specific problems you were having, why the problem was memorable, and how it became resolved.

당신의 스마트폰에 문제가 생겼던 경험을 이야기해 주세요. 겪었던 문제를 포함한 상황과 그 문제가 인상적인 이유 그리고 어떻게 해결했는지 말해주세요.

시기, 핸드폰 요금제 선택 **몇 년 전에, 제 핸드폰 요금제를 저렴한 것으로 사용했어요. 밖에서 유튜브 시청을 많이 하지 않아서 그 정도면 충분했거든요.**	**A couple of years ago, I had a cheap data plan for my smartphone.** That was enough for me because I didn't watch a lot of YouTube videos outside.
데이터 제한 설정 그리고 혹시 몰라서 핸드폰에 데이터 제한을 설정해 두었어요. 만약 데이터를 초과하면 핸드폰이 데이터를 차단하게 말이죠.	I also set a data limit on my phone's settings just in case. If I was reaching the limit, my phone was going to turn the data off.
충격적인 데이터 요금 하지만 하루는, 청구서를 보고 정말 충격을 받았어요. 수 백 달러(수 십 만원)가 나왔거든요. 무슨 일인지를 알아보려고 서비스 센터에 전화를 했어요.	But one day, I was so shocked when I saw the bill. It was hundreds of dollars. I called the customer service to find out what was going on.
문제의 원인, 소감과 결과 어떤 이유에선지 제 핸드폰의 데이터 제한 기능이 작동하지 않은 것으로 밝혀졌죠. 아마 자동 업데이트 시스템과 관련이 있었던 것 같아요. 교훈 한 가지를 얻었고, 지금은 비싼 요금제를 쓰고 있어요.	**It turned out that my phone's data limit feature didn't work** for some reason. Maybe it was to do with the automatic update system. **I learned a lesson and my data plan is expensive now.**

*각 단락 여백은 '**나만의 문장**' 추가를 위한 창작공간입니다.

주요어휘 **data plan** 핸드폰 요금제 **data limit** 데이터 제한 **just in case** 혹시 몰라서 **reach** ~에 다다르다

find out 알아보다 **turn out** ~임이 밝혀지다 **feature** 기능 **for some reason** 어떤 이유에선지

learn a lesson 교훈을 얻다

만능표현 **be to do with something** '~와 관련이 있다'라는 의미의 유용한 표현

316

Unit 33. 인터넷 Internet

▶ 인터넷(Internet)에 대한 돌발주제에서는 사람들이 인터넷으로 주로 무엇을 하는지, 그리고 내가 인터넷으로 주로 무엇을 하는지, 어렸을 때 인터넷을 처음 경험했던 내용을 설명하고 4 번 유형에서는 특정 프로젝트를 진행하는 과정에서 인터넷의 도움을 받았던 경험을 설명하는 문제가 출제됩니다.

유형	기출문제 미리 보기
유형 1	Discuss some of the things that people do on the Internet. What do they usually do online? Provide several details. 사람들이 인터넷으로 하는 것들 일부를 말해보세요. 그들은 온라인으로 주로 무엇을 하나요? 여러 가지 구체적인 내용을 알려주세요.
유형 2	Discuss your experiences with surfing the Internet. Which websites do you prefer? With what frequency do you visit these sites? What type of information do you find there? What do you find particularly appealing about these sites. Provide several details for me. 인터넷 검색에 대한 당신의 경험을 얘기해 보세요. 어떤 사이트들을 선호하나요? 이 사이트를 얼마나 자주 방문하나요? 그곳에서는 어떤 종류의 정보를 얻나요? 이 사이트들에 대해 특별히 끌리는 점들은 무엇인가요? 제게 여러 내용들을 알려주세요.
유형 3	How and when did you decide to begin surfing the Internet? In detail, discuss the first time that you surfed the Internet. How did you feel about it initially? What particular details do you remember about this experience? 어떻게 그리고 언제 인터넷 검색을 하겠다는 결심했나요? 인터넷을 처음 검색했던 시기에 대해 구체적으로 말해보세요. 처음에는 어떤 느낌이었나요? 이 경험에 대해 당신이 기억하는 특이한 점들은 무엇인가요?
유형 4	Please tell me about a project that you completed that involved research on the Internet. Begin by providing me with some background details about the assignment, when and what it was exactly, and then tell me how you used the Internet to help you get the project done. 인터넷으로 검색을 하면서 완성해야 했던 프로젝트에 대한 이야기를 해 주세요. 언제 어떤 일인지에 대한 배경설명으로 시작해서, 그 프로젝트를 마무리하는데 인터넷이 어떤 도움을 주었는지 말해보세요.

Q1. Discuss some of the things that people do on the Internet. What do they usually do online? Provide several details.

사람들이 인터넷으로 하는 것들 일부를 말해보세요. 그들은 온라인으로 주로 무엇을 하나요? 여러 가지 구체적인 내용을 알려주세요.

도입 사람들이 인터넷으로 하는 것은 상당히 많습니다. 몇 가지를 골라서 이야기를 해 볼게요.	There are so many things people do on the Internet. Let me just choose some and talk about it.
이메일과 메신저 앱 우선. 이메일입니다. 사람들이 여전히 이메일을 상당히 많이 사용하는데요, 특히 업무를 위해서 그렇습니다. 메신저 앱은 주로 개인적인 의사소통용으로 사용됩니다.	First of all, email. People still use email a lot especially for work. Messenger apps are mainly for personal communication.
뉴스 읽기 뉴스도 인터넷 생활에서 중요한 부분입니다. 저는 인터넷으로만 뉴스를 보고 읽어요. 개인적으로는, 종이로 된 신문은 더 이상 읽지 않아요.	News is an important part of the Internet life. I read and watch news online only. Personally, I don't read paper newspapers any more.
온라인 쇼핑, 마무리 온라인 쇼핑도 아주 인기가 많습니다. 거대한 규모의 산업인데 여전히 성장하고 있어요. 사람들은 물에서 가구까지 모든 것을 온라인에서 구매합니다. 좀 더 많은데 지금 생각나는 것은 이 정도입니다.	Online shopping is very popular too. It's a huge industry and it's still growing. People buy everything online from water to furniture. There's a lot more but that's all I can think of for now.

*각 단락 여백은 '**나만의 문장**' 추가를 위한 창작공간입니다.

주요어휘 **messenger app** 카카오톡 같은 메신저 앱 **personal communication** 개인적인 의사소통

personally 개인적으로는 **huge industry** 거대한 산업

Q2. Discuss your experiences with surfing the Internet. Which websites do you prefer? With what frequency do you visit these sites? What type of information do you find there? What do you find particularly appealing about these sites. Provide several details for me.

인터넷 검색에 대한 당신의 경험을 얘기해 보세요. 어떤 사이트들을 선호하나요? 이 사이트를 얼마나 자주 방문하나요? 그곳에서는 어떤 종류의 정보를 얻나요? 이 사이트들에 대해 특별히 끌리는 점들은 무엇인가요? 제게 여러 내용들을 알려주세요.

도입 - 시간 끌기 답변하기 정말 어렵네요. 매일 방문하는 사이트들이 굉장히 많거든요. 잠시만요.	**It's really difficult to answer.** There are so many different websites I visit every day. **Give me a second.**
좋아하는 사이트 1 - 네이버 음, 저는 네이버를 거의 매일 방문해요. 한국에서 가장 큰 포털 사이트입니다. 저는 네이버 이메일을 쓰고요. 많은 오픽 정보도 그곳에서 얻습니다.	**Well, I visit Naver.com almost every day. It's the biggest portal in Korea.** I use their email service. **I also get a lot of information on OPIc from there.**
좋아하는 사이트 2 - 쿠팡 다음은 온라인 쇼핑입니다. 저는 대부분 쿠팡에서 물건들을 구매합니다. 한국에서 가장 빠른 배달 서비스를 제공합니다. 저녁에 주문하면 다음 날 아침에 받아요. 작은 나라이기는 하지만 그래도 빠릅니다.	**Next up is online shopping. I mostly buy things on Coupang. It provides the fastest delivery service in this country.** You order in the evening and you have it in the morning. Well, it's a tiny country but it is fast.
좋아하는 사이트 3 - 구글, 마무리 마지막으로 중요한 것은, 구글입니다. 오랫동안 저의 검색 엔진입니다. 구글은 모든 것들에 대한 모든 정보를 갖고 있는 듯 합니다. 이 정도입니다.	**Last but not least, Google. It's been my search engine for ages.** It seems that Google has all the information just about everybody and everything. **That's pretty much it.**

*각 단락 여백은 '**나만의 문장**' 추가를 위한 창작공간입니다.

주요어휘 **portal** 포털 사이트 **find out** 알아내다 **next up** 다음은 **provide** 제공하다 **tiny** 작은

　　　　 search engine 검색 엔진

만능표현 **give me a second, let me think, let me see** 등을 활용해서 약간의 생각하는 시간을 벌 수 있다.

Q3. **How and when did you decide to begin surfing the Internet? In detail, discuss the first time that you surfed the Internet. How did you feel about it initially? What particular details do you remember about this experience?**

어떻게 그리고 언제 인터넷 검색을 하겠다는 결심했나요? 인터넷을 처음 검색했던 시기에 대해 구체적으로 말해보세요. 처음에는 어떤 느낌이었나요? 이 경험에 대해 당신이 기억하는 특이한 점들은 무엇인가요?

시기, 배경 설명 어렸을 때 학교 숙제가 있었어요. 전 세계의 다른 문화에 대한 것이었죠.	When I was a little kid, I had homework from school. It was about different cultures around the world.
과제의 구체적인 내용 사람들이 매일 무엇을 하고 먹으며, 주로 무엇을 입고 어떤 언어를 사용하는지 등과 같은 것들을 조사해서 알아가는 것이었어요. 생각해 보니 어린이에게는 상당히 어려운 숙제였네요.	I had to find out about things like what people do and eat every day, what they usually wear and what language they speak and all that. Come to think of it, it was quite difficult homework for a kid.
과제를 위한 인터넷 검색 그래서 인터넷으로 정보를 좀 얻기로 했죠. 하지만 혼자서 하기에는 너무 어려서 부모님이 필요한 정보 찾는 방법을 가르쳐 주셨어요.	Then I decided to get some information from the Internet. But I was too young to do it myself. My parents taught me how to search the web for the information I wanted.
당시 소감, 마무리 인터넷에 모든 정보가 있다는 것이 너무 신기했어요. 내가 원하는 것은 무엇이든 있어서 나에게 보여주었어요. 저의 인터넷 검색 인생은 이렇게 시작되었어요.	I was so amazed that the Internet had all the information. Whatever I wanted, it had it and showed it to me. That's how my life of surfing the Internet started.

*각 단락 여백은 '나만의 문장' 추가를 위한 창작공간입니다.

주요어휘 **culture** 문화 **find out** 조사해서 알아내다 **come to think of it** 생각해 보니 **amazed** 신기한, 놀라운

만능표현 **and all that** (= and other similar things) '그 밖의 비슷한 것들'이란 의미로 문장 마지막에 사용하는 유용한 표현

Q4. Please tell me about a project that you completed that involved research on the Internet. Begin by providing me with some background details about the assignment, when and what it was exactly, and then tell me how you used the Internet to help you get the project done.

인터넷으로 검색을 하면서 완성해야 했던 프로젝트에 대한 이야기를 해 주세요. 언제 어떤 일인지에 대한 배경설명으로 시작해서, 그 프로젝트를 마무리하는데 인터넷이 어떤 도움을 주었는지 말해보세요.

시기, 프로젝트 종류 **작년에 온라인 결재와 관련된 프로젝트를 맡았어요.** 전 세계 세금 시스템에 대한 엄청난 양의 조사를 해야만 했어요.	**Last year, I was in charge of an online payment project.** It involved a lot of research on tax systems across the world.
도서관의 부족하고 부정확한 자료 처음에는, 대형 도서관을 방문했지만 자료가 충분히 있지 않았어요. 그리고 제가 찾고 있는 정확한 정보가 아니었죠.	At first, I visited some of the big libraries but there wasn't enough information. And it wasn't the right information I was looking for.
구글 검색으로 많은 자료 발견 그래서 구글에 키워드를 입력했는데, 그거 아세요? 마우스 클릭 한 번에 수십만 개의 기사들이 나타났어요.	So, I typed in some key words on Google. Then you know what? **Hundreds of thousands of articles came up** at the click of the mouse.
영어였지만 번역기 도움 받음, 소감 기사들이 주로 영어로 쓰여 있었지만, 문제가 되지 않았어요. 구글 번역기기 있었죠. **프로젝트를 성공적으로 하도록 만든 것은 제가 아니라 인터넷이었습니다.**	The articles were mainly in English but that wasn't a problem. I had Google Translate. It wasn't me, **it was the Internet that led my project to a success.**

*각 단락 여백은 '나만의 문장' 추가를 위한 창작공간입니다.

주요어휘 **be in charge of** ~을 책임지고 담당하는 **online payment** 온라인 결제 **involve** ~을 필수적으로 수반하다 **research** 조사 **type in** 글자를 입력하다 **hundreds of thousands** 수십만의 **Google Translate** 구글 번역기 **lead something to a success** ~을 성공하게 만들다

만능표현 **You know what?** '그거 알아야?'라는 의미로 상대방의 주목을 끌 수 있는 유용한 표현

Unit 34. 산업 Industry

▶ 산업(industry)에 대한 돌발주제는 평소에 우리말로도 생각 안 하는 주제여서 상당히 까다롭게 느껴집니다. 하지만 조금만 생각해 보면 우리의 일상과 밀접하게 연결된 산업들이 여러 가지가 있으니 이를 활용한 답변을 준비해 보는 것이 좋습니다. 예를 들어, 핸드폰 같은 전자산업, BTS 와 같은 음악산업 그리고 전기차 같은 자동차 산업 등을 예로 들어 답변을 구성해 보세요.

유형	기출문제 미리 보기
유형 1	Tell me about the main industries or companies in your country. What kinds of industries are there in your country? Why are people interested in those industries? Describe them in as much detail as possible. 당신 나라에 있는 주요 산업이나 회사에 대해 말해보세요. 당신 나라에는 어떤 산업들이 있나요? 사람들이 그런 산업에 관심이 있는 이유가 무엇인가요? 가능한 자세히 묘사해 주세요.
유형 2	I'd like to hear about one particular company that is famous in the industry. What is the name of it and how has it become successful? Please tell me everything you know about the company. 특정 산업에서 특별히 유명한 회사 한 군데에 대해 알고 싶어요. 회사 이름이 무엇이고 어떻게 성공하게 되었나요? 그 회사에 대해 아는 것 모두를 말해주세요.
유형 3	Think about some of the challenges you have seen in a specific industry or company. What were the problems and how did people in the company work together to overcome those challenges? Explain how the company changed over the years. 특정 산업이나 회사가 겪은 어려움에 대해 생각해 보세요. 어떤 문제들이었고 회사 사람들이 그 도전을 극복하기 위해 어떻게 합심해서 일을 했나요? 그 회사가 수 년 동안 어떻게 변했는지 말해보세요.

Q1. Tell me about the main industries or companies in your country. What kinds of industries are there in your country? Why are people interested in those industries? Describe them in as much detail as possible.

당신 나라에 있는 주요 산업이나 회사에 대해 말해보세요. 당신 나라에는 어떤 산업들이 있나요? 사람들이 그런 산업에 관심이 있는 이유가 무엇인가요? 가능한 자세히 묘사해 주세요.

도입 제가 이 주제에 대해 전문가는 아니지만, **보아하니 한국은 수 많은 산업에 참여를 하고 있습니다.** 일부 산업은 세계 최고 수준입니다.	I'm not an expert on this topic but **apparently, Korea is involved in a lot of different industries.** Some of the industries are at the top of their businesses.
한국의 산업 - 반도체 산업 예를 들어, **삼성은 반도체 분야에서 세계 최고입니다.** 삼성뿐 아니라, 많은 한국 기업들이 반도체를 생산하면서 국내외에서 서로 경쟁을 하고 있어요.	**Samsung,** for example, **is the world leader in the semi-conductor industry.** It's not only Samsung. A lot of Korean companies produce semiconductors and compete with each other in and outside the country.
한국의 산업 - 음악 산업 음악산업 이야기를 빼 놓을 수 없네요. 바로 K-pop 입니다. 규모가 큰 산업분야죠. 수 많은 한국의 남녀 밴드와 그룹들이 세계적으로 상당한 인기가 있습니다. 전 세계가 한국의 춤과 음악을 즐기는 것 같아요.	I must talk about the music industry too. K-pop. It's a huge industry. **A lot of young Korean boybands and girl groups are very popular worldwide.** It looks like the whole world is enjoying Korean dance and music.
한국의 산업 - 자동차 산업, 마무리 자동차 산업 역시 대단한 성과를 내고 있어요. 현대(자동차)는 전 세계 대표적인 자동차 제조회사 중 하나입니다. 할 얘기가 더 많지만, 지금 생각나는 것은 이것이 전부에요.	The car industry is also doing a great job too. Hyundai is one of the major car makers in the world. There's plenty more to talk about but **that's all I can think of for the moment.**

*각 단락 여백은 '**나만의 문장**' 추가를 위한 창작공간입니다.

주요어휘 **expert** 전문가 **be involved in** ~에 참여 중이다 **at the top of** ~에서 최고다 **semi-conductor** 반도체
　　　　huge 대형의, 규모가 큰

만능표현 **apparently** '보아하니, 듣자 하니' 상당히 자주 사용하는 부사로, 어떤 정보를 접했는데 확실하지 않은
　　　　경우 유용하게 활용

Q2. I'd like to hear about one particular company that is famous in the industry. What is the name of it and how has it become successful? Please tell me everything you know about the company.

특정 산업에서 특별히 유명한 회사 한 군데에 대해 알고 싶어요. 회사 이름이 무엇이고 어떻게 성공하게 되었나요? 그 회사에 대해 아는 것 모두를 말해주세요.

특정 산업 - 빅히트와 BTS 빅히트라고 불리는 음악산업에 대한 이야기를 해볼게요. 한국의 (연예 기획) 회사인데, (세계에서 가장 핫한 남성 밴드인) BTS 를 만들어냈습니다. 음악 산업이름으로 좋네요, 그렇죠?	Let me talk about a music business called Big Hit. It's a Korean company that created (the world's hottest boy band) BTS. It's a good name for a music business, isn't it?
BTS 결성과 훈련 물론 매우 작은 무명회사로 시작을 했어요. 그리고 나서 이 회사가 7 명의 재능 있는 남성들을 선발해서 쉼 없이 훈련을 시켰죠. 처음에는 성공적이지 않았지만 그들은 포기하지 않았어요.	Of course, it started as a very small, unknown company. Then **the company chose the seven talented boys and trained them 24/7.** They weren't successful in the beginning but they didn't give up.
치열한 경쟁, 홍보전략 문제는 경쟁이 너무 치열하다는 것입니다. 그래서 그들은 다른 방법을 택했죠. 소셜미디어를 최대한 활용하기로 결정했습니다.	The problem was that competition was too strong. So, they took a different course. **They decided to make the most of the social media.**
팬클럽, 국제적인 인기, 마무리 나중에는 일부 충성도 높은 팬들이 "아미"라는 팬클럽을 만들었고, 그들의 도움으로 BTS 는 점점 인기를 얻게 되었어요. 지금은 세계에서 가장 유명한 K-pop 그룹입니다. 이것이 그들 성공에 대한 짧은 역사에요.	Later, some loyal fans formed a fan club called "Army". **With their help, BTS gradually took off.** And now, they are the world's most popular K-pop group. **That's the short history of their success.**

*각 단락 여백은 '**나만의 문장**' 추가를 위한 창작공간입니다.

주요어휘 **Big Hit** 방탄소년단(BTS) 연예 기획사 **create** 만들어내다 **start off** 시작하다 **unknown** 무명의 **talented** 재능 있는 **24/7** 하루 종일, 일년 내내 **competition** 경쟁 **loyal** 충성도 높은 **form** 만들다, 형성하다 **gradually** 점점 **take off** 인기를 얻다

만능표현 **make the most of** '~을 최대한으로 활용하다'라는 의미의 매우 유용한 표현

Q3. Think about some of the challenges you have seen in a specific industry or company. What were the problems and how did people in the company work together to overcome those challenges? Explain how the company changed over the years.

특정 산업이나 회사가 겪은 어려움에 대해 생각해 보세요. 어떤 문제들이었고 회사 사람들이 그 도전을 극복하기 위해 어떻게 합심해서 일을 했나요? 그 회사가 수 년 동안 어떻게 변했는지 말해보세요.

특정 산업 - 자동차 산업 **그렇다면 자동차 산업에 대해 이야기를 해야겠네요.** 최첨단 기술 덕에 가장 빠른 변화를 겪는 산업 중 하나라고 생각해요.	**I should talk about the car industry then.** I think it's one of the fastest-changing industries with cutting-edge technology.
전기자동차 시장의 부상과 테슬라 **테슬라의 전기차가 산업 전체를 강하게 흔들어 놓으면서 모든 것이 시작되었죠.** 산업 전체가 하나의 기술 회사에 의해 이렇게 큰 영향을 받을 것이라고는 아무도 생각하지 못했어요.	**Everything started when TESLA's first electric car shook the industry hard.** Nobody had thought the industry would be affected by one tech company so much.
자율주행장치의 인기 **사람들은 오토파일럿(자율주행장치)에 의해 운전이 되는 전혀 다른 자동차를 구입하기 시작했어요.** 주요 자동차 회사들은 무언가를 해야만 했어요. 그렇지 않으면, 문을 닫을 수 밖에 없으니까요.	**People started to buy the completely different car driven by Autopilot.** The major car companies had to do something about it. Otherwise, they'd only have to shut down.
다른 제조사들의 참여, 마무리 **그래서 대형 자동차 제조사들은 엔진에서 전기모터로 바꾸는 것을 결정했어요.** 지금은 모든 유명 자동차 회사들이 자신들만의 전기차를 갖고 있습니다. 그들은 살아남았고 테슬라와 경쟁할 준비가 되었습니다.	**So, the big car makers decided to change from engines to electric motors too.** Now, all the major car makers have their own electric cars. They survived and they're ready to compete with TESLA.

*각 단락 여백은 '나만의 문장' 추가를 위한 창작공간입니다.

주요어휘 **fast-changing** 빠르게 변하는 **cutting-edge technology** 최첨단 기술 **TESLA** (테슬라) 전기자동차 제조회사 **shake hard** 세찬 충격을 가하다 **affect** 영향을 주다 **tech company** 첨단 기술 회사 **Autopilot** 테슬라가 개발한 자율 주행장치 **otherwise** 그렇지 않으면 **shut down** 회사 문을 닫다 **survive** 살아남다 **compete with** ~와 경쟁하다

Unit 35. 교통수단 Transportation

▶ 교통수단(forms of transportation)에 대한 돌발주제에서는 우리나라 교통수단, 내가 자주 이용하는 교통수단, 평상시와 다른 교통수단을 이용했던 경험 그리고 교통수단을 이용하다가 어려움을 겪은 과거 경험 등을 묻는 질문이 출제됩니다.

유형	기출문제 미리 보기
유형 1	Discuss how people in your country get around every day. What forms of transportation do they use? Do they drive their own cars or use public transportation? 당신 나라 사람들이 매일 어떻게 이동하는지 말해보세요? 그들은 어떤 종류의 교통수단을 이용하나요? 자신의 차를 운전하고 다니나요, 아니면 대중교통을 이용하나요?
유형 2	What forms of transportation are available where you live? What types of transportation do you usually use during the week? What types of transportation do you use on the weekend? 당신이 살고 있는 지역에는 어떤 종류의 교통수단이 있나요? 당신은 평일에 어떤 종류의 교통수단을 주로 이용하나요? 주말에는 어떤 교통수단을 이용하나요?
유형 3	Give a detailed description of the last time you used a form of transportation that was different than usual. Was this the first time you used this form of transportation? If so, did you enjoy the change? How long ago was this? Where were you going, and what did you do once you got there? 평상시와는 다른 형태의 교통수단을 이용했던 최근 경험을 자세히 설명해 보세요. 그 교통수단을 처음 이용했나요? 그렇다면 그런 변화를 준 것이 맘에 들었나요? 언제 있었던 일인가요? 어디를 갔고 그곳에 도착해서 무엇을 했나요?
유형 4	What kinds of difficulties or problems have you faced related to transportation? What exactly was the problem? How did it affect your day? What did you do to resolve the problem? Tell this story in detail from start to finish. 교통수단과 관련해서 겪었던 어려움이나 문제들이 어떤 것들이 있나요? 문제가 정확히 무엇이었죠? 그것이 당신의 하루에 어떤 영향을 주었나요? 문제해결을 위해 당신은 무엇을 했나요? 이 이야기를 처음부터 끝까지 해 주세요.

Q1. Discuss how people in your country get around every day. What forms of transportation do they use? Do they drive their own cars or use public transportation?

당신 나라 사람들이 매일 어떻게 이동하는지 말해보세요? 그들은 어떤 종류의 교통수단을 이용하나요? 자신의 차를 운전하고 다니나요, 아니면 대중교통을 이용하나요?

한국의 다양한 교통수단 한국 사람들은 거의 모든 교통수단을 이용합니다. 자동차, 버스, 기차, 그 밖에 무엇이든지 말이죠.	**People use almost all kinds of forms of transportation in Korea. Cars, buses, taxis, trains, you name it.**
버스 버스는 당신이 원하는 어디든 데려다 줍니다. 길어봐야 10 분에서 15 분 정도 기다리기만 하면 됩니다. 그리고 버스 앱으로 버스가 어디쯤 있는지 확인할 수 있어요.	**The bus gets you anywhere you want. You just wait for about 10 or 15 minutes at the longest.** And you can check where it is on your bus app.
택시 택시는 어디든 있고 빠릅니다. 하지만 바쁠 때나 버스를 기다리고 싶지 않을 때 가끔 이용합니다.	**Taxis are everywhere and they are fast.** But I only use them on occasion when I'm in a hurry and don't want to wait for a bus.
지하철, 자가용, 마무리 대도시에 있는 지하철은 체계가 잘 잡혀있습니다. 깨끗하고 좋아요. 물론 사람들은 운전을 합니다. 하지만 대도시에는 항상 교통체증이 있어요. 그래서 언제 어디로 운전을 할 때는 주의해야 합니다.	**The subway is well-organized in major cities.** It's nice and clean. Of course, **people drive too. But there's always congestion in big cities.** So, you should be careful about when and where to drive.

*각 단락 여백은 '나만의 문장' 추가를 위한 창작공간입니다.

주요어휘 forms of transportation 교통수단 you name it (사물을 열거한 뒤) 그 밖에 뭐든지 at the longest 길어 봐야 on occasion 가끔, 때때로(sometimes) in a hurry 바쁜 well-organized 체계가 잘 잡힌 congestion 교통체증

Q2. What forms of transportation are available where you live? What types of transportation do you usually use during the week? What types of transportation do you use on the weekend?

당신이 살고 있는 지역에는 어떤 종류의 교통수단이 있나요? 당신은 평일에 어떤 종류의 교통수단을 주로 이용하나요? 주말에는 어떤 교통수단을 이용하나요?

한국의 다양한 교통수단 저는 서울에 살고 있어요. 대도시죠. 이곳에서는 거의 모든 교통수단을 이용할 수 있습니다. 서울의 교통시스템은 잘 정돈되어 있다고 생각해요.	**I live in Seoul. It's a big city. There are almost all kinds of transportation available here.** I think Seoul has a well-organized public transportation system.
버스 주중에는 저는 주로 버스를 이용해서 출근(등교)을 합니다. 버스 창 밖 보는 것이 좋아요. 이전에는 어디든 교통체증이 있었지만, 지금은 버스 전용차선 때문에 대부분 제 시간에 옵니다.	**During the week, I usually go to work (school) by bus. I like looking outside the window on the bus.** There used to be delays because of congestion everywhere. Now, it's usually on time thanks to the bus-only lanes.
지하철 가끔은 지하철을 이용하기도 합니다. 항상 제 시간에 오기는 하지만, 출퇴근 시간에는 상당히 혼잡합니다. 그리고 지하에 있는 것을 별로 좋아하지 않아요. 지루하거든요.	**Sometimes I take the subway too. It's always on time but it's too crowed during the rush hours.** And I don't really like to be underground. It's boring.
고속버스, 마무리 주말에는 가끔 고속버스를 이용해서 여행을 갑니다. 편하기도 하고 제가 원하는 어디든지 데려다 줍니다. 다른 형태의 교통수단에 있기를 하지만, **지금 생각하는 것은 이것이 전부네요.**	**On the weekend, I sometimes go on a trip by express bus.** The express bus is comfortable and it takes me everywhere I want to go. There are some other forms of transportation but **that's all I can think of for now.**

*각 단락 여백은 '**나만의 문장**' 추가를 위한 창작공간입니다.

주요어휘 **available** 애용 가능한 **well-organized** 정리가 잘 된 **congestion** 교통혼잡 **on time** 제 시간에 **bus-only lane** 버스 전용차선 **crowded** 혼잡한 **rush hour** 출퇴근 시간 **underground** 지하의 **boring** 지루한 **express bus** 고속버스

만능표현 **There used to be** delays. '과거에 ~이 있었다'란 의미를 나타낼 때 활용할 수 있는 유용한 표현

Q3. Give a detailed description of the last time you used a form of transportation that was different than usual. Was this the first time you used this form of transportation? If so, did you enjoy the change? How long ago was this? Where were you going, and what did you do once you got there?

평상시와는 다른 형태의 교통수단을 이용했던 최근 경험을 자세히 설명해 보세요. 그 교통수단을 처음 이용했나요? 그렇다면 그런 변화를 준 것이 맘에 들었나요? 언제 있었던 일인가요? 어디를 갔고 그곳에 도착해서 무엇을 했나요?

도입 저는 주로 버스를 이용해서 회사(학교)를 갑니다. 굳이 기차를 타지 않아도 됩니다. 그래도 이곳 서울에 주로 있으니까요.	I usually travel by bus to work (school). I don't really have to take the train. I mostly stay here in Seoul anyway.
기차를 이용한 여행 그런데 지난 주말에는 기차를 이용해서 부산에 가기로 했어요. 해변에서 시간을 좀 보내고 신선한 해산물을 먹고 싶었거든요.	Last weekend though, I decided to go to Busan by train. I wanted to spend some time at the beach and try some fresh seafood.
초고속열차(KTX) 경험 기차는 저에게 완전히 새로운 경험이었어요. KTX 라는 것인데, 고속 기차입니다. 이전에 타본 적은 없었어요. 단지 2시간 30분 밖에 걸리지 않았어요. 자동차로는 대부분 4시간 이상 걸리거든요.	The train was a whole new experience for me. It was KTX, the high-speed train. I hadn't taken it before. **It took only two and a half hours.** It usually takes more than four hours by car.
부산에서의 즐거운 시간 부산에서 정말 즐거운 시간을 보냈어요. 싱싱한 생선회도 먹었고, 해변은 정말 아름다웠죠. 그런 해변에 서울에도 있었으면 좋겠어요. 멋진 주말이었죠.	I really had a good time down in Busan. I had a lot of fresh raw fish there and the beach was really beautiful. I wish I had a beach like that in Seoul. **It was a great weekend.**

*각 단락 여백은 '나만의 문장' 추가를 위한 창작공간입니다.

주요어휘 **though** 하지만 **whole** 대단한 **raw fish** 생선회

만능표현 I wish I had a beach like that in Seoul. 실현 불가능한 내용을 말하고 싶을 때 'I wish I 과거동사' 라는 패턴을 활용할 수 있다.

Q4. **What kinds of difficulties or problems have you faced related to transportation? What exactly was the problem? How did it affect your day? What did you do to resolve the problem? Tell this story in detail from start to finish.**

교통수단과 관련해서 겪었던 어려움이나 문제들이 어떤 것들이 있나요? 문제가 정확히 무엇이었죠? 그것이 당신의 하루에 어떤 영향을 주었나요? 문제해결을 위해 당신은 무엇을 했나요? 이 이야기를 처음부터 끝까지 해 주세요.

시기, 배경 설명 작년 여름이었어요. 너무 더워서 뙤약볕에 버스를 기다릴 수가 없었죠. 그래서 지하철로 집에 가기로 했죠.	**It was last summer. It was too hot to wait for the bus in the sun** and I decided to take the subway home.
지하철 이용의 편리함 그래서 기차를 탔는데 편안하고 좋았어요. 현명한 판단을 했다고 좋아했습니다.	**So, I got on the train and it was nice and comfortable.** I was happy with my clever choice.
기차의 내릴 역 통과 문제는 기차가 정차를 하지 않아서 제가 내려야 하는 역을 지나갔어요. 집에 오는데 40 분이 더 걸렸답니다.	**The problem was that the train didn't stop and I missed my stop.** It took me another 40 minutes to get home.
후회, 기차 정보 부족, 소감 타지 말았어야 했어요. 저는 주로 버스를 타기 때문에 몰랐어요. **자정에 운행되는 고속 열차였거든요.** 고생을 하면서 배웠답니다.	**I shouldn't have taken it.** I usually take the bus so I didn't know. **It was the midnight express train.** Well, I learned it the hard way.

*각 단락 여백은 '**나만의 문장**' 추가를 위한 창작공간입니다.

주요어휘 **too hot to wait** 너무 덥다 기다리기에는 (너무 더워서 기다릴 수 없다) **in the sun** 뙤약볕에

   get on the train 기차를 타다 **clever** 현명한 **midnight express train** 자정에 운영되는 고속 열차

   learn it hard way 어려운 방법으로 배우다

만능표현 **I shouldn't have taken it.** '그것을 타지 말았어야 했다' 과거에 벌어진 일에 대한 후회를 나타낼 때

   '**should not have pp**' 형태의 패턴을 사용한다.

Unit 36. 식당/음식점 Go to the Restaurants

▶ 식당이나 음식점(restaurant)에 대한 돌발주제에서는 좋아하는 식당의 특징, 그 식당을 이용하는 루틴 그리고 식당에서의 인상적인 경험 등을 설명하는 문제들이 연속적으로 출제됩니다.

유형	기출문제 미리 보기
유형 1	What is your favorite restaurant? What things do you like about it, what do they serve, what makes it superior to other restaurants? 가장 좋아하는 식당은 어디인가요? 어떤 점들이 좋나요? 어떤 음식을 팔죠? 그 식당이 다른 식당들과 비교해서 뛰어난 것이 무엇인가요?
유형 2	Discuss the experience of going to your favorite restaurant. When do you usually go? Who do you dine with? How do you get to the restaurant? 당신이 가장 좋아하는 식당에 가는 경험에 대해 얘기해 보세요. 주로 언제, 누구와, 어떻게 가나요?
유형 3	Please tell me about one experience when you went to a restaurant that was really unforgettable --- perhaps you were celebrating a special event or something exciting or comical happened during the meal? Explain to me why it was such a memorable experience. I would be interested to hear about everything that occurred from start to finish. 식당에 가서 상당히 인상적이었던 경험 하나에 대해 말해보세요. 아마도 특별한 일에 대해 축하를 했거나, 식사 중에 재미있거나 웃긴 일이 벌어진 것일 수도 있어요. 그 경험이 왜 인상인지 설명해 보세요. 처음부터 끝까지 일어난 모든 일을 들어보고 싶습니다.

Q1. What is your favorite restaurant? What things do you like about it, what do they serve, what makes it superior to other restaurants?

가장 좋아하는 식당은 어디인가요? 어떤 점들이 좋나요? 어떤 음식을 팔죠? 그 식당이 다른 식당들과 비교해서 뛰어난 것이 무엇인가요?

특정 식당 소개 - 갈비집 제가 사는 도시에는 유명한 갈비집이 있어요. 갈비는 기본적으로 소고기나 돼지갈비입니다. 저는 그것을 상당히 좋아해요.	**There is a well-known Galbi restaurant in my city. Galbi is basically beef or pork rib.** I like it very much.
그 식당을 좋아하는 이유 그 식당을 좋아하는 여러 가지 이유가 있어요. 단순이 그곳에서 제공하는 음식뿐이 아닙니다. 그것에 대해 간단히 말해볼게요.	**There are so many things to like about that restaurant.** It's not only the food they serve. Let me talk about it a little bit.
훌륭한 고기 맛 우선, 고기 맛이 훌륭합니다. 주인이 자신만의 비밀 조리법이 있는 것 같아요. 제대로 설명을 할 수는 없지만 아무튼 정말 맛있어요.	**First of all, the taste of the meat is excellent.** The owner seems to have a secret recipe of his own. I can't really describe it but it's just so nice.
푸짐한 무료 반찬, 소감 게다가, 그 식당은 반찬에 대해 관대합니다. 제 말은 무료라는 것이죠. 그리고 갈 때마다 다른 반찬을 먹을 수 있습니다. 그 식당을 다시 가고 싶네요.	**Plus, the restaurant is generous with the side dishes.** I mean they're free. And every time you go there, you get different side dishes. **I can't wait to visit the restaurant again.**

*각 단락 여백은 '**나만의 문장**' 추가를 위한 창작공간입니다.

주요어휘 well-known 유명한 serve 제공하다 taste 맛 secret recipe 비밀 조리법 of one's own 자신만의

generous 관대한 side dishes 반찬

만능표현 plus (= besides) '게다가'란 의미로 활용되는 유용한 표현

Q2. Discuss the experience of going to your favorite restaurant. When do you usually go? Who do you dine with? How do you get to the restaurant?

당신이 가장 좋아하는 식당에 가는 경험에 대해 얘기해 보세요. 주로 언제, 누구와, 어떻게 가나요?

식당을 가는 시기, 빈도 저는 보통 주말에 저녁을 먹으러 제가 좋아하는 갈비 식당에 갑니다. 갈비가 그렇게 싸지 않아서 아주 자주 가지는 않아요.	**I normally go to my favorite Galbi restaurant on the weekend for dinner.** I don't go there too often because Galbi is not that cheap.
동행인, 계산 방식 주로 가족들과 가는데 부모님이 비용을 지불합니다. 하지만 점심을 먹으러 친구들과 가기도 합니다. 친구들과 갈 때는 돈을 나누어서 냅니다.	**I mostly go with my family. And my parents pay for everything.** But I also go with my friends for lunch. When I go with them, we split the bill.
식당으로의 이동 수단 가족식사의 경우에는 아버지 차로 함께 갑니다. 아니면 버스로 가기도 합니다. 20 분 밖에 안 걸리거든요.	**When it's our family dinner there, we go there in my dad's car.** Otherwise I just hop on the bus. It just takes about 20 minutes.
주차문제로 대중교통 이용 선호 버스로 가는 것이 좀 더 쉽습니다. 주차장이 항상 꽉 차거든요. 저녁식사를 하기 전에 주차 공간을 찾으면서 스트레스를 받는 것이 별로 좋은 생각이 아니잖아요.	**It's easier to go there by bus though. The parking lot is always full.** It's not a good idea to get stressed out looking for a parking place before dinner.

*각 단락 여백은 **'나만의 문장'** 추가를 위한 창작공간입니다.

주요어휘 normally 보통 otherwise 그렇지 않으면 **hop on the bus** 버스를 이용해서 가다 **get stressed out**
　　　　　스트레스를 받다

만능표현 **split the bill** (= go Dutch) '비용을 나누어서 내다'라는 유용한 표현

Q3. Please tell me about one experience when you went to a restaurant that was really unforgettable --- perhaps you were celebrating a special event or something exciting or comical happened during the meal? Explain to me why it was such a memorable experience. I would be interested to hear about everything that occurred from start to finish.

식당에 가서 상당히 인상적이었던 경험 하나에 대해 말해보세요. 아마도 특별한 일에 대해 축하를 했거나, 식사 중에 재미있거나 웃긴 일이 벌어진 것일 수도 있어요. 그 경험이 왜 인상인지 설명해 보세요. 처음부터 끝까지 일어난 모든 일을 들어보고 싶습니다.

시기, 조카의 첫돌잔치 작년에 조카의 첫 돌 생일파티에 가족 모두 초대를 받았어요. 한국에서는 매우 특별한 날이죠. 아주 큰 파티를 열거든요.	**Last year, my family was invited to my niece's first birthday party.** It's a very special day in Korea. And we have a very big party for it.
돌잡이 소개 파티 중간에, 조카가 여러 가지 다른 물건들 중에 선택을 하게 되었어요. 펜, 마이크, 실, 야구공, 카메라 등이 그녀 바로 앞에 놓였어요.	**During the party, she was made to choose from a few different things.** A pen, microphone, thread, baseball, camera etc. were put right in front of her.
조카의 마이크 선택 사람들은 그녀가 작은 손으로 어떤 것을 잡는지를 보려고 기다렸어요. 그리고 그녀는 마이크를 선택했죠. 가수가 된다는 의미이거든요.	People were waiting to see which one she would hold in her tiny hand. **Then she chose the microphone. That means she is going to be a singer.**
나의 돌잡이, 소감 제 아버지 말씀으로는, 제가 돈을 집었다고 하네요. 부자가 된다는 의미이거든요. 두고 볼 일이죠. 아무튼 멋진 날이었고 모두들 아주 즐거운 시간을 보냈어요.	**My dad told me I chose money, which means I would be rich.** We will all have to wait and see. **Anyway, it was a great day and everyone had lots of fun.**

*각 단락 여백은 '나만의 문장' 추가를 위한 창작공간입니다.

주요어휘 **niece** 여자조카 (nephew 남자조카) **thread** 실 **tiny** 조그만

만능표현 **wait and see** '지켜볼 일이다' 라는 의미의 유용한 표현

Unit 37. 음식 Food

▶ 음식(food)에 대한 돌발주제에서는 우리나라 전통 음식 몇 가지를 소개하고, 우리의 식사시간에 대한 특징을 묘사한 다음, 음식과 관련된 최근 인상적인 경험을 설명하는 문제들이 출제됩니다. 건강한 식사와 관련된 문제도 출제될 수 있기 때문에 다음에 이어지는 건강(health)이라는 돌발주제와 연결해서 함께 답변 준비를 해 보세요.

유형	기출문제 미리 보기
유형 1	Discuss some of the traditional foods eaten in your country. What are some of the most popular types of food eaten in your country? What are some of the most popular traditional dishes? Identify your favorite dish and explain your choice. 당신 나라에서 먹는 전통 음식 몇 가지를 설명해 보세요. 당신 나라에서 가장 인기 있는 음식들은 무엇인가요? 가장 인기 있는 전통음식들은 무엇인가요? 당신이 제일 좋아하는 음식과 이유를 설명해 보세요.
유형 2	Discuss mealtime in your country. What is the most important meal of the day? What roles do people play during mealtime? Are there any particular traditions or events that happen before and after mealtime? Provide several details about mealtimes in your country. 당신 나라 식사시간을 얘기해 보세요. 하루 중 가장 중요한 식사는 무엇인가요? 식사 시간 동안 사람들은 어떻게 역할 분담을 하나요? 식사 시간 전후에 벌어지는 특별한 관습이나 전통 혹은 일들이 있나요? 당신 나라의 식사시간에 대해 자세히 알려주세요.
유형 3	Can you describe a memorable meal that you had recently? Who were you with? What did you eat? Give me a detailed description of this meal. 최근에 먹었던 인상에 남는 식사에 대해 묘사해 주시겠어요? 누구와 함께였나요? 무엇을 먹었죠? 당신이 먹었던 최근 식사에 대해 구체적인 묘사를 해 주세요.

Q1. Discuss some of the traditional foods eaten in your country. What are some of the most popular types of food eaten in your country? What are some of the most popular traditional dishes? Identify your favorite dish and explain your choice.

당신 나라에서 먹는 전통 음식 몇 가지를 설명해 보세요. 당신 나라에서 가장 인기 있는 음식들은 무엇인가요? 가장 인기 있는 전통음식들은 무엇인가요? 당신이 제일 좋아하는 음식과 이유를 설명해 보세요.

한국의 다양한 음식 **우리는 거의 모든 것을 먹습니다. 제 말은, 고기, 해산물, 채소, 과일 등을 즐깁니다.** 그것들을 우리가 어떻게 먹는지 말해볼게요.	**We eat almost everything. I mean, we enjoy meat, seafood, vegetables, and fruits and all that.** Let me tell you how we eat them.
일상적인 식사 구성 - 밥, 국, 반찬 **일상적인 식사는 밥, 국 그리고 약간의 반찬으로 이루어집니다.** 반찬은 단백질과 비타민의 주요 공급원이죠. 그래서 우리는 여러 다른 반찬들이 많은 것입니다.	**A normal meal consists of rice, soup, and some side dishes.** Side dishes are the main source of protein and vitamins. That's why we have so many different side dishes.
가장 인기 있는 반찬 - 김치 **가장 인기 있기도 하고 흔한 음식이 김치일 것입니다.** 소금에 절인 야채에 상당히 매운 양념을 곁들인 것이라고 보면 됩니다. 장시간 발효가 되면 더 맛이 있습니다.	**The most popular or common food would be kimchi.** It's like pickled vegetables with a very spicy hot sauce. It needs to be fermented for a long time so it tastes better.
가장 인기 있는 식사 세트, 마무리 **가장 인기 있는 식사 세트는 밥, 김치, 그리고 된장찌개라고 할 수 있어요.** 마지막 것은 발효된 된장과 야채로 만든 찌개입니다. 이 정도면 된 것 같네요.	**I'd say the most popular set meal is rice, kimchi, and** *dwenjang chiggae*. The last one is a stew made of fermented bean paste and vegetables. Well, that should be it.

*각 단락 여백은 '나만의 문장' 추가를 위한 창작공간입니다.

주요어휘 **consist of** ~으로 구성하다 **main source** 주요 공급원 **protein** 단백질 **pickled** 소금으로 저린

ferment 발효하다 **stew** 일종의 찌개 같은 국물요리 **fermented** 발효된 **bean paste** 된장

Q2. Discuss mealtime in your country. What is the most important meal of the day? What roles do people play during mealtime? Are there any particular traditions or events that happen before and after mealtime? Provide several details about mealtimes in your country.

당신 나라 식사시간을 얘기해 보세요. 하루 중 가장 중요한 식사는 무엇인가요? 식사 시간 동안 사람들은 어떻게 역할 분담을 하나요? 식사 시간 전후에 벌어지는 특별한 관습이나 전통 혹은 일들이 있나요? 당신 나라의 식사시간에 대해 자세히 알려주세요.

가장 중요한 식사 - 저녁 식사 한국에서는 저녁이 가장 중요한 식사입니다. 아침에는 모두들 너무 바빠서 성대한 식사를 할 수 없어요. 보통은 점심도 무겁지 않아요.	**Dinner is the most important meal in Korea.** Everybody's too busy to have a big meal in the morning. Lunch's usually light as well.
요리 담당 - 어머니 식탁에서 꼭 맡아야 하는 역할이 있다고 생각하지 않아요. 하지만 저녁을 준비하는 것은 주로 어머니죠. 왜냐하면 우리 가족 중 요리를 가장 잘 하시니까요.	I don't think there are roles to play at the table. But it's my **mom that usually prepares dinner** because she's the best cook in the family.
한국의 전통 식사문화 식탁에서는 가장 나이가 많은 어른이 가장 먼저 먹기 시작하면서 식사가 시작되고 그랬어요. 하지만 이제는 더 이상 그렇지 않다고 생각해요. 그래도 식사를 시작할 때는 모두들 식탁에 앉았는지 확인합니다.	The oldest person at the table used to start to eat first. I don't think it's common anymore. But we make sure everybody's at the table when we start to eat.
식사 후 활동, 마무리 저녁식사 후에는 각자의 하루에 대한 이야기를 하거나 TV를 함께 봅니다. 가끔 과일을 먹기도 하는데 껍질을 벗기고 제공하는 것은 저의 일이에요. 다른 가족들도 거의 비슷하다고 생각해요.	After dinner, we talk about the day or watch TV together. We sometimes eat fruit and that's my job to peel and serve it. I believe it's pretty much the same with other families.

*각 단락 여백은 '나만의 문장' 추가를 위한 창작공간입니다.

주요어휘 **roles to play** 맡아야 하는 역할 **peel** 과일 등의 껍질을 벗기다 **serve** 준비해서 가져다 주다

Q3. Can you describe a memorable meal that you had recently? Who were you with? What did you eat? Give me a detailed description of this meal.

최근에 먹었던 인상에 남는 식사에 대해 묘사해 주시겠어요? 누구와 함께였나요? 무엇을 먹었죠? 당신이 먹었던 최근 식사에 대해 구체적인 묘사를 해 주세요.

시기, 배경 요 며칠 전에 매우 근사한 식사를 했어요. 이 질문을 받다니 정말 우연이네요!	**I had a very nice meal just the other night.** What a coincidence to be asked that question!
어머님의 삼계탕 요리 어머님이 가족을 위해 삼계탕을 만들어 주셨어요. 일종의 닭고기로 만든 국 종류인데, 닭이 통째로 들어있어요. 닭 안에는 밥, 인삼, 대추 그리고 밤 등이 들어있죠.	**My mom cooked *Samgyetang* for us. It's sort of like chicken soup but there's a whole chicken in it.** The chicken is stuffed with rice, ginseng, dates, and chestnuts.
여러 가지 반찬 어머님이 반찬 몇 가지도 만들었어요. 예를 들면, 오이 김치와 콩나물이에요. 그것 말고도 다른 반찬들도 있었죠.	**She made some of my favorite side dishes as well.** For example, she had cucumber kimchi and bean sprouts. But there were many other side dishes, too.
여름음식인 삼계탕 장점, 마무리 사람들은 삼계탕이 건강에 매우 좋다고 생각해요. 더울 때 건강을 유지하는데 도움이 되거든요. 그래서 아마도 제가 지금 훨씬 에너지가 넘치는 느낌인가 봐요.	**People believe *Samgyetang* is so good for health** that it helps stay healthy in the heat. **Maybe that's why I'm feeling much more energetic now.**

*각 단락 여백은 '**나만의 문장**' 추가를 위한 창작공간입니다.

주요어휘 **coincidence** 우연의 일치 **be stuffed with** ~으로 채워진 **ginseng** 인삼 **date** 대추 **chestnut** 밤

cucumber 오이 **bean sprout** 콩나물 **in the heat** 더위 속에서 **energetic** 에너지가 넘치는

Unit 38. 건강 Health

▶ 건강(health)에 대한 돌발주제에서는 건강한 사람의 의미, 건강을 유지하기 위한 활동 그리고 내가 알고 있는 건강한 사람에 대한 설명을 하라는 문제들이 출제됩니다. 앞선 주제인 음식(food)과 연결해서 답변을 준비하면 수월합니다.

유형	기출문제 미리 보기
유형 1	Define what a "healthy" person means to you? Does he/she look a certain way? Explain what a healthy person eats. 건강한 사람이란 당신에게 어떤 의미인지 정의해 보세요. 그/그녀는 어떤 특정한 모습이어야 하나요? 건강한 사람이 먹는 것도 설명해 보세요.
유형 2	In addition to diet, what other things contribute to one staying healthy? What activities and exercises do people do to stay healthy? What things do they do in their free time? Reiterate how people stay healthy. 음식 이외에 건강을 유지하는데 기여하는 또 다른 것들은 무엇인가요? 건강유지를 위해 사람들은 어떤 활동과 운동을 하나요? 여가시간에 그들은 무엇을 하나요? 사람들이 건강을 어떻게 유지하는지 한 번 더 강조해 보세요.
유형 3	Describe someone you knew who was a healthy person. Who was the person and how did you meet him/her? What were the most memorable things about that person? Were you impressed by this person in any way? If so, explain why. 당신이 알았던 건강한 사람 한 명을 묘사해 보세요. 누구였고 그/그녀를 어떻게 만났나요? 그 분에 대해 어떤 점이 가장 인상적이었나요? 어떻게든 그분에게 감명을 받았나요? 만약 그렇다면 이유는 무엇인가요?

Q1. Define what a "healthy" person means to you? Does he/she look a certain way? Explain what a healthy person eats.

건강한 사람이란 당신에게 어떤 의미인지 정의해 보세요. 그/그녀는 어떤 특정한 모습이어야 하나요? 건강한 사람이 먹는 것도 설명해 보세요.

도입 답변하기 정말 어려운 질문이네요. 한 번도 생각해 본 적이 없어요. 흠, 생각해 보죠.	It's a really difficult question to answer. I haven't thought about it before. Hmm. Let me think.
건강의 정의 건강하다는 것은 단지 신체에만 국한된 것이 아니라고 말하고 싶네요. 건강한 사람은 건강한 신체와 건강한 마음을 동시에 갖고 있어야 합니다. 그것이 우리가 조심해야 할 것이죠.	**Well, I'd say being healthy is not only about the body.** A healthy person has a healthy body and a healthy mind at the same time. That's what we should be careful of.
건강한 사람의 특징 하지만 건강한 사람이 특정한 모습이어야 한다고 생각하지는 않아요. 사람들은 모두 다르게 생겼으니까요. 어떤 사람들은 근육이 있고, 또 다른 사람들은 말랐어요. 하지만 그들 모두 건강할 수 있잖아요.	**And I don't think that healthy people look a certain way though. People all look different.** Some people are beefy and some people are skinny. But they all can be healthy.
균형 잡힌 식사, 의견 건강한 사람은 균형 잡힌 식사가 필요합니다. 하루를 위해 충분한 칼로리와 단백질 그리고 미네랄과 비타민 등을 섭취해야 합니다. 행동보다 말이 쉽기는 하지만 그래도 최소한 시도는 해야죠.	**A healthy person needs a balanced diet.** They should take in enough calories, proteins, minerals, and vitamins for the day. **It's easier said than done but we should at least try.**

*각 단락 여백은 '**나만의 문장**' 추가를 위한 창작공간입니다.

주요어휘 **look a certain way** 어떤 특정한 모습으로 보이다 **beefy** 근육이 우람한, 뚱뚱한 **skinny** 깡마른

balanced diet 균형 잡힌 식사 **protein** 단백질 **mineral** 미네랄

만능표현 **It's easier said than done.** '말이야 쉽지'라는 의미의 속담

Q2. In addition to diet, what other things contribute to one staying healthy? What activities and exercises do people do to stay healthy? What things do they do in their free time? Reiterate how people stay healthy.

음식 이외에 건강을 유지하는데 기여하는 또 다른 것들은 무엇인가요? 건강유지를 위해 사람들은 어떤 활동과 운동을 하나요? 여가시간에 그들은 무엇을 하나요? 사람들이 건강을 어떻게 유지하는지 한 번 더 강조해 보세요.

도입	There are so many things to do to stay healthy. Yes, we are what we eat but there's more to consider.
건강을 유지하기 위해 해야 할 것들은 많습니다. 네, 우리가 먹는 것이 곧 우리가 됩니다. 하지만 고려해야 할 것이 좀 더 있죠.	
건강을 위한 운동의 필요성	First up, exercise. I mean, you might choose to walk rather than drive. You don't have to lift weights all the time. You might take care of your gardens more often too.
가장 먼저, 운동입니다. 제 말은, 운전을 하기보다는 걷기를 선택할 수 있습니다. 항상 역기를 들 필요는 없어요. 정원을 좀 더 자주 돌보는 것도 가능합니다.	
스트레스 조절	In addition, **a low stress level is very important too.** If you're stressed out, your immune system doesn't work properly. You can't stay healthy anymore.
추가로, 낮은 스트레스 수준도 매우 중요합니다. 만약 당신이 스트레스를 받으면 면역체계가 제대로 기능을 하지 못합니다. 더 이상 건강을 유지할 수 없는 것이죠.	
건강의 의미, 의견	All in all, **being healthy means being mentally and physically heathy.** And it is all about being consistent. It won't come easy.
대체로 보아서, **건강하다는 의미는 정신적 육체적으로 건강하다는 것을 의미합니다.** 그리고 결국 꾸준함을 유지하는 것이죠. 쉽게 되지는 않아요.	

*각 단락 여백은 '**나만의 문장**' 추가를 위한 창작공간입니다.

주요어휘 stay healthy 건강을 유지하다 lift weights 역기를 들다 take care of 가꾸다, 돌보다 in addition 게다가
be stressed out 스트레스를 받다 immune system 면역체계 work properly 제대로 작동하다
be all about 결국 ~에 대한 것이다 consistent 꾸준한, 일관된 come easy 쉽게 되다

만능표현 We are what we eat. '우리가 먹는 대로 우리가 된다' 즉 내가 어떻게 먹느냐에 따라 몸의 건강상태가
결정된다는 재미있는 표현

Q3. Describe someone you knew who was a healthy person. Who was the person and how did you meet him/her? What were the most memorable things about that person? Were you impressed by this person in any way? If so, explain why.

당신이 알았던 건강한 사람 한 명을 묘사해 보세요. 누구였고 그/그녀를 어떻게 만났나요? 그 분에 대해 어떤 점이 가장 인상적이었나요? 어떻게든 그분에게 감명을 받았나요? 만약 그렇다면 이유는 무엇인가요?

건강한 사람 특정 - 아버지 음, 제 아버지가 70 대인데, 상당히 건강하세요. 감사하게 생각합니다. 아버지가 저를 어떻게 놀라게 했는지 말해볼게요.	**Well, my dad is in his 70s and he's very healthy.** I'm grateful for that. Here's how he surprises me.
아버지의 운동 - 등산 저희는 가끔 산에 등산을 함께 갑니다. 휴식을 하지 않고서는 저는 그곳에 올라가지 못하는데, 아버지는 가능합니다. 한 번도 아버지를 따라 잡은 적이 없어요. 믿기세요?	We sometimes go hiking together in the mountains. **I can't get up there without a rest but he can.** I can never catch up to him. Can you believe that?
아버지의 운동 - 배드민턴 그것뿐이 아닙니다. **아버지께서는 배드민턴을 아주 잘 하세요.** 여전히 동네 동아리 회원인데, 연세가 가장 많으십니다.	That's not all. **He is also very good at playing badminton.** He's still a member of the local badminton club and he's the oldest.
아버지의 식사, 음주, 비흡연, 마무리 운동 이외에도, 아버지께서는 간식을 드시거나 과식을 하지 않아요. 가끔 술은 드시지만 담배는 안 피웁니다. 저도 아버지를 닮고 싶어요. **아버지는 저를 감동시킨 분이세요.**	**Besides playing sports, he never snacks or overeats.** He sometimes drinks but doesn't smoke. I hope I take after him. **He's the one that impresses me.**

*각 단락 여백은 '**나만의 문장**' 추가를 위한 창작공간입니다.

주요어휘 in his 70s 나이가 70 대의 grateful 감사하게 여기는 surprise ~를 놀라게 하다 get up 산에 오르다 catch up to 따라잡다 be good at ~을 잘 한다 besides ~뿐만 아니라 snack (동사) 간식을 먹다 overeat 과식하다 take after 닮다 impress ~를 감동시키다

Unit 39. 은행 Banks

▶ 은행(bank)에 대한 돌발주제에서는 우리나라 은행의 개요, 은행의 주요 업무 그리고 최근에 은행을 이용했던 경험 등을 묻는 문제가 출제됩니다.

유형	기출문제 미리 보기
유형 1	Can you tell me about the banks in your country? How do the banks look as far as the interior and exterior structures? Where are they traditionally located? What are their hours of operation? How often do you go to the bank? What are the employees like at these banks? 당신 나라 은행에 대해 말해 주겠어요? 은행의 내부와 외부 구조물은 어떻게 생겼나요? 주로 은행들은 어디에 위치하고 있나요? 영업시간은 어떻게 되나요? 당신은 얼마나 자주 은행에 가나요? 은행 직원들은 어떤가요?
유형 2	What types of transactions traditionally take place at a bank? What things do clients request of the employees? What are some of the responsibilities of bank employees? 은행에서는 주로 어떤 종류의 거래가 이루어지나요? 고객들이 직원들에게 무엇을 요구하나요? 은행 직원들의 책임에는 어떤 것들이 있나요?
유형 3	Discuss your last banking experience. When and where did this experience take place? Do you remember specifically what bank you went to? Were the bank employees helpful, and did you accomplish what you went to the bank for in the first place? Please discuss everything that you experienced during your last trip to the bank. 최근 은행에서의 경험을 얘기해 보세요. 이 경험의 시기와 장소는 어디인가요? 구체적으로 어떤 은행이었는지 기억이 나나요? 은행 직원들이 도움이 되었고, 당신이 은행에 간 목적을 우선적으로 달성할 수 있었나요? 최근 은행에 갔던 경험을 자세하게 말해 주세요.

Q1. Can you tell me about the banks in your country? How do the banks look as far as the interior and exterior structures? Where are they traditionally located? What are their hours of operation? How often do you go to the bank? What are the employees like at these banks?

당신 나라 은행에 대해 말해 주겠어요? 은행의 내부와 외부 구조물은 어떻게 생겼나요? 주로 은행들은 어디에 위치하고 있나요? 영업시간은 어떻게 되나요? 당신은 얼마나 자주 은행에 가나요? 은행 직원들은 어떤가요?

도입 - 곳곳의 많은 은행 한국은 어디를 가도 은행이 있어요. 밖에 나가서 5분 정도 걸으면 은행을 찾을 수 있습니다. 당신이 사는 동네에도 최소한 몇 개의 은행이 있습니다.	**Banks are everywhere in Korea. You get out, walk for about five minutes. You find one.** You have at least a few banks in your neighborhood.
은행의 위치, 외관 은행들은 대부분 상업용 건물(상가)에 있어요. 그래서 은행 외부에 대해서는 설명할 것이 그다지 많지 않습니다. **대형 상자처럼 보이잖아요.**	**They're usually in commercial buildings.** So, there's nothing much to explain about the exterior. **They're like huge boxes.**
은행 내부 풍경, 은행원 은행 안에는 의자들이 놓여있는 홀이 있어요. 그곳에서 은행직원이 부를 때까지 기다립니다. **은행직원들은 상당히 노련하고 친절합니다.**	There's a hall in the middle with some chairs inside the bank. You wait for the teller to call you there. **The bank tellers are very skilled and friendly.**
은행 영업시간, 인터넷 뱅킹, 소감 은행은 오전 9시부터 오후 4시까지 문을 열어요. 저는 대부분 온라인 뱅킹을 하기 때문에 은행에 가는 일은 거의 없어요. 은행은 곧 과거의 것이 될 것 같네요.	**They open from 9 in the morning until 4 in the afternoon.** I rarely go to the bank because I do online-banking most of the time. I think the bank is going to be a thing of the past.

*각 단락 여백은 '**나만의 문장**' 추가를 위한 창작공간입니다.

주요어휘 **in your neighborhood** 당신이 사는 동네에 **commercial building** 상가 **huge** 크기가 큰 **teller** 은행직원

skilled 노련한, 숙련된 **rarely** 거의 ~하지 않다 **most of the time** 대부분

만능표현 **a thing of the past** '과거의 유물'이란 의미의 유용한 표현

Q2. **What types of transactions traditionally take place at a bank? What things do clients request of the employees? What are some of the responsibilities of bank employees?**

은행에서는 주로 어떤 종류의 거래가 이루어지나요? 고객들이 직원들에게 무엇을 요구하나요? 은행 직원들의 책임에는 어떤 것들이 있나요?

도입	Let me just tell you what I usually do at the bank. Actually, I'm not sure what exactly is possible there.
제가 은행에서 주로 하는 것들을 말해볼게요. 사실은 은행에서 정확히 어떤 것들이 가능한지는 모르겠어요.	
예금과 인출	I can deposit money and take out loans at the bank. But that's also possible at an ATM or through Internet banking.
은행에서는 돈을 입금하고 빌릴 수도 있습니다. 하지만 ATM 이나 인터넷 뱅킹을 통해서도 그것은 가능하죠.	
환전	I sometimes change Korean won to different foreign money. Not all local banks do it. So I need to go to the big one for that.
저는 가끔 한국 돈을 다른 나라 돈으로 환전합니다. 모든 동네 은행에서 이 업무를 하는 것이 아니어서, 대형 은행에 가야 합니다.	
공과금 납부, 마무리	I also pay my bills there. There must be a lot more. But I think these are the usual things bank employees do.
은행에서 공과금도 냅니다. 분명히 좀 더 많은 것들이 있지만, **이것들이 은행직원들이 주로 하는 것들이라고 생각해요.**	

*각 단락 여백은 '**나만의 문장**' 추가를 위한 창작공간입니다.

주요어휘 **deposit** 입금하다 (cf. withdraw 인출하다) **take out loans** 대출하다 **ATM** (= Automated Teller Machine)
local 동네에 있는 **pay (utility) bills** 공과금을 내다

Q3. Discuss your last banking experience. When and where did this experience take place? Do you remember specifically what bank you went to? Were the bank employees helpful, and did you accomplish what you went to the bank for in the first place? Please discuss everything that you experienced during your last trip to the bank.

최근 은행에서의 경험을 얘기해 보세요. 이 경험의 시기와 장소는 어디인가요? 구체적으로 어떤 은행이었는지 기억이 나나요? 은행 직원들이 도움이 되었고, 당신이 은행에 간 목적을 우선적으로 달성할 수 있었나요? 최근 은행에 갔던 경험을 자세하게 말해 주세요.

특정 은행과 이용 기간 제가 주로 가는 은행은 KB 은행입니다. 한국에 있는 대형 은행 중 한 곳이죠. 5년 정도 이용하고 있는 것 같아요.	**KB bank is the bank I usually go to. It's one of the major banks in Korea.** I think I've been using it for about five years.
체크카드 분실로 은행 방문 작년에 체크카드를 분실해서 새로운 것을 발급하기 위해 은행에 갔습니다. 제가 은행에 마지막으로 갔던 것이 그때입니다.	**I lost my debit card last year so I went to the bank to get a new one.** That's the last time I went to the bank.
새로운 카드 발급 과정 직원에게 그곳에 간 이유를 설명했더니, 직원은 제 신분증과 양식을 작성하라고 요청했어요. 그리고 나서 제가 한 것은 기다리는 것이었죠.	**I told the employee why I was there. She asked for my ID and I filled out a form.** Then all I did was wait.
신속한 일 처리, 마무리 시간은 별로 걸리지 않았어요. 새로운 카드가 발급되는데 10분 정도 걸렸습니다. 모든 직원들이 상당히 친절했고, 별 문제없이 새로운 카드를 발급받았죠.	**It didn't take long at all. It only took about ten minutes to get a new card issued. All the employees were very friendly and I got a new debit card without a problem.**

*각 단락 여백은 '**나만의 문장**' 추가를 위한 창작공간입니다.

주요어휘 **debit card** 체크(직불) 카드 **fill out a form** 양식을 작성하다 **issue** 발행하다

Unit 40. 약속 Appointment

▶ 약속(appointment)에 대한 돌발주제에서는 내가 주로 하는 약속들은 무엇인지, 약속을 하는 일반적인 절차 그리고 최근에 했던 약속에 대한 경험을 설명하는 문제가 출제됩니다.

유형	기출문제 미리 보기
유형 1	Appointments are made by people for a variety of reasons. Some of these include scheduling a time to go see a doctor, dentist, teacher, friend, etc. What types of appointments do you usually schedule? Who do you typically schedule appointments with? Do you find it difficult to schedule these appointments? 다양한 이유 때문에 사람들에 의해 약속이 만들어집니다. 어떤 약속은 의사, 치과의사, 선생님, 친구나 혹은 다른 사람을 만나러 가기 위한 일정을 잡는 것을 포함합니다. 당신은 주로 어떤 종류의 약속 일정을 잡나요? 보통 누구를 만나기 위한 약속을 하나요? 이런 약속을 잡는 것이 어렵다고 생각하나요?
유형 2	What types of steps are taken when making an appointment? What things do you need to consider when scheduling an appointment? What sequence do you follow when making an appointment? 약속을 할 때 어떤 절차를 밟나요? 약속을 할 때 어떤 것을 신경 써야 하나요? 약속을 할 때 어떤 순서를 따르나요?
유형 3	Discuss the last appointment that you had and the circumstances surrounding it. What was the reason for this appointment? Who were the people involved in this appointment? What was the outcome of this appointment? Was it what you expected? 가장 최근에 했던 약속과 그에 대한 상황에 대해 말해 주세요. 그 약속을 한 이유가 무엇이었나요? 그 약속에 왔던 사람들은 누구였나요? 그 약속의 최종 결과는 어땠나요? 당신이 기대했던 대로였나요?

Q1. Appointments are made by people for a variety of reasons. Some of these include scheduling a time to go see a doctor, dentist, teacher, friend, etc. What types of appointments do you usually schedule? Who do you typically schedule appointments with? Do you find it difficult to schedule these appointments?

다양한 이유 때문에 사람들에 의해 약속이 만들어집니다. 어떤 약속은 의사, 치과의사, 선생님, 친구나 혹은 다른 사람을 만나러 가기 위한 일정을 잡는 것을 포함합니다. 당신은 주로 어떤 종류의 약속 일정을 잡나요? 보통 누구를 만나기 위한 약속을 하나요? 이런 약속을 잡는 것이 어렵다고 생각하나요?

도입 약속을 하는 것은 쉽지 않습니다. 많은 사람들이 포함되면 더 그렇죠.	**Making appointments is not easy.** And it's more so when it involves a lot of people.
친구와의 약속 친구들과 어울리는 것이 좋은 예입니다. 모든 사람들이 전부 맞아야 합니다. 이것이 쉽지 않은데 모두들 다른 일정들이 있기 때문이죠.	Hanging out with my friends is a good example. Everybody has to fit into it. It's not easy because we all have different schedules.
부모님 방문 위한 약속 심지어 부모님을 찾아 뵙는 것도 쉽지 않아요. 부모님들도 매일 당신들의 삶을 사느라 바쁘시거든요. 가끔은 "언제 한 번 갈게요"라는 말만 하게 되는 것이죠.	Even visiting my parents is not easy at all. They're busy living their lives every day. Sometimes you end up saying "Maybe some other time".
병원 방문 위한 예약, 소감 의사를 만나는 것은 조금 쉬운 편입니다. 병원에서 제시하는 날짜들 중 고르면 되니까요. **어떤 종류의 약속이든 쉽지 않습니다.**	Going to the doctor is just a little easier. I get to choose between the days they give me. **Whatever appointment it is, it's not easy.**

*각 단락 여백은 '**나만의 문장**' 추가를 위한 창작공간입니다.

주요어휘 involve 포함하다, 참여하다 hang out with ~와 어울리다 fit into ~에 맞추다

live one's life ~의 삶을 살다 end up ~ing ~을 하는 것을 끝이다

get to choose ~을 선택하기만 하면 된다

만능표현 more so 앞서 언급된 형용사(not easy)를 수식하면서 '훨씬 더하다'라는 의미를 나타내는 세련된 표현

Q2. What types of steps are taken when making an appointment? What things do you need to consider when scheduling an appointment? What sequence do you follow when making an appointment?

약속을 할 때 어떤 절차를 밟나요? 약속을 할 때 어떤 것을 신경 써야 하나요? 약속을 할 때 어떤 순서를 따르나요?

약속할 때 가장 중요한 것 일정에 대해 모든 사람들이 만족하는 것이 제일 중요합니다. 그리고 그것이 약속을 할 때 가장 어려운 부분이기도 하지요.	**Making everyone happy with the schedule is the most important thing.** And that's the most difficult part of making an appointment.
약속하는 과정 1 – 참석자 제가 약속을 할 때는 제일 먼저 누가 참석하는지를 결정합니다. 어떤 사람들은 너무 바빠서 참석을 할 수 없거든요. 그래서 시간이 되는지를 가장 먼저 물어봅니다.	**When I make an appointment, I decide who it involves first.** Some people are too busy to join in. I should ask if they'll be available first.
약속하는 과정 2 – 당사자들의 선택 그리고 나서 몇 가지 선택할 수 있는 것을 생각한 다음 사람들에게 선택을 하도록 합니다. 가끔은 그렇게 하는 것도 어떤 사람에게는 맞지 않습니다. 그러면 처음부터 다시 시작을 합니다.	**Then I think of some choices and let the people choose.** Sometimes it just doesn't work for somebody. Then I start again from scratch.
약속하는 과정 3 – 하루 전날 상기시킴 약속 하루 전날 사람들에게 한번 더 상기를 시킵니다. 일이 생기면 제가 알아야 하잖아요. 알다시피, 사람들은 종종 막판에 취소를 하거든요.	**I make sure people get reminded again the day before.** Things happen so I need to know. You see, people often cancel on others at the last moment.

*각 단락 여백은 '나만의 문장' 추가를 위한 창작공간입니다.

주요어휘 **Involve** (= join in) 참석하다 **available** 사람을 만날 시간 여유가 되는 **think of** ~을 생각해 내다

doesn't work for ~에게는 맞지 않다 **make sure** ~을 확실히 한다 **get reminded** 상기시키다

cancel on ~에 대해 취소하다 **at the last minute** 막판에

만능표현 **from scratch** '맨 처음부터'라는 의미의 유용한 표현

Q3. Discuss the last appointment that you had and the circumstances surrounding it. What was the reason for this appointment? Who were the people involved in this appointment? What was the outcome of this appointment? Was it what you expected?

가장 최근에 했던 약속과 그에 대한 상황에 대해 말해 주세요. 그 약속을 한 이유가 무엇이었나요? 그 약속에 왔던 사람들은 누구였나요? 그 약속의 최종 결과는 어땠나요? 당신이 기대했던 대로였나요?

시기, 만난 사람 바로 지난 주말에 대학 친구 중 한 명을 만났어요. 졸업 이후로 만나지 못했거든요.	**Just last weekend I met one of my college friends.** We hadn't seen each other since we graduated.
약속을 하게 된 계기 하루는 그녀 이름이 갑자가 생각나서 전화를 했어요. 다행히도 그녀의 번호가 여전히 같더라고요. 그녀도 저랑 연락을 하고 싶었는데 제 번호를 잃어버렸다고 하더라고요.	**One day, her name just sprang to mind and I called her.** Fortunately, her number was still the same. She told me she wanted to get in touch but she lost my phone number.
재회 다시 만나게 되어서 정말 좋았어요. 그 동안 무엇을 하면서 지냈는지 등을 이야기했지요. 마치 대학교 다닐 때 같더라고요.	**We were so happy to meet again.** We talked about what we had been doing and so on. **It felt like just another day in college.**
함께 한 활동, 소감, 변화 시내에 있는 상점들을 함께 둘러보았어요. 저녁도 함께 먹었죠. 정말 즐거운 날이었어요. 그녀에게 제 번호를 주었고 요즘도 전화로 자주 수다를 떤답니다.	**We took a look around the downtown stores together. We had dinner together too. It was really a great day.** I gave her my number and we often chat on the phone now.

*각 단락 여백은 '나만의 문장' 추가를 위한 창작공간입니다.

주요어휘 **spring** 갑자기 떠오르다 **get in touch** 연락을 취하다 **feel like** 마치 ~인 듯하다 **chat** 수다를 떨다

만능표현 we **hadn't seen** each other / what we **had been** doing 과거를 기준으로 오랜 동안 만나지 못했던 것을 '과거완료'로 나타내고 있는데, 이렇게 다양한 시제 활용은 가산점 요소

Unit 41. 날씨 Weather

▶ 날씨(weather)에 대한 돌발주제에서는 우리나라 날씨와 계절을 묘사하고, 내가 좋아하는 계절과 주로 하는 활동 그리고 날씨와 관련해서 어려움을 겪었던 경험을 설명하는 문제가 출제됩니다.

유형	기출문제 미리 보기
유형 1	What is the weather like in your country? Are there distinct changes in the seasons? Describe what the weather is like in the summer. What is the weather like in the winter? Provide a detailed description of each of the four seasons. 당신 나라 날씨는 어떤가요? 계절별로 분명한 변화가 있나요? 여름에 날씨가 어떤지 묘사해 보세요. 겨울은 어떤가요? 사계절 각각의 특이점을 얘기해 주세요.
유형 2	Identify your favorite season and describe some of the activities that you do during this time of year. What types of activities do people in your country participate in during the summer? What types of things do these people do during the winter? 당신이 가장 좋아하는 계절을 말해보고, 이 기간 동안 당신이 주로 하는 활동들이 무엇인지 묘사해 보세요. 당신 나라 사람들은 여름에 주로 어떤 종류의 활동들을 하나요? 겨울에는요?
유형 3	Discuss a memorable event in your life that you either heard about or experienced first-hand that was associated with weather in some way. For instance, it may have been a drought that affected the people in your town or a flood that you read about that caused many to lose their homes. Describe the event, when it occurred, and all of the details that you remembered about it. 어떤 이유에서든 날씨와 관련해서, 살면서 들었거나 아니면 직접 경험했던, 기억에 남는 사건에 대해 이야기하세요. 예를 들면, 당신 사는 곳의 사람들에 영향을 미친 가뭄이나, 많은 사람들이 집을 잃게 만든 홍수에 대해 읽어봤을 수도 있습니다. 언제 일어났는지, 그리고 그것에 대해 당신이 기억할 수 있는 그 사간에 대한 모든 것을 설명하세요.

Q1. What is the weather like in your country? Are there distinct changes in the seasons? Describe what the weather is like in the summer. What is the weather like in the winter? Provide a detailed description of each of the four seasons.

당신 나라 날씨는 어떤가요? 계절별로 분명한 변화가 있나요? 여름에 날씨가 어떤지 묘사해 보세요. 겨울은 어떤가요? 사계절 각각의 특이점을 얘기해 주세요.

한국의 사계절 한국에는 뚜렷한 사계절이 있어요. 봄, 여름, 가을 그리고 겨울입니다. 봄과 가을이 점점 짧아지는데 아마도 지구온화화 때문인 것 같아요.	**Korea has four distinct seasons: spring, summer, fall and winter.** Spring and fall are getting shorter and shorter maybe because of global warming.
벚꽃을 즐기는 봄 긴 겨울 이후에는 4월에 꽃을 볼 수 있습니다. 바로 그때가 어디서든 사람들이 벚꽃을 즐기는 시기입니다. 남쪽 일부 지역에서는 좀 더 일찍 꽃을 볼 수 있어요.	**After the long winter, we can see flowers in April.** That's when people enjoy cherry blossoms everywhere. Some areas down south might see flowers earlier.
더운 여름 한 달간 계속되는 장마가 끝나면 엄청 더운 여름이 시작됩니다. 대부분의 사람들이 8월 초에 휴가를 갑니다.	**Then the boiling summer comes along after a month-long rainy season.** Most people go on vacation in early August.
가을과 겨울, 소감 9월부터 11월까지는 가을입니다. 그리고 춥고 건조한 겨울이 11월말이나 12월 초에 시작됩니다. 여러 변화들과 함께 1년이 어떻게 지나는지 보는 것도 흥미롭습니다.	**We have fall from September to November. Then the cold and dry winter starts in late November or early December.** It's interesting to see how a year passes with all the changes.

*각 단락 여백은 '**나만의 문장**' 추가를 위한 창작공간입니다.

주요어휘 **distinct** 구별이 뚜렷한 **global warming** 지구온난화 **cherry blossoms** 벚꽃

boiling 몹시 더운, 푹푹 찌는 **come along** 나타나다, 오다 **rainy season** 장마, 우기

go on vacation 휴가를 가다

Q2. Identify your favorite season and describe some of the activities that you do during this time of year. What types of activities do people in your country participate in during the summer? What types of things do these people do during the winter?

당신이 가장 좋아하는 계절을 말해보고, 이 기간 동안 당신이 주로 하는 활동들이 무엇인지 묘사해 보세요. 당신 나라 사람들은 여름에 주로 어떤 종류의 활동들을 하나요? 겨울에는요?

가장 좋아하는 계절 - 가을 제가 가장 좋아하는 계절은 가을입니다. 가을 날씨는 좋아요. 여름처럼 더 이상 후덥지근하지도 않고, 춥지도 덥지도 않아요. 그야말로 완벽합니다.	**My favorite season is fall. The weather's beautiful in fall.** It's not as hot and humid as summer anymore. It's not cold and it's not hot. It's just perfect.
가을에 하는 것 - 야외활동 저는 가을에 야외활동 하는 것을 좋아합니다. 운동경기를 할 수도 있고, 여러 다른 장소를 방문할 수도 있습니다. 햇볕을 쬐고 앉아서 커피 한 잔을 마시는 것도 좋습니다.	**I enjoy doing outdoor activities in fall.** I might play sports or visit a lot of different places. Just sitting outside in the sun, drinking coffee is nice too.
무더운 여름에 하는 것 - 물놀이 여름에는 사람들이 해변에 가거나 강에서 수상 스포츠를 즐깁니다. 여름이 제가 가장 좋아하는 계절이었는데, 너무 덥고, 점점 더 더워지고 있어요.	**In summer, people go to the beach or enjoy water sports in the river.** Summer used to be my favorite season but it's too hot and it's getting hotter and hotter.
겨울에 하는 것 - 겨울 스포츠 겨울에는 야외활동을 하기에는 너무 춥습니다. 하지만 스키나 스노보드는 인기가 많습니다. 그래서 유명 스키 리조트로 가는 길들이 종종 차량으로 가득 찹니다.	**In winter, it's too cold for outdoor activities. But skiing or snowboarding is popular.** So roads to famous ski resorts are often packed with cars.

*각 단락 여백은 '나만의 문장' 추가를 위한 창작공간입니다.

주요어휘 **hot and humid** 후덥지근한 **used to** 과거에는 ~이었다 **be packed with** ~으로 가득 차는

Q3. Discuss a memorable event in your life that you either heard about or experienced first-hand that was associated with weather in some way. For instance, it may have been a drought that affected the people in your town or a flood that you read about that caused many to lose their homes. Describe the event, when it occurred, and all of the details that you remembered about it.

어떤 이유에서든 날씨와 관련해서, 살면서 들었거나 아니면 직접 경험했던, 기억에 남는 사건에 대해 이야기하세요. 예를 들면, 당신 사는 곳의 사람들에 영향을 미친 가뭄이나, 많은 사람들이 집을 잃게 만든 홍수에 대해 읽어봤을 수도 있습니다. 언제 일어났는지, 그리고 그것에 대해 당신이 기억할 수 있는 그 사간에 대한 모든 것을 설명하세요.

시기, 동행인, 활동 **작년 겨울 어느 날에 저는 친구와 함께 있었어요.** 매우 춥지는 않았지만 상당히 흐린 오후였죠. **함께 저녁을 먹고, 커피를 마시면서 즐거운 시간을 보냈어요.**	**One day last winter, I was with a friend of mine.** It wasn't very cold but it was a very cloudy afternoon. **We had dinner and drank coffee together. I had a good time.**
갑작스러운 폭설 **그리고 나서 택시로 집에 오는 중에 갑자기 눈이 오기 시작했어요.** 그리고 폭설이었죠. 날씨예보에서는 어떤 말도 없었거든요.	**Then on my way home in a taxi, it suddenly started to snow.** And it snowed heavily. The weather forecast hadn't said anything about it.
교통마비 **눈이 너무 많이 와서 모든 자동차와 버스가 멈췄습니다.** 일부 버스 승객들은 내려서 얼어있는 눈에서 차가 미끄러지는 것을 멈추게 하려고 버스를 밀기도 했어요.	**It snowed so much that all the cars and busses had to stop.** Some bus passengers had to get off and push the bus to stop it from slipping on the icy snow.
지하철로 이동, 소감 택시 운전사가 집에 가려면 시간이 너무 많이 걸리겠다고 말을 해서 **지하철을 타기로 했어요.** 모든 사람들이 지하철 역에 있더라고요. **12 시가 다 되어서야 집에 왔어요.** 끔찍했어요.	The taxi driver told me it would take forever to get home. I **decided to take the subway.** Everybody was there at the station. **I got home around midnight.** It was terrible.

*각 단락 여백은 '**나만의 문장**' 추가를 위한 창작공간입니다.

주요어휘 on my way ~하는 도중에 **snow heavily** 폭설이 내리다 **slip on the icy snow** 얼어 있는
눈에서 미끄러지다 **take forever** 시간이 엄청 오래 걸리다

Unit 42. 의상/패션 Clothing / Fashion

▶ 의상(clothing)에 대한 돌발주제에서는 우리가 평소에 입는 의상, 내가 주로 입는 의상과 좋아하는 이유 그리고 특별한 옷을 입었던 최근 경험 등을 설명하는 문제가 출제됩니다.

유형	기출문제 미리 보기
유형 1	What kinds of clothes do people in your country typically wear? Do they wear different clothes for different purposes? 당신 나라 사람들은 보통 어떤 종류의 옷을 입나요? 각기 다른 목적으로 다른 옷을 입나요?
유형 2	What are you wearing right now? Do you traditionally wear this type of thing? Do you follow a particular style? What types of clothing items do you favor the most and why? 당신은 지금 어떤 옷을 입고 있나요? 당신은 주로 이런 옷을 입나요? 아니면 특별한 스타일을 따르나요? 어떤 스타일의 의상을 제일 좋아하고 이유가 무엇인지 말해보세요.
유형 3	Identify a time when you decided to get very dressed up for a particular event. Discuss the event itself. Did you decide to go or were you required to do so? What specific outfit did you wear and why? Did anyone comment on your choice of clothing? How did this make you feel? 특별한 행사를 위해 옷을 차려 입어야 했던 경험을 생각해 보세요. 어떤 행사였는지 말해보세요. 가는 것을 당신이 결정했나요, 아니면 누군가에게 요청을 받았나요? 어떤 특별한 의상을 입었고 이유는 무엇인가요? 그 옷을 입을 때 누군가 의견을 주었나요? 느낌이 어땠나요?

Q1. What kinds of clothes do people in your country typically wear? Do they wear different clothes for different purposes?

당신 나라 사람들은 보통 어떤 종류의 옷을 입나요? 각기 다른 목적으로 다른 옷을 입나요?

옷에 대한 한국인의 관심 대부분의 한국사람들은 그들이 어떻게 보이는지에 관심이 있습니다. 무엇을 입을지 신중하게 고릅니다.	**Most Korean people are interested in how they look.** They carefully choose what to wear.
회사에서의 복장 회사에 갈 때는, 주로 정장 입은 것을 볼 수 있습니다. 하지만 요즘에 많은 직장들이 티셔츠나 청바지도 허용하고 있습니다.	**When they go to work, they are usually found in formal suits.** But a lot of work places today allow t-shirts and jeans as well.
가장 흔한 복장 회사나 특별한 경우를 제외하고, 평상복을 선호합니다. 셔츠와 그 위에 입는 재킷 그리고 청바지가 가장 흔한 스타일입니다.	**Except for work or some special occasions, casual clothes are preferred.** A shirt and a jacket over it and a pair of jeans would be the most common style.
상황에 따른 복장, 소감 또한 사람들이 결혼식이나 장례식을 갈 때는 정장을 입지만 체육관을 갈 때는 추리닝을 입습니다. 사람들은 여러 다른 목적에 맞게 각기 다른 옷들을 입습니다.	People also wear suits to weddings and funerals but sweat suits to gyms. They do wear different clothes for different purposes.

*각 단락 여백은 '**나만의 문장**' 추가를 위한 창작공간입니다.

주요어휘 **be found in** ~을 착용한 것을 볼 수 있는 **formal suit** 정장 **allow** 허용하다 **except for**

~을 제외하고 **casual clothes** 평상복 **be preferred** 선호되는 **funeral** 장례식

sweat suit 추리닝 **purpose** 목적

Q2. **What are you wearing right now? Do you traditionally wear this type of thing? Do you follow a particular style? What types of clothing items do you favor the most and why?**

당신은 지금 어떤 옷을 입고 있나요? 당신은 주로 이런 옷을 입나요? 아니면 특별한 스타일을 따르나요? 어떤 스타일의 의상을 제일 좋아하고 이유가 무엇인지 말해보세요.

현재 복장 **지금은 T-셔츠와 반바지를 입고 있어요.** 매일 너무 더워서 다른 옷은 생각하지도 못하겠어요.	**Well, I'm wearing a t-shirt and a pair of shorts at the moment.** It's steamy hot everyday so I can't think of anything else.
직장에서의 복장 **하지만 일을 할 때는 반바지가 여름이라도 허용되지 않습니다.** 그런 것이 아니라면, 무엇을 입던지 괜찮다고 생각해요.	**But for work, shorts won't be acceptable even in summer.** Other than that, I think you'll be all right whatever you're wearing.
유행에 대한 관심 **저는 최신 유행하는 옷에 별로 관심이 없어요.** 저는 그냥 저한테 잘 어울리는 옷을 입습니다. 이곳 사람들은 다른 사람들이 입는 것을 입고 싶어하는 것 같아요. 하지만 저는 그것이 쑥스럽다고 생각해요.	**I'm not interested in trendy clothes.** I wear what looks good on me. People here seem to prefer to wear what others wear. I find it embarrassing though.
좋아하는 복장, 소감 **저는 그냥 셔츠, 청바지 같은 기본적인 것들을 가장 많이 입습니다.** 그것들은 대부분 검은색, 흰색, 회색, 감청색 같은 것들입니다. 제가 옷을 잘 입는 사람이 아니라는 것을 알지만 그게 저에요.	**I just wear the most basic items like shirts, jeans and so on.** They are usually black, white, gray, navy and that sort of stuff. **I know I'm not a stylish dresser but that's me.**

*각 단락 여백은 '**나만의 문장**' 추가를 위한 창작공간입니다.

주요어휘 **steamy** 더위가 찌는 듯한 **think of** 생각해내다 **acceptable** 허용되는 **trendy** 최신 유형의 **gray** 회색

navy 감청색 **and sort of stuff** 뭐 그런 것들 **stylish** 멋진

Q3. Identify a time when you decided to get very dressed up for a particular event. Discuss the event itself. Did you decide to go or were you required to do so? What specific outfit did you wear and why? Did anyone comment on your choice of clothing? How did this make you feel?

특별한 행사를 위해 옷을 차려 입어야 했던 경험을 생각해 보세요. 어떤 행사였는지 말해보세요. 가는 것을 당신이 결정했나요, 아니면 누군가에게 요청을 받았나요? 어떤 특별한 의상을 입었고 이유는 무엇인가요? 그 옷을 입을 때 누군가 의견을 주었나요? 느낌이 어땠나요?

시기, 사촌 결혼식 **몇 개월 전에 사촌 결혼식에 갔어요.** 8월이라고 기억해요. 후덥지근한!	**I went to my cousin's wedding a few months ago.** I remember it was August. Hot and humid!
결혼식 참석 **당연히 즐겁게 참석했죠.** 사촌은 친해요. 그들은 마치 제 친구 같죠. 우리는 함께 자랐어요.	**Of course, I was happy to attend it.** Cousins are close. They're like close friends. We grew up together.
한 여름 정장 착용 **그래서 정장을 입었어요.** 여름용이었지만 그래도 여전히 더웠어요. 한 여름이었거든요.	**So, I wore my formal suit.** It was made for summer but it was still too hot in it. It was in the middle of summer, you know.
불편한 정장, 소감 **결혼식을 위해 단정하게 보여야 했죠.** 사실은 아버지도 그렇게 입으라고 제게 말씀을 했어요. 제 사촌 때문에 행복했지만, 정장을 입은 것은 전혀 좋지 않았어요.	**I had to look proper for the wedding.** My dad had told me to wear it actually. **I was happy for my cousin but I wasn't happy at all in the suit.**

*각 단락 여백은 **'나만의 문장'** 추가를 위한 창작공간입니다.

주요어휘 cousin 사촌 hot and humid 후덥지근한 formal suit 정장

Unit 43. 재활용 롤플레이 Role Play – Recycling

▶ 재활용(recycling)에 대한 롤플레이 콤보에서는 새로운 지역에서의 재활용 방법에 대한 정보요청, 재활용을 제대로 하지 못한 문제해결 그리고 13번에 출제되는 8번유형에서는 재활용 과정에서 어려움을 겪었던 경험 등을 설명하라는 문제가 출제됩니다.

콤보 III	기출문제 미리 보기
유형 6 (11번)	Imagine that you just moved into a new apartment. Contact the building manager and ask three to four questions to find out the necessary information about recycling. 새 아파트로 막 이사를 했다고 상상을 해 보세요. 건물 매니저에게 연락해서 재활용에 대한 필요한 정보를 알아내기 위해 서너 가지 질문을 해 보세요.
유형 7 (12번)	After having a party, you usually take out the recyclable waste the next day. However, other people living in the same building often complain to you. Call the maintenance office, explain the situation and suggest two to three resolutions for this issue. 파티를 한 후에 당신은 주로 다음 날 재활용 쓰레기를 버립니다. 하지만 같은 건물에 사는 다른 사람들이 당신에게 이에 대해 종종 불만을 제기합니다. 관리실에 연락해서 상황을 설명하고 문제 해결을 위한 두세 가지 대안을 제시하세요.
유형 7 (12번)	After a new resident moved in the apartment building where you live, you find out that he is not throwing away garbage properly. Many residents are not happy about it. Make a telephone call to the new resident and tell him what has happened and suggest several ways of resolving the situation. 당신이 살고 있는 아파트 건물에 새로운 주민이 이사를 오고 나서, 그 분이 쓰레기 처리를 제대로 하지 않는다는 것을 알게 됩니다. 여러 주민들이 이에 대해 불편해 합니다. 그 새로 이사 온 주민에게 전화를 해서 어떤 일이 벌어졌는지 말해 주고, 문제 해결을 위한 몇 가지 방법을 제안하세요.
유형 8 (13번)	Reflect back to an experience when you had difficulties with recycling--maybe you did not know the recycling rules or you took out the garbage to the wrong place. Discuss the details of this experience and explain what you had to do to resolve the situation. 재활용에 어려움이 있었던 경험을 떠올려 보세요. 재활용 규정을 몰랐거나, 엉뚱한 장소에 쓰레기를 버렸을 수도 있습니다. 이 경험에 대해 자세히 말하고, 상황을 해결하기 위해 무엇을 했는지 설명하세요.

Q6. Imagine that you just moved into a new apartment. Contact the building manager and ask three to four questions to find out the necessary information about recycling.

새 아파트로 막 이사를 했다고 상상을 해 보세요. 건물 매니저에게 연락해서 재활용에 대한 필요한 정보를 알아내기 위해 서너 가지 질문을 해 보세요.

도입 - 질문 예고 안녕하세요, 제가 막 이사를 왔는데, 재활용에 대해서 몇 가지 질문을 드리고 싶어요.	Hi, I just moved in and I'd like to ask some questions about recycling.
재활용 장소, 음식물 처리 방법 우선, 재활용을 하는 곳이 어디에 있나요? 그곳에 음식물 쓰레기를 함께 버려도 되나요? 아니면 따로 분리해서 버려야 하나요?	First, where is the recycling area? Can I leave food garbage together there too? Or do I have to dump it separately?
쓰레기 분리 방법 두 번째는, 모든 것을 비닐 봉투 하나에 모두 담아도 되나요? 아니면, 종류별로 각각 분리를 해야 하나요?	Secondly, is it OK to just put everything in a plastic bag? Or does the garbage have to be separated into different categories?
가구 배출 방법, 마무리 마지막으로, 가구를 버릴 때는 어떻게 해야 하나요? 가구 쓰레기를 수거하는 서비스가 있나요? 그렇다면 번호가 어떻게 되나요? 제 질문에 답변을 해 주시면 감사하겠습니다.	Lastly, what should I do when I dump furniture? Do we have a collecting service for that? Then, what's the number? **I'd appreciate it if you would answer my questions.**

*각 단락 여백은 '나만의 문장' 추가를 위한 창작공간입니다.

주요어휘 **move in** 이사를 오다 **leave** 버리다 **food garbage** 음식물 쓰레기 **separately** 따로따로

　　　　plastic bag 비닐 봉투 **category** 종류 **collecting service** 수거 서비스

만능표현 **I'd appreciate it if you would answer my questions.** 롤플레이 유형에 대한 답변 마지막에 활용할 수

　　　　있는 매우 유용한 표현

Q7. After having a party, you usually take out the recyclable waste the next day. However, other people living in the same building often complain to you. Call the maintenance office, explain the situation and suggest two to three resolutions for this issue.

파티를 한 후에 당신은 주로 다음 날 재활용 쓰레기를 버립니다. 하지만 같은 건물에 사는 다른 사람들이 당신에게 이에 대해 종종 불만을 제기합니다. 관리실에 연락해서 상황을 설명하고 문제 해결을 위한 두세 가지 대안을 제시하세요.

문제 발생 알림 안녕하세요, 사람들이 제가 버린 쓰레기에 대해 불평한다는 것을 들었어요. 그것에 대해 잠깐 이야기를 해도 될까요?	Hi, I hear people are complaining about the waste I leave. Can I just talk about it for a minute?
문제 내용 설명과 문의 그게 말이죠, 제가 파티를 하고 다음 날 쓰레기를 버리거든요. 전부 재활용 가능한 것들이어서 집 안에 보관할 필요가 없어요. 제가 무엇을 잘못한 것이죠?	You see, **I have parties and I take out the garbage the next day.** It's all recyclable and I don't have to keep it in my house. **What have I done wrong?**
대안 1 - 쓰레기 배출일 지정 제안 알겠습니다. 몇 가지 제안이 있어요. 일주일에 한 번 쓰레기 버리는 날을 갖는 것은 어떤가요? 그러면, 집 안에 재활용 쓰레기를 보관하고 있다가, 정해진 날에 버릴 수 있잖아요. 모든 사람들이 만족하겠죠, 그렇죠?	OK, I've got a couple of suggestions. **How about we have a garbage day once a week?** Then maybe I can keep the recyclable waste in my house and dump it on a designated day. **Everybody will be happy, right?**
대안 2 - 정확한 문제점 설명 요청 아니면, 사람들이 불평하는 내용이 정확히 무엇인지 알려주세요. 너무 냄새가 나요? 양이 많나요? 그러면 제가 할 수 있는 것이 무엇인지 생각해 보겠습니다. 어떠세요?	Or, let me know what exactly they're complaining about. Is it too smelly? Is it too much? **Then, I'll see what I can do. How does that sound?**

*각 단락 여백은 '**나만의 문장**' 추가를 위한 창작공간입니다.

주요어휘 complain about ~에 대해 불평하다 leave 버리다 you see 그런데요, 있잖아요 take out the garbage 쓰레기를 버리다 recyclable waste 재활용 쓰레기 designated day 정해진 날 smelly 냄새 나는

만능표현 I'll see what I can do. 롤플레이 7 번유형(13 번)에서 활용할 수 있는 유용한 표현

361

Q7. After a new resident moved in the apartment building where you live, you find out that he is not throwing away garbage properly. Many residents are not happy about it. Make a telephone call to the new resident and tell him what has happened and suggest several ways of resolving the situation.

당신이 살고 있는 아파트 건물에 새로운 주민이 이사를 오고 나서, 그 분이 쓰레기 처리를 제대로 하지 않는다는 것을 알게 됩니다. 여러 주민들이 이에 대해 불편해 합니다. 그 새로 이사 온 주민에게 전화를 해서 어떤 일이 벌어졌는지 말해 주고, 문제 해결을 위한 몇 가지 방법을 제안하세요.

인사, 용건 **안녕하세요. 피터라고 합니다.** 옆 집에 살아요. 새 집에 잘 적응하시고 계시길 바랍니다. 그런데 **상의 드릴 게 있어서요.**	Hi, my name is Peter. I live next door. I hope you're settling in well here. **I've got something to discuss with you though.**
문제점 설명 아래 층에 쓰레기가 선생님 것인걸 알게 됐는데요. 주민들이 불평이 많습니다. 제안 몇 가지 해드릴게요.	I realized that the garbage downstairs is yours. People are complaining a lot. Let me give you some suggestions.
새 쓰레기봉투 사용 제일 중요한 것이, 새 쓰레기봉투에 담으셔야 해요. 길 고양이들이 다 헤집어 놨어요. 엉망진창입니다. 냄새도 지독하고요.	Most importantly, **you should put it in a new bag. Stray cats have ripped it apart** and it's such a mess. It stinks.
분리수거, 마무리 그리고 쓰레기를 봉투 하나에 전부 담으셨던 데요. 분리부터 하셔야 합니다. 안 그러면 벌금 부과돼요. 서두르셔야 할 거 같습니다. **그게 다에요. 안녕히 계세요.**	I also realized that you put all the garbage in one bag. You have to sort your garbage first. Otherwise you'll get fined. I think you should hurry. **That's about it. Have a good one.**

*각 단락 여백은 '**나만의 문장**' 추가를 위한 창작공간입니다.

주요어휘 **next door** 옆 집에 **settle in** 정착하다, 적응하다 **most importantly** 가장 중요한 것으로는

　　　　 stray cat 길거리 고양이 **rip apart** 찢어발기다 **mess** 난장판, 엉망진창 **stink** 지독한 냄새가 나다

　　　　 sort 분류하다 **otherwise** 그러지 않으면

만능표현 **It's such a mess** 난장판이에요. **Have a good/nice one** 좋은 하루 보내세요, 안녕히 계세요.

Q8. Reflect back to an experience when you had difficulties with recycling--maybe you did not know the recycling rules or you took out the garbage to the wrong place. Discuss the details of this experience and explain what you had to do to resolve the situation.

재활용에 어려움이 있었던 경험을 떠올려 보세요. 재활용 규정을 몰랐거나, 엉뚱한 장소에 쓰레기를 버렸을 수도 있습니다. 이 경험에 대해 자세히 말하고, 상황을 해결하기 위해 무엇을 했는지 설명하세요.

시기, 고장 난 제품 재활용 배출 **몇 년 전에, 아파트 재활용 하는 곳에 고장 난 전자레인지를 버렸어요.** 쓰레기를 수거하는 사람이 항상 와서 (재활용할 수 있는) 폐품으로 팔기 위해 기계들을 갖고 간다고 알고 있었어요.	**A couple of years ago, I left a broken microwave in the apartment recycling area.** I knew some garbage collector always came to pick up the machines for scrap.
경고장 발견 **다음 날, 전자레인지 옆에 경고가 붙어 있는 것을 보았죠.** 수거가 되는 대신 경고장이 붙은 채로 그곳에 있는 이유를 몰랐어요.	**Next day, I saw a warning sign there next to the microwave.** I didn't know why it was still there with a warning instead of getting picked up.
재활용 스티커 부탁 필요성 확인 **경고장에는 "재활용 스티커를 구입해서 제품에 붙이세요." 라고 쓰여져 있었어요.** 전자제품을 버릴 때 돈을 내야 한다는 것을 몰랐거든요.	**It said "Buy a recycling ticket and put it on the machine."** I didn't know I had to pay to dump electronic devices.
소감 **고의가 아니었지만 상당히 창피했습니다.** 음, 특정한 물건 버리려면 비용이 든다는 교훈을 얻었죠.	**I didn't mean it but I was so embarrassed.** Well, I learned a lesson that dumping certain things costs money!

*각 단락 여백은 '**나만의 문장**' 추가를 위한 창작공간입니다.

주요어휘 **broken microwave** 고장 난 전자레인지 **garbage collector** 쓰레기 수거하는 사람 **for scrap** 재활용할 수 있는 폐품으로 **electronic device** 전자제품 **embarrassed** 창피한 **learn a lesson** 교훈을 얻다 **cost money** 비용이 들다

만능표현 **I didn't mean it** '고의가 아니었다'는 의미의 매우 유용한 표현

Unit 44. 파티 롤플레이 Role Play - Party

▶ 파티(party)에 대한 롤플레이 콤보에서는 파티에 초대를 한 친구에게 정보를 요청하고, 다른 약속이 있어서 파티에 갈 수 없는 상황에 대한 문제 해결 그리고 친구나 가족과 함께 했던 인상적인 경험 등을 설명하는 문제가 출제됩니다. 여가활동과 연관이 깊은 파티라는 주제는 오픽에서 단골로 등장하는 주제입니다.

콤보 III	기출문제 미리 보기
유형 6 (11 번)	An old friend asks you to attend a party. Contact this friend and ask three to four questions to determine everything that you need to know about this particular event. 오랜 친구 하나가 파티참석을 요청했습니다. 이 친구에게 연락해서 이 특별한 행사에 대해 모든 것을 알아내기 위해 서너 가지 질문을 해 보세요.
유형 7 (12 번)	On the evening of the party, you have already made plans. Discuss this situation with your friend and suggest two to three alternatives that will enable you to get together. 파티를 하는 날 저녁에 이미 계획이 있습니다. 친구와 이 상황에 대해 이야기를 하고 당신이 함께 모일 수 있는 두세 가지 대안을 제시하세요.
유형 8 (13 번)	Discuss a memorable visit you had with friends or family. Perhaps you traveled to see someone you do not see very often or it might have been some sort of special occasion. Select one of those "special" visits and discuss it in detail. When and where did this visit take place, who was there, what types of things went on during the visit, specifically the things that made it so memorable? 당신 친구나 가족과 함께 했던 인상적인 방문 한 가지를 말해보세요. 자주 만나지 못하는 지인을 만난 여행이거나, 특별한 일 같은 특별한 방문 하나를 자세하게 말해보세요. 언제 어디서 일어난 일이고, 누가 있었으며, 어떤 일들이 있었는지, 그리고 특별히 인상적이었던 이유가 무엇인지 말해보세요.

Q6. An old friend asks you to attend a party. Contact this friend and ask three to four questions to determine everything that you need to know about this particular event.

오랜 친구 하나가 파티참석을 요청했습니다. 이 친구에게 연락해서 이 특별한 행사에 대해 모든 것을 알아내기 위해 서너 가지 질문을 해 보세요.

도입 - 질문 예고 안녕, 초대해줘서 고마워. 그런데 질문 몇 가지가 있어. 파티에 대한 정보가 좀 더 필요해.	Hi, thank you for inviting me. I've got some questions though. I need some information about the party.
파티에 참석하는 사람 우선, 파티에 누가 또 와? 너도 알다시피 내가 그리 사교적이지 않잖아. 내가 아는 사람들이 좀 있었으면 좋겠어.	**First, who else is coming to the party?** You know I'm not that sociable. **I hope there are some people I know.**
친구 동행 가능 여부 그리고, 수영이를 데리고 가도 될까? 그 친구가 파티 분위기를 좋게 하잖아. 그 친구도 좋아할 거야.	**Second, do you mind if I bring along Suyong? You know he's a party guy.** He's going to love it.
도와줄 일거리, 마무리 마지막으로, 파티에서 내가 해야 할 것 있어? 음식 준비나 설거지를 도울 수 있어. 그래. 최대한 빨리 나한테 전화해서 알려줘.	**Lastly, is there anything you want me to do at the party?** I can help you prepare the food or do the dishes. All right. **Get back to me as soon as possible and let me know.**

*각 단락 여백은 '**나만의 문장**' 추가를 위한 창작공간입니다.

주요어휘 **sociable** 사교적인 **bring along** 함께 데리고 가다 **party guy** 파티 분위기를 끌어올려주는 사람

do the dishes 설거지를 하다

Q7. On the evening of the party, you have already made plans. Discuss this situation with your friend and suggest two to three alternatives that will enable you to get together.

파티를 하는 날 저녁에 이미 계획이 있습니다. 친구와 이 상황에 대해 이야기를 하고 당신이 함께 모일 수 있는 두세 가지 대안을 제시하세요.

문제 발생 알림	Hey, it's me. Things have come up and I don't think I can make it to the party. I'm terribly sorry.
안녕, 난데. 일이 좀 생겨서 파티에 못 갈 것 같아. 정말 미안해.	
결혼식 때문에 파티 불참	Thing is, I've got a wedding to attend on the same day. Actually, the bride is a very close friend of mine. I just got a text from her.
그게 말이야, 같은 날 참석해야 하는 결혼이 있어. 사실은 신부가 친한 친구거든. 그녀한테 방금 문자를 받았어.	
대안 1 - 대신 다른 사람 참석	I've got some ideas though. Do you remember Suyong wanted to come to the party? He's willing to help you out. You'll be fine without me.
그런데 나한테 몇 가지 생각이 있어. 수영이가 파티에 가고 싶어한다는 것 기억하지? 그 친구가 기꺼이 도울 거야. 내가 없어도 괜찮을 거야.	
대안 2 - 나중에 참석, 마무리	Or, can I just join in later in the evening? I won't be able to help you with the food but I'm sure I'll be there around eight. How does that sound?
아니면, 그날 저녁에 나중에 참석을 해도 될까? 음식에 대한 도움을 줄 수 없지만, 8시경에는 갈 수 있을 거야. 어떻게 생각해?	

*각 단락 여백은 '나만의 문장' 추가를 위한 창작공간입니다.

주요어휘 come up 일 따위가 생기다 make it to ~에 예정대로 가다 bride 신부 willing to V 기꺼이 ~하다

Q8. Discuss a memorable visit you had with friends or family. Perhaps you traveled to see someone you do not see very often or it might have been some sort of special occasion. Select one of those "special" visits and discuss it in detail. When and where did this visit take place, who was there, what types of things went on during the visit, specifically the things that made it so memorable?

당신 친구나 가족과 함께 했던 인상적인 방문 한 가지를 말해보세요. 자주 만나지 못하는 지인을 만난 여행이거나, 특별한 일 같은 특별한 방문 하나를 자세하게 말해보세요. 언제 어디서 일어난 일이고, 누가 있었으며, 어떤 일들이 있었는지, 그리고 특별히 인상적이었던 이유가 무엇인지 말해보세요.

시기, 장소, 동행인 **작년에 친구 하나가 인도식당으로 초대를 했어요.** 이전에 인도 식당을 한 번도 가본 적이 없어서 상당히 관심이 있었죠.	**Last year, a friend of mine invited me to an Indian restaurant.** I was interested because I hadn't been to an Indian restaurant before.
식당에서 음식 주문 **저는 당연히 카레를 주문했어요. 인도 음식에 대해서 제가 아는 것이라고는 그것이 전부였으니까요.** 메뉴에 여러 다양한 카레가 많았지만, 아는 것이 없어서 그냥 인도 빵과 함께 나오는 치킨 카레를 주문했어요.	**Of course, I ordered curry. That was all I knew of Indian food.** There were a lot of different curries on the menu. I had no idea so I just ordered chicken curry with some nan bread.
예상과 다른 맛, 느낌 **저는 한국의 즉석 카레와 맛이 비슷할 것으로 기대를 했는데, 전혀 그렇지 않았어요.** 정말 완전히 달랐어요. 정확하게 묘사를 할 수는 없지만 정말 맛있었어요.	**I was expecting a similar taste of Korean instant curry. But it was nothing like it.** It was really, completely different. I can't describe it well but it was just so delicious.
소감, 결과 **그것이 바로 처음으로 먹어 본 진짜 카레였죠.** 전혀 예상하지 못했던 맛 때문에 충격을 받았어요. **나쁜 소식은 그 이후로 이전에 즐겨 먹었던 즉석 카레를 더 이상 먹지 않게 되었다는 것입니다.**	**That was the real curry I ate for the first time.** I was actually shocked by the unexpected taste. **The bad news is that I can't eat the instant curry I used to love anymore.**

*각 단락 여백은 '나만의 문장' 추가를 위한 창작공간입니다.

주요어휘 have no idea 아무것도 모른다 **nan bread** 인도에서는 주로 먹는 납작한 빵 **similar taste** 비슷한 맛

nothing like ~전혀 ~하지 않은 **instant** 즉석의 **unexpected** 예상하지 못했던

Unit 45. 식당/음식점 롤플레이 Role Play – Restaurants

▶ 식당(restaurant)과 관련된 롤플레이 콤보에서는 직전에 다루었던 파티(party)라는 주제와 유사한 부분이 상당히 많아서 답변을 비슷하게 구성할 수 있습니다. 처음 가 보는 식당으로 초대를 받아서 이에 대한 정보를 요청하고, 가는 길에 교통체증이 심해서 이를 해결하기 위한 대안 제시 그리고 식당과 관련된 인상적인 경험을 설명하는 문제들이 출제됩니다.

콤보 III	기출문제 미리 보기
유형 6 (11 번)	A friend invited you to dinner at a restaurant where you have never been before. Leave a message for your friend that enables you to ask three to four additional questions about this restaurant._ 친구 한 명이 당신이 한 번도 가본적이 없는 식당에서 저녁식사를 한다고 초대를 했어요. 이 식당에 대한 서너 가지 질문을 메시지로 남겨보세요.
유형 7 (12 번)	Unfortunately, your arrival to the restaurant has been delayed due to an accident on the road. You need to call your friend. Leave a voicemail for this person, discuss the reasons for your delay, and provide two to three solutions for the problem. 안타깝게도, 길에서 생긴 사고 때문에 식당 도착이 늦어지고 있습니다. 친구에게 연락을 해서 늦어지는 이유가 무엇인지 설명하고, 문제 해결을 위해 두세 가지 해결책을 제시해 보세요.
유형 8 (13 번)	While going to a restaurant, have you ever had some sort of unique or memorable experience? Maybe an unusual event occurred during the meal, someone got lost on the way, or someone found him/herself in a delay due to an accident. Discuss this situation from beginning to end. 식당을 다니면서 특별하거나 인상적인 경험 같은 것을 한 적이 있나요? 식사 중에 특별한 일이 벌어졌거나, 가는 도중에 길을 잃었거나, 아니면 사고 때문에 누군가 늦었던 경우입니다. 처음부터 끝까지 이 상황을 말해보세요.

Q6. A friend invited you to dinner at a restaurant where you have never been before. Leave a message for your friend that enables you to ask three to four additional questions about this restaurant.

친구 한 명이 당신이 한 번도 가본적이 없는 식당에서 저녁식사를 한다고 초대를 했어요. 이 식당에 대한 서너 가지 질문을 메시지로 남겨보세요.

도입 – 질문 예고 안녕, 초대해줘서 고마워. 그런데 그 식당에 대해 몇 가지 질문이 있어.	Hi, thanks for inviting me. But I've got some questions about the restaurant.
식당 위치 우선, 정확히 어디에 있는 거야? 메신저 앱으로 주소 좀 보내줄 수 있겠어? 그러면 지도 앱으로 어디에 있는지 볼 수 있겠는데.	First, where exactly is it? **Can you send me the address to my messenger app?** Then I can see where it is on my maps app.
식당 메뉴 그것에는 어떤 종류 음식이 나오는 거야? 내 말은, 지나치게 까다롭게 굴고 싶지는 않지만 그래도 그냥 알고 싶어서. 사실은 저녁식사로 고기를 좀 먹고 싶거든.	**What kind of food is available there?** I mean, I don't mean to be too picky but I just want to know. I feel like some meat for dinner, actually.
추가 동행인 가능 여부, 마무리 아, 그런데, **현민이 기억나니?** 지금 그 친구와 함께 있는데 **같이 가고 싶어하네.** 사람이 많을수록 더 재미있잖아. **가능한 빨리 나한테 전화해서 어떻게 생각하는지 알려줘.** 안녕.	Oh, by the way, **do you remember Hyunmin?** I'm with him at the moment and **he wants to join in.** The more the merrier, you know. **Call me back asap and let me know what you think.** Bye.

*각 단락 여백은 '**나만의 문장**' 추가를 위한 창작공간입니다.

주요어휘 **available** 이용 가능한 **picky** (= fussy) 까다로운 **feel like** ~을 먹고 싶다 **at the moment** 지금

　　　asap (= as soon as possible) 가능한 빨리

만능표현 **The more the merrier.** '다다익선, 많을수록 더 재미있다'는 의미의 유용한 표현

Q7. Unfortunately, your arrival to the restaurant has been delayed due to an accident on the road. You need to call your friend. Leave a voicemail for this person, discuss the reasons for your delay, and provide two to three solutions for the problem.

안타깝게도, 길에서 생긴 사고 때문에 식당 도착이 늦어지고 있습니다. 친구에게 연락을 해서 늦어지는 이유가 무엇인지 설명하고, 문제 해결을 위해 두세 가지 해결책을 제시해 보세요.

문제 발생 알림 **여보세요, 안 좋은 소식이 있어. 우리가 가는 중이었는데, 제 시간에 못 갈 것 같아.** 무슨 일이 있는지 말해줄게.	Hello, I've got bad news. We were on our way but **I don't think we'll make it on time.** Let me tell you what's going on.
자동차 사고로 인한 교통정체 **자동차 사고 난 것 같아.** 창 밖으로 부서진 자동차들이 보여. **도로가 차들로 가득해.** 완전히 갇혀서 전혀 움직이지를 않아.	It seems that there's been a car accident. I can see a few broken cars out the window. **The road is full of cars.** We're completely stuck and nothing's moving.
대안 1 - 먼저 식사 시작 제안 내 말 좀 들어볼래. 몇 가지 생각이 있어. 네가 일단 먼저 먹는 것이 어때? 안 좋게 들리겠지만 거기서 아무 것도 안 하고 그냥 앉아만 있을 수 없잖아.	Listen, I've got some ideas. Why don't you go ahead and eat first? It sounds awful but you just can't sit there doing nothing forever.
대안 2 - 약속 연기 제안, 마무리 이것이 맘에 들지 않으면, 그냥 저녁식사를 취소하는 것은 어떨까? 우리가 언제 도착할 수 있을지 전혀 알 수가 없어. 일단 지금 생각나는 것은 이게 전부야. 어떻게 생각해?	If you don't like the idea, how about we just cancel our dinner? We have no idea when we'll get there. Well, that's all from me for now. What do you think?

*각 단락 여백은 '**나만의 문장**' 추가를 위한 창작공간입니다.

주요어휘 **on one's way** ~로 가는 중 **make it on time** 제 시간에 가다 **be full of** ~으로 가득한 **stuck** 갇힌

awful 아주 나쁘게

만능표현 **We have no idea** '~에 대해서 전혀 알 수 없다'는 의미의 유용한 표현

Q8. While going to a restaurant, have you ever had some sort of unique or memorable experience? Maybe an unusual event occurred during the meal, someone got lost on the way, or someone found him/herself in a delay due to an accident. Discuss this situation from beginning to end.

식당을 다니면서 특별하거나 인상적인 경험 같은 것을 한 적이 있나요? 식사 중에 특별한 일이 벌어졌거나, 가는 도중에 길을 잃었거나, 아니면 사고 때문에 누군가 늦었던 경우입니다. 처음부터 끝까지 이 상황을 말해보세요.

시기, 동행인, 장소 몇 년 전에, 식당에서 친구 한 명을 만나기로 했어요. 점심을 함께 할 예정이었죠.	**A few years ago, I was going to meet a friend of mine at a restaurant.** We were supposed to have lunch together.
지도 앱으로 식당 위치 파악 버스에서 내리자마자, 방향을 찾기 위해 지도 앱을 켰죠. 식당의 위치를 정확하게 보여주었고 저는 그냥 안내를 따라갔어요.	**As soon as I got off the bus, I ran the maps app for directions.** It showed exactly where the restaurant was and I just followed its lead.
도착 후 문제 발생 5분 정도 걷고 나서 그곳에 도착을 했죠. 문을 열고 그를 찾았는데, 그 친구가 없었어요.	After about a five-minute walk, I got there. I opened the door and looked for him. **But he wasn't there.**
지도 앱의 오류, 소감 있잖아요, 그 바보 같은 앱이 같은 이름의 다른 장소를 알려주었어요. 내 친구는 실제로 몇 블록 떨어진 곳에 있었어요! 조금 늦기는 했지만, 간신히 그 친구를 만나서 즐거운 시간을 보냈죠.	You know what, **the stupid app was showing the other one with the same name.** He was actually a couple of blocks away! **I was a little late but we managed to meet and had a good time.**

*각 단락 여백은 '나만의 문장' 추가를 위한 창작공간입니다.

주요어휘 **get off** ~에서 내리다 **for directions** 방향을 찾기 위해 **follow the lead** 지도를 따라가다

you know what 있잖아 **stupid** 바보 같은 **manage** 간신히 ~하다

만능표현 **be supposed to** '~하기로 되어 있다'는 의미의 아주 유용한 표현

Unit 46. 은행 롤플레이 Role Play – Banks

▶ 은행(bank)과 관련된 롤플레이 콤보에서는 은행계좌 개설에 필요한 정보를 요청하고, 서점에 두고 온 신용카드에 대한 문제를 해결하는 12번 문제와 은행업무와 관련된 어려움을 겪었던 경험을 설명하는 문제들이 출제됩니다.

콤보 III	기출문제 미리 보기
유형 6 (11번)	You want to open a bank account, so you go to your town's bank. Please imagine that you are talking to a bank's salesperson. Make several queries about forming a new account. 새로운 은행계좌를 개설하고 싶어서 동네에 있는 은행에 갑니다. 은행 직원과 이야기를 한다고 가정해 보세요. 새로운 계좌를 만들기 위해 몇 가지 질문을 해 보세요.
유형 7 (12번)	Today you went shopping at a bookstore, but when you left, you forgot your credit card there. Please call the bookstore and explain your problem; tell the bookstore's owner about the card's details, and tell the owner how to return your card. 오늘 서점에 책을 사러 갔는데, 그곳을 나와서 보니까 신용카드를 두고 왔습니다. 서점에 전화를 해서 문제 상황을 설명하고, 직원에게 카드에 대한 구체적인 정보를 제공하고, 당신 카드를 어떻게 돌려줄지 주인에게 말해보세요.
유형 8 (13번)	Try to recall a difficulty you've experienced involving finances or a time when you needed to find help to resolve your problem. For instance, has your ATM card ever malfunctioned, or have you ever lost your card? Please describe to me a circumstance involving a bank account or credit card. 금융과 관련해서 어려움을 경험했던 적을 떠올려 보세요. 아니면, 문제를 해결하기 위해 도움을 청했을 때를 떠올려 보세요. 예를 들어, 당신의 ATM 카드가 제대로 작동하지 않았거나, 신용카드를 분실했었나요? 은행계좌나 신용카드와 관련된 상황을 설명해 보세요.

Q6. You want to open a bank account, so you go to your town's bank. Please imagine that you are talking to a bank's salesperson. Make several queries about forming a new account.

새로운 은행계좌를 개설하고 싶어서 동네에 있는 은행에 갑니다. 은행 직원과 이야기를 한다고 가정해 보세요. 새로운 계좌를 만들기 위해 몇 가지 질문을 해 보세요.

도입 - 질문 예고 안녕하세요. 은행 계좌를 개설하고 싶습니다. 질문 몇 가지를 해도 될까요?	Hi, I'd like to open a bank account. Can I ask some questions about that please?
계좌 추천 요청, 준비물 먼저, 어떤 계좌를 추천하시나요? 그것을 위해서 무엇이 필요한가요? 제 말은, 지금은 신분증이 있는데, 그것으로 충분한가요?	First of all, what kind of account do you recommend? What do I need for that? I mean, I just have my ID with me now. Will that be enough?
인터넷 뱅킹 가능 여부 다음은, 그 계좌에 인터넷 뱅킹을 연결해 줄 수 있나요? 그렇게 되면 일이 상당히 줄이겠어요. 모바일 뱅킹 앱도 있죠, 그렇죠?	Next, can you link Internet banking to that account? That's going to save a lot of work. You have a mobile banking app, right?
지급 카드 종류, 마무리 마지막으로, 어떤 종류의 카드가 함께 나오나요? 신용카드는 필요 없고, 직불카드가 좋을 것 같습니다. 지금은 이 정도입니다. 제 질문에 답해 주세요. 고맙습니다.	Lastly, what kind of card comes with it? I don't need a credit card. A debit card should be OK. That's about it for now. Please answer my questions. Thanks.

*각 단락 여백은 '나만의 문장' 추가를 위한 창작공간입니다.

주요어휘 **bank account** 은행계좌 **recommend** 추천하다 **link** 연결하다 **come with** ~과 함께 나오다

Q7. Today you went shopping at a bookstore, but when you left, you forgot your credit card there. Please call the bookstore and explain your problem; tell the bookstore's owner about the card's details, and tell the owner how to return your card.

오늘 서점에 책을 사러 갔는데, 그곳을 나와서 보니까 신용카드를 두고 왔습니다. 서점에 전화를 해서 문제 상황을 설명하고, 직원에게 카드에 대한 구체적인 정보를 제공하고, 당신 카드를 어떻게 돌려줄지 주인에게 말해보세요.

문제 발생 알림 여보세요. 안녕하세요. 한 시간쯤 전에 그곳에 갔었는데 문제가 생겼습니다. 잠깐 이야기를 나눌 수 있을까요?	Hello. Hi, I was there about an hour ago and I have a problem. Can I talk about it for a minute please?
신용카드 분실, 카드 묘사 그곳 어딘가에 제 신용카드를 두고 온 것 같아요. 하얀색이고 "KB Members"같은 것이 새겨져 있어요. 계산대에서 사용했거든요.	I think I left my credit card somewhere in there. It's white and there's something like "KB Members" printed on it. I used it at the checkout counter.
대안 1 - 발견 시 보관 부탁 만약 찾으시면 카운터에 놓아주시겠어요? 제가 지금 바로 가서 갖고 올게요. 제게 전화해서 알려주세요.	Can you please leave it at the counter if you find it? I'll come and get it right away. Just give me a call and let me know please.
대안 2 - 우편으로 전달 부탁, 마무리 아니면, 제게 우편으로 보내주시겠어요? 제가 주소를 문자로 보내드릴게요. 물론 제가 비용을 지불할게요. 어느 쪽이든 최대한 빨리 알려주세요. 그렇지 않다면, 카드 분실신고를 해야 하거든요. 고맙습니다.	Or, you can mail it to me. I'll text you my address. Of course, I'll pay for it. But either way, please let me know as soon as possible. Otherwise, I'll have to report the loss. Thank you.

*각 단락 여백은 '나만의 문장' 추가를 위한 창작공간입니다.

주요어휘 **for a minute** 잠깐 **checkout counter** 계산대 **mail** 우편으로 보내다 **text** 문자를 보내다 **otherwise** 그렇지 않으면 **report** 신고하다 **loss** 분실

만능표현 **but either way** '어느 쪽이든' 7번유형에서 두 개의 대안을 제시한 후에 활용하는 유용한 표현

Q8. Try to recall a difficulty you've experienced involving finances or a time when you needed to find help to resolve your problem. For instance, has your ATM card ever malfunctioned, or have you ever lost your card? Please describe to me a circumstance involving a bank account or credit card.

금융과 관련해서 어려움을 경험했던 적을 떠올려 보세요. 아니면, 문제를 해결하기 위해 도움을 청했을 때를 떠올려 보세요. 예를 들어, 당신의 ATM 카드가 제대로 작동하지 않았거나, 신용카드를 분실했었나요? 은행계좌나 신용카드와 관련된 상황을 설명해 보세요.

신용카드와 교통카드 기능 제가 갖고 있는 KB 신용카드는 여러 가지 다양한 서비스를 제공합니다. 예를 들면, 교통카드로도 사용할 수 있어요.	My KB credit card provides a lot of different services. For example, **it works as a public transportation card as well.**
편리한 신용카드 정말 편리합니다. 지하철이나 버스를 이용할 때마다 그것으로 지불을 해요. 더 이상 지갑이 필요 없습니다.	It's really convenient. Whenever I use the subway or the bus, I pay with it. You don't need your wallet anymore.
교통카드 기능 오류 하루는 제 카드가 작동하지 않았어요. 버스에 오르려는데 스캐너가 시끄러운 소리를 냈죠. 정말 창피했어요.	One day, my card didn't work. I was getting on the bus and the scanner made loud noises. I was so embarrassed.
결과, 소감 저는 버스에서 내릴 수 밖에 없었고, 아버지가 데리러 왔어요. 카드에 있는 작은 칩이 고장 난 것으로 밝혀졌어요. 정말 끔찍한 경험이었어요.	I had to get off the bus and my dad came to pick me up. It turned out that the tiny chip on the card was broken. **It was really a terrible experience.**

*각 단락 여백은 '나만의 문장' 추가를 위한 창작공간입니다.

주요어휘 **provide** 제공하다 **work as** ~으로 기능을 하다 **wallet** 지갑 **scanner** 버스나 지하철에 있는 스캐너
　　　　get off ~에서 내리다 **tiny** 아주 작은

만능표현 **It turned out that S + V** '~이라고 밝혀졌다, 판명되었다'라는 의미로 사용하는 유용한 표현

Unit 47. 날씨 롤플레이 Role Play – Weather

▶ 날씨(weather)와 관련된 롤플레이 콤보에서는 여행과 관련해서 문제들이 출제됩니다. 여행지에 대한 날씨 정보 요청을 한 후에, 날씨에 맞지 않는 옷을 갖고 갔음을 도착 후에 알게 되어서 이를 해결하기 위해 옷 가게에 연락을 하는 상황 그리고 여행 중 날씨 때문에 어려움을 겪었던 경험을 설명하는 문제들이 등장합니다.

콤보 III	기출문제 미리 보기
유형 6 (11 번)	Imagine that you are planning a trip to another country. Make a telephone call to a hotel and ask a few questions about what the weather is like and what clothes you should bring. 다른 나라로의 여행을 계획 중이라고 상상해 보세요. 호텔에 전화를 해서 그곳 날씨는 어떤지 그리고 어떤 옷을 갖고 가야 하는지 등에 대한 몇 가지 질문을 해 보세요.
유형 7 (12 번)	Once you arrive at the hotel, you realize that the clothes you've brought are not suitable for the weather. Contact a clothing store and present your problem. And ask some questions about the kinds of clothes you want to buy so that you can solve the issue. 호텔에 도착을 했는데, 당신이 갖고 간 옷들이 날씨에 적합하지 않다는 것을 알게 됩니다. 옷 가게에 연락을 해서 문제가 무엇인지 설명하세요. 그리고 문제해결을 위해 당신이 구입하고 싶은 옷의 종류에 대해 몇 가지 질문을 해 보세요.
유형 8 (13 번)	Discuss one particular trip to another country where you had trouble due to the unexpected weather. Discuss this problem in detail, what happened, who were you with, how you handled it, and what the outcome of this situation was? 예상치 못한 날씨로 어려움이 있었던 해외여행 한 가지에 대해 말해보세요. 구체적으로 어떤 문제였고, 무슨 일이 생겼으며, 누구와 함께였고, 문제를 어떻게 해결했는지 그리고 최종 결과는 어땠는지 말해보세요.

Q6. Imagine that you are planning a trip to another country. Make a telephone call to a hotel and ask a few questions about what the weather is like and what clothes you should bring.

다른 나라로의 여행을 계획 중이라고 상상해 보세요. 호텔에 전화를 해서 그곳 날씨는 어떤지 그리고 어떤 옷을 갖고 가야 하는지 등에 대한 몇 가지 질문을 해 보세요.

도입 – 질문 예고 안녕하세요. 그곳 날씨에 대한 정보를 좀 얻고 싶습니다. 질문 몇 가지를 해도 될까요?	Hi, I'd like some information about the weather over there. Do you mind if I ask some questions?
최근 날씨 정보 우선, 요즘 날씨가 어떤가요? 낮에는 소나기가 내리기도 하나요? 관광을 하다가 젖고 싶지는 않거든요.	**First of all, how has the weather been lately?** Do you happen to have showers during the day? I don't want to get wet while I'm sightseeing.
기온과 일교차 기온은 어떤가요? 아침과 저녁에는 쌀쌀한가요? 낮에는 충분히 덥나요?	**What about the temperatures**? Does it get chilly early in the morning and in the night? Is it warm enough during the day?
적합한 복장, 마무리 마지막으로, 제가 어떤 옷을 챙겨야 한다고 생각하세요? 셔츠와 바지라면 구경을 다니는데 충분할까요? 가능한 많은 조언을 부탁 드립니다.	**Lastly, what kind of clothes do you think I should pack**? Will a shirt and a pair of pants be enough to get around? **Please give me as much advice as possible.**

*각 단락 여백은 '**나만의 문장**' 추가를 위한 창작공간입니다.

주요어휘 **happen** 우연히 ~하다 **shower** 소나기 **get wet** 젖다 **sightsee** 관광하다 **get chilly** 쌀쌀하다
pack 짐을 싸다 **get around** 여기 저기 돌아다니다

Q7. Once you arrive at the hotel, you realize that the clothes you've brought are not suitable for the weather. Contact a clothing store and present your problem. And ask some questions about the kinds of clothes you want to buy so that you can solve the issue.

호텔에 도착을 했는데, 당신이 갖고 간 옷들이 날씨에 적합하지 않다는 것을 알게 됩니다. 옷을 파는 상점에 연락을 해서 문제가 무엇인지 설명하세요. 그리고 문제해결을 위해 당신이 구입하고 싶은 옷의 종류에 대해 몇 가지 질문을 해 보세요.

도입 - 질문 예고 안녕하세요. 옷을 좀 사야 해서요. 상점에 있는 물건들에 대해 몇 가지 질문을 드려도 될까요?	Hi, I think I should buy some clothes. Can I ask some questions about the items at your store?
문제 상황 설명 사실은, 제가 이곳에 갖고 온 옷들이 **충분히 따뜻하지 않아서요.** 여기서 반팔 티셔츠를 입은 사람이 저밖에 없다는 것을 알았어요.	Thing is, **all the clothes I brought here are not warm enough.** I realized it was only me that was wearing a short-sleeved t-shirt here.
대안 1 - 아침과 저녁 용 따뜻한 옷 그래서 제가 궁금한 것은, **아침 저녁에 입을 수 있는 따뜻한 옷이 있을까요?** 낮에는 괜찮아서 너무 따뜻할 필요는 없습니다.	So, my question is, **do you have something warm for the morning and the night?** I'm fine during the day so it doesn't have to be too warm.
대안 2 - 방수가 되는 상하의, 마무리 **방수가 되는 상하의는 어떤가요?** 비가 자주 오락가락 하는 것 같네요. 그래서 비 걱정을 안 하게 되면 좋을 것 같아요. **제 질문에 답변해 주시겠어요?**	What about some water-proof tops and bottoms? It looks like it often rains on and off. So, it'll be nice if I don't worry about the rain. OK. **Would you answer my questions now please?**

*각 단락 여백은 '**나만의 문장**' 추가를 위한 창작공간입니다.

주요어휘 **things is** 사실은(중요한 사실이나 이유 등을 언급할 때 사용) **short-sleeved** 반팔의 **water-proof** 방수의

tops and bottoms 상하의 옷 **rain on and off** 비가 오락가락하다

378

Q8. Discuss one particular trip to another country where you had trouble due to the unexpected weather. Discuss this problem in detail, what happened, who were you with, how you handled it, and what the outcome of this situation was?

예상치 못한 날씨로 어려움이 있었던 해외여행 한 가지에 대해 말해보세요. 구체적으로 어떤 문제였고, 무슨 일이 생겼으며, 누구와 함께였고, 문제를 어떻게 해결했는지 그리고 최종 결과는 어땠는지 말해보세요.

시기, 장소	A few years ago, I went to Australia for my winter vacation. It was the first time down there.
몇 년 전에, 겨울 휴가 차 호주에 갔어요. 처음 가보는 것이었죠.	
여행지에 대한 사전 조사	Before I left Korea, I found out a lot about the country. I decided where to go and what to see and what to eat and so on.
한국을 떠나기 전에, 그 나라에 대해서 많은 것을 알아봤어요. 어디를 갈지 무엇을 볼지 그리고 무엇을 먹을지 등등 말이죠.	
도착 후 문제 발생	As soon as I arrived at the airport in Sydney, I realized I'd made a terrible mistake. The weather was completely opposite.
시드니 공항에 도착을 하자마자 제가 끔찍한 실수를 저질렀다는 것을 알게 되었죠. 날씨가 완전히 반대였어요.	
우리나라와 정반대의 날씨, 소감	It was in the middle of summer in Australia. I had to buy some shorts and beach shirts before anything else. It was an interesting experience.
그곳 호주는 한 여름이었죠. 그래서 무엇 보다 우선으로 반바지와 비치 셔츠를 구입해야만 했죠. 재미있는 경험이었어요.	

*각 단락 여백은 '나만의 문장' 추가를 위한 창작공간입니다.

주요어휘 **find out** 알아보다 **completely opposite** 완전히 반대인 **in the middle of** ~의 한 가운데 **shorts** 반바지

beach shirt 비치 셔츠(해변에서 입는 화려한 색 무늬의 셔츠이지만, 이제는 옷의 한 종류로 분류)

before anything else 무엇보다도 **interesting** 재미있는, 흥미로운

Unit 48. 가전제품 구입 롤플레이 Role Play - Appliance

▶ 가전제품 구입과 관련된 롤플레이 콤보는 물건 구매와 관련되어서 매우 중요한 콤보입니다. 세 문제의 시퀀스를 주의해서 확인해 주세요. **'물건 구매에 대한 정보요청 - 구입한 물건에 생긴 문제해결 - 이와 비슷한 또 다른 경험'**이라는 전형적인 롤플레이 콤보입니다. 여기서 언급된 DVD 플레이어뿐 아니라, 다른 물건들이 등장해도 거의 같은 콤보구성입니다. 다음 문제를 예측할 수 있다는 점에서 이 시퀀스를 기억하는 것은 매우 중요합니다!

콤보 III	기출문제 미리 보기
유형 6 (11 번)	You see a poster advertising a new DVD player, and you want to buy it. You want to learn all you can about the product, so you call the store that is selling it. Ask several questions about the player. 당신이 새로 나온 DVD 플레이어를 광고하는 포스터를 보고 구입을 하고 싶습니다. 그 제품에 대한 모든 것을 알고 싶어서 상점에 전화를 합니다. 제품에 대한 몇 가지 질문을 하세요.
유형 7 (12 번)	You buy the DVD player and take it home, but you discover that it is broken. Call the store and tell the sales representative about the problem. Tell the person what you want the store to do about the broken DVD player. 당신이 그 DVD 플레이어를 구입해서 집으로 왔는데, 고장이 났다는 것을 알게 됩니다. 상점에 전화를 해서 직원에서 문제에 대해 설명을 하세요. 그 고장 난 DVD 플레이어에 대해 상점이 어떻게 했으면 좋겠는지 원하는 것을 말해보세요.
유형 8 (13 번)	Can you remember a time when you purchased a product that malfunctioned or was broken? Talk about an experience in which you were dissatisfied with something you bought. Describe the item you bought, explain what the problem was, and then talk about how you resolved the problem. 제대로 작동하지 않거나 고장이 난 제품을 구입한 적이 있나요? 당신이 구입한 물건에 대해 불만족했던 경험에 대해 말해보세요. 구입한 물건이 무엇이고 어떤 문제가 있었는지, 그리고 문제해결을 어떻게 했는지 말해보세요.

Q6. You see a poster advertising a new DVD player, and you want to buy it. You want to learn all you can about the product, so you call the store that is selling it. Ask several questions about the player.

당신이 새로 나온 DVD 플레이어를 광고하는 포스터를 보고 구입을 하고 싶습니다. 그 제품에 대한 모든 것을 알고 싶어서 상점에 전화를 합니다. 제품에 대한 몇 가지 질문을 하세요.

도입 - 질문 예고 안녕하세요. 새로 나온 DVD 플레이어에 대해 문의하려고 전화했어요. 질문 몇 가지 해도 될까요?	Hi, I'm calling to ask about your new DVD player. Do you mind if I ask you some questions?
제품의 크기 우선, 정확한 크기를 알고 싶네요. 너무 크지 않았으면 해서요. 책꽂이 위에 얹어 놓을 것이거든요.	First of all, I'd like to know the exact size of it. I hope it's not too big. I'm going to put it on top of my bookshelf.
제품의 색상 색상은 어떤가요? 흰색으로도 있나요? 검은색으로 된 제품이나 장비에 질려서 기분 전환을 위해 흰색을 원해요.	What about the color? Does it come in white too? I'm bored with black machines and devices so I want white for a change.
온라인 구매 여부, 할인, 마무리 마지막으로, 온라인으로 구매할 수 있나요? 온라인 구매 시 10% 할인이 된다고 들어서요. 맞는 말인가요? 이 정도가 제가 알고 싶은 것입니다. 제 질문에 **답변**을 해 주세요.	Lastly, can I buy it online? I heard that I'll get 10% off if I buy it online. Is that true? OK, that's all I want to know. **Please answer my questions.**

*각 단락 여백은 **'나만의 문장'** 추가를 위한 창작공간입니다.

주요어휘 **for a change** 기분 전환으로

만능표현 **do you mind if ~** 라는 문장 패턴을 '~하면 꺼리시나요?'란 직역 보다는 '~해도 될까요?'라는 허락을 요청하는 의미로 생각하면 된다.

Q7. You buy the DVD player and take it home, but you discover that it is broken. Call the store and tell the sales representative about the problem. Tell the person what you want the store to do about the broken DVD player.

당신이 그 DVD 플레이어를 구입해서 집으로 왔는데, 고장이 났다는 것을 알게 됩니다. 상점에 전화를 해서 직원에서 문제에 대해 설명을 하세요. 그 고장 난 DVD 플레이어에 대해 상점이 어떻게 했으면 좋겠는지 원하는 것을 말해보세요.

문제 발생 알림 안녕하세요. 그쪽 가게에서 구입한 DVD 플레이어에 문제가 있습니다. 잠시 이야기를 해도 될까요?	Hi, I have a problem with the DVD player I bought from your store. Can I just talk about it for a minute please?
제품 고장 문제는, **어떤 것도 재생이 되지 않아요.** 모든 DVD 를 테스트해 보았는데, 재생이 되지 않습니다. **무엇이 잘못되었는지 모르겠어요.**	The problem is, **it doesn't play anything.** I tried out all the DVDs I had but it wouldn't play. **I don't know what's wrong with it.**
대안 1 – 새 제품으로 교환 요구 제안이 몇 가지 있어요. 이 문제 해결을 위해 사람을 보내서 새것으로 교환해 주세요. 수리를 원치 않아요. 아무런 문제가 없는 새 제품에 대한 비용지불을 했으니 말이죠, 맞죠?	I've got some suggestions for you. **Please send somebody in and replace it with a new one.** I don't want it to be fixed. I paid for a new one without a problem, right?
대안 2 – 환불 요구, 마무리 아니면, 전액 환불을 해 주세요. 그리고 고장 난 제품을 가능한 빨리 갖고 가세요. 100% 당신네 잘못이니까요. 이해가 되었기를 바랍니다. 제가 선택할 수 있는 것이 무엇인지 말해주세요.	Or, **give me a full refund** and collect the broken machine as soon as possible. It's 100% your fault. I hope I've made myself clear. **Please tell me what my options are.**

*각 단락 여백은 '**나만의 문장**' 추가를 위한 창작공간입니다.

주요어휘 **try out** 작동이 되는지 테스트하다 **send somebody in** 곤란한 상황을 처리하도록 ~를 파견하다

　　　　 replace 교환하다 **full refund** 전액 환불 **collect** 수거하다 **make oneself clear** 상대방에게 자신의 말을 이해시키다

만능표현 **it wouldn't play** '재생이 되지 않는다'란 의미인데, 여기서 사용된 wouldn't 는 기계류 등이 고장이 나서 좀처럼 말을 듣지 않는다'란 의미

Q8. Can you remember a time when you purchased a product that malfunctioned or was broken? Talk about an experience in which you were dissatisfied with something you bought. Describe the item you bought, explain what the problem was, and then talk about how you resolved the problem.

제대로 작동하지 않거나 고장이 난 제품을 구입한 적이 있나요? 당신이 구입한 물건에 대해 불만족했던 경험에 대해 말해보세요. 구입한 물건이 무엇이고 어떤 문제가 있었는지, 그리고 문제해결을 어떻게 했는지 말해보세요.

해외 직구의 장점	I sometimes buy things online from overseas. It's great that I can buy things that we don't have in this country.
저는 가끔 온라인으로 해외직구를 합니다. 국내에 없는 제품을 구입하는 것이 기분 좋거든요.	
시기, 물건 주문, 가격, 배송기간	Last summer, I bought a pair of sunglasses from Amazon. They were like 10 dollars and looked nice. They arrived in about 10 days from the States and I liked them very much.
지난 여름에, 아마존에서 선글라스를 하나 구입했어요. 10 달러 정도 되었고 멋져 보였습니다. 미국에서 10 일 정도 걸려 도착을 했고 아주 마음에 들었어요.	
사용 중 문제 발생	But one day, one of the lenses came out of the frame when I was cleaning them. I tried to put it back in but I couldn't. I had no idea how it came out so easily and wouldn't go back in.
그런데 하루는, 렌즈 하나가 안경 틀에서 빠져 나왔어요. 안경을 닦는 중이었거든요. 다시 끼우려고 했지만 할 수 없었어요. 어떻게 그렇게 쉽게 빠지고 다시 끼워지지 않는지 전혀 몰랐어요.	
결과, 소감, 교훈	Well, I decided to buy new Korean ones instead of having them fixed. The Amazon customer service said I had to ship them back to the States for a refund or repair. And I had to pay for everything. I learned that you get what you pay for.
그래서 수리를 하기 보다는 대신 국산 새 제품을 사기로 했어요. 환불이나 수리를 원하면 다시 미국으로 물건을 보내야 한다고 아마존 고객 지원 직원이 말을 하더라고요. 그리고 모든 비용을 제가 내야 하고요. 싼 게 비지떡이라는 교훈을 얻었죠.	

*각 단락 여백은 '나만의 문장' 추가를 위한 창작공간입니다.

주요어휘 **from overseas** 해외에서 **a pair of** ~의 한 짝 **ship back** 물건을 다시 보내다 **refund** 환불 **repair** 수리

만능표현 **you get what you pay for** '싼 게 비지떡이다'라는 의미로 비용을 지불한 만큼 얻을 수 있다는 유용한 속담. 하지만 항상 싼 것만 의미하는 것은 아님.

Unit 49. 휴대폰 롤플레이 Role Play - Cell Phone

▶ 직전에 보았던 가전제품 구입과 관련된 롤플레이 콤보와 시퀀스가 거의 일치합니다. 휴대폰 구입을 위한 정보를 요청하고, 구입한 전화기에 생긴 문제를 해결하는 문제 이후에, 휴대폰에 문제가 있었던 또 다른 경험을 설명하라는 문제가 출제됩니다.

콤보 III	기출문제 미리 보기
유형 6 (11번)	You have some interest in purchasing a new cell phone. Before you buy the phone, ask the salesperson three to four questions to learn more about it. 새로 나온 휴대폰 구입에 관심이 있습니다. 전화기 구입 전에 좀 더 알아보기 위해 점원에게 서너 가지 질문을 해 보세요.
유형 7 (12번)	Upon purchasing this phone, you find that you are not able to make any calls. On the store voicemail, leave a message that discusses the situation regarding the phone and suggest two to three solutions for this issue. 전화기를 구입했는데 전화를 할 수 없다는 것을 알게 됩니다. 전화에 대한 이 상황을 설명하고 문제 해결을 위해 두세 가지 해결책을 제시하는 음성 메시지를 남겨보세요.
유형 8 (13번)	Think about whether you have ever experienced a problem with your cell phone. Select one of those experiences. Describe the situation including the specific problems you were having, why the problem was memorable, and how it became resolved. 당신 휴대폰에 문제가 있었던 경험을 떠올려 보세요. 그 중 하나를 선택하세요. 어떤 문제였는지, 그 문제가 왜 인상적이었는지 그리고 어떻게 해결했는지 등을 자세하게 말해보세요.

Q6. You have some interest in purchasing a new cell phone. Before you buy the phone, ask the salesperson three to four questions to learn more about it.

새로 나온 휴대폰 구입에 관심이 있습니다. 전화기 구입 전에 좀 더 알아보기 위해 점원에게 서너 가지 질문을 해 보세요.

도입 - 질문 예고 안녕하세요. 새 휴대폰을 구매하고 싶습니다. 몇 가지 질문을 해도 될까요?	Hi, I need to buy a new cell phone. Can I ask you some questions?
구매에 관심 있는 제품 - 아이폰 우선, 최신 아이폰에 관심이 있어요. 제가 사용하기 어려울까요? 제 말은, 안드로이드폰만 사용을 하고 있는데, 조금 지겨워서요.	First of all, I'm interest in the latest iPhone. Would it be hard for me to use it? I mean, I've only used Android phones and I'm a little bored.
선호하는 사이즈 그리고 스크린이 작은 아이폰이 있나요? 5 인치짜리 폰이면 좋겠어요. 지금 갖고 있는 것이 너무 커서 주머니에 넣어서 갖고 다닐 수가 없네요.	On top of that, are there any small-screen iPhones? A 5-inch phone would be nice. The one I have now is so big that I can't carry it in my pocket.
가격, 지불 방법, 마무리 마지막 질문인데요, 얼마인가요? 신용카드도 받나요? 요즘에는 전화기가 냉장고 보다 비싸잖아요. 이제 제 질문에 답변을 해 주시겠어요?	Here's my last question. How much is it? Do you take credit cards? Phones are more expensive than refrigerators these days. OK, then. Can you answer my questions please?

*각 단락 여백은 '**나만의 문장**' 추가를 위한 창작공간입니다.

주요어휘 the latest 최신의 bored 지겨운 on top of that 게다가, 더욱이, 그리고 carry 갖고 다니다

만능표현 오픽 롤플레이 문제유형에서 질문들을 나열할 때 순서를 나타내는 다양한 부사(구)를 활용하는 것이

가산점 요소가 된다. **First of all, on top of that, here's my last question** 등

Q7. Upon purchasing this phone, you find that you are not able to make any calls. On the store voicemail, leave a message that discusses the situation regarding the phone and suggest two to three solutions for this issue.

전화기를 구입했는데 전화를 할 수 없다는 것을 알게 됩니다. 전화에 대한 이 상황을 설명하고 문제 해결을 위해 두세 가지 해결책을 제시하는 음성 메시지를 남겨보세요.

문제 발생 알림 **안녕하세요. 지난 번에 구입한 새 아이폰에 대해서 이야기를 하고 싶어요. 저를 힘들게 하네요.**	Hi, I'd like to talk about the new iPhone I bought the other day. It's giving me a hard time.
문제 내용 - 통화 불가능 **통화를 할 수가 없어요. 진짜 당황스럽네요.** 이전 폰에서는 유심카드가 잘 되었어요. 전화기를 수백 번 껐다가 켰어요. **1,000 달러가 넘는데 작동을 안 하네요!**	I can't make any calls. I'm so frustrated. The SIM card works fine on my old phone. I've turned the phone off and back on a hundred times. It's over 1,000 dollars but it won't work!
대안 1 - 새 제품으로 교환 요구 **자, 이렇게 하시죠. 오늘 새 것으로 교환을 해 주세요.** 제가 중요한 전화를 못 받지 않게 말이죠.	OK. Here's the deal. I want it to be replaced with a new one today so I don't miss any important calls.
대안 2 - 환불 요구, 마무리 **만약 오늘 교환이 불가능하다면, 그냥 전액 환불을 해 주세요.** 당신 잘못이 아닌 것은 알지만 정말 실망스럽네요. **가능한 빨리 저에게 연락주세요.** 당신께서 무엇이라고 하시는지 들어보죠.	If you can't replace it today, I just want a full refund. I know it's not your fault but I'm so disappointed. **Call me back as soon as possible please.** Let me hear what you've got to say.

*각 단락 여백은 '나만의 문장' 추가를 위한 창작공간입니다.

주요어휘 **the other day** 일전에 **frustrated** 당황스러운 **SIM** (Subscriber Identification Module) **card** 휴대전화 속 개인 정보 카드 **here's the deal** 이렇게 합시다 **replace** 바꾸다, 교체하다 **miss** 놓치다 **full refund** 전액 환불 **fault** 잘못

만능표현 **it won't work** 어떤 장치가 작동이 되지 않을 때 won't 를 사용해서 '좀처럼 ~하려 들지 않는다'라는 의미를 나타낸다.

Q8. Think about whether you have ever experienced a problem with your cell phone. Select one of those experiences. Describe the situation including the specific problems you were having, why the problem was memorable, and how it became resolved.

당신 휴대폰에 문제가 있었던 경험을 떠올려 보세요. 그 중 하나를 선택하세요. 어떤 문제였는지, 그 문제가 왜 인상적이었는지 그리고 어떻게 해결했는지 등을 자세하게 말해보세요.

시기, 인터넷으로 휴대폰구입 작년에 굉장히 괜찮은 온라인 휴대폰 거래를 찾았어요. 일반 가격의 절반이었거든요. 저는 주저 않고 구입을 했습니다.	Last year, I found a very nice online smartphone deal. It was half the usual price. I wasted no time and bought it.
폰 도착, 세팅 완료 택배로 물건을 받아서 모든 세팅을 마쳤어요. 카메라가 얼마나 좋은지 보려고 사진도 몇 장 찍었습니다.	I received it by courier and I finished all the settings. I also took some photos to see how good the camera was.
사용한 흔적 발견 그리고는 사진을 확인하려고 갤러리 앱을 열었는데 놀라고 말았죠. 다른 사람 사진들이 있는 것이었어요. 새 전화기였어야 하는데 말이죠.	Then I opened the gallery app to check the pictures and I was surprised. There were somebody else's pictures! It was supposed to be a new phone.
결과, 소감 판매자에게 연락을 해서 항의를 했어요. 다행히도 그들이 '정말' 새 제품으로 교체를 해 주었어요. 그거 말고는, 저렴한 새 휴대폰에 매우 만족했지요.	I called the seller and complained about it. Fortunately, they replaced it with a 'real' new one. Other than that, I was very happy with the cheap and new phone.

*각 단락 여백은 '**나만의 문장**' 추가를 위한 창작공간입니다.

주요어휘 **deal** 거래 **usual price** 일반적인 가격 **waste no time** 주저하지 않다 **by courier** 택배로 **be supposed to** ~이기로 되어 있다 **complain** 항의를 하다 **fortunately** 다행히 **replace** 교체하다

other than that 그거 말고는

Unit 50. 인터넷 롤플레이 Role Play – Internet

▶ 인터넷(Internet)과 관련된 롤플레이 콤보에서는 친구에게 흥미로운 인터넷 사이트에 대한 정보를 요청하고, 사이트 접속과정에서 발생한 문제를 해결한 후에, 인터넷 도움을 받아 어떤 프로젝트를 진행했던 경험을 설명하라는 문제가 출제됩니다.

콤보 III	기출문제 미리 보기
유형 6 (11번)	A friend of yours has found an interesting new website. Pose three to four questions to a friend about this website. 친구 한 명이 새로 생긴 흥미로운 사이트를 발견했습니다. 이 사이트에 대해 친구에게 서너 가지 질문을 해 보세요.
유형 7 (12번)	You discover that your Internet browser is not working properly when you try to go to this particular website. Contact the Internet help line and leave a message for a technician that explains the issues that you are experiencing while Internet surfing. Also, stress the need for them to help you to solve this problem as soon as possible. 이 특정 사이트에 접속을 하려는데 인터넷 브라우저가 제대로 작동하지 않는 것을 알게 됩니다. 인터넷 지원센터에 연락해서 기술담당자에게 인터넷 서핑을 하면서 겪고 있는 문제점을 설명하는 메시지를 남겨보세요. 그리고 가능한 빨리 이 문제해결을 위해 그들이 도움을 주어야 하는 필요성을 강조하세요.
유형 8 (13번)	Identify a project that you worked on that required you to do research on the Internet. Discuss what the project involved, when you had to do it, and how the Internet was an important part of completing the project. 인터넷으로 조사를 해야 했던 프로젝트 하나를 떠올려 보세요. 참여했던 프로젝트는 무엇이고, 언제 했던 것인지 그리고 프로젝트를 완료하기 위해 어떻게 인터넷이 중요한 요소였는지 등을 말해주세요.

Q6. A friend of yours has found an interesting new website. Pose three to four questions to a friend about this website.

친구 한 명이 새로 생긴 흥미로운 사이트를 발견했습니다. 이 사이트에 대해 친구에게 서너 가지 질문을 해 보세요.

도입 - 질문 예고 안녕, 난데. 네가 재미있는 사이트를 발견했다는 것이 생각났어. 그에 대한 몇 가지 질문이 있거든.	Hi, it's me. I remember you found an interesting website. I've got some questions about that.
사이트 주소, 핸드폰으로 접속 여부 주소가 어떻게 돼? 휴대폰에서도 볼 수 있어? 시간 날 때 주소를 문자로 보내줄래? 그러면 훨씬 쉬울 것 같아.	**What's the address? Can I visit the site on my phone?** Can you text it to me when you have time then? That'll be much easier.
사이트 정보 그 사이트는 무엇을 다루는 곳이야? 내 말은, 어떤 종류의 사이트야? 구글처럼 원하는 만큼의 정보를 얻을 수 있는 곳이야? 상당히 궁금하네.	**What does the site deal with?** I mean, what is it like? Is it like Google where you can get as much information as possible? I'm so curious about it.
비회원 이용 가능 문의, 마무리 간단한 질문이 또 있는데, 모든 정보들을 얻으려면 회원가입을 해야 해? 내 개인정보를 더 이상 주고 싶지 않거든. 그래. 이제 됐어. 지금 알고 싶은 것은 이게 다야.	Just another quick question. **Do I have to be a member to have full access to the information?** I don't want to give my personal information anymore. **OK, then. That's all I want to know for now.**

*각 단락 여백은 '**나만의 문장**' 추가를 위한 창작공간입니다.

주요어휘 remember 생각나다 text 문자로 알려주다 deal with 다루다, 취급하다 curious 궁금한 quick question

간단한 질문 have full access to ~에 완전히 접근 가능하다 personal information 개인정보

Q7. You discover that your Internet browser is not working properly when you try to go to this particular website. Contact the Internet help line and leave a message for a technician that explains the issues that you are experiencing while Internet surfing. Also, stress the need for them to help you to solve this problem as soon as possible.

이 특정 사이트에 접속을 하려는데 인터넷 브라우저가 제대로 작동하지 않는 것을 알게 됩니다. 인터넷 지원센터에 연락해서 기술담당자에게 인터넷 서핑을 하면서 겪고 있는 문제점을 설명하는 메시지를 남겨보세요. 그리고 가능한 빨리 이 문제해결을 위해 그들이 도움을 주어야 하는 필요성을 강조하세요.

문제 발생 알림 안녕하세요. 제 컴퓨터에서 웹 사이트에 접속을 하는데 문제가 있습니다. 이유를 모르겠어요. 당신의 도움이 필요합니다.	Hi. I have a problem connecting to a website on my computer. I don't know why. I'd like your help with that.
문제 내용 - 경고 창이 뜸 그리고 경고 메시지도 뜨는데요. "인터넷 설정을 확인하세요."란 문구가 계속 뜹니다. 그런데 인터넷 접속은 잘 됩니다. 제 스마트폰이 와이파이에 연결이 되고 잘 됩니다.	I get warning messages too. It keeps saying "check your Internet settings." But the Internet connection's fine. My smartphone is connected to the Wi-Fi and it's working all right.
대안 1 - 수리기사 요청 하지만 몇 가지 생각이 있어요. 사람을 보내셔서 바로 문제를 해결해 주세요. 제가 더 이상 할 수 있는 것이 없네요.	I've got some ideas though. Please send somebody in and fix the problem right away. There's nothing I can do about it anymore.
대안 2 - 원격지원 문의, 마무리 아니면, 그거 뭐라고 하죠? 원격 지원? 지금 그것을 할 수 있을까요? 뭐라도 해 주세요. 프로젝트에 필요한 모든 정보가 이 사이트에 있거든요. 제가 선택할 수 있는 것이 무엇인지 알려주세요.	Or, what's it called? Remote support? Can we do it now? Please do something about it now. This site has all the information I need for my project. Please tell me what my options are.

*각 단락 여백은 '**나만의 문장**' 추가를 위한 창작공간입니다.

주요어휘 connect to ~에 연결하다 **warning message** 경고 메시지 **send somebody in** 문제해결을 위해 ~를 파견하다

Q8. Identify a project that you worked on that required you to do research on the Internet. Discuss what the project involved, when you had to do it, and how the Internet was an important part of completing the project.

인터넷으로 조사를 해야 했던 프로젝트 하나를 떠올려 보세요. 참여했던 프로젝트는 무엇이고, 언제 했던 것인지 그리고 프로젝트를 완료하기 위해 어떻게 인터넷이 중요한 요소였는지 등을 말해주세요.

시기, 프로젝트 소개 대학생 때 전 세계 다른 온갖 음식들에 대한 조사를 해야만 했었어요. 당연히 모든 나라를 방문할 수도, 모든 음식을 맛볼 수도 없었죠. 인터넷 도움이 필요했어요.	**When I was a college student, I had to do some research into all the different foods in the world.** Of course, I couldn't visit all the countries and try all the foods. I needed the Internet.
영어로 된 조리법과 구글 번역기 가장 어려운 부분이 조리법이었어요. 있잖아요, 조리법들이 여러 다른 언어로 되어 있었거든요. **하지만 저에게는 구글 번역기가 있었어요.** 일부 (번역) 결과는 좀 너무 이상했지만, 대체적으로 이해할 수는 있었어요. 놀라운 기술이에요!	**The hardest part was the recipes.** You see, they were all in different languages. **But I had Google Translate.** Some results sounded a little too strange but generally understandable. Amazing technology!
유튜브의 도움 유튜브 역시 상당한 도움이 되었어요. 음식이 어떻게 만들어지는지를 자세히 보여주었거든요. 좀 더 이해를 잘 할 수 있으니까 더 나은 보고서를 쓸 수 있었어요.	**YouTube came in very handy as well. It showed how the food was made in detail.** That made me write a better paper because I had a better understanding.
원격 발표, 소감 마지막으로, 온라인으로 제 프로젝트에 대한 발표를 했어요. 돌이켜보면, 인터넷이란 것이 하나부터 열까지 저를 도와주었네요.	**And finally, I gave an online presentation on my project.** Looking back, **the Internet helped me from start to finish in every way.**

*각 단락 여백은 '나만의 문장' 추가를 위한 창작공간입니다.

주요어휘 **do research into** ~에 대한 조사를 하다 **a little too strange** 좀 너무 이상한 **generally** 대체로
understandable 이해할만한 **come in handy** 도움이 되다 **in every way** 모든 점에서

만능표현 **from start to finish in every way** 우리말로 '하나부터 열까지'라는 의미의 유용한 표현

Unit 51 호텔 롤플레이 1 Role Play - Hotel 1

▶ 호텔(hotel)에 대한 돌발주제 롤플레이 콤보는 2개입니다. 호텔이라는 공통점은 있지만 문제 내용은 모두 다르기 때문에 잘 준비해야 합니다. 호텔 방에 대한 정보를 요청하고, 빈방이 없는 문제를 해결한 후에 호텔에서 겪었던 인상적인 경험을 설명하라는 문제가 출제됩니다. 12번에 출제되는 7번유형이 2개인데, 호텔 방이 너무 작고 더러운 상황을 설명하고 해결하라는 문제도 출제됩니다.

콤보 III	기출문제 미리 보기
유형 6 (11번)	You are in a new city, so you need to find a hotel room for the evening. You see a hotel, so you enter and speak with the receptionist. Tell the receptionist what sort of room you need. Make several inquiries to learn more about what is available. 당신은 지금 처음 가 본 도시에 있어서, 그날 저녁을 보내기 위한 호텔 방을 찾아야 합니다. 호텔이 보여서 안으로 들어가서 접수를 담당하는 직원과 이야기를 나눕니다. 당신이 원하는 방의 종류를 말하고, 어떤 것을 이용할 수 있는지에 대해 몇 가지 문의를 하세요.
유형 7-1 (12번)	The receptionist tells you the hotel has no vacancies. Make a phone call to the friend you are traveling with. Leave a voicemail explaining the problem. Then, suggest some ways to solve your problem. 접수를 담당하는 직원이 빈방이 없다고 합니다. 함께 여행 중인 친구에게 전화를 해서 문제가 무엇인지 설명하는 음성 메시지를 남기고, 문제 해결을 위해 몇 가지 제안을 하세요.
유형 7-2 (12번)	You arrive at the hotel, but then you discover that the room is smaller than you expected and not clean at all. Please call the front desk, and explain the problem. Come up with 2 to 3 ways to resolve the situation. 호텔에 도착했는데, 방이 예상보다 작고 청소가 되어 있지 않다는 것을 알게 됩니다. 호텔 프런트에 전화를 해서 문제점을 설명하고, 상황을 해결하기 위한 2~3가지 방법을 제안해 보세요.
유형 8 (13번)	You probably have had several memorable experiences while staying at a hotel ----- perhaps some were good, others funny, maybe even some were problematic. Please tell me about a particular hotel experience you had in as many detail as possible - where you were, what exactly happened, how it happened, as well as what you did or others did, and what the final result was. 호텔에 머무는 동안 여러 가지 인상적인 경험을 했을 것입니다. 어떤 것은 좋은 경험이고, 어떤 것은 웃겼던 경험이었으며, 심지어 어떤 것들은 문제가 있었던 것일 수도 있습니다. 특별한 호텔 경험을 가능한 자세하게 말해주세요. 어디였고, 정확히 무슨 일이 있었으며, 어떻게 벌어진 일이며, 다른 사람들은 어떤 행동을 했고, 최종 결과는 어떻게 되었나요?

Q6. You are in a new city, so you need to find a hotel room for the evening. You see a hotel, so you enter and speak with the receptionist. Tell the receptionist what sort of room you need. Make several inquiries to learn more about what is available.

당신은 지금 처음 가 본 도시에 있어서, 그날 저녁을 보내기 위한 호텔 방을 찾아야 합니다. 호텔이 보여서 안으로 들어가서 접수를 담당하는 직원과 이야기를 나눕니다. 당신이 원하는 방의 종류를 말하고, 어떤 것을 이용할 수 있는지에 대해 몇 가지 문의를 하세요.

도입 - 질문 예고 안녕하세요. 하룻밤 묵기 위해 방이 하나 필요합니다. 몇 가지 질문을 해도 될까요?	Hi, how are you? **I'd like a room for the night. Can I ask you some questions please?**
욕조가 있는 방과 가격 문의 **욕조가 있는 방**이 있나요? 힘든 하루를 보내서 당장 뜨거운 목욕을 정말 하고 싶거든요. **1 박에 얼마인가요?** 하룻밤을 더 묵을 수도 있어서요.	**Do you have a room with a bath available?** I've had a very long day and I really want to take a hot bath right now. **How much is it per night?** I might have to stay for another night.
식당 영업시간 **식당은 몇 시에 문을 닫나요?** 아직 저녁식사를 못해서요. 그래서 무엇보다 우선 식당으로 바로 갈 수도 있습니다.	**What time does the restaurant close? I haven't had dinner yet** so I might go straight to the restaurant before everything else.
조식메뉴, 지불 방법, 마무리 마지막으로, 아침식사로 어떤 것을 먹게 되나요? 아시아 음식도 있나요? **신용카드로 결제를 하겠습니다. 괜찮나요?** 이게 전부인 것 같네요. 고맙습니다.	**Finally, what do I get for breakfast?** Do you have Asian food as well? **I'll pay by credit card. Will that be all right?** I think that's pretty much it. Thanks.

*각 단락 여백은 '**나만의 문장**' 추가를 위한 창작공간입니다.

주요어휘 **bath** 욕조 **go straight to** ~에 바로 가다 **before everything else**

만능표현 **I've had a long day.** '힘든 하루를 보냈다'라는 의미의 유용한 표현

Q7. The receptionist tells you the hotel has no vacancies. Make a phone call to the friend you are traveling with. Leave a voicemail explaining the problem. Then, suggest some ways to solve your problem.

접수를 담당하는 직원이 빈방이 없다고 합니다. 함께 여행 중인 친구에게 전화를 해서 문제가 무엇인지 설명하는 음성 메시지를 남기고, 문제 해결을 위해 몇 가지 제안을 하세요.

문제 발생 - 빈 방이 없음 안녕, 난데. 좀 안 좋은 소식이 있어. 이곳 직원이 빈 방이 없다고 하네. 우리가 약간 곤란한 상황이 되었어.	Hi, it's me. I've got bad news. The clerk told me there's no room available. I think we're in a little bit of trouble.
대안 1 - 다른 호텔 이용 제안 내 말을 좀 들어봐. 몇 가지 생각이 있어. 그녀(직원)가 다른 호텔 이름과 위치를 알려주었어. 조금 더 비싸기는 하지만 우리가 감당할 수 있을 것 같아. 어떻게 생각해?	Listen, I've got some ideas. She gave me the name and location of another hotel. It's a little more expensive, but I think we can afford it. What do you think?
대안 2 - 모텔 이용 제안 네가 만약 이 생각이 맘에 안 들면, 모텔을 찾아볼 수 있을 것 같아. 도로 반대편에 모텔들이 많거든. 확실히 빈방도 있을 거야.	If you don't like the idea, we might want to look for a motel. There are a lot more motels on the other side of the road. There must be a vacancy for sure.
마무리 지금 8시가 다 되어서 시간이 없네. 가능한 빨리 연락해 줘. 안녕.	It's almost 8 now. We don't have much time. Call me back as soon as possible. Bye.

*각 단락 여백은 '나만의 문장' 추가를 위한 창작공간입니다.

주요어휘 clerk 직원 available 이용 가능한 in trouble 곤경에 빠진 afford 경제적으로 감당하다

on the other side of ~의 반대편에 vacancy 빈방

Q7. You arrive at the hotel, but then you discover that the room is smaller than you expected and not clean at all. Please call the front desk, and explain the problem. Come up with 2 to 3 ways to resolve the situation.

호텔에 도착했는데, 방이 예상보다 작고 청소가 되어 있지 않다는 것을 알게 됩니다. 호텔 프런트에 전화를 해서 문제점을 설명하고, 상황을 해결하기 위한 2~3가지 방법을 제안해 보세요.

문제 발생 알림 안녕하세요. 방에 문제가 있다는 것을 방금 알았습니다. 그것에 대해 이야기를 좀 해도 될까요?	Hi, I just realized that there are some problems with the room. Can I talk a little bit about it?
문제 설명 우선, 방이 원했던 것만큼 크지 않습니다. 제 짐을 두기에 충분히 크지 않아요. 그리고 청소가 되었다고 확신하시나요?	First, the room is not as big as I wanted. There's not enough space for my suitcase. And are you sure it's been cleaned up?
대안 1 - 다른 방 요구 자, 이렇게 하시죠. 지금 당장 방을 바꿔주시겠어요? 이렇게 작고 더러운 방에 머물 것이라고 생각하지 않아요. 빈방이 분명히 있죠, 그렇죠?	OK. Here's the deal. Can you just change rooms right now? I don't think I'll stay in this dirty tiny room. There must be a vacancy, right?
대안 2 - 부분환불과 청소, 마무리 만약 그것이 불가능하다면, 부분환불과 당장 사람을 시켜서 방 청소를 해 주세요. 제가 그럴만한 자격이 있다고 생각해요. 어떻게 생각하세요? 제가 선택할 수 있는 것이 무엇인지 말해주세요.	If that's impossible, I want a partial refund and somebody to clean the room right away. I think I deserve it. What do you think? Please tell me what my options are.

*각 단락 여백은 '나만의 문장' 추가를 위한 창작공간입니다.

주요어휘 **realize** 알아차리다 **here's the deal** 이렇게 합시다 **dirty tiny** 더럽고 작은 **vacancy** 빈 방

partial refund 부분환불 **deserve** ~을 받을 자격이 있다 **option** 선택할 수 있는 것

Q8. You probably have had several memorable experiences while staying at a hotel ----- perhaps some were good, others funny, maybe even some were problematic. Please tell me about a particular hotel experience you had in as many detail as possible – where you were, what exactly happened, how it happened, as well as what you did or others did, and what the final result was.

호텔에 머무는 동안 여러 가지 인상적인 경험을 했을 것입니다. 어떤 것은 좋은 경험이고, 어떤 것은 웃겼던 경험이었으며, 심지어 어떤 것들은 문제가 있었던 것일 수도 있습니다. 특별한 호텔 경험을 가능한 자세하게 말해주세요. 어디였고, 정확히 무슨 일이 있었으며, 어떻게 벌어진 일이며, 다른 사람들은 어떤 행동을 했고, 최종 결과는 어떻게 되었나요?

시기, 동행인, 장소 몇 년 전에 친구와 온천에 갔어요. 온천 옆에 있는 작은 호텔을 예약했지요.	A few years ago, I went to a spa with a friend of mine. We'd booked a small hotel next to the spa.
온천, 식사 후 취침 온천에서 편안한 시간을 보낸 후에, 근처 식당에서 저녁식사를 했어요. 그리고는 호텔로 돌아와 바로 잠이 들었어요. 상당히 피곤했었나 봐요.	After a relaxing time at the spa, we had dinner together at a local restaurant. Then we got back to the hotel and we fell asleep right away. We must've been very tired.
새벽의 소동 자정쯤 옆 방에서 싸우는 소리를 들었어요. 프런트에 전화를 해서 싸움을 중단시켜 달라고 요청했어요.	Around midnight, we heard people next door fighting. We called the front desk and asked them to stop the fight.
불편한 내용, 결과 유감스럽게도, 우리의 온천여행은 잠 못 드는 밤이 되고 말았죠. 그들이 모두 취해서 경찰이 와서 싸움을 멈추게 했다고 나중에 들었어요.	Sadly, our spa trip ended up with a sleepless night. We later heard that they were all drunk and the police had to come over to stop them from fighting.

*각 단락 여백은 '나만의 문장' 추가를 위한 창작공간입니다.

주요어휘 spa 온천 book 예약하다 relaxing 편안한 local 근처, 동네에 있는 fall asleep 잠이 들다

end up with ~으로 끝나고 말다 drunk 술이 취한

만능표현 We must've been very tired. '반드시 ~했음에 틀림이 없다'라는 의미를 말할 때 'must have pp' 형태를 활용한다.

Unit 52. 호텔 롤플레이 2 Role Play - Hotel 2

▶ 또 다른 호텔(hotel)관련 롤플레이 콤보에서는 호텔 주변정보를 데스크 직원에게 요청하고, 택시에 두고 내린 배낭에 대한 문제해결을 하는 문제 이후에 이와 비슷한 또 다른 경험을 13번에서 설명하는 문제가 출제됩니다.

콤보 III	기출문제 미리 보기
유형 6 (11번)	You are in a new city and staying at a hotel. You aren't busy, so you want to walk around the city. In order to find out about the area, you go to the hotel's front desk. Please ask the receptionist several questions about the neighborhood. 당신은 처음 가 본 도시에 있는 호텔에 머물고 있는데, 별로 바쁘지 않아서 도시 주변을 걷고자 합니다. 그 지역에 대해 알아보기 위해 호텔 프런트 데스크로 가서 주변에 대해 접수 담당 직원에게 몇 가지 질문을 해 보세요.
유형 7 (12번)	You come back to the hotel, but discover that you forgot your backpack in a taxi. Please call the taxi company in order to tell them your problem. Give them a description of your backpack and explain how they should return it to you. 호텔로 돌아왔는데, 택시 안에 배낭을 두고 내렸음을 알게 됩니다. 문제를 설명하기 위해 택시 회사에 전화를 해서 배낭을 묘사하고 그것을 어떻게 돌려줄지를 말해보세요.
유형 8 (13번)	Can you recall a similar problem of your own? Was there a time when you forgot or lost something important somewhere? Please describe to me a situation where you misplaced an important belonging. Give me as much information as possible. 당신이 겪었던 비슷한 경험이 있나요? 무엇인가 중요한 것을 잊었거나 잃어버렸던 경험이었나요? 중요한 소지품을 잃어버렸던 상황을 최대한 구체적으로 설명해 보세요.

Q6. You are in a new city and staying at a hotel. You aren't busy, so you want to walk around the city. In order to find out about the area, you go to the hotel's front desk. Please ask the receptionist several questions about the neighborhood.

당신은 처음 가 본 도시에 있는 호텔에 머물고 있는데, 별로 바쁘지 않아서 도시 주변을 걷고자 합니다. 그 지역에 대해 알아보기 위해 호텔 프런트 데스크로 가서 주변에 대해 접수 담당 직원에게 몇 가지 질문을 해 보세요.

도입 - 질문 예고 안녕하세요. 몇 가지 질문을 해도 될까요? 주변 정보가 좀 필요해서요.	Hi, do you mind if ask you some questions? I need some information about the neighborhood.
가볼 만한 장소 이곳 근처에서 산책을 하려고 하는데, 가볼 만한 곳 몇 군데를 추천해 줄 수 있나요? 한 시간 정도 시간이 있거든요.	I'm thinking about taking a walk around this area. Would you recommend a couple of interesting places to visit? I think I have about an hour for that.
길거리 공연 이곳에 오는 도중에 춤을 추는 사람들 본 것을 기억하는데요, 어디에 가면 그들을 볼 수 있나요? 볼 만한 길거리 공연이 있나요?	I remember I saw some people dancing on my way here. Where can I find them? Are there any other street performances to see?
교통편 문의, 마무리 마지막으로, 이곳으로 오는 버스가 어떤 것인가요? 걸어서 오지 못할 정도로 피곤한 경우를 대비해서 알고 싶네요. 제 질문을 답변을 해 주시겠어요?	Lastly, what are the buses that get me here? I need to know just in case I feel too tired to walk back. Would you answer my questions please?

*각 단락 여백은 **'나만의 문장'** 추가를 위한 창작공간입니다.

주요어휘 **do you mind if** ~해도 될까요? **neighborhood** 동네 주변 **on my way** 도중에
　　　　street performance 길거리 공연

만능표현 **just in case** '혹시라도 ~할 경우를 대비해서' 라는 의미로 유용하게 사용하는 표현

Q7. You come back to the hotel, but discover that you forgot your backpack in a taxi. Please call the taxi company in order to tell them your problem. Give them a description of your backpack and explain how they should return it to you.

호텔로 돌아왔는데, 택시 안에 배낭을 두고 내렸음을 알게 됩니다. 문제를 설명하기 위해 택시 회사에 전화를 해서 배낭을 묘사하고 그것을 어떻게 돌려줄지를 말해보세요.

문제 발생 - 택시에 배낭 두고 내림 안녕하세요. 문제가 좀 있습니다. 당신네 회사 택시 중 한 대에 배낭을 두고 내렸어요. 찾는 것을 도와주시겠어요?	Hi. I have a problem. I've left my backpack in one of your taxis. Will you help me find it please?
분실한 배낭 묘사 우선, 상당히 큽니다. 산악등반을 위한 전문 배낭처럼 생겼습니다. 검은색 줄이 있는 파란색입니다. 그리고 재미있는 모양의 스티커들이 붙어 있어요.	**First, it's quite big.** It looks like a professional backpack for mountain climbing. **It's blue with black straps** and it has a lot of funny stickers on it.
대안 1 - 호텔로 연락 요청 지금 핸드폰이 없어요. 가방 안에 있거든요. 그러니 배낭을 찾으면 123-4567 번으로 연락주세요. 제가 묵고 있는 호텔번호입니다.	I don't have my phone now. It's in the bag. So, **if you find my bag, please call 123-4567.** That's the hotel I'm staying at.
대안 2 - 직접 전달 요청, 마무리 아니면, 운전사에게 가방을 저에게 가져다 주라고 해 주세요. 프런트에서 저를 찾을 수 있습니다. 돈을 두 배로 드릴게요. 약속합니다. 찾는 대로 알려주세요.	Or, you can ask the driver to bring it to me. You can find me at the front desk. I'll pay double the money. I promise. **Please let me know as soon as you've found it.**

*각 단락 여백은 '나만의 문장' 추가를 위한 창작공간입니다.

주요어휘 professional 전문가의 backpack 배낭 strap 줄, 띠 funny 재미있게 생긴

pay double the money 돈을 두 배로 지불하다

Q8. Can you recall a similar problem of your own? Was there a time when you forgot or lost something important somewhere? Please describe to me a situation where you misplaced an important belonging. Give me as much information as possible.

당신이 겪었던 비슷한 경험이 있나요? 무엇인가 중요한 것을 잊었거나 잃어버렸던 경험이었나요? 중요한 소지품을 잃어버렸던 상황을 최대한 구체적으로 설명해 보세요.

시기, 장소, 동행인 몇 년 전에 친구와 제주도를 갔어요. 남쪽에 있는 아름다운 섬이고, 한국에서 가장 큰 섬이기도 합니다.	A few years ago, I went to Jeju Island with a friend of mine. It's a beautiful island down south and the biggest island in Korea.
공항도착, 화물 체크인 아무튼, 김포공항에 도착해서 저의 큰 배낭을 부치고, 한 시간 정도 후에 섬에 도착을 했습니다.	Anyway, when we arrived at Kimpo airport, I checked in my large backpack. In about an hour we arrived in the island.
여행가방 분실 네, 우리는 도착을 했는데 가방은 안 왔어요! 공항직원도 찾을 수가 없었어요. 저는 배낭 없이 공항을 떠나야 했죠. 분실물 센터 직원이 우리가 묵을 호텔로 보내주겠다고 했어요.	Yes, we arrived but my backpack didn't! The airport staff couldn't find it anywhere. I just had to leave the airport without my backpack. The lost and found people promised to send it to the hotel we would be staying at.
결과, 소감 그래서 아무것도 하지 못하고 첫 날 밤을 보냈어요. 다행히도, 다음 날 아침 공항에서 저의 배낭이 배달되었어요. 정말, 정말로 끔찍한 경험이었죠.	So, we had to spend our first night doing nothing. Fortunately, I got my backpack delivered from the airport the next morning. It was really, really a terrible experience.

*각 단락 여백은 '나만의 문장' 추가를 위한 창작공간입니다.

주요어휘 **check in** 비행기를 탈 때 짐을 부치다 **lost and found** 분실물 센터 **fortunately** 다행히도 **terrible** 끔찍한

Unit 53. 부동산 롤플레이 Role Play - Real Estate

▶ 부동산(real estate)관련 롤플레이 콤보는 독신이라는 거주지 주제에서도 출제됩니다. 하지만 돌발주제로 출제되는 경우에는 문제 내용이 다르다는 것에 주의하세요. 아파트를 구하기 위해 부동산에 정보를 요청하는데, 찾는 아파트가 없는 문제를 해결하는 상황이 나온 다음, 13번에서는 부동산과는 별개로 어떤 도시나 지역을 처음으로 방문했던 경험을 설명하는 문제들이 출제됩니다.

콤보 III	기출문제 미리 보기
유형 6 (11 번)	You plan to relocate to an apartment in the city. Pretend to call a real estate agent and explain what type of apartment you are looking for. 당신은 다른 아파트로 이전을 계획하고 있습니다. 부동산에 전화를 한다고 가정하고 당신이 찾고 있는 아파트 종류에 대해 설명하세요.
유형 7 (12 번)	Unfortunately, the real estate agent informs you that he cannot find an apartment in your price range. Ask the agent what your options are and tell him what action you would like to take. 안타깝게도, 부동산 직원이 당신이 제시한 가격대에서 아파트를 찾을 수 없다고 알려왔습니다. 당신이 원하는 것을 직원에게 설명하고, 당신이 어떤 조치를 취하고 싶다고 말해보세요.
유형 8 (13 번)	Talk about a time when you visited a new city or area of town. Describe where you went and what the experience was like. 어떤 도시나 동네에 처음으로 방문했던 경험을 이야기해 보세요. 어디를 갔고 어떤 경험을 했는지 말해보세요.

Q6. You plan to relocate to an apartment in the city. Pretend to call a real estate agent and explain what type of apartment you are looking for.

당신은 다른 아파트로 이전을 계획하고 있습니다. 부동산에 전화를 한다고 가정하고 당신이 찾고 있는 아파트 종류에 대해 설명하세요.

도입 - 질문 예고 안녕하세요. 저는 아파트를 찾고 있는데요. 정보가 좀 필요합니다. 몇 가지 질문을 해도 될까요?	Hi, I'm looking for an apartment. I'd like some information. Can I ask you some questions?
찾는 아파트 종류 설명 우선, 침실이 2개 있는 아파트에 관심이 있어요. 하나는 제가 쓰고 다른 하나는 손님과 제 짐을 놓을 공간으로 사용하려고요. 거실은 3인용 소파를 놓을 수 있을 정도로 넓었으면 합니다.	First of all, I'm interested in an apartment with two bedrooms. One for myself and the other for guests and my stuff. The living room should be big enough for a three-seater sofa.
남향을 선호, 이유 그리고 저는 남향을 선호합니다. 겨울에는 따뜻하고 여름에는 시원하잖아요. 서향 아파트에 살고 있는데 정말 싫습니다. 너무 춥고 너무 덥거든요.	And I prefer it to face south. It's warmer in winter and cooler in summer, you know. I've lived in an apartment facing west and I hate it. Too cold and too hot.
선호하는 층, 마무리 마지막으로 중요한 것은, 꼭대기 층 아파트면 좋을 것 같아요. 멋진 전망을 좋아하거든요. 저한테는 그 부분이 늘 중요했습니다. 그런 아파트가 있을까요?	Last but not least, a top-floor apartment would be nice. I like nice views. It's always been very important to me. Do you have anything like that for me?

*각 단락 여백은 '나만의 문장' 추가를 위한 창작공간입니다.

주요어휘 **look for** ~을 찾다 **guests and my stuff** 손님과 내 짐 **three-seater sofa** 3인용 소파 **face south** 남향이다

hate 끔찍하게 싫어하다 **top-floor** 꼭대기 층

Q7. Unfortunately, the real estate agent informs you that he cannot find an apartment in your price range. Ask the agent what your options are and tell him what action you would like to take.

안타깝게도, 부동산 직원이 당신이 제시한 가격대에서 아파트를 찾을 수 없다고 알려왔습니다. 당신이 원하는 것을 직원에게 설명하고, 당신이 어떤 조치를 취하고 싶다고 말해보세요.

도입 - 문제 발생 파악 안녕하세요. 제가 제시한 가격대 아파트가 없다는 것을 방금 들었어요. 그 부분에 대해 좀 더 이야기를 하고 싶습니다.	Hi, I've just been told that there's none within my price range. I'd like to talk a little bit more about it.
대안 1 - 추가 비용 지급 가능 가격이 문제라면 얼마를 더 내야 하나요? 금액이 너무 크지 않다면 돈을 구할 방법을 찾아볼게요.	If the price is the problem, how much more do I have to pay? If it's not too much, I'll find a way to get the money.
대안 2 - 아파트 크기 조정 가능 제가 만약 돈을 구하지 못하면, 좀 더 작은 아파트를 제게 보여주실 수도 있습니다. 그만큼 비싸지는 않겠죠. 그렇죠?	If I can't get the money, **you can also show me smaller apartments**. They won't cost me as much, right?
많은 소개 요청, 마무리 그러면, 제게 최대한 많은 아파트를 보여주셨으면 합니다. 제가 가서 살펴보고 맘에 들면 선택하겠습니다. 간단하죠. **어떻게 생각하세요?**	In the meantime, **I'd like you to show me as many apartments as possible**. I'll go take a look and if I like it, I'll take it. Simple as that. **What do you think?**

*각 단락 여백은 '**나만의 문장**' 추가를 위한 창작공간입니다.

주요어휘 **have been told** 전해 들었다 **price range** 가격대 **cost as much** 그만큼 비싸다

in the meantime 그러면, 그러는 사이에 **simple as that** (= It's as simple as that) 간단하고 단순하다

Q8. Talk about a time when you visited a new city or area of town. Describe where you went and what the experience was like.

어떤 도시나 동네에 처음으로 방문했던 경험을 이야기해 보세요. 어디를 갔고 어떤 경험을 했는지 말해보세요.

방문했던 지역 특정 - 제주도	Let me talk about *Jejudo*, the largest island in Korea. It's completely different from other parts of Korea.
한국에서 가장 큰 섬인 제주도에 대해 얘기해 볼게요. 이곳은 한국의 다른 곳과는 전혀 다르거든요.	
제주도의 특별함	When I got there, everything was different. The people, language, food, roads, everything. But different in a good way.
제가 그곳에 갔을 때는 모든 것이 달랐어요. 사람, 언어, 음식, 도로 등 전부가 말이죠. 하지만 좋은 의미에서 말이죠.	
귤 농장 방문	They grow different fruits. It's down south so, the weather's much warmer. For example, I visited a tangerine farm and ate a lot of fresh tangerines.
종류가 다른 과일도 재배를 합니다. 남쪽이라 날씨도 훨씬 더 따뜻해요. 예를 들어, 귤 농장을 가서 신선한 귤을 많이 먹었어요.	
한라산, 소감	And the landscape was exotic. Wherever you go, you can see the volcanic mountain *Halla* right in the middle of the island. It was stunning. I should go there again sooner or later.
풍경 역시 이국적입니다. 어디를 가든, 화산으로 만들어진 한라산을 볼 수 있어요. 그 산은 섬 중앙에 있지요. 정말 아름답습니다. 조만간 그곳에 다시 가야겠어요.	

*각 단락 여백은 '**나만의 문장**' 추가를 위한 창작공간입니다.

주요어휘 **completely different** 완전히 다른 **in a good way** 좋은 의미로 **grow** 재배하다, 키우다 **tangerine** 귤

exotic 이국적인 **volcanic mountain** 화산으로 만들어진 산 **stunning** 정말 멋지고 아름다운

sooner or later 조만간, 머지 않아

Unit 54. 약속/의사 롤플레이 Role Play - Appointment / Doctor

▶ 오픽시험이 시작된 이후로 꾸준하게 등장하는 약속(appointment) 롤플레이 콤보 중에 의사(doctor)와 관련된 내용이 있습니다. 병원 예약을 위해 정보를 요청한 다음, 예약을 할 수 없는 상황에 대한 문제해결 그리고 약속을 해야 했지만 그렇게 할 수 없었던 또 다른 경험을 설명하는 문제들이 출제됩니다.

콤보 III	기출문제 미리 보기
유형 6 (11번)	You wake up one morning and feel ill. You decide you need to go to the hospital. Contact your doctor and make several inquiries in order to schedule a visit to the hospital. 어느 날 아침에 일어났더니 몸이 불편합니다. 그래서 병원에 가기로 했는데, 의사에게 연락을 해서 병원 방문 예약을 위한 몇 가지 질문을 하세요.
유형 7 (12번)	When you call the receptionist at the doctor's office, you are notified that there are no appointments available until next week. Mention the seriousness of this problem to the receptionist and suggest two to three options in order to attempt to get an earlier appointment for you. 병원 접수담당 직원에게 전화를 했더니, 다음 주까지 예약을 할 수 없다는 것을 알게 되었습니다. 담당 직원에게 문제의 심각성을 언급하면서 빨리 예약을 잡기 위해 두세 가지를 제안해 보세요.
유형 8 (13번)	Please recall a day when you needed to make an appointment but discovered it was impossible. I'd like you to describe the problem and how you dealt with it. Tell me how everything was finally fixed. 약속을 할 필요가 있었는데 그렇게 할 수 없었던 날을 떠올려 보세요. 문제가 무엇이었고 어떻게 해결했는지 말해주세요. 모든 것이 어떻게 해결되었는지 말해보세요.

Q6. You wake up one morning and feel ill. You decide you need to go to the hospital. Contact your doctor and make several inquiries in order to schedule a visit to the hospital.

어느 날 아침에 일어났더니 몸이 불편합니다. 그래서 병원에 가기로 했는데, 의사에게 연락을 해서 병원 방문 예약을 위한 몇 가지 질문을 하세요.

도입 - 몸 상태, 질문 예고 안녕하세요. 제가 독감에 걸린 것 같습니다. 아무튼 몇 가지 질문이 있어요.	Hi, I think I'm coming down with the flu. I have some questions to ask by the way.
당일 진료 가능 여부 우선, 의사 선생님을 오늘 뵐 수 있을까요? 사실 제가 너무 아파서 선생님을 최대한 빨리 만났으면 좋겠습니다.	First, can I see the doctor today? Actually, I'm so sick that I want to see him (her) as soon as possible.
다음 날 진료 여부, 두통약 문의 선생님이 너무 바쁘시면 내일이라도 가능할까요? 그리고 제가 어떤 약을 먹어야 할지도 알고 싶습니다. 머리가 너무 아파서 더 이상 참기가 어렵네요.	If he (she) is too busy today, will tomorrow be fine? Then I need to know what kind of medicine I can take. I can't stand this headache anymore.
진료 받고 싶은 의사 특정, 마무리 그리고 김박사님이 시간이 되는지 알 수 있을까요? 저를 자주 보셨던 선생님이세요. 그것도 확인해 주시겠어요? 네, 제 질문은 여기까지 입니다.	I'd also like to know if Doctor Kim is available. She's the one that usually sees me. Can you find out about that as well please? OK. I think that's pretty much it.

*각 단락 여백은 '나만의 문장' 추가를 위한 창작공간입니다.

주요어휘 **come down with** 병에 걸리다 **stand** 참다 **available** 시간이 되는 **find out** 확인하다

만능표현 I'm **so** sick **that** I want to see him 'so ~ that' 구문으로 '너무 ~해서 ~하다'라는 원인과 결과를 나타내는 유용한 표현

Q7. When you call the receptionist at the doctor's office, you are notified that there are no appointments available until next week. Mention the seriousness of this problem to the receptionist and suggest two to three options in order to attempt to get an earlier appointment for you.

병원 접수담당 직원에게 전화를 했더니, 다음 주까지 예약을 할 수 없다는 것을 알게 되었습니다. 담당 직원에게 문제의 심각성을 언급하면서 빨리 예약을 잡기 위해 두세 가지를 제안해 보세요.

도입 - 문제 상황 인지 그렇군요. 알겠습니다. 하지만 제가 찾아갈 수 있는 의사 선생님이 없어서요. 독감이 퍼지고 있는 것 같고 의사들은 모두 예약이 찼어요.	I see. I understand. But **I have no other doctor to go to.** It seems that the flu is going around and all doctors are booked.
문제 상황 - 심한 몸살 증상 있잖아요. 제가 온 몸이 엄청 쑤시고 아파요. 그리고 점점 더 심해지는 것 같고요. 잠을 자는 것도 어렵고 목소리도 나오지 않아요.	You see, **I have terrible aches and pains all over.** And it looks like it's getting more serious. I'm having trouble sleeping and I'm losing my voice too.
대안 1 - 비처방 약품 소개 요청 몇 가지 생각이 있는데요. 제 증상에 대해 처방전 없이 구입할 수 있는 약 좀 알려주시겠어요? 그러면 약을 먹고 기다릴 수 있을 것 같아요.	**I have some ideas. Can you tell me some over-the-counter medicines** for the symptoms? Then I think I can wait to take the medicine.
대안 2 - 예약 펑크 시 연락 요청 아니면, 누군가 나타나지 않으면 제게 연락을 주시겠어요? 그런 사람이 꼭 있잖아요, 그렇죠? 제가 다음 주에 중요한 미팅이 있습니다. 제발 저 좀 넣어주세요. 어떻게 생각하세요?	**Or, how about you let me know when someone doesn't show up?** There must be one, right? I've got an important meeting next week. Please squeeze me in. **What do you say?**

*각 단락 여백은 '나만의 문장' 추가를 위한 창작공간입니다.

주요어휘 **go around** 병 따위가 퍼지다 **lose one's voice** 목소리가 안 나오다 **over-the-counter medicine** 의사의 처방전 없이 구입 가능한 약 **symptom** 증상 **show up** 나타나다 **squeeze in** ~에 비집고 넣다

만능표현 **what do you say** (= what do you think, how does it sound?) 상대의 의견을 물을 때 사용하는 유용한 표현

Q8. Please recall a day when you needed to make an appointment but discovered it was impossible. I'd like you to describe the problem and how you dealt with it. Tell me how everything was finally fixed.

약속을 할 필요가 있었는데 그렇게 할 수 없었던 날을 떠올려 보세요. 문제가 무엇이었고 어떻게 해결했는지 말해주세요. 모든 것이 어떻게 해결되었는지 말해보세요.

시기, 아픈 부위와 상태 작년에 어금니 하나에 심각한 문제가 있었어요. 주변 잇몸이 감염되어서 고통이 정말 대단했죠.	**Last year, I had a serious problem with one of my back teeth.** The gum around it was infected and the pain was unbelievable.
치과 진료 예약을 위한 연락 그래서 그날 당일에 의사를 만날 수 있는지 알아보기 위해 치과에 전화를 했어요. 접수 담당직원이 어떤 문제인지를 묻길래 설명을 했습니다.	**So, I called the dentist to see if I could see him that day.** The receptionist asked me what the problem was and I explained.
당일 진료 불가 통보 직원은 치과의사가 시간이 안 된다고 했어요. 고통 속에 모든 것을 설명하는 수고를 한 후에 다른 치과의사를 찾아야만 했습니다.	**She said the dentist wouldn't be available.** After all that trouble to explain everything in pain, I had to look for another dentist.
다른 치과 물색, 치료 결과, 소감 여러 다른 치과에 전화를 했고 결국 한 군데를 찾았습니다. 안 좋은 소식은 발치를 해야만 했다는 것입니다. 지금은 임플란트를 했는데, 비용이 정말 엄청나게 비쌌어요.	**I tried calling some other dentists and finally found one. The sad news was that I had to have the tooth pulled out.** I have a dental implant now and it cost me a fortune.

*각 단락 여백은 **'나만의 문장'** 추가를 위한 창작공간입니다.

주요어휘 back teeth 어금니 gum 잇몸 infected 감염이 된 unbelievable 믿기 어려울 정도로 좋은 혹은 나쁜

　　　　　receptionist 병원 접수담당직원 pull out 뽑다 dental implant 치아 임플란트

만능표현 cost a fortune '비용이 엄청나게 비싸다'라는 의미의 유용한 표현

Unit 55. 의상/패션 롤플레이 Role Play - Clothing / Fashion

▶ 의상과 관련된 돌발주제 롤플레이 콤보에서는 기존의 물건구매 시퀀스와 똑같다고 할 수 있습니다. 옷 구매에 필요한 정보를 요청하고, 구입한 의상에 생긴 문제를 해결하는 문제에 이어서, 구입한 물건에 문제가 있었던 또 다른 경험을 설명하는 문제들이 출제됩니다.

콤보 III	기출문제 미리 보기
유형 6 (11번)	You decide to buy some clothes. You make a telephone call to a shop that sells clothes. Ask several questions, so that you can learn whether they have the sort of clothes you need. 당신은 옷을 사려고 합니다. 옷을 파는 상점에 전화를 해서 당신이 원하는 옷의 종류가 있는지 알아보기 위해 몇 가지 질문을 해 보세요.
유형 7 (12번)	You purchased some clothes at the shop, but once you return home, you discover that one of the sweaters has a problem. You telephone the shop in order to tell them about the problem. Describe the problem and tell them what you want the shop to do to fix this issue. 상점에서 의상 몇 벌을 구입했지만, 집에 돌아와서 보니 스웨터 중 하나에 문제가 있다는 것을 알게 되었습니다. 상점에 전화를 해서 그 문제에 대해 설명을 하고, 문제 해결을 위해 당신이 원하는 것을 상점 직원에게 말해보세요.
유형 8 (13번)	Have you ever been placed in a similar situation when you purchased something and later found that it was defective or damaged? Discuss this predicament. What did you purchase, and what was the problem with it? Where did you buy it? How did this situation become resolved? 무엇인가를 구입했는데 나중에 결함이나 하자가 있다는 것을 알게 된 유사한 경험이 있나요? 어떤 어려움이었는지 설명하세요. 무엇을 구입했고 문제가 무엇이었으며, 어디서 구입을 했는지 그리고 어떻게 문제를 해결했는지 말해보세요.

Q6. You decide to buy some clothes. You make a telephone call to a shop that sells clothes. Ask several questions, so that you can learn whether they have the sort of clothes you need.

당신은 옷을 사려고 합니다. 옷을 파는 상점에 전화를 해서 당신이 원하는 옷의 종류가 있는지 알아보기 위해 몇 가지 질문을 해 보세요.

도입 - 질문 예고 안녕하세요. 옷을 좀 사려고 하는데요. 질문이 좀 있습니다. 괜찮을까요?	Hi, I'm going to buy some clothes. But I have some questions to ask. Will that be OK?
스웨터에 대한 문의 우선 스웨터가 있나요? 매일 추워지잖아요. 그래서 앞으로 몇 달 동안은 스웨터가 좋겠다고 생각했어요.	First of all, do you have sweaters? It's getting cold every day. So, I thought a sweater would be nice for the next couple of months.
코트에 대한 문의 조금 이른 감이 있지만, 겨울 코트도 재고로 있나요? 무릎을 덮지 않는 것을 원합니다. 바닥과 무릎 사이 말이죠. 그런 것이 있나요?	I think it's a little too early but do you have winter coats in stock yet? I'd like something that doesn't cover my knees. Somewhere between the bottom and the knees. Do you have some?
스마트 폰 앱 문의, 마무리 그리고 마지막으로, 앱이 있나요? 갖고 계신 물건들을 빠르게 훑어보고 결정을 하고 싶어요. 그렇게 하면 훨씬 쉬울 것 같네요. 답변을 해 주시겠어요?	And finally, do you have an app? I'd like to take a quick look at all the items you have and decide. That'll be much easier. OK. Will you answer my questions please?

*각 단락 여백은 '나만의 문장' 추가를 위한 창작공간입니다.

주요어휘 **get cold** 점점 추워지다 **take a quick look** 빠르게 훑어보다

만능표현 **Do you have something in stock** '~이 상점 재고로 있나요?'란 의미로 상점에서 활용하는 유용한 표현

Q7. You purchased some clothes at the shop, but once you return home, you discover that one of the sweaters has a problem. You telephone the shop in order to tell them about the problem. Describe the problem and tell them what you want the shop to do to fix this issue.

상점에서 의상 몇 벌을 구입했지만, 집에 돌아와서 보니 스웨터 중 하나에 문제가 있다는 것을 알게 되었습니다. 상점에 전화를 해서 그 문제에 대해 설명을 하고, 문제 해결을 위해 당신이 원하는 것을 상점 직원에게 말해보세요.

문제 발생 알림 안녕하세요. 한 시간 정도 전에 그곳에서 옷을 좀 구입했는데요, 스웨터에 문제가 좀 있습니다.	Hi, I bought some clothes there about an hour ago. But I have a problem with the sweater.
문제점 설명 - 옷에 구멍, 색상 문제는, **몇 개의 구멍이 나 있어요.** 겨드랑이가 그렇습니다. 그리고 등쪽 색깔이 앞쪽 보다 약간 더 어둡네요. 원래 이렇게 나오는 것인가요?	The problem is, **it has a couple of holes in it.** They are in the armpits. And the color of the back is slightly darker than the front. Is it supposed to be like that?
대안 1 - 새 제품으로 교환 요청 아무튼, 몇 가지 제안이 있습니다. 직접 보시고 새 것으로 교체를 해 주세요. 구멍이 동전보다 더 큽니다. 실망스럽네요.	Anyway, I've got some suggestions. **I'd like you to take a look and replace it with a new one please.** The holes are bigger than a coin. It's disappointing.
대안 2 - 환불 요청, 마무리 재고에 새 제품이 없다면 전액 환불을 해 주세요. 기다리기 싫으니까, 최대한 빨리 저한테 연락을 하셔서 제가 어떻게 해야 하는지 알려주세요.	If you don't have a new one in stock, I'd like a full refund. I don't want to wait. **Please contact me as soon as possible and let me know what I should do.**

*각 단락 여백은 '**나만의 문장**' 추가를 위한 창작공간입니다.

주요어휘 **armpit** 겨드랑이 **slightly** 약간 **be supposed to** ~으로 되어있기로 한 **replace** 바꾸다

full refund 전액 환불

Q8. Have you ever been placed in a similar situation when you purchased something and later found that it was defective or damaged? Discuss this predicament. What did you purchase, and what was the problem with it? Where did you buy it? How did this situation become resolved?

무엇인가를 구입했는데 나중에 결함이나 하자가 있다는 것을 알게 된 유사한 경험이 있나요? 어떤 어려움이었는지 설명하세요. 무엇을 구입했고 문제가 무엇이었으며, 어디서 구입을 했는지 그리고 어떻게 문제를 해결했는지 말해보세요.

도입 네, 당연히 있습니다. 몇몇 결함이 있는 제품들이 저를 힘들게 했었죠. 그래서 애프터서비스가 제품만큼 중요한 것입니다.	Yes, I have of course. A few faulty products gave me a hard time. That's why after-sales services is as important as the product itself.
시기, 구매제품, 구매장소 작년 여름에, 아마존에서 선글라스를 구입했어요. 10달러 정도 했고, 멋져 보였죠. 미국에서 10일 정도 걸려서 도착을 했어요. 정말 마음에 들었습니다.	Last summer, I bought a pair of sunglasses from Amazon. They were like 10 dollars and looked nice. They arrived in about 10 days from the States and I liked them very much.
문제발생 - 렌즈 빠짐 그런데 하루는 한쪽 렌즈가 안경 틀에서 빠졌어요. 닦고 있는데 말이죠. 다시 넣어보려고 했지만 할 수 없었습니다.	But one day, one of the lenses came out of the frame when I was cleaning them. I tried to put it back in but I couldn't.
결과, 소감 그냥 버리기로 했죠. 다시 미국으로 보내고 그랬으면 엄청 골치 아팠을 거예요. 좋은 교훈이었어요.	Well, I just decided to dump them. It would've been too much hassle to ship them back to the States and all that. That was a good lesson.

*각 단락 여백은 '나만의 문장' 추가를 위한 창작공간입니다.

주요어휘 **faulty** 경함이 있는 **give me a hard time** 나를 힘들게 하다 **frame** 안경 틀 **dump** 버리다

hassle 귀찮고 번거로운 일 **ship** 물건을 보내다 **lesson** 교훈

만능표현 It **would've been** too much hassle '~일 뻔 했다'라는 의미를 지닌 유용한 표현

Unit 56. 렌터카 롤플레이 Role Play - Rent a Car

▶ 자동차 렌트(rent a car)에 대한 롤플레이 콤보는 해외여행이란 주제에서도 등장을 하지만, 돌발주제로 출제되는 콤보와는 내용이 다릅니다. 자동차 렌트를 위한 정보를 요청하고, 차량이 없는 문제 상황을 해결하는 문제 이후에, 13번에는 자동차를 빌려야 했던 또 다른 경험을 설명하는 문제들이 출제됩니다.

콤보 III	기출문제 미리 보기
유형 6 (11번)	You're going on a trip, so you want to rent a vehicle. You contact the rental company over the phone. Ask them several questions about renting a vehicle, so that you get all the information necessary. 당신이 여행을 가는데 자동차 렌트를 해야 합니다. 렌터카 회사에 전화해서 자동차 렌트에 필요한 정보를 얻기 위해 몇 가지 질문을 해 보세요.
유형 7 (12번)	You want to rent a particular brand of vehicle for your trip, but then you discover that there are none currently obtainable. You contact the company's director, and tell him about your circumstances. Propose several solutions to your problem. 여행을 위해 특정한 브랜드의 차량을 빌리고 싶지만, 현재 이용 가능한 차량이 없다는 것을 알게 됩니다. 회사 책임자에게 연락해서 상황을 설명하고, 문제해결을 위한 몇 가지 대안을 제시해 보세요.
유형 8 (13번)	Have you ever needed to rent a vehicle? I'd like to hear about a time you used a rental agency. Was it recently or in the past? Where was it located? For what reason did you need to rent a vehicle, and to what place did you travel with it? Describe to me everything you can about the incident. 자동차를 빌려야 했던 적이 있나요? 렌터카 회사를 이용했던 경험을 듣고 싶네요. 최근인가요 아니면 좀 더 오래 전인가요? 어디에 있는 것이죠? 자동차를 빌리는 이유가 무엇이었죠, 그리고 어디로 여행을 갔나요? 이 일에 대해 모든 것을 말해보세요.

Q6. You're going on a trip, so you want to rent a vehicle. You contact the rental company over the phone. Ask them several questions about renting a vehicle, so that you get all the information necessary.

당신이 여행을 가는데 자동차 렌트를 해야 합니다. 렌터카 회사에 전화해서 자동차 렌트에 필요한 정보를 얻기 위해 몇 가지 질문을 해 보세요.

도입 – 질문 예고 안녕하세요. 차를 빌리고 싶습니다. 정보가 필요해서 몇 가지 질문을 해도 될까요?	Hi, I need to rent a car. I'd like some information about that. **Can I ask you some questions please?**
차량 종류 우선, 어떤 종류의 자동차가 있나요? 현대가 만든 미니밴이 있나요? 저희 인원이 7명이고 짐도 많거든요.	Firstly, what kind of cars do you have? Do you have minivans by Hyundai? We have about seven people and a lot of baggage.
보험처리 범위 다음은, 보험은 어떤가요? 전부 보장이 되나요? 제 말은, 사고와 파손 등 모두 말이죠.	Next, what about the insurance? Is everything covered? I mean, accidents, breakages and all that?
차량 인수 장소, 마무리 마지막으로는, 차를 어디서 픽업하나요? 공항인가요 아니면, 사무실로 가서 갖고 와야 하나요? 묻고 싶은 것은 이것이 전부입니다. 제 질문에 답변을 해 주시겠어요?	Finally, where should I pick it up? Is it at the airport or should I go to your office to pick it up? OK. That's all I have. **Can you answer my questions please?**

*각 단락 여백은 '나만의 문장' 추가를 위한 창작공간입니다.

주요어휘 rent a car 자동차를 빌리다 baggage 짐 insurance 보험 cover 보험이 보상하다 breakage 차량의 파손

Q7. You want to rent a particular brand of vehicle for your trip, but then you discover that there are none currently obtainable. You contact the company's director, and tell him about your circumstances. Propose several solutions to your problem.

여행을 위해 특정한 브랜드의 차량을 빌리고 싶지만, 현재 이용 가능한 차량이 없다는 것을 알게 됩니다. 회사 책임자에게 연락해서 상황을 설명하고, 문제해결을 위한 몇 가지 대안을 제시해 보세요.

문제 상황 인지 안녕하세요. 저희가 원하는 현대자동차가 없다는 이야기를 방금 들었는데요. 여기에 대해 좀 더 이야기를 해 봐야겠습니다.	Hi, I just heard that you have no Hyundai available for us. I think we should talk a little bit more about it.
예산 문제 언급 독일 미니밴은 있다고 들었는데요, 예산이 빠듯해서 그것은 선택을 할 수 없네요. 그 차량이 훨씬 더 비싸죠, 그렇죠?	I also heard you have some German minivans. We have a tight budget so that can't be an option. They are a lot more expensive, right?
대안 1 - 예약 취소 시 연락 요청 몇 가지 제안이 있습니다. 누군가 취소를 하면 바로 알려주시겠어요? 저희 휴가 때까지 약간의 시간이 있어서 하나 정도 취소는 가능할 수 있으니까요.	Here are some suggestions. Why don't you let us know as soon as somebody cancels? We've got some time until our vacation so there might be one.
대안 2 - 승용차 2 대 렌트, 마무리 아니면, 그냥 승용차를 2 대 빌릴까요? 한 대로 여행을 하는 것이 우리에게는 훨씬 낫지만 선택의 여지가 없는 것 같네요. **어떻게 생각하세요?**	Or, can we just rent two sedans instead? It would be much better for us to travel in one car but it seems we don't have any choice. How does that sound?

*각 단락 여백은 '나만의 문장' 추가를 위한 창작공간입니다.

주요어휘 **available** 이용할 수 있는 **tight budget** 빠듯한 예산 **sedan** 일반 승용차

Q8. Have you ever needed to rent a vehicle? I'd like to hear about a time you used a rental agency. Was it recently or in the past? Where was it located? For what reason did you need to rent a vehicle, and to what place did you travel with it? Describe to me everything you can about the incident.

자동차를 빌려야 했던 적이 있나요? 렌터카 회사를 이용했던 경험을 듣고 싶네요. 최근인가요 아니면 좀 더 오래 전인가요? 어디에 있는 것이죠? 자동차를 빌리는 이유가 무엇이었죠, 그리고 어디로 여행을 갔나요? 이 일에 대해 모든 것을 말해보세요.

배경, 여행지 제가 일본 오사카를 방문했을 때 자동차를 빌렸어요. 그런데 끔찍한 일이었죠. 그렇게 하지 말았어야 했어요.	I rented a car when I went to Osaka, Japan. And it was a disaster. I shouldn't have done that.
여행지에서 렌터카 이용 결정 모든 패키지 여행상품이 너무 비싸서 자동차를 빌리기로 했거든요. 어디를 언제 가는지에 대해 걱정할 필요가 없으니까요. 그래서 일본으로 떠나기 전에 차량 한 대를 온라인으로 예약했어요.	I chose to rent a car because all the package tours were so expensive. I didn't have to worry about where and when to go. So, I booked one online before I left for Japan.
도착 후 차량 인수 간사이 공항에 도착을 했더니 자동차가 주차장에 이미 있었어요. 간단했죠. 자동차 열쇠를 주었고 모든 것이 괜찮아 보였어요.	I arrived at Kansai airport and the car was already there in the parking lot. It was easy. They gave me the keys and everything was looking good.
문제발생 - 반대편 운전, 결과, 소감 하지만 일본에서는 반대편에서 운전한다는 것을 몰랐어요! 너무 무서워서 주차장도 빠져나오지 못했답니다. 저는 포기를 했고 바로 자동차를 반납했어요. 너무 창피했어요. 정말 악몽이었죠.	But I didn't know they drive on the wrong side of the road! I was so afraid that I couldn't even get out the parking lot. I gave up and returned it right away. I was so embarrassed. It was a nightmare.

*각 단락 여백은 '**나만의 문장**' 추가를 위한 창작공간입니다.

주요어휘 disaster 완전한 실패 **shouldn't have done** ~을 하지 말았어야 했다 **package tour** 패키지 여행상품

on the wrong side of the road 도로의 반대편에서 **nightmare** 악몽(같은 일)

Unit 57. 영양 전문가 롤플레이 Role Play - Nutritionist

▶ 다른 돌발주제들에 비해 출제빈도는 낮지만, 꾸준히 출제되는 돌발주제입니다. 다이어트를 위해 영양 전문가에게 정보를 요청하고, 만나기로 한 날 갈 수 없는 상황에 대한 문제를 해결한 후, 13번에서는 다이어트에 관심을 갖게 된 계기와 이후 어떤 변화가 생겼는지를 설명하는 문제들이 출제됩니다.

콤보 III	기출문제 미리 보기
유형 6 (11번)	You are interested in a healthy diet. Someone introduced you to a professional nutritionist who helps people improve their diet. Contact the nutritionist and ask several questions so that you can learn more about a healthy diet. 당신은 건강한 식습관에 관심이 있습니다. 당신의 식습관 향상을 도와줄 영양 전문가를 누군가 소개해 주었습니다. 그 분에게 연락을 해서 건강한 식습관에 필요한 몇 가지 질문을 해 보세요.
유형 7 (12번)	You discovered that you will have to work late on the day of the meeting. Contact the nutritionist to leave a message which explains the problem. Then offer two to three alternatives to the issue. 만나기로 한 날 야근을 해야 한다는 사실을 알게 되었습니다. 그 영양 전문가에게 연락을 해서 상황을 설명하고 문제해결을 위한 두세 가지 대안을 제시하는 메시지를 남겨보세요.
유형 8 (13번)	What caused you to become more interested in a diet or exercise? What steps did you take in order to get healthier? Has your interest grown through the years? Discuss the details of this experience. 다이어트나 운동에 좀 더 관심을 갖게 된 계기가 무엇인가요? 더 건강해지기 위해 어떤 단계를 밟았나요? 세월이 흐르면서 당신의 관심이 더욱 커졌나요? 이 경험을 자세히 설명해 보세요.

Q6. You are interested in a healthy diet. Someone introduced you to a professional nutritionist who helps people improve their diet. Contact the nutritionist and ask several questions so that you can learn more about a healthy diet.

당신은 건강한 식습관에 관심이 있습니다. 당신의 식습관 향상을 도와줄 영양 전문가를 누군가 소개해 주었습니다. 그 분에게 연락을 해서 건강한 식습관에 필요한 몇 가지 질문을 해 보세요.

도입 - 질문 예고 안녕하세요. 건강한 식습관에 대한 정보가 필요합니다. 그것에 대해 몇 가지 질문을 드려도 될까요?	Hi. I'd like some information about a healthy diet. Do you mind if I ask some questions on that?
다이어트 음식 우선, 체중감량에 좋은 음식 종류는 무엇인가요? 솔직히, 저는 약간 과체중이거든요. 인터넷에서 몇 가지 조언들을 시도해봤지만 계속 실패했어요.	First of all, what kind of food is good for losing weight? To be honest, I'm slightly overweight. I've tried some of the tips on the Internet but I kept failing.
고지방 다이어트 그런데 고지방 다이어트가 정말 건강에 좋은가요? 저탄수화물 다이어트는 이해가 되는데, 고지방 다이어트에 대해서는 잘 모르겠어요.	By the way, is the high-fat diet really healthy? Low-carb diets make sense but I'm not sure about the high-fat diet.
채소를 즐기는 방법, 마무리 마지막으로 중요한 것은, 즐겁게 채소를 섭취할 방법이 있을까요? 사실, 저는 채소를 별로 좋아하지 않거든요. 저에게는 마치 잔디를 먹는 맛이 납니다. 저 좀 도와주시겠어요?	Last but not least, is there a way to enjoy eating vegetables? Actually, I'm not a big fan of vegetables. They taste like grass to me. Could you please help me?

*각 단락 여백은 '나만의 문장' 추가를 위한 창작공간입니다.

주요어휘 **healthy diet** 건강한 식습관(다이어트) **lose weight** 체중을 줄이다 **slightly** 약간, 다소
overweight 과체중의, 비만의 **high-fat** 지방이 많은 **low-carb** 탄수화물이 적은
a big fan of ~의 광팬, 매우 좋아하는 **taste like** ~같은 맛이 나다
만능표현 **make sense** '이해가 되다, 말이 되다'라는 의미의 유용한 표현

Q7. **You discovered that you will have to work late on the day of the meeting. Contact the nutritionist to leave a message which explains the problem. Then offer two to three alternatives to the issue.**

만나기로 한 날 야근을 해야 한다는 사실을 알게 되었습니다. 그 영양 전문가에게 연락을 해서 상황을 설명하고 문제해결을 위한 두세 가지 대안을 제시하는 메시지를 남겨보세요.

문제 발생 알림 안녕하세요, 안 좋은 소식이 있는데요. 미팅에 갈 수 없을 것 같아요. 정말 죄송합니다.	Hi, I've got bad news. I don't think I can make it to the meeting. I'm so sorry.
문제 설명 - 야근으로 약속 어려움 그날 야근을 해야 한다고 방금 전해 들었거든요. 선생님 만날 것을 정말 기대하고 있었는데, 방법이 없네요.	I've just been told that **I'll have to work late that day.** I was looking forward to seeing you but you see, there's no choice.
대안 1 - 상담 연기 제안 하지만 저에게 몇 가지 생각이 있습니다. 다른 날로 미룰 수 있을까요? 결정되시면 알려주세요. 그때 가겠습니다.	Well, I've got some suggestions though. **Can we just put it off to another day?** Just let me know when you've decided. I'll be there.
대안 2 - 전화 상담 제안, 마무리 그렇게 하는 것이 어렵다면, 전화로 만나는 것은 어떨까요? 저녁 식사시간으로 한 시간 정도는 시간이 있습니다. 괜찮을까요? 메시지 받으시면 연락주세요.	If that doesn't work for you, what about meeting over our smartphones? I'll be available for about an hour for dinner. Will that be OK? **Get back to me when you get this please.**

*각 단락 여백은 '**나만의 문장**' 추가를 위한 창작공간입니다.

주요어휘 make it to ~에 도착하다, 가다 **be told** 전해 듣다 **put off** 연기하다 **available** 시간적 여유가 있는

만능표현 Can we just put it off to another day? 오픽 7번유형에서 대안을 제시할 때 아주 유용한 문장

Q8. What caused you to become more interested in a diet or exercise? What steps did you take in order to get healthier? Has your interest grown through the years? Discuss the details of this experience.

다이어트나 운동에 좀 더 관심을 갖게 된 계기가 무엇인가요? 더 건강해지기 위해 어떤 단계를 밟았나요? 세월이 흐르면서 당신의 관심이 더욱 커졌나요? 이 경험을 자세히 설명해 보세요.

체중증가로 다이어트에 관심 살이 찌기 시작했을 때 다이어트에 관심을 갖게 되었어요. 취업준비를 하면서 도서관에 하루 종일 앉아있었거든요.	**I got interested in it when I started to put on weight.** I was sitting all day at the library to get ready for a decent job.
이상 신체증상 그리고 나서 제 몸에 뭔가 이상이 있다는 것을 느꼈어요. 소화불량, 두통, 불면증 등이 생겼어요. 아무 이유도 없이 항상 피곤하기도 했어요.	**Then I felt there was something wrong with my body.** I had indigestion, headaches and trouble having a sound sleep. I also felt very tired all the time for no good reason.
규칙적인 운동과 건강한 식사 사실 그런 것이 이상할 것은 전혀 없었어요. 운동을 하지 않았거든요. 그래서 규칙적으로 운동하고 건강식을 먹기로 결심했어요. 편의점 도시락 대신 말이죠.	**Actually, there was nothing strange about it at all. I had no exercise. So, I decided to work out regularly and eat healthy food** instead of the convenient store lunch box.
결과, 소감 그 이후로는 건강한 생활방식을 갖기 위해 노력하는 중입니다. 지금은 훨씬 나아졌다는 것을 느껴서 다시 과거로 돌아가고 싶지는 않아요. 저는 제 스스로를 상당히 자랑스럽게 생각합니다.	**I've been trying to have that healthy lifestyle ever since.** I feel much better now and I don't want to go back. **I'm quite proud of myself.**

*각 단락 여백은 '**나만의 문장**' 추가를 위한 창작공간입니다.

주요어휘 **put on weight** 체중이 늘다, 살이 찌다 **decent job** 괜찮은 직업 **indigestion** 소화불량

sound sleep 편안한 잠 **work out regularly** 규칙적으로 운동하다 **lunch box** 도시락 **lifestyle** 생활방식

be proud of ~에 대해 자부심을 갖다

만능표현 **for no good reason** '별 다른 이유도 없이'라는 의미를 지닌 유용한 표현

부록 | AL 등급 공략을 위한 인기주제 스크립트 20개

OPIc 시험 최고등급인 AL(Advanced Low)등급을 달성하려면 두 개의 고난도 문제유형에 대한 준비가 반드시 필요합니다. 오픽난이도 5~6단계를 선택했을 때 맨 마지막 14번과 15번에 출제되는 9번과 10번유형인데요, 이 문제를 우리말로 제시하고 역시 우리말로 답변을 하라고 해도 쉽지 않습니다. 그렇기 때문에 기출문제의 특징을 이해하고, 양질의 스크립트를 이용해서 '나만의 답변'을 만들 수 있도록 인기주제 10개에 대한 총 20개의 스크립트를 제공합니다. 먼저 이 두 가지 고난도 문제유형에 대한 특징을 한 눈에 파악해 보세요.

인기주제	14번 9번유형	15번 10번유형
가족과 거주	과거와 현재의 주택 비교	주택과 관련된 사회적 이슈 및 해결책
공원	아이와 어른의 공원활동과 시설 비교	공원과 관련된 문제 및 해결책
영화	과거와 현재의 영화 비교	영화와 관련된 사회적 이슈
커피전문점	과거와 현재의 커피숍 비교	커피숍에 관련된 사회적 이슈
음악 감상	음악가와 음악 종류 비교	음악감상과 관련된 장치나 장비 설명
조깅	조깅과 다른 운동 비교	조깅에 관련된 부상과 예방법
자전거	과거와 현재의 자전거 비교	자전거와 관련된 안전문제와 해결책
국내여행	과거와 현재의 여행 비교	여행과 관련된 문제점과 해결책
집 휴가	과거와 현재의 휴가 방법 비교	휴가의 장점과 중요성
해외여행	과거와 현재의 해외여행 비교	해외여행 할 때 사람들의 관심을 끄는 것

Unit 58. 오픽난이도 5~6단계, 14번 9번유형

가족과 거주 | 유형 9 | 과거와 현재의 주택 비교

Q9. In the past five or ten years, discuss how family homes in your area have changed. Describe the differences between family homes today and homes from the time when you were growing up. In detail, what are some of the changing trends in homes you have seen?

지난 5~10년 동안 당신이 사는 지역의 주택들이 어떻게 변화했는지 말해보세요. 오늘날의 주택과 어렸을 때 주택의 차이점을 설명해 보세요. 당신이 목격하고 있는 주택 트랜드 변화를 구체적으로 언급해 보세요.

*각 단락 여백은 '나만의 문장' 추가를 위한 창작공간입니다.

재개발로 아파트의 고층화	**First of all, the redevelopments have seen the old low rises especially, transformed into high rise apartment blocks.** Apart from that, nothing much has changed in my area in the past ten years. It's sort of difficult to find houses in Korea. Apartment buildings seem to have taken over and my area is a good example.
이전보다 어린이들 놀이 공간 부족	**As I grew up, we had play areas and stuff outside for kids. But now it's all stuff for oldies.** I also remember we, I mean my friends and I would play in and out of each other's houses all day. The modern-day playgrounds between apartment buildings are nice but I sometimes miss the neighbors from when I was younger.
새 아파트의 편리성	**The new apartments are very nice and convenient in every way** you can imagine. I guess we've got a lot more appliances than we used to. Everything is electrical and smart and of course it costs an arm and a leg.
아파트 단지의 대형화	**Another important change is the size of the apartment complex. It's getting bigger and bigger.** If you put some complexes together, it is big enough to be the size of a small city. Anyway, I look forward to more changes in the future. I'm not only talking about changes in technology. I hope for a better quality of life in general for my family and others.

먼저, 재개발로 인해 특히 저층건물들이 고층아파트들로 변했어요. 그거 빼고는 저희 동네는 10 년간 특히 달라진 것은 없습니다. 한국에서는 주택 보기가 힘들어요. 아파트가 모두 점령해 버린 듯 한데 제 동네가 좋은 예죠.

제가 어렸을 때는 아이들을 위한 노는 공간이 있었어요. 지금은 나이 든 사람들만의 이야기가 돼버렸네요. 또 기억나는 게 저희, 그러니까 저랑 제 친구들은 서로의 집 안팎에서 하루 종일 놀고 그랬어요. 아파트 건물 사이의 신식 놀이터들도 좋지만 제가 어렸을 적 이웃들이 가끔 그립네요.

새 아파트는 생각할 수 있는 모든 면에서 좋고 편리합니다. 전보다 훨씬 더 많은 전기기구가 있어요. 모든 것이 전자장치로 되어 있고 자동화된 장치여서 엄청나게 비쌉니다.

다른 중요한 변화는 아파트단지의 크기입니다. 자꾸 커지고 있습니다. 아파트 단지 몇 개를 합쳐 놓으면 웬만한 작은 도시만큼 큽니다. 어쨌든 앞으로의 변화가 기대됩니다. 단지 기술에 대한 변화에 대한 얘기는 아니고요. 제 가족과 사람들을 위해 전반적으로 더 나은 삶의 질을 기대합니다.

주요어휘

redevelopment 재개발 low rise 저층건물 transformed into ~로 변형된 take over 장악하다, 넘겨받다 oldie 오래된 물건이나 나이 든 사람 appliance 냉장고, 세탁기 등의 전기기구 smart 컴퓨터로 조정되는, 자동화 된 put ~ together ~을 모두 합치다 look forward to ~을 기대하다 in general 일반적으로, 전반적으로

만능표현

apart/aside from ~을 제외하면 in every way ~인 모든 면에서 cost an arm and a leg 돈이 엄청나게 든다는 재미있는 표현 cost a bomb 도 같은 뜻

Q9. Compare the activities that children do at the park as opposed to what the adults do while at parks. Discuss the many facilities at parks that are intended to accommodate both children and adults alike.

아이들과 어른들의 공원활동을 비교해 보세요. 어린이와 어른들 모두에게 편의를 제공할 목적으로 만들어진 공원 시설들에 대해 얘기해 보세요.

*각 단락 여백은 '나만의 문장' 추가를 위한 창작공간입니다.

공원에서 아이들과 어른들의 차이	I think children and adults do lots of different things, and a lot of other things together at parks. The difference between children and adults at the park is obvious. **Children are a lot more active. They run around and yell and scream. Adults would rather sit around and chat more.**
아이들과 어른들의 주요 활동	**Children tend to constantly frolic and play on the equipment and in the fountains. Adults on the other hand, usually sit under trees eating and talking.** The park I used to visit had an elaborate fountain you could walk around in on a hot day, which was great fun for kids getting soaked, but not so much for adults.
아이들과 어른들의 공통 활동	**Most families like to eat together at the park. Eating is an activity both children and adults alike enjoy.** I think that's one of the main activities public parks are designed for. And it's a lot of fun to eat outdoors together. There should be more space like that in the park.
공원 시설 활용	Though parks are designed for everybody, some part of the park is enjoyed more by kids while some other part is loved more by adults. **But some open areas like the grass fields in parks offer lots of options for kids and adults all together.**

아이들과 어른들은 공원에서 여러 다른 일을 하기도, 또 다른 여러 일을 같이 하기도 하는 것 같습니다. 공원에서 아이들과 어른들의 차이점은 명확합니다. **아이들은 훨씬 더 활동적입니다 뛰어 돌아다니면서 고함치고 소리지르고 하지요. 어른들은 그냥 앉아서 얘기를 더 합니다.**

아이들은 끊임없이 뛰놀고 기구나 분수에서 노는 경향이 있습니다. 반면 어른들은 보통 나무 아래 앉아 먹고 얘기를 하죠. 제가 가던 공원은 잘 만들어진 분수대가 있었는데 더운 날이면 애들이 들어가 걸어 다녔습니다. 애들은 흠뻑 젖어가며 아주 재미있었지만 어른들에게는 그냥 그렇죠.

대부분은 가족들은 공원에서 같이 먹는 것을 좋아합니다. 먹는 것은 애나 어른이나 다를 것 없이 모두 좋아하는 거죠. 그게 공공 공원을 만드는 주요 활동 중 하나라고 생각합니다. 그리고 밖에서 다 같이 먹는 것은 아주 재미있습니다. 공원에는 그런 것을 위한 공간이 더 있어야 합니다.

모든 사람들을 위해 공원을 만들지만 공원의 어떤 부분은 아이들이 더 좋아하고 다른 어떤 부분은 어른들이 더 좋아합니다. **하지만 공원의 잔디밭 같은 트인 공간은 아이들과 어른들 모두가 할 수 있는 많은 것을 제공합니다.**

obvious 뻔한, 명확한 **yell** 고함치다 **sit around** 일 없이 시간 보내다 빈둥거리다 **constantly** 멈추지 않고, 지속적으로 **frolic** 신나게 뛰놀다 **equipment** 장비 **fountain** 분수 **elaborate** 복잡하고 정교하게 만들어진 **get soaked** 흠뻑 젖다 **alike** 똑같이 **offer** 제공하다 **open area** 공터

the difference between A and B A 와 B 의 차이 **would rather** 동사원형 차라리 ~하다 **on the other hand** 다른 한편으로는 **used to** 동사원형 ~하고는 하다

Q9. How do the movies today compare to those that you saw while you were growing up? Discuss how movies have changed. Identify the similarities and differences between them.

당신이 성장하면서 봤던 영화와 오늘날의 영화를 어떻게 비교할 수 있나요? 영화가 어떻게 변화했는지 이야기해 보세요. 과거와 현재 영화들에 대한 유사점과 다른 점들을 설명해 보세요.

*각 단락 여백은 '나만의 문장' 추가를 위한 창작공간입니다.

현대영화의 특수효과 발전	I think movies have changed a lot since I started seeing them. The old story formulas are still the same though - someone loves somebody else and someone kills somebody else. But check out the latest superhero movie and the special effects will make your jaw drop!
한국영화의 세계적 흥행	Another difference is the popularity of Korean movies. It used to be only Korean people watching Korean movies. Now people around the world are laughing and crying watching Korean movies.
현대영화의 심한 폭력성	The level of violence is different too. Movies are much more violent today than they used to be. Old movies might have been good for kids but I don't miss them at all. I hated the way they sanitized the violence. I don't condone violence but it was often so unrealistic.
극장의 시설 발전	Finally, the quality of the movie theater. It's way better than the old ones. The sound quality, air-conditioning and even the seats are way better than before. But what still excites me is the thought that I'm going to the movies. And that hasn't changed a bit.

제가 영화를 보기 시작한 이후로 영화는 많이 변화한 것 같습니다. 하지만 오랜 스토리 구성은 여전히 변한 것이 없습니다. 누가 누군가를 사랑하고 누가 누군가를 죽이죠. 하지만 **최신 슈퍼히어로 영화를 보면 특수효과에 입이 떡 벌어집니다.**

또 다른 점은 한국영화의 흥행입니다. 한국영화는 한국사람들만 보고 그랬었습니다. **지금은 전세계의 사람들이 한국영화를 보고 울고 웃고 합니다.**

폭력성 정도도 달라졌습니다. 현재의 영화가 전보다 훨씬 폭력적입니다. 옛날 영화들은 아이들을 위해서는 좋았을지 몰라도 저는 전혀 그리운 마음이 없습니다. 폭력성을 희석시킨 방식이 너무 싫었었습니다. **폭력을 인정하는 것은 아니지만** 종종 너무 비현실적이었으니까요.

마지막으로 극장의 질입니다. 옛날 극장들보다 훨씬 좋죠. 음질, 에어컨, 그리고 좌석마저도 예전보다 훨씬 좋습니다. **그래도 여전히 저를 흥분시키는 것은 영화 보러 간다라는 바로 그 생각이죠. 그건 전혀 변한 것이 없습니다.**

주요어휘

story formula 줄거리 공식/구성 special effects 특수효과 make your jaw drop 입이 떡 벌어지게 만들다 violence 폭력(성) the level of ~의 수준 sanitize 중화/희석시키다 약하게 하다, 소독하다 condone (안 좋은 것을) 용인하다 the quality of ~의 품질

만능표현

the way S+V ~하는 방식 be way better than ~ 보다 훨씬 낫다 the thought that S+V ~라는 생각 haven't/hasn't changed a bit 조금도 달라지지 않았다, 변한 것이 없다

Q9. Over the last few years, what types of changes or developments have you observed in coffee shops? Explain what types of things have brought about these changes.

지난 수 년 동안 어떤 종류의 변화나 발전이 커피숍에서 목격되었나요? 이런 변화의 이유는 무엇인지도 설명해 보세요.

*각 단락 여백은 '나만의 문장' 추가를 위한 창작공간입니다.

커피숍 수의 증가	**The main change I see is in the number of coffee shops that have appeared.** In the last few years it seems like a new one has sprung up on every block. They're either independents or part of a chain.
프랜차이즈 커피숍의 증가	**The franchise coffee shops have spread a lot, too.** A few years ago, there were only a few Starbucks, but now they're everywhere. They often occupy 2 or even 3 floors of a building, and usually on a main shopping street or in a busy mall.
커피숍 증가의 원인	**Let me talk about what caused this dramatic increase. I read a newspaper report that coffee in Korea costs about a third more than in other cities.** People say it's because rents in Seoul are higher, but I disagree. How is rent for a coffee shop in busy Seoul more expensive than in New York, or London, or Tokyo? They earn way more than they deserve.
한국 커피숍 산업에서 필요한 것	I found a really nice indie coffee shop last month when I was out window shopping. I ordered a Latte, and it was ₩2,500, which is reasonable, but the quality was great. **A reasonable price for a respectable quality. I think this is what we need in the Korean coffee shop industry.**

제가 보는 주요 변화는 새로 생긴 커피숍의 수입니다. 지난 몇 년간 블록마다 하나씩 새로 커피숍이 생긴 것 같습니다. 개인 경영 커피숍이거나 체인점이거나 그렇습니다.

프랜차이즈 커피숍도 많이 퍼졌습니다. 몇 년 전에는 스타벅스가 몇 개뿐이었는데 지금은 어딜 가도 있습니다. 주요 쇼핑거리나 붐비는 쇼핑몰에서 종종 건물 두 층이나 세 층을 차지하기도 합니다.

이 엄청난 증가의 원인에 대해 얘기해보겠습니다. 한국 커피숍의 커피는 다른 도시들보다 1/3 가량 비싸다는 신문 **기사를 읽었습니다.** 사람들은 서울의 임대료가 비싸서 그렇다지만 저는 동의하지 않습니다. 복잡한 서울의 커피숍 임대료가 뉴욕이나 런던 또는 도쿄의 임대료보다 어떻게 비싸겠습니까? 받아야 하는 액수보다 더 버는 거죠.

지난 달에 쇼핑 가서 구경하다가 정말 괜찮은 작은 개인 커피숍을 발견했습니다. 라떼를 주문했는데 2,500 원이었습니다. 합리적인 가격이죠. 그런데 고품질이었습니다. **합리적인 가격의 괜찮은 품질. 이것이 한국 커피숍 산업에 있어 우리에게 필요한 것이라고 생각합니다.**

spring up 생겨나다 **independent** 개인자영업(자) **part of** ~의 일부 **spread** 퍼지다 **occupy** 차지하다 **dramatic** 극적인, 엄청난 **deserve** ~을 받을 자격이 있다 **indie** 소규모의 독립적인 **respectable** 괜찮은, 준수한, 좋게 평가할 만한

be everywhere 어딜 가든 많다 **way more than you deserve** 정당한 양보다 훨씬 많이 **this is what we need** 이것이 우리가 필요로 하는 것이다

Q9. Select two different composers or types of music. Explain both of these in as much detail as possible. Compare these in regard to their similarities and differences.

두 명의 다른 작곡가나 음악 종류를 선택하세요. 최대한 구체적으로 이들을 설명해 보세요. 유사점과 차이점에 대해 비교를 해 보세요.

*각 단락 여백은 '나만의 문장' 추가를 위한 창작공간입니다.

발라드와 댄스 음악 비교	I don't know composers very well, except for famous ones like Beethoven. So, **let me choose ballads and dance music to compare. On the one hand, ballads are very easy on the ear.** It has kind of a relaxing story and some good melodies to keep a listener emotional.
댄스음악의 특징	**On the other hand, if you need to shake your body a little, then dance music is the sound for you.** It has driving beats that just make you want to move your feet. It makes you happy when you're down and happier when you're happy.
발라드 음악의 특징	**Ballads kind of remind me of the relationships I've been in.** Good and bad memories all together. It somehow fits in with the Korean musical taste. **Dance music is great for road trips because it makes the journey seem shorter somehow.** It's got a fast beat and it starts our adrenaline pumping as soon as the music starts.
음악감상 종류와 시기	**It really depends on my mood and surroundings what I listen to and when.** If I'm on my own at home and having nothing much to do, I might put on some love songs to relax. But if I'm out partying with my friends, it's the dance time all night long!

해석

저는 베토벤처럼 유명한 작곡가들 몇을 제외하면 작곡가들은 잘 모릅니다. 그래서 **발라드와 댄스음악을 골라 비교하겠습니다.** 한편으로 발라드는 듣기 아주 쉽습니다. 편안한 이야기와 좋은 멜로디가 있어서 듣는 이의 감정을 자극합니다.

다른 한편으로 몸을 좀 흔들고 싶으면 댄스음악의 소리가 당신을 위한 것입니다. 역동적인 박자가 발을 움직이고 싶게 만들죠. 기분이 가라앉았을 때 기쁘게 해주고 기쁠 때면 더욱 기쁘게 해줍니다.

발라드는 제가 했던 연애를 떠올립니다. 좋고 나쁜 기억들 모두요. 왠지 한국사람들의 음악취향에 잘 맞습니다. 댄스음악은 왠지 여정을 더 짧게 느끼게 만들기 때문에 도로 여행에 아주 좋습니다. 음악이 시작되자마자 박자가 빨라서 아드레날린을 분출시키죠.

제가 무슨 음악을 듣고 언제 듣는 지는 정말 제 기분과 환경에 달렸습니다. 혼자 집에 있고 할 게 없으면 발라드를 몇 곡 틀고 긴장을 풉니다. 하지만 친구들과 밖에서 파티를 한다면 밤새 댄스뮤직 시간입니다.

주요어휘

composer 작곡가 easy on the ear 듣기 쉬운/편안한 emotional 감정적인 down 침울한, 축 쳐진 fit in with ~와 잘 어울리다 road trip 자동차 여행 adrenaline 아드레날린(흥분시키는 호르몬) driving beat 역동적인 리듬 on my own 나 혼자 put on 음악을 틀다 all night long 밤새

만능표현

on the one hand ... (and) on the other hand 한편으로 또 한편으로 it really depends on 전적으로 ~에 달렸다 be out -ing 나가서 ~하다

Q9. Compare jogging to other types of sporting activities like volleyball, basketball, or golf. What are some of the similarities between them? The differences? Provide a detailed comparison of these two activities.

배구, 농구 아니면 골프 등 다른 스포츠와 조깅을 비교해 보세요. 그들 사이에 유사한 점은 무엇인가요? 다른 점은요? 두 가지의 스포츠에 대한 구체적인 비교를 해 보세요.

*각 단락 여백은 '나만의 문장' 추가를 위한 창작공간입니다.

조깅과 골프의 유사한 점	**I'd like to compare jogging and golf. They are similar in the way that they are not team sports.** You don't have to form a team and collaborate for a better result. You just go out and get started. But you can bring along a couple of friends if you want. You'll have a more enjoyable time.
조깅과 골프의 차이 조깅의 특징	**I think the main difference between jogging and golf is what's called impact. Jogging is a high impact activity.** When you jog, your feet and ankles, your knees and hips all take a terrible beating and this can cause serious injuries.
조깅과 골프의 차이 골프의 특징	**On the contrary, golf is a low impact activity. You can ride around in a cart all day and just get off once in a while to hit a little white ball with a stick.** It does involve a little bit of walking and swinging but absolutely not as intense as jogging. It's more like a relaxed, leisurely and more importantly costly type of activity.
조깅과 골프의 장단점	**I think it's important to think about sports a little more in terms of their positives, though.** If you enjoy jogging, then good for you, but be careful of your joints. And if you enjoy golf, good for you, too, but keep an eye on the money!

해석

조깅과 골프를 비교할까 합니다. 팀 스포츠가 아니라는 점에서 유사한데요. 팀을 구성해서 좋은 성적을 내려고 협력하지 않아도 됩니다. 그냥 나가서 시작하면 되죠. 하지만 원한다면 친구 몇 명 데려와도 괜찮습니다. 더 재미있는 시간이 될 것입니다.

조깅과 골프의 주요 차이점은 충격이라고 부르는 것입니다. 조깅은 고충격 활동입니다. 조깅을 하면 발과 발목, 무릎과 힙이 심한 충격을 받아서 심각한 부상을 초래할 수 있습니다.

반면 골프는 저충격 활동입니다. 카트를 타고 종일 돌아다니다가 가끔 내려서 작대기를 가지고 하얀 작은 공을 칠 뿐입니다. 좀 걷기도 하고 스윙도 하지만 전혀 조깅만큼 격렬하지는 않습니다. 느긋하고 여유로운, 더 중요한 점으로는 고비용 타입의 활동에 가깝다고 하겠습니다.

그런데 스포츠를 좀 더 긍정적인 면에서 생각하는 게 중요한 것 같습니다. 조깅을 좋아하면 잘 됐습니다. 하지만 관절에 주의하세요. 골프를 좋아하셔도 잘 됐습니다. 하지만 돈에 주의하세요.

주요어휘

form 구성하다, 만들다 **collaborate** 협력하다 **get started** 시작하다 **impact** 영향, 충격 **ankle** 발목 **beating** 연속적 충격 **on the contrary** 반면 **once in a while** 이따금씩 **intense** 격렬한 **leisurely** 여유로운 **costly** 비용이 많이 드는 **in terms of** ~의 측면에서 ~라는 점에서 **keep an eye on** ~을 신경 쓰다

만능표현

in the way (that) S+V ~하는 식으로 **if you want/wish/like** 원한다면 **what's called** ~라 불리는

Q9. Compare older and newer bikes. Discuss the similarities and differences between these bikes. What has stayed the same? Explain what has changed or improved.

이전 자전거와 새 자전거를 비교해 보세요. 유사한 부분과 다른 부분을 얘기해 보세요. 어떤 점들이 그대로인가요? 변화를 했거나 개선이 된 부분이 무엇인지도 설명하세요.

*각 단락 여백은 '나만의 문장' 추가를 위한 창작공간입니다.

자전거를 만드는 재료의 변화	**I think there have been some obvious changes. A major change is in the materials they use for bikes these days.** Bikes are a combination of high-tech materials. I remember my first bike was a steel framed one and it was heavy. Nowadays more bikes are made with aluminum frames or even carbon fiber. They are much lighter so they take less energy to pedal.
사람들이 선호하는 자전거 종류의 변화	**Another difference is in the type of bike people tend to go for.** When I was a teenager, mountain bikes weren't popular at all then they suddenly exploded. I think that's probably because more tracks were developed or opened for a little more adventurous riders. A lot of other types of bikes have found their niche positions in the market too.
자전거 가격의 변화	**Prices have certainly gone up.** When I was a kid, bikes seemed to be cheap. **Now the cheapest ones cost at least one hundred dollars** and they range into thousands for the fancy ones. I'm not sure why they got so expensive. Maybe the stores just charge what they can get away with.
자전거 인기의 지속	I'm not sure what kind of changes to bicycles we'll see in the future. **I'm sure bikes will keep being popular** though. When everyone still learns to ride them as they do today, **they'll never go out of style.**

몇 가지 눈에 띄는 변화가 있었던 것 같습니다. **주요 변화 하나는 자전거에 요즘 사용하는 재료에 있습니다.** 자전거는 첨단재료의 복합체입니다. 제 첫 자전거는 철자전거로 기억하는데 무거웠습니다. 요즘은 더 많은 자전거들이 알루미늄 프레임이나 탄소섬유까지 사용하여 만듭니다. 이 자전거들은 훨씬 가벼워서 페달을 밟는데 덜 힘이 듭니다.

다른 차이점은 사람들이 보통 선택하는 자전거 유형입니다. 제가 10 대 때는 산악자전거는 전혀 인기가 없었는데 그러더니 갑자기 대박이 났습니다. 제 생각에는 아마 좀 더 모험을 즐기는 자전거인들에게 자전거 길이 더 많이 개발되거나 개방됐기 때문 아닌가 합니다. 다른 많은 형태의 자전거들도 역시 틈새시장을 확보했습니다.

가격은 확실히 상승했습니다. 제가 어렸을 때는 자전거가 저렴해 보였습니다. **지금은 가장 저렴한 것들이 적어도 10 만원 가량 합니다.** 그리고 고급자전거들은 가격대가 수백만 원까지 이릅니다. 왜 그렇게 비싼지 저는 잘 모르겠습니다. 아마 상점들이 별 탈 없는 가격까지 가격을 부르는 것 같습니다.

미래에 자전거에 어떤 변화를 볼 수 있을 지 모르겠습니다. **하지만 인기는 계속되리라 확신합니다.** 사람들이 현재 그러듯 계속 자전거 타기를 배운다면 **인기가 사그라드는 일은 절대 없을 것입니다.**

주요어휘

a combination of ~의 조합 carbon fiber 탄소 섬유 pedal (여기서는 동사) 자전거 페달을 밟다 go for ~을 고르다 explode 인기가 폭발하다 adventurous 탐험을 좋아하는 niche ~에 최적화 된, 틈새시장의, 자기만의 고유한 at least 적어도 fancy 고급스러운 get away with ~의 책임을 모면하다, 잘못을 하고도 책임을 지지 않거나 처벌을 받지 않는 다는 의미 keep -ing 계속해서 ~하다 go out of style 인기/유행이 끝나거나 지나다

만능표현

a major change is in 한 가지 주요변화는 ~에 있다 I think that's probably because S+V 그것은 아마 ~이기 때문으로 생각하다 I'm not sure why S+V 왜 ~인지 잘 모르겠다

Q9. **Many believe that traveling has become more of a struggle in the last five years. Discuss the changes you have noted while traveling. How are travelers and the travel experience in general affected by these changes?**

지난 5 년 동안 여행하기가 상당히 힘들어졌다고 많은 사람들이 생각합니다. 당신이 여행을 하면서 알게 된 변화에 대한 얘기를 해 보세요. 전반적으로 볼 때 여행객들과 여행 자체가 이런 변화들에 의해 어떤 영향을 받나요?

*각 단락 여백은 '**나만의 문장**' 추가를 위한 창작공간입니다.

여행 중 겪는 어려움	**I think people are struggling with travel, rather than travel itself has become a struggle.** I heard that over a million people are in the air at any given time. As a result of so many more people traveling, that might be the problem in itself: **too many people everywhere.**
여행 중 겪는 어려움의 예	**In Venice, the local government is thinking of gating the city. If you pay a big fee, you can go in because of too many tourists.** I don't think it would be much fun to live in a city that is always packed with tourists. I'm not sure closing off the city is a good idea, but I can understand the concerns.
유명 관광지 선호의 문제점	**To most people, travel seems to mean package tours jostling around touristy places.** People have become accustomed to affordable global travel. When people decide where to go, they almost always pick Venice, or Paris, or New York. They don't pick Africa for example to go off the beaten track for a change.
질 낮은 여행 경험	**The net result is a cheapened experience for the traveler.** People have to think more widely when it comes to travel, or they'll just end up with an Instagram picture of their finger holding up the Leaning Tower of Pisa.

해석

제가 볼 땐 여행자체가 고생거리가 됐다기 보다 여행을 하면서 고생하고 있는 것 같습니다. 어느 시각이든 하늘에 백만 명이 넘는 사람들이 비행기를 타고 있다는 얘기를 들었습니다. 아주 많은 사람들이 여행을 하는 결과로 그 자체가 문제를 내포하는 것이 아닌가 합니다. **어느 곳이든 사람들이 너무 많다는.**

베니스에서는 지방정부가 도시에 문을 달아 통제하는 것을 생각하고 있다고 합니다. 관광객이 너무 많아 비싼 돈을 내면 들어갈 수 있는 것입니다. 관광객으로 가득한 도시에 사는 것은 별 재미가 없을 것 같습니다. 도시를 차단하는 것이 좋은 생각인지는 모르겠지만 그 걱정이 이해는 갑니다.

대부분의 사람들에게 있어 여행이라는 것은 관광객으로 붐비는 곳의 패키지여행을 의미하는 것 같습니다. 사람들은 저렴한 가격의 해외여행에 길들여져 있습니다. 어디를 갈 지 결정할 때 거의 항상 베니스, 파리, 또는 뉴욕을 선택합니다. 가끔은 가보지 않은 곳을 가보기 위해 예를 들면 아프리카를 선택하는 일은 없습니다.

궁극적인 결과는 질 낮은 여행경험입니다. 여행이라면 사람들은 좀 더 폭넓게 생각해야 합니다. 그러지 않으면 피사의 사탑을 받치는 손가락을 찍은 인스타그램 사진으로 끝나게 될 뿐이니까요.

주요어휘

struggle with ~에 대해 고군분투하다, 고생하다 **rather than** ~라기 보다는 **struggle** 명사로는 고생거리, 힘든 일, 투쟁, 분투 **at any given time** 어느 때라도 **as a result of** ~의 결과로 **in itself** 그 자체에 있어서 **local government** 지방정부 **gate** 문을 달아 통제하다 **be packed with** ~로 가득하다 **close off** 차단하다, 막다 **jostle around** 헤치고 다니다 **be accustomed to** ~에 익숙하다 **affordable** 구입할 만한 가격의, 비싸지 않은 **go off the beaten track** 사람들이 흔히 안 가는 곳을 가다 **for a change** 기분전환 삼아, 이따금 **net result** 최종결과 **cheapened** 격/질을 떨어뜨리는 **hold up** 지탱하다, 받치다

만능표현

I don't think it would be ~일 것이라 생각하지는 않는다 **almost always** ~ 거의 항상 ~**하다 when it comes to** ~에 대해 얘기하자면, ~의 문제에 있어서 **end up with** 결국 ~로 끝나다

Q9. Explain how most people choose to spend vacation time in your country. Compare this to the ways in which people spent their vacations while you were growing up. Are people vacationing in different ways? How and why have things changed in regard to vacationing these days?

당신 나라에서는 대부분의 사람들이 휴가시기를 어떻게 보내는지 설명해 보세요. 당신이 어렸을 때 사람들이 자신의 휴가를 보내는 방법과 비교를 해 보세요. 사람들은 다른 방법으로 휴가를 보내나요? 요즘에는 휴가를 보내는 방법이 어떻게 변했고, 왜 변했나요?

*각 단락 여백은 '나만의 문장' 추가를 위한 창작공간입니다.

과거와 현재의 여행패턴 변화	Let me talk about the destination first. There is so much more choice than before. **My family** for example, **used to go to beaches, rivers, mountains or swimming pools in the summer and that was it. Now, we have RV parks, pension houses, ski resorts and so on.**
휴가지에서 하는 활동의 변화	**What they do at their vacation destinations has changed as well.** People used to drink all night and get drunk, shouting and singing loudly. They didn't really have manners and they were annoying. People still enjoy drinking but they do in a way that they don't ruin others' vacation.
휴가시기에 대한 변화	**When they go on vacation is also a very important difference.** People only stayed at home in winter in the past because it was so cold. But winter time is as busy as summer nowadays. **People go to spas, ski resorts etc. to have a different experience from their summer vacation.**
휴가기간의 변화	**Lastly, the length of vacation has become longer than before.** I remember my dad had two or three days for summer vacation. I think it's usually a week or so now. I know it's still relatively short compared to many other countries. I hope we get more over time. **All in all, a lot of things have changed and they mostly changed for the better.**

해석

목적지에 대해 우선 얘기하겠습니다. 예전에 비해 훨씬 선택할 것이 많아졌어요. 예를 들면 **제 가족은 여름에 해변, 강, 산 아니면 풀장에 갔는데 그게 전부였습니다.** 지금은 오토캠핑장, 펜션, 스키장 등이 있죠.

휴가지에서 하는 것들도 달라졌습니다. 사람들은 밤새 술 마시고 취해서 소리지르고 시끄럽게 노래 부르고 그랬었습니다. 예의가 별로 없어서 짜증스러웠죠. 여전히 술 마시는 것을 즐기지만 다른 사람들의 휴가를 망치지 않으면서 그렇게 합니다.

언제 휴가를 가는 지도 중요한 차이점입니다. 과거에는 너무 추워서 겨울에는 집에만 있었지만 요즘은 여름만큼 겨울도 성수기입니다. 온천도 가고 스키장 등도 가서 **여름휴가와는 다른 경험을 하죠.**

마지막으로 휴가의 길이도 전에 비해 길어졌습니다. 제 기억에 제 아버지는 여름 휴가로 이삼 일을 받았는데요. 지금은 일주일 정도가 보통인 것 같습니다. 다른 많은 나라에 비하면 여전히 비교적 짧죠. 시간이 지나면서 더 길어지길 바랍니다. **종합해보면 많은 것들이 변했는데 대개 좋은 방향으로 변화했네요.**

주요어휘

destination 목적지 RV(recreational vehicle) parks 오토캠핑장 ruin 망치다 spa 온천 relatively 비교적 **compared to** ~에 비해 **over time** 시간이 지나, 시간이 흐르면서 **all in all** 종합적으로 볼 때 **for the better** 좋은 방향으로, 더 낫게

만능표현

Let me talk about ~ first 우선 ~에 대해 얘기해보겠습니다 **and that was it** ~했는데 그게 다였습니다 **in a way that S+V** ~하는 식으로

Q9. Over the years, discuss the ways that traveling to other countries has changed. Has it become easier or more difficult to do so? Discuss this experience in the past and the changes you have seen nowadays in detail.

수년 간 해외여행이 어떻게 변화를 했는지 말해보세요. 좀 더 쉬워졌나요, 아니면 더 어려워졌나요? 과거의 경험과 요즘 당신이 목격한 변화에 대해 구체적으로 설명해 보세요.

*각 단락 여백은 '나만의 문장' 추가를 위한 창작공간입니다.

해외여행 교통수단의 변화	**Travel abroad has changed in a lot of ways I think from the past. The first main change has been in the method people use to travel.** People had to get on a ship and travel for days, sometimes weeks or months to an overseas destination. Nowadays we just hop on a plane, get a little bit of sleep and we're there.
여행의 편안함에 대한 변화	**The other thing besides the speed, is the comfort.** A lot of people seem to complain about air travel being uncomfortable because the seats are too small, but I disagree. You can get up and walk in the airplane aisle. It's a luxury compared to the past.
여행비용의 변화	Let me talk about the affordability a little bit. **Back in the day, the ticket prices were astronomical. But airfares nowadays are affordable to many more people.** So, traveler numbers have seen a sharp increase.
예약방법의 변화	**Online ticketing is one of the changes.** Booking your flights yourself was something undreamed of a few decades ago. **You just open the app, do some touching and you have a ticket booked.** For these reasons, the number of overseas travelers will continue to increase. **It's more of a commodity rather than a luxury.**

해석

해외여행은 과거와 많은 면에서 변한 것 같습니다. 첫 번째 주요 변화는 여행을 하는데 이용하는 방법입니다. 사람들은 외국 행선지를 가기 위해 배를 타고 수 일, 가끔은 수 주, 또는 수개월을 여행했어야 했습니다. 현재는 비행기를 타고 좀 자다 보면 도착하죠.

속도 외 다른 점은 편안함입니다. 많은 사람들이 비행기 여행은 좌석이 너무 작아서 불편하다고 불평하는 것 같습니다만 저는 동의하지 않습니다. 일어나서 통로를 다닐 수도 있으니까요. 과거에 비하면 사치스럽죠.

잠시 저렴한 가격에 대해 얘기하겠습니다. **과거에는 표가 너무나 비쌌었습니다.** 그런데 요즘 비행기표는 더 많은 사람들에게 적당한 가격입니다. 그래서 여행객의 수가 급격히 증가했죠.

인터넷 예약도 변화의 하나입니다. 수십 년 전만 해도 스스로 표를 예약하는 것은 꿈도 못 꿀 일이었습니다. **앱을 열고 터치 좀 하면 표가 예약되죠.** 이러한 이유로 외국 여행객 수는 증가를 계속할 것입니다. **사치품이 아니라 생필품이라고 봐야 하니까요.**

주요어휘

hop on 비행기, 버스, 기차 등을 타다, 자동차는 hop in | besides ~이외에 comfort 편안함, 안락함 aisle 통로, 복도 luxury 호사 affordability 저렴함 back in the day 이전에는, 종전에는 astronomical 천문학적으로 비싼 affordable 가격이 알맞은/저렴한 see (시간, 사건, 장소 등을 주어로) ~을 겪다, ~일이 있다 sharp increase 가파른 상승 commodity 생필품

만능표현

Let me talk about ~ a little bit ~에 잠시 얘기해보겠습니다 was something undreamed of ~은 상상도 못 할 일이었다 It's more of A rather than B B 라기 보다 A 라고 봐야 하다

Unit 59. 오픽난이도 5~6 단계, 15 번 10 번유형

가족과 거주 | 유형 10 | 주택과 관련된 사회적 이슈 및 해결책

Q10. **Housing has become a prevalent topic in the news. Discuss some of the issues that the people in your area are discussing in regard to homes and housing. Identify what some of the greatest challenges or problems have been. What are individuals and different organizations doing to address these concerns and meet these challenges?**

뉴스에서 거주지는 일반적인 주제가 되었습니다. 당신의 이웃들이 집이나 주택에 대해 언급하는 문제들 중 몇 가지를 설명해 보세요. 가장 큰 도전이나 문제가 무엇인지 밝혀보세요. 이런 문제들을 집중적으로 다루고, 이런 도전들에 대처하기 위해 개인이나 기관들은 무엇을 하고 있나요?

*각 단락 여백은 '**나만의 문장**' 추가를 위한 창작공간입니다.

주택의 증가와 교통체증	**Nowadays a main issue in my area is the terrible traffic congestion**. As housing numbers have increased, public transportation struggles to keep up with commuter demand.
주택 수와 대중교통 불균형은 잘못된 도시계획	The strange thing is, **even though there are way more families here now, the number of buses and trains hasn't increased.** There are bad jams every rush hour consequently. It takes people longer to get to work and get home, which is bad planning, I think.
오래된 아파트의 외관상 문제	Also, over the past 20 years we've had a lot of new apartments built in my area. **And some apartment buildings look much older than others. The paint is peeling on the exteriors and even cracks appeared in the walls.**
문제해결을 위한 다각도의 노력	**Groups of residents are trying everything to address these issues.** They have asked the local government to build more roads and to run more buses and trains. And the problem with the buildings means that residents have to chip in for the repairs. There's no such thing as a free lunch.

요즘 제가 사는 동네의 중요한 이슈는 심각한 교통체증입니다. 주택 수가 늘어나면서 대중교통도 출퇴근하는 사람들의 요구사항을 맞추는데 어려움이 있습니다.

가구 수가 엄청 많이 늘었음에도 이상한 것은, **버스나 열차의 숫자는 늘지 않는다는 것입니다.** 결과적으로 출퇴근 시간 때마다 심한 체증이 있어요. 사람들이 출퇴근하는 시간이 길어지는데, 잘못된 도시계획이라고 생각해요.

그리고 20 년이 넘는 기간 동안 제가 사는 동네에 상당히 많은 아파트가 지어졌어요. **일부 아파트는 다른 것들 보다 훨씬 더 오래되어 보입니다. 외부 페인트칠이 벗겨지고, 심지어 벽에는 잘라진 틈도 보입니다.**

많은 주민들이 이 문제들을 해결하기 위해 모든 것을 시도하고 있습니다. 구청에 도로 증설과 버스와 열차의 증편을 요청하고 있어요. 건물에 문제가 있다는 것은 수리를 위해 십시일반 돈을 내야 한다는 것을 의미하죠. 세상에 공짜란 없죠.

issue 문제 사안 **congestion** 교통체증 **struggle** 분투하다, 고생하다 **keep up with** ~에 보조를 맞추다 **even though** ~이 사실일지라도 **peel** (껍질을) 벗기다, 벗겨지다 **exterior** 외부 **crack** 균열 **address** 처리하다, 다루다 **local government** 지방정부 **run** 운영하다, 가동시키다 **chip in** 십시일반 하다, 조금씩 부담하다

The strange thing is ~ "이상한 점은 ~이다"의 의미로 뒤에 명사나 문장 관계없이 쓸 수 있는 유용한 표현 **There is no such thing as ~** 라는 것은 존재하지 않는다는 의미의 관용표현

Q10. Take a minute to discuss issues facing today's parks. What are the largest challenges faced by public parks these days? Discuss what has caused these concerns. Explain some of the steps that are being taken to address these issues and to protect the parks or the people who enjoy them.

요즘 공원과 관련된 문제점을 논하기 위한 시간을 갖겠습니다. 요즘 공원들이 직면한 심각한 문제는 무엇인가요? 이런 문제의 원인이 무엇인지 말해 보세요. 이런 문제를 다루어 보고, 공원과 그곳을 이용하는 사람들을 보호하기 위한 몇 가지 단계들을 설명해 보세요.

*각 단락 여백은 '나만의 문장' 추가를 위한 창작공간입니다.

공원이 붐벼서 여러 공원 증설	Generally, **parks in my area are very busy with families going there all the time. I think other parks in other areas are pretty much the same.** So, more parks are being built to accommodate more people.
공원을 사용하는 사람들의 문제점	**I think parks do more good than harm.** Actually, they can't be a problem. **It's the people that cause problems there.** And the problems are closely related to what they do at the park. I'm talking about what they drink there.
공원에서의 음주와 기물파손	As far as I know, drinking is not allowed outside bars in many countries. But **drinking is one of the most enjoyed activities at the park in Korea. Some people get drunk, shout and pick a fight.** They even break things installed there for public use. Of course, they don't tidy up the mess when they leave.
자원봉사 순찰대와 같은 공동의 노력	In order to solve the problem, **people organize voluntary patrols and move around the parks to prevent and stop incidents.** They sometimes work with the police so it's quite effective. With all the communal efforts, **people can more safely enjoy their time at the park now.**

해석

일반적으로, **제가 사는 동네에 있는 공원들은 그곳을 방문하는 가족들로 항상 붐빕니다.** 다른 지역 공원들도 상당히 비슷할 것 같네요. 그래서, 더 많은 사람을 수용하기 위해 많은 공원들이 조성되고 있습니다.

공원은 실보다는 득이 많다고 생각해요. 사실, 공원이 문제가 될 것은 없어요. **문제를 일으키는 것은 사람들이죠.** 그리고 문제점들은 사람들이 공원에서 하는 것들과 밀접하게 관련이 있어요. 사람들이 그곳에서 무엇을 마시는지에 대해 말하는 것입니다.

제가 아는 바로는, 많은 나라들에서 술집 외 다른 장소에서 음주가 허용되지 않습니다. 하지만 **한국에서는 술을 마시는 것이 공원에서 가장 즐겨 하는 활동들 중 하나입니다. 일부 사람들은 술이 취해서, 소리지르고 싸움을 걸기까지 합니다.** 심지어 대중들이 사용하도록 설치된 기물을 파손하기까지 합니다. 물론 공원을 떠날 때 엉망으로 해 놓은 것을 치우지도 않지요.

문제해결을 위해, **사람들이 자원봉사 순찰대를 조직해서 사고 예방하고 막기 위해 공원주변을 돌아다닙니다.** 가끔은 경찰과의 협업을 하는데 상당히 효과적입니다. 모든 공동노력으로 지금은 사람들이 좀 더 안전하게 공원에서 **자신들의 시간을 즐길 수 있습니다.**

주요어휘

accommodate 수용하다 **as far as I know** 제가 아는 바로는 **pick a fight** 싸움을 걸다 **tidy up** 정리하다, 치우다 **organize** 편성하다, 만들다 **patrol** 순찰대 **incident** 사건사고 **communal** 공동체의

만능표현

do more good than harm 원래는 do more harm than good(도움보다는 폐해가 더 크다)로서 여기서는 good 과 harm 의 위치를 바꿔 응용한 표현 **I'm talking about ~** 말 뒤에 붙여서 ~ 얘기 중이라며 대상을 확실하게 특정하는 일상적 표현

Q10. What topics or issues regarding movies do you discuss when talking with your friends or family members? Why are these issues interesting to your friends? And why are they so important?

친구들이나 가족들과 영화에 대한 이야기를 할 때 어떤 주제나 이슈에 대해 이야기를 나누나요? 이런 이슈들이 당신 친구들에게 왜 흥미를 주나요? 그리고 그것들이 왜 그렇게 중요한가요?

*각 단락 여백은 '나만의 문장' 추가를 위한 창작공간입니다.

영화의 관심사에 대한 차이	**Usually we, me and my friends just talk about whether the movie we watched was good or not.** They're usually more interested in the stars and the soundtrack, whereas I like to talk about the subject matter the movie tries to talk about.
만화영화에 대한 관심	**Some of my friends and I are into comics, so we try to get seats at the openings of all the comic-book related movies.** I'm not a movie expert, so I don't know about the technical aspects like, whether the movie has good lighting or sound or whatnot.
원래 작품과의 차이점에 대한 관심	**We can talk about stuff like how different the character is from the comic book and if the storylines are different.** And while I like to spot if a scene or a line of dialog has been lifted from earlier films, my friends like to critique the performances.
원 작품과의 비교에 대한 관심	**Some other friends of mine like to compare movies to books.** I mean, I know books are generally better but I don't really care. **They always judge the movie based on the book but I just see it as different form.** Maybe we just don't see eye to eye.

저는 제 친구들은 주로 우리가 본 영화가 재미있었는지, 아니면 없었는지에 대한 이야기만 합니다. 그들은 주로 유명 배우와 영화음악에 관심이 있는 반면, 저는 영화가 전하고 싶은 주제에 대해 이야기하는 것을 좋아합니다.

몇몇 친구들과 저는 만화에 빠져 있어서, 모든 만화 관련 영화가 나오면 개봉할 때 보러 가려고 합니다. 저는 영화 전문가가 아니어서 영화의 조명이나 음향 같은 전문적인 면에 대해서는 잘 알지 못합니다.

우리는 등장인물이 만화책과 어떻게 다른지 그리고 줄거리가 어떻게 다른지 등과 관련된 것에 대해 이야기를 할 수 있습니다. 그리고 저는 장면이나 대사가 이전 영화에서 도용했는지를 찾아내려고 하는 반면, 제 친구들은 연기에 대한 비평하는 것을 좋아합니다.

몇몇 다른 친구들은 영화와 책에 대한 비교를 좋아합니다. 제 말은, 책이 일반적으로 더 낫다는 것을 알고 있지만 별로 신경을 쓰는 것은 아닙니다. 그들은 항상 책을 기준으로 영화를 판단하지만 저는 그냥 다른 형식의 것으로 봅니다. 아마도 우리는 그냥 의견이 맞지 않는 것이죠.

주요어휘

soundtrack 영화삽입곡 **whereas** 반대로, 반면 **subject matter** 주제 **comic** 만화 **opening** 개막(식), **related** 관련된 **technical aspect** 전문적 측면 **lighting** 조명 **storyline** 줄거리 **spot** 찾아내다, 발견하다 **dialog** 영화, 책 등에 나오는 대화 **lift** (남의 것에서) 따오다 **critique** 비평하다 **based on** ~에 기반하여

만능표현

be into ~에 푹 빠져있는 상태를 뜻하는 말로 아주 자주 쓰이는 표현 **see eye to eye** 사람들이 서로 생각이나 의견이 일치한다는 의미로 사용하는 관용표현

Q10. When friends and family evaluate coffee shops as far as what they like and dislike, what are some of the issues that they discuss most frequently? How do some of these issues influence their experience at a coffee shop?

친구들이나 가족들이 커피숍에 대해 자신들이 좋아하거나 싫어하는 것에 대한 평가를 할 때 그들이 가장 자주 언급하는 이슈들은 무엇인가요? 이런 이슈들이 그들의 커피숍에서의 경험에 어떤 영향을 주나요?

*각 단락 여백은 '나만의 문장' 추가를 위한 창작공간입니다.

커피숍 갈 때 고려하는 사항	**I think when my friends and I discuss where to go for coffee, a few things come up.** One of the main things is the price. I like to search the Internet for reasonably priced places and my friends do the same. Then we share the information and decide where to go.
가격 외에 좋은 커피숍의 조건	**We tend to avoid the chain shops because besides the price, they're sometimes too crowded.** So, we also look for places that are nice and relatively quiet. When we drink coffee, we just like to relax and chat and not get stressed by loud music, or long lines waiting to get served.
방해 받지 않는 장소 선호	**We look for places that don't attract families or moms with children as well.** It sounds a little impersonal but don't get me wrong. We just don't want to get distracted by crying babies or toddlers running around everywhere.
커피숍에 대해 고려해야 할 사항들	**So, there are a few things we consider when it comes to going for a coffee.** I wouldn't mind owning a coffee shop someday. We talk a lot about what a good coffee shop should have to offer. I'm sure with my wide circle of friends I could make it a success in no time!

해석

저와 제 친구들이 커피를 마시러 어디를 갈지 의논을 할 때 몇 가지 조건들이 있다고 생각해요. 중요한 것 중 하나는 가격입니다. 적당한 가격의 커피숍을 찾기 위해 인터넷 검색을 좋아하는데, 제 친구들도 그렇습니다. 그리고는 서로 정보를 공유해서 어디를 갈지 결정해요.

가맹점 커피숍을 피하는 경향이 있는데, 가격뿐 아니라 때때로 사람들이 너무 붐비기 때문이에요. 그래서 우리는 멋지고 상대적으로 조용한 장소를 찾습니다. 커피를 마실 때 그냥 편히 쉬면서 이야기를 하고, 시끄러운 음악이나 주문 때문에 길게 줄 서는 것 때문에 스트레스를 받지 않는 것을 좋아합니다.

가족이나 아이들을 동반한 엄마들이 많이 찾지 않는 장소를 찾습니다. 다소 인간미가 없는 것처럼 들리겠지만, 오해는 하지 마세요. 우는 아기나 걸음마를 배우는 아이들이 온 데를 돌아다니는 것에 방해 받고 싶지 않을 뿐입니다.

그래서 커피를 마시러 갈 때는 고려해야 할 것이 몇 가지 있습니다. 언젠가는 커피숍을 운영하고 싶네요. 우리는 좋은 커피숍이 어떤 것을 제공해야 하는지에 대해 많은 이야기를 합니다. 저는 친구가 많아서 굉장히 빨리 성공할 수 있을 것이라고 확신해요.

주요어휘

come up 생기다, 발생하다 **reasonably priced** 합리적인 가격의 **tend to 동사원형** ~하는 경향이 있다 **relatively** 비교적 **impersonal** 인간미가 없는 **distracted** 주의가 산만한, 집중하지 못하는 **toddler** 아장아장 걷는 시기의 아이 **a circle of** ~의 한 무리 **in no time** 바로, 즉시

만능표현

Don't get me wrong 제 말 오해하지 마세요 **when it comes to** '~에 대해서라면'으로 특정한 것을 지목할 때 매우 자주 사용하는 표현 **what ~ have to say/offer** 할 말이/해 줄 수 있는 것이 무엇인지 등의 의미로 자주 사용하는 표현

Q10. Identify and explain some of the new technological advancements, electronic gadgets, or equipment that people who enjoy music are currently interested in. What types of things are they discussing? Describe some of the new products that they are excited about and why.

음악을 즐기는 사람들이 요즘 관심을 갖고 있는 전자장치나 장비와 같은 새로운 기술적 발전 몇 가지를 설명해 보세요. 그들은 어떤 것들에 대한 이야기를 하나요? 그들이 흥분하고 있는 새로운 제품 몇 가지와 이유를 묘사하세요.

*각 단락 여백은 '나만의 문장' 추가를 위한 창작공간입니다.

음악을 공유하는 플랫폼의 확장	**I suppose the biggest ongoing advancement in music is the ever-expanding sharing platforms.** There's no storing music any more. You get it streamed on your phone. You can listen then buy from online stores like Bugs Music, Melon, Spotify etc.
유튜브의 성장	**Some people prefer to go straight to YouTube.** It's another sharing facility, but with video. It seems YouTube has replaced MTV and grown to be a monster platform for everything. Now it's all about mouse clicks, not store sales. The digital revolution in music has changed the whole industry.
음악의 구매 보다는 무료 이용	**It seems new music businesses are emerging every day for streaming music or sharing platforms.** But consumers have gotten smarter, too. In my case I don't think I actually bought a song for years. I just watch and listen on YouTube. Why bothering spending unnecessary money?
음악산업의 더 많은 변화 기대	**Even so, it's exciting for consumers because there's more choice available.** With the pace of change of technology recently, I think there's more change to come. **We're all looking forward to seeing what the industry will be like.**

음악분야에서 지금도 진행 중인 가장 대단한 기술적 발전은 지속적으로 확장되고 있는 공유 플랫폼이라고 생각해요. 이제 더 이상 저장하는 음악은 없어요. 휴대폰에서 스트리밍이 되게 할 수 있어요. 벅스뮤직이나 스포티파이 같은 온라인 상점에서 음악을 듣고 구입도 할 수 있습니다..

일부 사람들은 바로 유튜브를 이용하는 것을 선호하죠. 공유를 위한 또 다른 장치인데, 이곳에는 영상도 있어요. 유투브가 MTV 를 대체했고, 모든 것에 대한 거대한 플랫폼으로 성장했어요. 이제는 상점에서의 판매가 아닌 마우스 클릭이 전부입니다. 음악에서의 디지털 혁명이 산업 전체를 변화시켰어요.

음악 스트리밍이나 공유 플랫폼과 관련된 새로운 회사들이 매일 생겨나고 있는 것 같아요. 하지만 소비자들도 역시 똑똑해지고 있습니다. 제 경우에는 수 년 동안 음악을 실제로 구매하지는 않았다고 생각해요. 그냥 유튜브를 통해 듣는 편이지요. 불필요한 돈을 쓸 이유가 있나요?

그래도 더 많은 선택권이 있어서 고객입장에서는 즐거운 일입니다. 요즘과 같은 기술변화 추이로 보면 더 많은 변화가 있을 것으로 생각해요. 음악산업이 어떻게 변할지를 우리 모두 흥미롭게 지켜봐야 하겠습니다.

주요어휘

ongoing 진행 중인 expanding 확장되는 sharing platform 공유 플랫폼 stream 인터넷에서 실시간으로 시청하다 facility 기능, 시설 revolution 혁명 even so 그럼에도 불구하고 with the pace of ~이 이런 속도라면 to come 다가올, 앞으로의 look forward to 고대하다(to 는 전치사)

만능표현

It's all about ~은 '~이 전부이다'의 의미. 매우 자주 사용 why bothering -ing '뭐 하러 ~하고 있나' 어떤 것이 의미 없고 부질 없다는 의미의 수사학적 표현

Q10. Is jogging dangerous to joggers in any way? Explain some of the injuries that joggers can sustain. What are some of the steps that can be taken to avoid such injuries?

어떤 식으로든 조깅은 조깅을 하는 사람에게 위험한가요? 조깅을 하는 사람들이 당하는 부상에 대해 얘기를 해 보세요. 이런 부상을 방지하기 위해 취해야 하는 단계에는 어떤 것들이 있나요?

*각 단락 여백은 '나만의 문장' 추가를 위한 창작공간입니다.

조깅의 위험성	Most sports stress the body somehow. Jogging is no different. **The most serious problem with jogging is dropping dead of a heart attack**. Some people decide to go for a jog, maybe on a hot day, but it's been years since they last went. And you're asking for trouble.
편안한 코스선택	**To minimize risk of problems from being unfit, you have to choose an easy and familiar course to begin with.** This will ensure that if you feel puffed or dizzy while you're jogging, you're not too far from help and can take a rest easily.
하체에 가해지는 충격	**Another problem joggers have is with their feet and legs – their lower body generally.** If you run, or you know someone who does, then you'll know that their feet get pummeled on a good run and bones can be fractured from the long, repeated stress.
부상방지 요령, 마무리	**The key to minimize those injuries is good shoes and common sense.** Your running shoes need to be good quality and fit you perfectly. You should also find out where you're at. Choose a jogging path within your capabilities and start slow. There's no rush.

스포츠 대부분이 어떻게든 신체에 무리를 줍니다. 조깅도 다를 게 없죠. **조깅과 관련된 가장 심각한 문제는 심장마비로 급사하는 것입니다.** 어떤 사람들은 뜨거운 날 조깅을 하기로 결심하지만 마지막 조깅한 것이 몇 년 전입니다. 그러면 결과는 뻔합니다.

부적합한 몸 상태 문제의 위험을 최소화하기 위해서는 우선 쉽고 익숙한 코스를 선택해야만 합니다. 이래야 조깅하다가 숨이 차고 어지러우면 도움을 어렵지 않게 구할 수 있고 쉽게 휴식을 취할 수 있게 됩니다.

조깅하는 사람들의 다른 문제는 발과 다리, 하체 전반에 관련되어 있습니다. 당신이 달리거나 누군가 달리는 사람을 알고 있다면 상당한 달리기로 다리가 지속적 충격을 받아 오랜 시간과 반복되는 충격으로 인해 뼈에 금이 가는 것을 알게 될 것입니다.

이런 부상을 최소화 하는 비결은 좋은 신발과 상식입니다. 운동화는 품질이 좋아야 하고 발에 꼭 맞아야 합니다. 또한 당신의 위치(주제)를 파악해야 합니다. 능력에 맞는 조깅코스를 골라 천천히 시작하세요. 서두를 필요 없습니다.

주요어휘

drop dead of ~으로 급사하다 minimize 최소화하다 risk 위험 unfit 부적합한, 몸 상태가 안 좋은 ensure 반드시 ~하게하다, 보장하다 puffed 숨을 헉헉거리는 dizzy 어지러운 pummel 계속 치다, 지속적인 충격을 주다 on a good run 상당한 달리기로 fracture 골절이 되다 the key to ~의 열쇠/비결 common sense 상식 capability 능력

만능표현

~ is no different 앞에 말에 덧붙여 ~도 다를 것이 없다는 의미 You're asking for trouble 문제를 자초하고 있다는 표현 There's no rush 서두를 필요 없다는 관용어구

Q10. Discuss some of the safety issues facing bike riders today. What are some of these issues and more specifically what is causing them? How are cyclists handling these issues?

요즘 자전거를 타는 사람들이 직면한 안전 관련 문제 중 몇 가지를 얘기해 보세요. 어떤 문제들이 있으며, 좀 더 구체적으로 무엇이 그것들의 원인인가요? 자전거를 타는 사람들은 이러한 문제들을 어떻게 다루고 있나요?

*각 단락 여백은 '나만의 문장' 추가를 위한 창작공간입니다.

자전거 사고와 자동차	**Good cyclists don't have many accidents but they do happen.** The usual culprits in cycling accidents are inattentive car drivers. They don't bother to check their mirrors and just reverse out of driveways and such.
자전거 방어운전	**One way to help avoid accidents is to practice defensive riding,** which is very similar to defensive driving in a car. **You have to stay in bike lanes wherever possible and don't go to excessive speeds.** Slow down at crossroads and never ride on sidewalks.
자전거 고장	Although bikes nowadays are pretty reliable, another irritating problem is breakdowns. A usual problem is a tire puncture. **These shouldn't happen too often if you keep your bike well maintained.** Pay extra attention to old tires and try to stay on the paved surface at all times. Tires are vulnerable.
안전에 대한 관심, 마무리	In addition to that, general safety measures apply to cycling of course. It needs preparation and a keen eye for safety. What's it worth if you get hurt while trying to get fit? **Always wear gloves and a helmet, even knee guards and then happy cycling!**

해석

자전거를 잘 타는 사람들은 사고가 많이 나지 않지만 나기는 납니다. 자전거에 있어 흔한 사고의 원인은 부주의한 자동차 운전자들입니다. 거울을 확인하는 것마저 하지 않고 주차로를 후진으로 빠져 나오고 그럽니다.

사고를 피하는 한가지 방법은 방어운전으로 자동차의 방어운전과 유사합니다. **가능한 어디서나 자전거 라인에 있어야 하고 과속하지 않아야 합니다.** 횡단보도에서는 속도를 늦추고 인도에서는 자전거를 타지 않습니다.

요즘의 자전거는 꽤 안정성이 있지만 다른 성가신 문제는 고장입니다. 흔한 문제 한가지로 타이어 펑크가 있습니다. 이런 고장은 자전거를 잘 관리하면 자주 일어나지 않아야 정상입니다. 타이어가 낡았으면 특별히 주의를 기울이고 항상 포장된 표면에 있도록 하세요. 타이어는 약합니다.

그에 더하여 일반적인 안전방책이 자전거에도 물론 적용됩니다. 준비와 안전에 주목하는 것이 필요합니다. 건강하려고 노력하다가 다치면 무슨 소용입니까? 항상 장갑과 헬멧, 무릎보호대까지 착용한 다음 즐거운 자전거 타기입니다!

주요어휘

culprit 문제의 원인, 범인 inattentive 부주의한 bother to 동사원형 ~하도록 신경 쓰다 reverse 후진하다 driveway 주차를 위한 공간 and such 그런 것들 excessive speed 과속 defensive riding 방어운전 wherever possible 가능한 모든 곳/때에 crossroads 횡단보도 sidewalk 인도 reliable 신뢰할 만한 breakdown 고장 puncture 펑크 well-maintained 잘 관리 된 pay extra attention to ~에 각별한 주의를 기울이다 paved (길이) 포장된 at all times 항상 vulnerable 다치기 쉬운, 손상되기 쉬운 safety measures 안전 대책 apply to ~에 적용되다 keen eye for ~에 주목/주의하는

만능표현

One way to help ~ is ~에 도움이 되는 한가지는 ~이다 What's it worth if S+V ~한다면 무슨 소용이냐는 수사학적 의문문

Q10. When people discuss travel, what are the main concerns that they present or focus on? What has caused such concerns? How are these concerns being addressed for the future?

사람들이 여행에 대한 이야기를 할 때 어떤 주요 문제점들에 대해 초점을 맞춰서 이야기 하나요? 이런 문제점들의 원인은 무엇인가요? 미래를 위해 이런 문제들이 어떻게 다루어지고 있나요?

*각 단락 여백은 '나만의 문장' 추가를 위한 창작공간입니다.

현 관광산업의 문제	**Tourism is an ever-growing industry** because travel is getting easier and easier for people every day. **But there have been some growing pains along the way.**
보안강화 문제	**One main problem** people complain about these days when they travel **is the hassle of increased security. Since 9/11, security at airports has been nuts.** Let me tell you what I had to go through at the airport security section.
제주 공항에서의 일화	I went to Jejudo for a vacation last year. I had a sunscreen in my bag. I was going to the beach and I needed it. And you know what they did? **They told me it was one of the dangerous objects. Then they took it and dumped it.** There was nothing I could do about it. It was their job.
개선되지 않는 불편, 마무리	**Inconvenience like this is not getting better. It's actually getting worse.** I heard that they ban carrying shampoo in your bag and gadgets with batteries inside are categorized as dangerous too. **Well, I understand safety is important but** hasn't it gone too far? **It definitely needs some rethinking.**

해석

사람들에게 여행이 나날이 쉬워지고 있기 때문에 **관광산업은 계속 성장하는 산업입니다. 하지만 그 와중에 성장통도 있었습니다.**

사람들이 요즘 여행하면서 불평하는 **한가지 중요한 문제는 강화된 보안입니다. 911 이후로 공항의 보안은 제정신이 아닙니다.** 공항 보안구역에서 제가 겪은 일을 얘기해 보겠습니다.

작년에 휴가로 제주도를 갔었습니다. 가방에 썬크림이 있었는데요. 해변에 갈 거라서 필요했었죠. 그런데 공항 사람들이 어떻게 한 지 아세요? 썬크림이 위험한 물건 중 하나라고 하더라고요. 그러더니 빼앗아서 버렸습니다. 제가 뭘 할 수 있었겠습니까? 그게 그 사람들 하는 일인데요.

이런 불편은 나아지지 않고 있습니다. 사실 악화되고 있어요. 듣기로는 샴푸도 가방에 휴대하는 것을 금지하고 배터리가 안에 든 전자기기들도 역시 위험물건으로 분류한답니다. **음, 안전이 중요하다는 것은 이해하지만** 정도가 지나치지 않나요? **확실히 재고할 필요가 있습니다.**

주요어휘

tourism 관광업 ever-growing 상시 성장중인 growing pains 성장통 along the way 그러는 중에, 뒤따르는 hassle 귀찮거나 번거로운 상황이나 일 increased security 강화된 보안 be nuts 정상적인 상태가 아닌, 미친 sunscreen 썬크림 dump 버리다 inconvenience 불편 gadget 소형전자기기 be categorized as ~로 분류되다 go too far 도를 넘다 need -ing ~하는 것이 필요하다

만능표현

One main problem people complain about is 주요 문제점 중 하나를 소개할 때 쓰는 표현 **There was nothing I could do about it** 내가 할 수 있는 것이 아무 것도 없었다. 불가항력의 경우에 사용하는 유용한 표현

Q10. Experts believe that vacations are vital for everybody. Discuss the benefits and importance of vacationing to relationships, personal growth, and one's health.

휴가는 모든 사람에게 필수라고 전문가들이 생각을 합니다. 사람과의 관계, 개인의 성장 그리고 건강에 대한 휴가의 좋은 점과 중요성을 얘기해 보세요.

각 단락 여백은 '나만의 문장' 추가를 위한 창작공간입니다.

휴가와 인간관계	**If you value close relationships with people, then vacations can be a very effective tool.** You can visit relatives and they can visit you. Without vacation, you might see them only once in a blue moon. Vacation enables you to do special things you can't really do on a working day.
혼자만의 시간 보내기	**Ironically, if you're not a good mixer, again, vacation is perfect for you to get away from it all.** If you can afford some time off, just pack a backpack and go where you please when you please. You don't have to get frustrated agreeing and disagreeing on where to go and what to do etc. with others.
재충전의 시간에 대한 중요성	On top of that, a lot of people work in highly stressful working conditions nowadays. **Long term stress can lead to mental and physical health problems.** That's when you have to take to the road. Going on vacation gives you a break from the stress of work and lets you unwind and refresh yourself.
휴가의 역할	As a final point, **I think with the help of vacation, it's important to have balance vacation between what you do and how to do it.** Vacationing has proved to be probably the best option that makes your relationships more stable and brings you back to work full of energy.

해석

사람들과 친밀한 관계를 소중하게 생각한다면 휴가가 매우 효과적인 도구입니다. 친척을 방문할 수도 있고 또는 친척이 당신을 찾아 올 수도 있겠죠. 휴가가 없다면 어쩌다 한 번이나 만날 수 있을 겁니다. 휴가는 평일에는 정말 할 수 없는 특별한 일들을 할 수 있게 해줍니다.

아이러니하게도 당신이 사람들과 잘 어울리지 못하는 성격이라도 또한 휴가가 당신이 모든 것으로부터 떠날 수 있는데 최고입니다. 쉴 시간을 좀 낼 수 있다면 그냥 배낭에 짐을 싸서 가고 싶은 곳으로 가고 싶은 때 떠나세요. 어디를 갈 지, 무엇을 할 지 다른 사람들과 의견을 맞추고 반대하고 그러면서 답답해 할 필요가 없습니다.

게다가 요즘은 많은 사람들이 아주 스트레스가 많은 근무환경에서 일합니다. 장기적인 스트레스는 정신적으로나 육체적으로 건강문제를 야기합니다. 그럴 때가 여행을 떠나야 하는 때입니다. 휴가를 떠나는 것은 직장 스트레스로부터 휴지기를 부여하여 휴식을 하고 재충전을 하도록 해줍니다.

마지막 요점으로, 휴가의 도움을 받아 하는 일과 그것을 어떻게 하는가 사이에서 균형을 찾는 것이 중요하다고 생각합니다. 휴가는 아마 인간관계를 더욱 안정적으로 만들고 에너지 충만하여 근무지로 돌아가게 해주는 검증된 최고의 선택지입니다.

주요어휘

tool (for) (~을 위한) 도구 once in a blue moon 어쩌다 한번 ironically 아이러니하게 get away from it all 모든 것으로부터 떠나다 afford some time off 휴식시간을 내다 where you please and when you please 가고 싶은 곳을 가고 싶은 때에 on top of that 게다가 working conditions 근무환경 long term 장기적 mental 정신적인 take to the road 여행을 떠나다, 길을 나서다 unwind 휴식하다 refresh 재충전하다 with the help of ~의 도움을 받아 prove to 동사원형 ~하는 것으로 증명되다

만능표현

be perfect for '~에는 ~이 최고다'라는 의미로 추천할 때 유용한 표현 that's when S+V 그게 바로 ~해야 하는 때이다

Q10. In traveling to different countries, discuss some of the things that travelers are most interested in experiencing or seeing. What is the relevance of these things to travelers?

다른 나라로 여행을 다니면서 여행객들이 경험을 하거나 보고 싶어 하는 것들에 대해 이야기를 해 보세요. 이런 것들이 여행객들과 어떤 관련성이 있나요?

*각 단락 여백은 '**나만의 문장**' 추가를 위한 창작공간입니다.

여행 목적의 비슷함	**Most overseas travelers want to do pretty much the same things.** They make a kind of bucket list once they've decided where to go. They do it to see and do as many things as possible while they're away. The relevance for this as a traveler behavior can be put down to a couple of things.
여행의 목적 음식	**At the top of the list is the food. People don't want to miss out on that once-in-a-life-time chance to get a little bit of a different taste in their mouths.** Every country has a delicacy. Whether they like it or not, it's still a completely different experience and that's what travelling to a foreign country is all about.
여행의 목적 관광명소 방문	**Another popular thing people enjoy overseas is visiting tourist attractions.** It sounds a little boring but **it is still the safest bet for first-time overseas travelers.** You wouldn't risk your time going to a place where you might not get your money's worth. It does make sense.
SNS의 역할, 마무리	**Social networking has played an important part. People today are crazy about sharing photos** of their holiday destinations and the food they eat there **on the internet. This inspires others and they follow suit. All in all, people do mostly the same things although a lot more people are traveling abroad nowadays.**

해석

대부분의 해외여행객들은 거의 같은 것들을 하고 싶어 합니다. 어디를 갈 지 정하면 버킷리스트 같은 것을 만들죠. 여행을 가 있는 동안 가능한 많은 것을 하고 보려고 그리 합니다. 여행객 행태로서 이에 대한 관련성은 두어 가지로 얘기할 수 있습니다.

하고 싶은 것 목록 맨 위에는 음식이 있습니다. 사람들은 조금은 다른 맛을 입안에 느끼는 일생일대의 기회를 놓치고 **싶어하지 않습니다.** 모든 나라는 별미가 있습니다. 마음에 들든 그렇지 않든 여전히 전혀 다른 경험이며 그것이 외국여행의 목적입니다.

사람들이 외국에서 즐기는 인기 있는 다른 한가지는 관광명소를 방문하는 것입니다. 고루하게 들릴 수도 있지만 **처음 외국을 여행하는 사람들에게는 여전히 가장 안전한 선택입니다.** 당신이라도 돈 값도 못 할 수 있는 장소에 가서 시간을 낭비하고 싶지는 않을 테죠. 납득이 갑니다.

SNS 가 큰 역할을 했습니다. 오늘날 사람들은 휴가여행지와 거기에서 먹는 음식 **사진을 인터넷에서 공유하는데 혈안이 되어 있습니다.** 이는 다른 사람들을 자극해서 똑같이 따라 하게 만들죠. 종합해보면, 요즘은 **훨씬 더 많은 사람들이 해외여행을 하지만 주로 같은 것들을 합니다.**

주요어휘

bucket list 죽기 전에 하고 싶은 것들의 목록 **relevance** 관련성 **be put down to** (원인 등을) ~으로 돌리다 **miss out on** ~을 놓치다 **once-in-a-lifetime** 일생일대의 **delicacy** 별미음식 **tourist attraction** 관광명소 **risk** 위험에 빠뜨리다, 모험하다 **get your money's worth** 돈 값을 하다 **make sense** 말이 되다, 납득되다 **be crazy about** ~에 환장하다 **inspire** 자극하다 **follow suit** 똑같이 따라 하다

만능표현

That's what ~ is all about '~이 전부/핵심이다'라는 의미로 핵심요소, 근본적인 이유를 설명할 때 쓰는 표현 **You wouldn't** 동사원형 '당신이라면 ~하겠느냐'는 의미로 동의를 이끌어 낼 때 유용한 표현